经济统计学

彭新宇　李喜梅　汪晓昀　主编

厦门大学出版社

XIAMEN UNIVERSITY PRESS

国家一级出版社
全国百佳图书出版单位

图书在版编目(CIP)数据

经济统计学/彭新宇,李喜梅,汪晓昀主编.—厦门:厦门大学出版社,2020.2
ISBN 978-7-5615-7739-4

Ⅰ.①经⋯　Ⅱ.①彭⋯②李⋯③汪⋯　Ⅲ.①经济统计学—高等学校—教材
Ⅳ.①F222

中国版本图书馆 CIP 数据核字(2020)第 012715 号

出 版 人	郑文礼
责任编辑	林　鸣

出版发行　厦门大学出版社

社　　　址	厦门市软件园二期望海路 39 号
邮政编码	361008
总　　　机	0592-2181111　0592-2181406(传真)
营销中心	0592-2184458　0592-2181365
网　　　址	http://www.xmupress.com
邮　　　箱	xmup@xmupress.com
印　　　刷	厦门兴立通印刷设计有限公司

开本	720 mm×970 mm　1/16
印张	26.5
字数	459 千字
版次	2020 年 2 月第 1 版
印次	2020 年 2 月第 1 次印刷
定价	68.00 元

本书如有印装质量问题请直接寄承印厂调换

厦门大学出版社
微信二维码

厦门大学出版社
微博二维码

前　言

　　我国有三千多年的官方统计历史,统计一直是经济管理的重要手段。当前,随着经济社会的发展和国民信息意识的提升,无论是宏观的国民经济调控,还是中观的行业发展管理,抑或是微观的企业经营决策,均越来越需要科学的统计工作。尤其是大数据时代的到来,统计被提升到了一个前所未有的高度,国民经济和社会发展的方方面面都更加依赖于统计工作。与此同时,统计学学科的建设与发展将迎来一个重大的发展机遇期,统计学课程与教材建设显得异常紧迫。

　　在这种背景下,为了满足新时代新商科人才培养的需求,长沙理工大学经济统计学课程组基于多年的教育教学实践,编写了本书。具体参加了本书编写的有:彭新宇(第一章、第二章、第六章、第七章、第十章)、李喜梅(第八章、第九章、第十一章、第十二章)、汪晓昀(第三章、第四章、第五章)。彭新宇负责全书的设计、编纂、修改和统稿。李喜梅负责所有章节课后练习题的编写。杜军、胡尊国、陈霞等参与了书稿的校稿和审定工作。

　　在本书编写过程中,我们参考借鉴了国内外同类教材以及最新的研究成果,同时也在框架体系、商科特色和能力导向上做了一些探索,力求使本书具有区别于同类教材的特色,进而更能满足新商科人才培养的新要求。本书具有如下特色:

　　第一,知识结构体系既有传承性又有创新性。作为一门与数理统计学相对应的独立学科,经济统计学在新中国经过了七十年的发展历程。新中国成立初期的前三十年,经济统计学主要是工业统计、农业统计、建筑业统计、商业统计和交通运输业统计等部门统计学。此后,我国形成了以国民经济核算为主体的经济统计学,以及以数理统计学在经济领域应用为主的经济统计学二者并存的学科格局。此间的教材建设也遵循这种发展轨迹。近年来,大量的经济统计学教材按照"统计调查—统计整理—统计分析"的统计工作阶段论思路编排内容,突出了数理统计在经济领域的应用。本书以这一知识结构体系为基础,增设了"大数据时代的统计学"内容,将"中国国民经济核算体系简介"编入教材,专设一章介绍"统计综合评价"这个应用极为广泛的知识点,结构体系兼具传承性和创新性。

第二,知识内容设计更加凸显大商科特色。在很长一段时间内,统计学在我国是应用经济学一级学科门类下的一个二级学科。2011 年,统计学正式成为一级学科,数理统计学和经济统计学均进入一个新的发展阶段。实际上,统计学课程尤其是经济统计学课程,一直是国内外高校经济管理类专业的专业基础课。但是近年来,一些经济统计学教材过于强调数理统计方法的一般性介绍,忽略了其在经济管理部门的实际应用,知识内容的编排设计过于数理化,淡化了这门学科发展于部门统计并独立于数理统计的底色和本色。本书特别注重这一点,强调所有的知识点、例题和习题都要来自于或应用于现实的经济管理情景,进而强化经济统计学的大商科特色。

第三,人才培养导向上更加强调统计能力的培养。教材作为教育教学的基本载体,是有素质培养导向功能的。有些教材指向学理的习得,而有些教材更强调能力的培养。20 世纪 80—90 年代,我国统计学界围绕"统计学是规律论科学还是方法论科学"开展过激烈争论,方法论的学科性质成为主流认识。就经济统计学而言,无论是部门统计,还是国民经济核算,或是数理统计在经济领域的应用,其方法论的学科性质都更为显著。因此,教材编写的导向定位必须与这种学科性质相呼应,更加指向学生的统计能力培养。本书设计了"Excel 在统计实践中的应用"一章,同时在各章设计了练习题和案例题,其目的就在于提高学生统计调查、统计整理和统计分析的能力。

必须承认,尽管我们为了提高教材质量做了不少努力,但由于水平有限,加之时间仓促,书中难免会有疏漏和笔误之处,恳请同行专家和读者不吝赐教,以便今后再版时做进一步的修正和完善。

本书的出版得到了长沙理工大学校级规划教材的立项资助,得到了长沙理工大学应用经济学湖南省国内一流培育学科的资助支持,得到了厦门大学出版社的鼎力支持。在此,一并表示衷心的感谢。

编者
于长沙理工大学

目　录

第一章

绪 论

■　■　■　■　■

第一节　统计的产生和发展

在人类历史发展的浩瀚长河中，统计一直是重要的经济与管理活动，也是推进国家发展和社会进步的重要手段。德国统计学家斯勒兹（A. L. V. Schlözer）曾说过"统计是动态的历史，历史是静态的统计"。这说明，统计的产生与发展是和生产的发展、社会的进步紧密相连的。随着人类社会的发展进步，统计从萌芽到发展，到形成规模并扩展到社会经济生活各个方面；从感性认识到理性认识，再到形成系统的统计学说并不断创新发展。统计已渗透到国民经济和社会发展的方方面面，尤其是大数据时代的到来，统计的重要性被提升到了一个前所未有的高度，其对生产力的促进作用将更为显著。

一、统计的含义

什么是统计？一般来看，可以从统计工作、统计资料和统计学三个方面来理解。

统计工作即统计实践，是指对社会经济现象的数量方面进行搜集、整理和分析的活动过程，是一种社会调查研究活动。它的基本任务是对社会经济发展状况进行统计设计、调查、整理和分析，进而提供统计资料，实行统计监督。对统计工作的基本要求是要及时、准确和完整地提供统计资料。

统计资料是指通过统计工作所取得的反映社会经济现象发展状况和过程的统计数据和各类分析说明材料，即统计信息。狭义的统计资料仅指统计分析所产生的统计资料。广义的统计资料包括统计设计、调查、整理和分析全过程中的各类资料。

统计学是指系统科学地论述统计的理论、原则和方法的一门科学。它是一门揭示统计活动规律性的科学,常作为一门方法论科学被广泛地应用于其他领域的生产管理实践。

统计这三层含义之间具有密切的联系,是一个有机的整体。在认识上,只有把这三者统一起来,才能全面系统地把握统计的概念。首先,科学的统计工作离不开统计学所阐述的理论、原则和方法的指导。其次,统计资料产生于统计工作过程,统计资料的质量有赖于统计工作的科学性。最后,统计学的创新发展源自于统计工作,是对统计工作经验的提升和总结。总之,可以把上述三个层次理解为统计的三大支柱。

二、统计的产生与发展

统计的实践活动可以追溯到我国原始社会末期。当时人们按照部落、氏族居住在一起,打猎、捕鱼、分配食物都要进行最简单的计数,所以从结绳记事开始,就有了对社会现象的简单计量活动,出现了统计的萌芽活动。

从奴隶社会开始到封建社会结束,统计活动变得日益重要。据《尚书》记载,在夏、禹时期,即公元前 2000 多年前,在国家所进行的天文观测和居民生活条件的调查中,在国家建立的贡赋制度和劳役制度里,已有"四极"调查点的选择和年、季、月与 365 日的划分,已有"九州"地理区划、"九山九水"治理方案和"上中下三等九级"等贡赋标准,数量和分组的初步概念已经形成了。秦朝的《商君书》中已有全国人口调查记录,并把反映国情、国力的"十三数"作为富国强兵的重要依据。汉朝实行口钱制,表明当时已有全国户籍与人口年龄的统计,并据此征收赋税。明朝初期便有记载全国户口、丁粮的黄册,以此作为核定税赋、劳役的依据。世界上其他一些文明古国也是如此。古埃及在公元前 3050 年建造金字塔时,为了筹集建筑费用和劳动力,对全国人口和财经情况进行了调查。古罗马在公元前 400 年就建立了人口出生、死亡登记制度。由此可知,在这一阶段,统计的范围大多是在人口、土地和财产等方面,且统计的规模日益扩大。

到资本主义社会,随着经济文化发展和社会分工日益发达,人们对客观世界认识程度也随之提高,对社会现象的描述、对信息的搜集和利用的需求越来越强烈,统计方法被广泛而迅速地应用于农业、工业、商业、贸易、银行、交通、邮电等社会各个领域,并逐渐形成了各个行业门类的经济统计。17 世纪,随着统计实践的快速发展,客观上要求统计理论进一步系统和丰富,进而指导统计实践活动,统计学作为一门独立的学科自此创立。欧洲各国出现了一些统计理论的相关著作。"statistics"源自拉丁语"state",意为"国家、状态",原指一个国家所搜集的国情资料。最早使用"统计学"一词的是德国教授阿亨瓦尔(G. Achenwall,1719—1772),他在1749年出版的《近代欧洲各国国势学概论》一书中,首次使用"统计学",并替代了"国势学"的说法,一直沿用至今。

三、统计学说简史

从17世纪发展至今,统计学的产生与发展大致可以分为古典统计学时代(17世纪中叶到19世纪初叶)、近代统计学时代(18世纪末到19世纪末)和现代统计学时代(20世纪初至今)三个阶段。在每个阶段,都有不同的统计学派和统计思想。

(一)古典统计学时代

1.政治算术学派

政治算术学派产生于17世纪的英国,代表人物有威廉·配第(W.Petty)和约翰·格朗特(J. Graunt)。威廉·配第的代表作是《政治算术》(1690年)。在书中,他利用实际资料,运用数字、重量和尺度等统计方法对英国、法国、荷兰三国的人口、土地、资本、军事等国情国力作了系统的比较分析,首创了研究政治经济问题的数量对比分析方法。马克思对配第的评价很高:"威廉·配第——政治经济学之父,在某种程度上可以说是统计学的创始人。"约翰·格朗特1662年发表《关于死亡表的自然与政治观察》一文,运用数量对比的方法分类、计算和分析了英国伦敦市人口的出生率和死亡率等指标,发现了其中的数量规律性,并编制了世界上第一张"死亡率"统计表,一度引起了普遍关注。总体来看,政治算术学派的研究目的是探索社会经济现象的发展规律,为制定政策提供依据;研究对象是人口、土地、资本等社会经济现象;研究方法是采用数字、重量和尺度来计量,并配以朴素的图表概括,进行比较对照。

2.国势学派

国势学派亦称记述学派,产生于17世纪的德国,主要代表人物有康令(H. Conring)和阿亨瓦尔。德国西尔姆斯特大学的教授康令在大学开设了一门课程"staatenkunele",原意是对各国状况的比较,引起了很多学者的注意。之后,哥廷根大学的阿亨瓦尔教授发展了康令的思想,把关于国家组织、人口、军队、领土、资源等事项的学问称为"国势学",还创造了一个新的德文词"statistik"即"统计学"。阿亨瓦尔的代表作是《近代欧洲各国国势学概论》(1749年),搜集了有关国家的地理位置、气候、山川、都市、居民性别、资源财富等事项,分门别类用文字记述相关国家的国情国力,为各国统治者提供治国依据。他在该书中首创以"统计学"代替"国势学"。总体来看,国势学派的研究目的是为统治者提供治理国家的方法,了解各国的情况;研究对象为有关国家政治、社会等方面的显著事项;研究方法是以文字记述为主。

(二) 近代统计学时代

1. 数理统计学派

数理统计学派产生于 19 世纪中叶,其创始人是比利时的生物学家、数学家和统计学家阿道夫·凯特勒(L. A. J. Quetelet)。凯特勒把国势学派与政治算术学派的统计与作为数学分支的概率论相结合,把概率论的理论和方法引入统计学,形成了一门独立的应用数学分支——数理统计学。他著有《社会物理学》,论证社会现象的发展并非偶然,具有内在的规律性,并把大数定律、概率论应用于统计学之中,使统计学方法有了质的飞跃,较好地解决了统计学中的数据处理和计算依据问题,从而开辟了统计学的新领域。凯特勒因此被称为"近代统计之父"。到 19 世纪后期,数理统计学吸取生物学研究中的有益成果,由高尔顿(F. Galton)建立了生物统计学,随后皮尔逊(K. Pearson)将生物统计一般化发展为描述统计,而埃奇沃斯(F. Y. Edgeworth)、鲍莱(A. L. Boweley)更侧重描述统计在经济领域的方法和应用研究。费雪(R. A. Fisher)创立了推断统计学,开辟了方差分析、试验设计等理论分支,提出了 t 检验、f 检验、相关系数检验和参数估计量判定标准等。总之,数理统计学派认为统计学是数学的一个分支,它以概率论为基础,他们发展了数理统计学,并将其广泛地应用于生物遗传、经济管理、品质管理等领域中。这一时期的数理统计学为 20 世纪现代统计学的发展奠定了基础。

2. 社会统计学派

社会统计学派产生于 19 世纪下半叶,该学派的代表人物有克尼斯(K. G. A. Knies)、梅尔(G. V. Mayr)、恩格尔(C.L.E. Engel)等。克尼斯把统计学的性质定义为"具有政治算术内容的社会科学"。他的代表作有《作为独立科学的统计学》(1850 年)。在书中,他认为统计学是用数值解释大量现象的一门独立的社会科学。梅尔则强调统计学是一门具有特殊研究方法的实质性社会科学,统计方法与统计科学是有区别的,他主张将两者结合起来。恩格尔提出了统计调查、整理和分析三阶段的统计方法。他通过对英、法、德、比等国的工人家庭的调查,提出了著名的恩格尔定律,即:一个家庭(或个人)的收入越低,其食品支出占收入的比重就越高;反之,其比重就越低。总之,该学派是用统计学方法研究社会经济现象的数量方面及其规律性的学派。

(三) 现代统计学时代

进入 20 世纪之后,统计学进入现代统计学时代。一个显著标志是推断统计的进一步发展与应用。1928 年,内曼(J. Neyman)等人发表了一系列论文,提出了以频率概率思想为基础、以置信推断为基本特征的"经典统计学"。参数估计和假设检验构成了经典统计学的两大内容,但也存在难以克服的缺陷。基于此,20 世纪 40 年代,沃尔德(A. Wald)提出了以贝叶斯公式与方法为核心、以先验信息和后验信息为综合依据、以"辩证"推断为主要特征的"贝叶斯统计学"。沃尔德对现代统计学的发展做出了很大贡献。最大贡献之一便是以对策论的观点去处理统计方面的问题,即统计决策理论。另外,英国的威沙特(J. Wishart)提出的样本分布理论,还有美国的科克伦(W. G. Cochran)提出的实验设计理论,费雪后来提出的信息推断统计理论,都极大地拓宽了统计学的范围。值得一提的是,在 20 世纪 40 年代至 50 年代,苏联兴起了社会经济统计学派。这个学派的代表人物有斯特鲁米林、廖佐夫等。这个学派认为,统计学是一门实质性的社会科学,研究对象是大量社会现象的数量方面和数量关系,研究方法是大量观察法和分组法,理论基础是马克思主义哲学和政治经济学。

综合来看,在统计学的发展进程中,上述学派之间有过很多思想争论。比如,政治算术学派和国势学派之间围绕谁是"统计学的起源"问题有过长达一百多年的争论。直到 1850 年克尼斯概括了大多数人的意见,认为"国势学"尽管有统计学之名但没有统计学之实,而"政治算术"虽然没有统计学之名但有统计学之实,所以后者才是统计学的真正起源。在 20 世纪前半期,总有人不断提出描述统计学和推断统计学的关系问题,而且争论相持不下。后来,内曼提出,描述统计是推断统计的基础,推断统计是描述统计的进一步发展,二者构成了统计学完整的体系。类似的争论还有经典统计学、贝叶斯统计学、信息统计学之间的争论等。正是这些统计学派之间的思想争论,推动并完善了统计学的理论及方法体系。

三、大数据时代的统计学

最近几十年,统计学的发展呈现出三个明显的趋势。第一,数学方法的使用越来越广泛,如微积分、函数逼近理论、误差分析、计算方法、矩阵理论等。以微积分为例,导数与泰勒公式和统计学中的问题相结合,将逼近思想与非参数回归问题相结合,创造性地提出新的估计方法和新的理论。第二,学科交叉与衍生细化趋势明显。统计学逐步吸收和运用系统论、控制论、信息论、管理理论等学科理论,而且统计学被更深入地应用于医学、农学、工程学、经济学、管理学等各个学科领域。数理统计学和经济统计学两大分支学科得到充分发展,新衍生了工程统计、医学统计、农业统计等交叉学科。而且,各个学科之间的界限越来越模糊,比如数理统计学、经济统计学,与数理经济学、计量经济学之间的关系越来越复杂。第三,现代信息技术的应用越来越深入。由于计算机技术、传感技术、通信网络技术等先进信息技术在统计活动中的推广和应用,各种统计与计量软件层出不穷,大大提升了统计工作的信息化、网络化和智能化水平。

近年来,随着现代信息技术的高速发展与应用,世界已经跨入互联网大数据时代。正如全球知名咨询公司麦肯锡公司声称的:"数据,已经渗透到当今每一个行业和业务职能领域,成为重要的生产因素。人们对于海量数据的挖掘和运用,预示着新一波生产率增长和消费者盈余浪潮的到来。"大数据到底有多大?一组名为"互联网上的一天"的数据告诉我们:一天之中,互联网产生的全部内容可以刻满 1.68 亿张 DVD;发出的邮件有 2 940 亿封之多(相当于美国两年的纸质信件数量);发出的社区帖子达 200 万个(相当于《时代》杂志 770 年的文字量)。哈佛大学社会学教授金(G. King)说:"这是一场革命,庞大的数据资源使得各个领域开始了量化进程,无论学术界、商界还是政府,所有领域都将开始这种进程。"统计学是一门采集数据、整理数据、分析数据的科学。显然,大数据时代的到来是统计学发展史上的里程碑,将给统计学发展带来重大机遇,但同时也对统计学提出了更多的挑战。

我国学者李金昌、耿直、邱东、朱建平等研究了大数据时代对统计学的挑战。综合来看,大数据时代给统计学带来了四大方面的变革性影响。

第一,数据类型的扩大及量化方式的变化。此前,统计学的数据为结构化数据,即可以用常规统计指标或图表表现出来的定量数据或专门设计的定性数据,有固定的结构和标准。大数据不仅包括结构化数据,还包含非结构化数据、半结构化数据或异构数据,即一切可以记录和存储的信号。具体来说,结构化数据即行数据,存储在数据库里,可以用二维表结构来逻辑表达实现的数据,如学生姓名、学号等。非结构化数据是不方便用数据库二维逻辑表来表现的数据,如图像、音频、视频等。半结构化数据或异构数据是结构化的数据,但是结构变化很大。既不能将数据简单地组织成一个文件按照非结构化数据处理,也不能够简单地建立一个表与之对应,比如员工的简历。正因为如此,数据量化方式也随之发生了变化。传统数据为结构化数据,对数据的量化方式已经相当成熟,并且比较容易得到可以直接进行分析的数据结果。大数据时代主要面对的是非结构化数据,无法直接进行分析并得出结论。目前,计算机学界已着手研发处理非结构化数据的技术,从统计角度直接处理非结构化数据,或将其量化成结构化数据,这是一个重要的研究领域。

第二,数据来源及采集概念的扩展。此前,统计是根据研究目的采用一定的调查技术去收集数据,来源通常是已知的,很容易对数据提供者的身份进行识别或进行事后核对。而大数据的来源一般为信息网络系统,收集的数据是一切被人为记录的信号,不具有很强的目的性,数据的来源也很难追溯。由此,数据采集的概念也发生了变化。一般的统计调查技术包括设计调查方案、采用不同的调查组织方式、严格控制调查流程等,效率偏低,成本过高。在大数据时代,对数据的采集分为三步。首先,数据预处理,包括识别与整理。其次,数据分析,提炼有价值的信息。最后,数据存储。大数据时代下,对于超大量可选择的数据,需要有针对性的搜集,同时在存储能力、分析能力,以及甄别数据真伪、选择关联物、提炼和利用数据、确定分析节点等方面,都需要斟酌考量。

第三,样本概念的深化。此前,统计学利用实际观测或调查的一部分个体(样本),通过统计方法进行统计推断,从而认识总体的情况。在大数据时代,数据大体可分为静态数据和动态数据两种类型。静态数据是当客户在查看数据的时候已经被生成好了、没有和服务器数据库进行交互的数据。此类数据的最大特点是样本等同于总体,这样无须去提取样本并检测样本的可用性,减少了成本,并且总体本身对总体的反映更为准确,减少了误差。动态数据是随着时间的推移而变化的,比如网络访问量、在线人数等。此时,总体表现为历史长河中所有数据的总和,而统计分析的对象为"样本"。这里的"样本"与传统样本的概念不同,因其并非局限于随机抽取的数据,更可以是选定的与分析目的相关的数据。

第四,统计分析思维变化及其工具方法的增多。传统的统计分析过程分为定性、定量、再定性三步。先通过经验判断找到统计方向,即目的;再对数据进行量化、分析和处理;最后根据结果得出结论。在大数据时代,统计分析过程是直接从定量到定性的。基础性工作是找到"定量的回应",直接从其中找出有价值的数据,并通过分析找到数据的特征和数量关系,进而据此做出判断与决策。传统的实证分析思路是:先提出假设,接着按照统计方法进行数据的收集、整理和分析,最后通过所得到的结论对假设进行验证。这种实证分析存在很大误差。在大数据背景下,实证分析思路是从发现到总结。具体来说,对数据进行整合,从中寻找关系、发现规律,然后再加以总结、形成结论,这将有助于发现更多意外的规律。传统的统计推断过程是:以分布理论为基础,在概率保证的前提下,根据样本特征去推断总体特征。统计推断是否优良有赖于样本的好坏。在大数据条件下,统计推断分析过程是以实际分布为基础,根据总体特征进行概率的判断。在静态或者动态的某个时点,大数据所需处理的对象为总体数据,不需要根据分布理论推断总体特征,而是要根据计算方法进行。从分析工具来看,此前统计学以统计模型和软件为基础进行数据分析处理,常见的统计软件有 Eviews、SAS、R、Stata、SPSS、Matlab 等。在大数据条件下,数据分析技术为非关系型的,是以数据中心为基础的。若将统计软件与大数据结合起来,应用机器学习技术,统计分析的过程可以得到很大程度的简化。

第二节　经济统计学的研究对象和方法

在我国,统计学主要有数理统计学和经济统计学两大分支。目前,我国经济统计学大体也有两大类。一是以数理统计学在经济管理领域应用为主的经济统计学,这是一门数理统计学与经济学相结合的交叉学科;二是以国民经济核算为主体的经济统计学。无论怎样处理二者的关系,经济统计学作为一门独立的科学,是有专门的研究对象和研究方法的。

一、经济统计学的研究对象和作用

经济统计学的研究对象是大量社会经济现象的数量方面,包括数量概念、数量界限、数量关系和数量分析方法等。经济统计学能揭示经济统计工作的规律性,但就其学科性质来说,更是一门适应于社会经济现象研究的方法论学科。这门学科有三个方面的作用。

首先,经济统计学是解释分析社会经济现象的有力武器。马克思在《资本论》中曾说:"德国和西欧大陆其他国家的社会统计,与英国相比是很贫乏的,然而它还是把帷幕稍稍揭开,使我们刚刚能够窥见幕内美杜莎的头。"这表明统计具有"揭开社会帷幕"的作用。列宁把社会经济统计看作认识社会的最有力武器之一。经济统计学通过对社会经济现象在一定时间、地点和条件下的数量方面的研究,可以揭示社会经济现象的规模、水平、结构、速度、趋势,以及各种比例关系和依存关系,达到对社会经济现象的本质特征和规律性的认识。

其次,经济统计学是从事经济管理活动的科学手段。统计既然是人们认识社会经济现象的有力武器,必然就能成为人们从事经济活动和管理工作的手段。企业、消费者等经济主体在从事生产、分配、交换、消费等经济活动时,数据收集、整理和分析等统计工作有利于它们做出科学的经济决策和实施理性的经济行为,实现利益或效用的最大化。在管理工作方面,宏观的治国理政、中观的行业管理、微观的企事业单位管理,这些都需要统计部门发挥信息服务和决策咨询的职能,进而提高管理的科学性。在大数据时代,经济统计学对于经济管理活动的重要性就更为突出了。

最后,经济统计学是开展科学研究的有效工具。任何科学研究都是一个认识过程。要在这个过程中发现问题、分析问题、解决问题,使我们从某个必然王国走向自由王国,就必须运用一切可以运用的认识武器。在社会科学领域的科研工作中,经济统计学正是这些认识武器中最为有力的武器之一。在我国,经济统计学已成为应用经济学、理论经济学、工商管理、管理科学与工程、公共管理、农林经济管理、社会学等很多学科的重要研究工具。

二、经济统计学研究对象的特点

经济统计学在研究大量社会经济现象的数量方面,具有如下几方面的特点:

(一) 数量性

统计的语言是数据。经济统计学是用数据资料综合反映大量社会经济现象的数量方面。例如,《2018 年我国国民经济和社会发展统计公报》显示,全年国内生产总值 900 309 亿元,比上年增长 6.6%。其中,第一产业增加值 64 734 亿元,增长 3.5%;第二产业增加值 366 001 亿元,增长 5.8%;第三产业增加值 469 575 亿元,增长 7.6%。第一产业增加值占国内生产总值的比重为 7.2%,第二产业增加值比重为 40.7%,第三产业增加值比重为 52.2%。这些统计数据反映了 2018 年我国国内生产总值规模以及三次产业结构情况。这种数量性的特点,可以将经济统计学与文学、历史等社会科学区别开来。

应当注意,统计学不是单纯地研究社会现象的数量方面,而是在质与量的密切联系中研究现象的数量方面。对任何社会经济现象而言,数量和质量是辩证统一的。没有质量就没有数量,没有数量也就没有质量,量变引起质变,质变又能促进新的量变。这种质与量相互关系的哲学观点,是经济统计学研究社会经济现象数量关系的准则。

（二）具体性

经济统计学研究的不是抽象的数量,而是依托并反映社会经济现象的数量,具有明确的社会经济指向。比如,如果单说"479.4万"这个数字没有任何意义,但如果说"2017年我国第三产业新登记企业479.4万户",这个数据就有了明确的含义了。因此,具体性是指这些数据的社会经济指向以及所属的主体、时间、空间、计量单位等规定性。这种具体性是经济统计学和数学的根本区别,因为数学是研究抽象数量关系的。但要注意,经济统计在研究数量关系时,也要遵守数学表明的客观现象量变的规律,并在许多方面运用数学方法。

（三）总体性

社会经济现象是错综复杂的,受各种因素的影响。经济统计学通过对社会经济现象足够多的大量个体单位的统计研究,使影响总体变化的那些次要的、偶然因素相互抵消,进而研究社会经济现象总体的数量特征,揭示社会经济现象总体的发展规律。比如,我国每十年进行一次的人口普查,虽然要登记每一个人的具体情况,但调查目的并不是要分析单个人的社会经济特征,而是要准确地摸清我国在人口数量、地区分布、构成和素质方面的总体国情。当然,经济统计学从研究方法上并不排斥对典型个体的观察研究,但其目的还是掌握现象总体的发展规律。

（四）变异性

社会经济现象是复杂多变的。同一现象在不同时间、不同空间的数量方面表现可能是不同的。即使是同一现象在同一时空内,不同个体之间的数量方面表现也可能是千差万别的。比如,我国每五年开展一次的经济普查,主要目的是全面了解我国第二产业和第三产业发展规模、结构、质量、效益等方面的国情国力。在此,研究对象是我国第二、三产业发展的数量方面。显然,不同时间的我国不同区域,对于不同的法人单位、产业活动单位和个体经营户,这些产业部门发展的数量特征表现都是不同的。经济统计学就是要研究这种变异性。

（五）广泛性

经济统计学所研究的社会经济现象,从内涵与外延来看,是非常广泛的。它既研究生产力层面,又研究生产关系层面,还研究生产力和生产关系之间的关系。它既研究生产、分配、交换、消费等社会生产总过程,还研究与此相关的社会、政治、经济、军事、法律、文化、教育等全部社会现象的数量方面。

三、经济统计学的研究方法

经济统计学的基本研究方法主要有大量观察法、统计分组法、综合指标法、归纳推断法和统计模型法。

（一）大量观察法

大量观察法是指对研究总体中的大多数个体进行观察研究的方法。在社会经济现象中，各个个体之间存在着差异，且容易受到大量偶然因素的影响而表现出不同的外在特征。而偶然性是事物的非本质联系，只有必然性是事物的本质联系。在充分大量观察的基础上，通过对偶然性的总结和分析才会看到在具体环境条件中具有必然性的主要规律。因此，大量观察法的作用主要在于，通过对统计总体中的大量个体进行观察，可以把大量个体中非本质的偶然因素的影响相互抵消或削弱，从而将总体的本质特征显示出来，达到正确认识社会经济现象发展规律的目的。要指出的是，大量观察法是统计调查工作中应遵循的法则，但调查中也可以对个别单位进行深入调查，提供认识总体的补充资料。

（二）统计分组法

统计分组法是根据统计研究的目的和任务，按照一定的标志将总体划分成不同类型或组别的一种统计研究方法。社会经济现象具有多层次性和多种类性，总体内部各个体之间存在差异，这为统计分组提供了可能。在分组时，通常是同类个体相聚，异类个体相分，进而实现组内同质性和组间差异性。统计分组法可以达到化繁为简的效果，有利于分析总体内部结构，研究总体内部个体之间的差异，进而达到反映事物本质与规律性的目的。统计分组法主要适用于统计整理工作阶段，但在统计调查、统计分析等阶段均有重要的应用意义。

（三）综合指标法

综合指标法是指利用各种综合指标的计算和对比，对被研究的经济总体进行综合分析说明的研究方法。统计研究是以统计指标作为基础工具的，通过对那些反映个体数量特征的个体指标进行汇总计算，得到大量的反映总体数量特征的综合指标。常用的综合指标主要有总量指标、相对指标、平均指标等。通过计算各种综合指标，反映社会经济现象总体在水平、结构、速度、相关性等方面的状况，把现象之间的相互联系进行全面、综合的分析，从而避免片面性和主观性，显示普遍的、主要的、必然的因素产生的作用，达到正确认识事物本质的目的。综合指标法是统计分析时的基本方法。

（四）归纳推断法

归纳推断法是指通过对个体特征进行研究,从而归纳推断出总体特征的方法。归纳推断法包括归纳和推断两个方面。所谓"归纳",是指由个别到一般、由事实到原理的描述方法。所谓"推断",是指以一定的样本数据来判断总体相应特征的方法。在统计实践中,运用较多的不完全归纳推断是随机抽样推断法,即以概率论为理论基础,运用随机变量的中心极限定理和大数定律,以样本特征推算总体特征。归纳推断法具有经济性和可控性的优点,是统计分析阶段的常用方法。

（五）统计模型法

统计模型法是指根据一定的经济理论和假设条件,用数学方程式去模拟社会经济现象相互关系的一种研究方法。利用这种方法可以对复杂的社会经济现象总体在空间、时间上客观存在的数量关系进行近似的描述、分析和预测。统计模型包括三个基本要素,即变量、基本关系式和参数。将总体中一组相互联系的统计指标作为变量,以因素指标为自变量,结果指标为因变量,可以组成一组数学方程式。这种数学方程式可以是线性的,也可以是非线性的;可以是二维的,也可以是多维的。模型参数则是表明方程式中自变量对因变量影响程度的指标。还有一种没有参数的统计模型称为经济等式,表现为因素指标是结果指标的函数,这种经济等式可分为加法模型和乘法模型:加法模型如会计恒等式"资产＝负债＋所有者权益",可用来进行结构分析;乘法模型如"销售额＝单价×销售量",可用来进行因素分析。显然,统计模型法是统计分析时的重要方法。

应该指出的是,这些研究方法不是相互独立的,而是相互联系、相辅相成的。完成一项统计工作任务,可能要运用到前述所有的方法。通常来看,通过大量观察获得及时、完整和准确的原始数据资料,这为统计分组提供了对象;通过统计分组来处理数据资料,这是运用综合指标法的基础;只有科学计算各种综合指标,才能正确运用归纳推断法和统计模型法并得到可靠的研究结论。因此,这五种方法构成了经济统计学完整的研究方法体系。

第三节　统计工作

一、统计工作的基本任务

《中华人民共和国统计法》(2009 年修订)规定,统计的基本任务是对经济社会发展情况进行统计调查、统计分析,提供统计资料和统计咨询意见,实行统计监督。这里主要有三层次的含义:首先,统计工作要通过统计调查和统计分析等过程,及时、全面、准确地反映国民经济运行和社会发展的情况;其次,统计工作要提供统计资料和统计咨询意见,进而为宏观经济调控、产业行业管理和微观经济决策提供科学依据;最后,统计工作要实行统计监督,统计监督是指国家对经济政策贯彻执行情况和经济运行情况开展监督检查,发现问题,披露问题,提出解决问题的建议与措施,供有关部门参考。

二、统计工作的基本职能

从统计工作的基本任务来看,统计具有信息职能、咨询职能和监督职能。

(一) 信息职能

信息职能是统计的基本职能。它根据统计研究目的,运用科学方法,搜集、整理和分析社会经济现象的数据信息,进而反映客观事物的数量方面特征,供有关部门使用。

(二) 咨询职能

咨询职能是以信息职能为基础的进一步延续和深化。它利用丰富的数据资源,运用科学的分析方法,深入研究社会经济现象发展的客观规律性,进而为有关部门决策和预测提供科学依据,也是制定战略目标、发展规划和政策措施的重要基础。

(三) 监督职能

监督职能是指运用统计手段,反映社会经济现象在一定时间、地点、条件下的发展变化状态,同时进行全面、系统的检查和监督,从而发现其在运行中存在的问题,分析原因,发出预警,提出相应的对策与措施,从而为社会经济健康持续发展提供统计支持。

三、统计工作的过程

统计工作的全过程可以分为统计设计、统计调查、统计整理和统计分析四个阶段。这四个阶段并不是孤立的,而是紧密相连的一个整体。各个阶段工作经常是交叉进行的。

统计设计是根据研究目的,对研究对象内容和统计工作各环节做全面、细致、系统的考虑,制订出各种可行方案,以指导实际活动。统计设计是统计工作各环节的通盘考虑,因此它与统计工作各阶段的工作内容密切联系。为了避免在内容上的简单重复,本书不单独设章介绍统计设计,其内容分解在相应的章节中进行介绍。

统计调查是根据统计设计方案,运用科学的调查方法,有组织、有计划地从客观实际搜集统计资料的工作过程。统计调查是认识客观经济现象的起点,是统计整理和统计分析的前提,是保证统计工作质量的首要环节。

统计整理是对统计调查所取得的分散的、表面的、个别的资料进行分类、汇总和加工处理,使其系统化的工作过程。通过统计整理,可以实现对原始资料去粗取精、去伪存真,使得大量资料系统化、条理化。统计整理在整个统计工作中起着承前启后的作用。

统计分析是根据研究目的,采用各种分析方法,对加工整理好的数据资料进行分析,计算各种综合指标,反映现象的数量特征和数量关系等,进而揭示社会经济现象的本质及发展变化的规律性。统计分析可以实现对客观现象的感性认识向理性认识的提升。

第四节　统计学中的几个基本概念

一、统计总体和总体单位

（一）统计总体

统计总体,简称总体,是指在一定的研究目的下,客观存在的、在同一性质基础上结合起来的许多个别单位组成的整体。例如,研究我国工业企业情况,全国所有工业企业就构成了一个总体。它们都是客观存在的,每个工业企业都具有从事工业生产活动这一共同的基本经济职能。而商店、医院、学校等其他单位就不具有这种性质,不属于这个总体的范畴。

总体可以分为有限总体和无限总体。总体中包含的单位数是有限的,称为有限总体。例如,第三次全国经济普查数据显示,2013 年末我国共有批发和零售业企业法人单位 281.1 万个,从业人员 3 314.9 万人。在此,批发零售业所有的企业法人单位和所有的从业人员就是两个有限总体。总体中包含的单位数是无限的,构成无限总体。比如,测定某地区的大气质量优劣程度,空气就是一个无限总体。

总体具有大量性、同质性、变异性等特点。总体的大量性是指构成总体的个别单位数量必须是大量的。因为统计研究目的是揭示社会经济现象的发展变化规律,而个别单位或者少数单位很难显示出现象的特征及规律性。

总体的同质性是指构成总体的所有单位至少在某一方面具有相同的性质,这是构成总体的基础。比如,要调查我国农业生产经营人员的数量结构特征,全国所有的农业生产经营人员就构成一个总体。在此,尽管这些人员的年龄、性别、籍贯、受教育程度、生产经营规模等各有不同,但他们都有一个共同的经济职能,就是从事农业的生产经营活动。总体的变异性是指构成总体的所有单位除了具有某一共同性质之外,在很多其他性质上的表现都是不同的,存在许多个体差异。正因为存在变异性,才有必要开展统计研究,这也是统计研究的主要方面。

(二) 总体单位

总体单位是构成总体的各个个体,它是各项统计资料最原始的承担者。根据统计研究目的的不同,总体单位可以是一人、一物或一个生产经营单位。因此,如果统计总体是集合的概念,那么总体单位则是集合的元素。例如,研究我国工业企业情况,我国每一家工业企业就是总体单位。总体单位是构成总体的基础,要了解总体的数量特征和数量关系,就必须从总体单位开始,一个个调查登记。

(三) 总体和总体单位的相互关系

总体和总体单位不是固定不变的,是相对的关系。随着统计研究目的的不同,它们有时可以相互转化。比如,要调查全国工业企业生产经营情况,每一家工业企业是总体单位;但是如果要研究某一工业企业生产经营情况,则该企业成了总体。

二、标志和标志表现

标志是说明总体单位所具有的属性或特征的名称。每个总体单位都有许多属性和特征。比如,在研究某个企业的职工情况时,该企业每一个职工是总体单位,其所具有的特征包括性别、年龄、籍贯、政治面貌、工作部门、工资等等,这些就是标志。再比如,在研究某市商贸流通业企业经营情况时,该市每一家商贸流通企业是总体单位,其所具有的特征包括所有制性质、注册资本额、员工数量、营业额、净利润等,这些就是标志。

标志表现是总体单位在这些标志上的具体表现。比如,性别的表现有"男""女"。再比如,员工数量的表现为具体数值,如"1 200 人"。

(一) 品质标志和数量标志

标志按其特征和表现的不同,分为品质标志和数量标志。品质标志是表明总体单位品质特征的,其标志表现通常不能用数量来表示,而是用文字等形式表述。例如,人的性别、民族等,它们的表现分别为"男""女","汉族""苗族"等。数量标志是表明总体单位数量特征的,其标志表现是以数值表示的。例如,人的年龄、工资、企业的员工数量、净利润等,它们的标志表现分别是"35 岁""5 600 元""1 050 人""3 500 万元"等具体数值。数量标志的具体表现,又称为标志值。

这里要注意的是,在区分这两类标志时,并不是说只要标志表现是一个数,就认为该标志是数量标志。例如,反映产品质量特征的等级数标志,其标志表现通常为 1 等、2 等、3 等,是一个数。但作为等级标志,它是反映产品品质的,仍然属于品质标志。再例如,在构建统计实证模型时,通常对性别这个标志的"男性"和"女性"赋值 1 和 0,但这并不意味着性别就由品质标志转变成了数量标志。

(二) 不变标志和可变标志

不变标志是指同一总体中各个总体单位的标志表现都相同的标志。可变标志是指同一总体中各个总体单位的标志表现有不同的标志。例如,研究我国男性人口的年龄结构时,统计总体为我国的全部男性人口,总体单位是我国的每一个男性人口。所有总体单位在"性别"这一标志上的表现都是男性,则"性别"在此例中为不变标志,而其他的一些标志如"年龄""受教育程度"等,由于标志表现均有不同,则是可变标志。

三、变异与变量

变异是总体各单位在某一品质标志或数量标志上所表现出来的差异现象。比如,人的性别,有男性和女性的差别;年龄,有的人 20 岁,有的人 25 岁等。在统计学上,通常把可变的数量标志称为变量,并把可变数量标志的标志值称为变量值。例如,企业的总产值是变量,企业的总产值分别为"1 000万元""2 000 万元"等则是变量值;其他如工人的年龄、工资、工厂的职工人数、产量等都是变量,其具体的标志值则是变量值。

变量按其取值是否连续,可分为连续型变量和离散型变量。连续型变量是指在一定区间内可以任意取值的变量,如总产值、净产值、利润、资金、成本等。离散型变量是指只能取整数的变量,如职工人数、企业个数、设备数等。

变量按其所受因素影响的不同,分为确定性变量和随机性变量。由确定性因素影响所形成的变量称为确定性变量,确定性因素使变量按一定的方向呈上升或下降趋势变动。例如,增加施肥量,能使农作物产量增多,这是确定性因素的影响。受随机因素影响所形成的变量称为随机性变量。例如,农作物增产多少,不仅仅是由施肥量决定的,还受到降雨量、气温、自然灾害等随机性因素的影响。

四、统计指标与统计指标体系

统计指标简称指标,是反映总体数量特征的科学概念和具体数值,如职工人数、工业产值、生产成本、劳动生产率、资金利润率等。一个完整的统计指标是由六个要素组成的,即时间、空间、指标名称、指标数值、计量单位、计算方法。其中,指标名称是反映社会经济现象综合数量特征的科学概念,规定了指标的含义、范围和计算方法;指标数值是这一概念在一定时间、地点、条件下的具体数量表现。例如,2017 年湖南省国内生产总值为 34 590.56 亿元。在这里,时间是 2017 年,空间是湖南省,指标名称是国内生产总值,指标数值为 34 590.56,计量单位为亿元,国内生产总值有特定的计算方法。

(一)统计指标的特点

统计指标一般有数量性、综合性、具体性三个特点。数量性是指统计指标是用数值来表现并反映数量特征的。综合性是指统计指标是对所有总体单位相关特征进行调查、登记并加以汇总计算而得,是反映全部总体单位数量特征的,而不是说明个别单位数量特征的。比如企业平均工资,这个指标是反映企业所有职工的工资一般水平,而不是反映某一个职工的工资水平。具体性是指统计指标说明社会经济现象在一定时间、地点、条件下的综合数量特征,是有指向明确的具体含义的。

指标和标志是有显著区别的。首先,指标是相当于统计总体而言的,具有综合性特点,而标志是对于总体单位而言的。其次,指标一定是用数值表现的,具有数量性特点,而标志有品质标志和数量标志的区分,品质标志的标志表现通常是以文字体现的。最后,指标是有时间、地点条件的,具有具体性特点,而标志尤其是品质标志是不具备时间、地点条件的。实际上,指标是根据各总体单位在标志上的具体表现汇总计算而来的。例如,"性别比"指标是根据"性别"标志的具体表现汇总计算而来的。尤其注意的是,随着研究目的不同,总体和总体单位相互转化,指标和标志之间也有变换关系。

(二)统计指标的分类

统计指标按其反映的特征不同,可以分为数量指标和质量指标两种。数量指标是反映现象总体的规模、水平和工作总量等的指标,一般用绝对数表示,如职工人数、国民生产总值等。质量指标是反映现象总体内部的数量对比关系或一般水平等的指标,一般用相对数或平均数表示,如劳动生产率、人口密度、平均工资等。

统计指标按其数值表现形式不同,可以分为总量指标、相对指标和平均指标三种。总量指标以绝对数的形式表示,说明总体总量或标志值总量的指标,如人口总数、工资总额等。相对指标以相对数的形式表示,是两个有联系的指标对比计算的结果,说明现象总体的相对水平,如产品合格率、发展速度、商业网点机构密度等。平均指标以平均数的形式表示,说明现象总体的一般水平,如平均工资等。

统计指标按照反映的时间特点不同,可以分为时点指标和时期指标。时点指标是指反映总体特征在某一时点上的数量表现,如人口数、商品库存量、企业设备台数、外汇储备额等。时期指标是指反映总体特征在某一时期的数量表现,如产品产量、进出口总额、商品销售量(额)、人口增长量等。不同时期的时期指标的指标值具有累加性,汇总后的指标值反映了更长时期的现象总体发展水平,而时点指标不具有这种特点。

(三)统计指标体系

统计指标体系是以同一社会经济现象为研究对象,由一系列相互联系的指标所构成的有机整体。由于客观现象是多元而复杂的,用单一指标只能说明现象总体的某一个侧面,用统计指标体系就能反映其全貌,全面描述现象发展过程。

统计指标体系在设计时,要考虑三个基本原则。第一,目的性原则。不同的研究目的与任务,指标体系设计与构成要有所不同。基本指标体系是反映国民经济和社会发展基本情况而且经常统计的指标体系,如社会指标体系、经济指标体系、科技指标体系、环境指标体系等。专题指标体系是针对某一个经济或社会专门问题而适时设置的指标体系,如工业经济效益指标体系、价格指标体系等。第二,科学性原则。指标体系的设计必须以科学的理论为依据,考虑社会经济现象的复杂多样性,使指标体系与客观事物的性质、特点和相互关系相吻合。用于分析比较的综合指标统计口径要一致。统计口径包括经济内容、总体范围、计算方法、计量单位与计价基础等。第三,可行性原则。指标体系的设计要以实际需要为根本出发点,充分考虑指标计量手段的特点和计算方法是否实用和简便可行。指标的计算一方面要符合相关的学科理论和数学原理,另一方面还必须考虑在实际工作中是否具有可操作性,是否具有相应的统计能力。

统计指标体系的表达形式主要有两种。一种是通过数学运算式的形式来表达,分为"和"的形式和"积"的形式。前者如"国内生产总值=固定资产折旧＋劳动者报酬＋生产税净额＋营业盈余"，反映了总值与各因素和的联系；后者如"商品销售额＝商品价格×商品销售量"，反映了总额与各因素积的关系。另一种是不以数学运算式的形式表达，表现为相互联系、相互补充的指标系列。比如，从盈利能力、偿债能力、发展能力3个维度，选择资产净利率、销售净利率、净值报酬率、自有资本比率、流动比率、应收账款周转率、存货周转率、销售增长率、净利增长率、资产增长率10个指标，综合反映企业的信用能力。

五、流量与存量

　　流量是反映一定时期内社会经济现象产生、交换、转移或消失而导致物量、构成或价值的变化量的指标，是一定时期内测算的量。比如，收入是某一时期货币转移的流量，产量是某一时期产品产出的流量。流量指标如年粮食产量、季工业总产值、月商品销售额、年人口出生数等指标。对于流量指标，必须明确其所处的时期。

　　存量是反映一定时点（瞬间）上社会经济现象存在量的指标，是一定时点上测算的量。比如，某一时点的企业资产和负债的状况或持有的资产和负债。存量指标如年末人口数、季末职工人数、月末商品库存额等指标。对于存量指标，必须明确其所处的时点。

　　流量与存量是国民经济核算体系中记录经济信息的两种基本形式。一般说来，存量是流量的前提和基础，而流量在一定程度上取决于存量的大小。有存量就一定有流量与之对应，而有流量并非一定有存量与之对应，如工资、利息、进口、出口等流量指标，就没有与之相对应的存量。

本章练习

一、判断对错

　　1．经济统计学的研究对象是社会经济现象总体的数量方面和质量方面。
（　　）

　　2．统计调查过程中采用的大量观察法，是指必须对研究对象的所有总体单位进行调查。
（　　）

　　3．经济统计学研究社会经济现象的过程，是由个别到一般，从个体认识到总体认识。
（　　）

4. 总体的同质性是指总体中的各个单位在所有标志上都相同。（   ）

5. 全国工业普查中,全国工业企业数是统计总体,每个工业企业是总体单位。（   ）

6. 离散型变量总体都是有限总体。（   ）

7. 商品库存量和固定资产增加额两个指标是时点指标。（   ）

8. 统计指标和数量标志都可以用数值表示,所以二者反映的内容是相同的。（   ）

9. 数量指标的表现形式是绝对数,质量指标的表现形式是相对数和平均数。（   ）

10. 变量按其值是否连续出现,可分为确定性变量和随机性变量。（   ）

二、单项选择题

1. 构成统计总体的个别事物称为(   )。

A. 报告单位　　B. 标志值　　　C. 品质标志　　D. 总体单位

2. 对某城市工业企业未安装设备进行普查,总体单位是(   )。

A. 工业企业全部未安装设备　　B. 工业企业每一台未安装设备

C. 每个工业企业的未安装设备　　D. 每一个工业企业

3. 某公司所属企业的销售产值分别是 670 万元、780 万元、880 万元、890 万元、960 万元,"销售产值"是(   )。

A. 品质标志　　B. 数量标志　　C. 标志值　　　D. 数量指标

4. 统计指标按所反映的数量特点不同可以分为数量指标和质量指标两种。其中数量指标的表现形式是(   )。

A. 绝对数　　　B. 相对数　　　C. 平均数　　　D. 百分数

5. 在全国人口普查中,(   )。

A. 男性是品质标志　　　　　　B. 人的年龄是变量

C. 人口的平均寿命是数量标志　　D. 全国人口是统计指标

6. 要了解某所高校学生的学习情况,则总体单位是(   )。

A. 某所高校　　　　　　　　　B. 某所高校每班的学生

C. 每一个学生　　　　　　　　D. 每一个学生的学习成绩

7. 某地区有 50 家成衣生产的企业,要研究它们的产品质量情况,总体是(   )。

A. 每一个企业　　　　　　　　B. 所有 50 家企业

C. 每一件成衣　　　　　　　　D. 所有企业生产的成衣

8. 研究我国工业生产情况时,(   )。

A. 只能有一个标志　　　　　　B. 可以有多个标志

C. 只能有一个指标　　　　　　D. 可以有多个指标

9. 单位产品成本、产品合格率、劳动生产率、利税率,这四个指标中属于质量指标的有(   )。

A. 一个　　　　B. 二个　　　　C. 三个　　　　D. 四个

10. 研究某公司商品销售额和营销人员情况,则(   )。

A. 前者是离散型变量,后者是连续型变量

B. 两者都是离散型变量

C. 前者是连续型变量,后者是离散型变量

D. 两者都是连续型变量

三、多项选择题

1. 要了解某地区的就业情况,(   )。

A. 全部成年人是研究的总体　　　B. 成年人口总数是统计指标

C. 成年人口就业率是统计标志　　D. 某人职业是教师是标志表现

E. 反映每个人特征的职业是质量指标

2. 下列各项中,属于统计指标的有(   )。

A. 全国人均国内生产总值　　　B. 某台机床使用年限

C. 某市年供水量　　　　　　　D. 某地区粮食总产量

E. 某产品等级

3. 要了解某地区工业生产情况,(   )。

A. 工业企业总数是统计总体　　B. 每一个工业企业是总体单位

C. 固定资产总额是统计指标　　D. 机器台数是连续变量

E. 职工人数是离散变量

4. 下列标志中,属于品质标志的有(   )。

A. 单位成本　　　　　　　　B. 股份制企业

C. 奖金　　　　　　　　　　D. 耕地面积

E. 服务态度

5. 在人口普查时,全国总人口这一总体是(   )。

A. 有限总体　　　　　　　　B. 无限总体

C. 可相加总体　　　　　　　D. 不可相加总体

E. 既是变量总体又是属性总体

6. 每个总体单位都有可变标志和不变标志,如某年末某市职工总体中有工业职工 150 万人,以下属于可变标志的是( )。

A. 工业部门　　　　　　　B. 性别

C. 年龄　　　　　　　　　D. 学历

E. 技术等级

7. 要了解某市所有工业企业的产品情况,那么( )。

A. 总体单位是每个企业

B. 总体单位是每件产品

C. 产品产量是个不可相加的总体

D. 全部产品是个有限总体

E. 每个企业是个小总体

8. 以下关于总体与总体单位的陈述,正确的是( )。

A. 没有总体单位也就没有总体

B. 总体单位也离不开总体而存在

C. 总体是由总体单位组成的

D. 组成总体的总体单位具有相同性质

E. 随着统计研究目的的不同,总体与总体单位可以相互转化

9. 以下关于标志与指标的陈述,正确的是( )。

A. 各种数量标志和所有的统计指标都是变量

B. 数量指标根据数量标志统计,质量指标根据品质标志统计

C. 随着统计研究目的的不同,标志与指标可以相互转化

D. 指标和标志都是能用数值表示的

E. 指标是说明总体特征的,标志是说明总体单位特征的

10. 下列表述正确的是( )。

A. 描述产品质量等级的"1 等、2 等、3 等"是数量标志值

B. 在考察某企业职工情况时,企业职工人数是总量指标

C. 在考察某企业生产效率时,劳动生产率是平均指标

D. 粮食产量、工业总产值、商品销售额是流量指标

E. 时期指标具有累加性,而时点指标不具有累加性

四、案例题

请阅读第三次全国经济普查关于高技术制造业发展情况的统计分析报告,分析其中的总体、总体单位、指标、标志、变量、变异、流量、存量等方面的

含义。

　　五年来我国高技术制造业方兴未艾,规模不断扩大。第一,产业规模不断扩大。企业数量平稳增长。截至 2013 年底,我国规模以上高技术制造业共有企业 26 894 家,比 2008 年增加 1 077 家;占规模以上制造业企业数的比重为 7.8%,比 2008 年提高 1.3 个百分点。企业就业规模扩大。2013 年我国高技术制造业从业人员 1 293.7 万人,比 2008 年增长 36.9%;占全部制造业企业的比重为 15.1%,比 2008 年提高 2.9 个百分点。主营业务收入较快增长。2013 年我国高技术制造业实现主营业务收入 116 048.9 亿元,比 2008 年增长 108.2%;占全部制造业企业的比重为 12.8%,比 2008 年提高 0.8 个百分点。第二,经济效益较快增长。2013 年我国高技术制造业实现利润总额 7 233.7 亿元,比 2008 年增长 165.5%,增幅比其他制造业平均水平高出 11.5 个百分点;高技术制造业利润总额占全部制造业的比重为 13.1%,比 2008 年提高 0.5 个百分点。高技术制造业利润总额与主营业务收入之比为 6.2%,比 2008 年提高 1.3 个百分点,比其他制造业平均水平高 0.1 个百分点。第三,创新能力稳步提高。研发投入较快增长。2013 年我国规模以上高技术制造业投入研发经费 2 034.3 亿元,比 2008 年增长 178.2%,增幅比其他制造业平均水平高 8.7 个百分点。高技术制造业研发经费与主营业务收入之比为 1.75%,比 2008 年提高 0.44 个百分点,比其他制造业平均水平高 1 个百分点。产出水平稳步提升。2013 年我国高技术制造业申请发明专利 7.4 万件,比 2008 年增长 179%;实现新产品销售收入 3.1 万亿元,比 2008 年增长 127%。

　　(资料来源:国家统计局,《五年来我国高技术制造业蓬勃发展》,2014 年 12 月)

第二章
统计调查

■ ■ ■ ■ ■

第一节 统计数据及其来源

一、数据的计量

　　数据是对客观现象计量的结果。由于社会经济现象非常复杂,有的特征和属性是确定的(如企业所有制性质、注册资本额),有的则是随机变化的(如现金净流量、商品库存量),有的表现为数量差异,有的表现为品质差异。因此,数据的计量尺度就尤为重要了。按照数据对现象计量的精确程度,统计数据的计量尺度由低级到高级分为四个层次,分别是定类尺度、定序尺度、定距尺度和定比尺度。

　　定类尺度将数字作为现象总体中不同类别或不同组别的代码,这是最低层次的尺度。在这种情况下,不同的数字仅代表不同类(组)别的品质差异,而不表示顺序或量的大小。这种尺度的数学特征是"＝"或"≠"。例如,上市公司按其市场类型,可以分为上海交易所上市公司、深圳交易所上市公司等类,并用 600 开头的代码表示上证 A 股,900 开头的代码表示上证 B 股,000 开头的代码表示深圳 A 股,200 开头的代码表示深圳 B 股,002 开头的代码表示中小板块,300 开头的代码表示创业板块,400 开头的代码表示三板,580 开头的代码表示权证。

　　定序尺度不但可以用数表示量的不同类(组)别,而且也反映量的大小顺序,从而可以列出各单位、各类(组)的次序。这种尺度的主要数学特征是">"或"<"。例如,上市公司按其业绩好坏可以分为绩优股、绩差股等。定序尺度除了用于分类(组)外,在变量数列分析中还可以确定中位数、四分位

数、众数等指标的位置。

定距尺度,也称间隔尺度,是对事物类别或次序之间间距的计量,它通常使用自然或度量衡单位作为计量尺度。定距尺度是比定序尺度高一层次的计量尺度,它不仅能将事物区分为不同类型并进行排序,而且可以准确地指出类别之间的差距是多少。定距尺度的计量结果表现为数值,可以进行加或减的运算,但不能进行乘或除的运算,其原因是在等级序列中没有固定的、有确定意义的"零"位。

定比尺度是在定距尺度的基础上,确定可以作为比较的基数,将两种相关的数加以对比,而形成新的相对数,用以反映现象的构成、比重、速度、密度等数量关系。由于它是在比较基数上形成的尺度,所以能够显示更加深刻的意义。定比尺度的主要数学特征是"×"或"÷"。

以上四种计量尺度对事物的计量层次是由低级到高级、由粗略到精确逐步递进的。高层次的计量尺度拥有低层次计量尺度的全部特征,反之则不然。所以,高层次的计量尺度的测量结果,可以转化为低层次计量尺度的计量结果。在统计分析中,一般要求测量的层次越高越好,因为高层次的计量尺度可以包含更多的数学特征,能够运用的统计分析方法也就越多。

二、数据的类型

统计数据是采用某种计量尺度对事物进行计量的结果,采用不同的计量尺度会得到不同类型的统计数据。对应不同的计量尺度,统计数据可以分为以下四种类型:

定类数据——表现为类别,但不区分顺序,是由定类尺度计量形成的。

定序数据——表现为类别,有顺序区分,是由定序尺度计量形成的。

定距数据——表现为数值,可进行加或减运算,是由定距尺度计量形成的。

定比数据——表现为数值,可进行加减乘除运算,是由定比尺度计量形成的。

定类和定序数据用来说明事物的品质特征,其结果均表现为类别,不能用数据表示,也称为定性数据或品质数据;定距和定比数据说明现象的数量特征,能够用数值来表现,因此也称为定量数据或数量数据。

区分测量层次和数据类型是十分必要的,因为对不同类型的数据将采用不同的统计方法来处理和分析。比如,对定类数据,可以统计各组的频率,计算众数,进行 χ^2 检验;对定序数据,可以计算其中位数、四分位数、相关系数等;对定距或定比数据还可以用更多的统计方法,如计算各种统计量、进行参数估计和假设检验等等。大多数情况下,我们处理的都是数量数据。

还需要指出的是,适用于低层次测量数据的统计方法,也同样适用于较高层次的测量数据,因为后者具有前者的数学特性;但高层次测量数据的统计方法却不一定能用于较低层次的测量数据,因为低层次数据不完全具有高层次数据的数学特性。

三、统计数据的来源

统计数据的来源主要有两种渠道。一是来源于直接的调查或科学实验,对使用者来说,这是统计数据的直接来源,所搜集到的数据称为原始数据,也叫作第一手数据。原始数据来源于调查人员亲力亲为获得的第一手资料,和调查目的与任务的适应性更强,时效性更强,数据更鲜活。但原始数据往往都是个体数据,需要进一步加工整理才能使用。二是来源于别人的调查或实验数据,对使用者来说,这是统计数据的间接来源,所搜集到的数据称为间接数据或第二手数据。具体来说,间接数据或者来自从调查单位内部直接获取的相关资料如财务报表、统计台账等,或者来自各类外部数据如统计年鉴、在线数据库等。获取间接数据的成本小,而且往往是已经经过加工整理,由个体过渡到总体的统计资料。但是,间接数据对调查目的与任务的适应性较差,而且准确性难以把握。

四、统计数据的要求

统计数据质量的好坏,直接影响统计研究是否能达到目的。因此,对收集到的数据,有以下几点要求。

(一) 准确性

准确性要求是指调查资料如实地反映客观现象的实际情况。保证统计调查资料的准确性不仅是一个技术问题,而且还涉及坚持统计制度和纪律、坚持实事求是、如实反映情况的原则问题。

(二) 及时性

保证统计资料的及时性也是一个全局问题。及时性要求各报告单位要及时完成各项调查的上报任务,从时间上满足各部门对统计资料的要求。一项统计任务的完成,是由许多单位共同努力奋斗的结果,任何一个报告单位不能按规定的时间提供资料,都会影响全面的综合工作,耽误整个统计工作的展开。

(三) 完整性

统计资料的完整性包含两个方面的含义:一方面是调查单位的完整性,

另一方面是调查项目的完整性。调查单位的完整性是指按规定需要报送统计资料的单位,都必须准确及时地上报统计资料,不能有遗漏;调查项目的完整性是指每个调查单位都必须按照统计调查的内容,一项不漏地报送统计资料,只有这样,才能使资料全面准确地反映现象的实际情况。

(四) 适应性

适应性的要求主要是针对间接数据。间接数据是为了其他调查目的而形成的统计资料,而本次调查目的发生了变化,因此所使用的间接数据是否符合本次调查的目的,就需要考虑其适应性,对于那些不适应或不能完全适应的数据,需要进行剔除或进行相应的调整,以使数据能够为本次调查所用。

第二节　统计调查方案

一、统计调查的意义

统计调查是按照统计任务的要求,在完成统计设计后,运用科学的调查方法,有组织地向社会实际搜集各项原始资料的过程。

统计调查的成果是反映社会经济现象数量方面的各项原始资料,进而为统计整理和统计分析工作提供基础。如果统计调查没有做好,搜集到的数据资料达不到准确性、及时性、完整性和适应性的要求,则根据这种数据进行整理和分析的结果,必定不能如实地反映社会经济现象的真实情况,甚至还会得出相反的统计分析结论。

统计调查工作除了要遵循前述的准确性、及时性、完整性和适应性外,还要注意经济性。统计调查是一项组织严密、过程复杂、涉及面广的工作,会耗费大量的人力、物力和财力,统计调查要争取以量少的投入获得所要求的统计资料。

二、统计调查方案设计

为了使统计调查工作顺利进行,在组织调查之前,必须首先设计一个周密的调查方案。统计调查方案包括六项基本内容。

(一) 确定调查目的

制定调查方案,首先要明确调查目的,要解答为什么要进行调查、调查要解决什么的问题。有了明确的目的,才能做到有的放矢,正确地确定调查的内容和方法，才能根据调查目的搜集与之有关的资料，而舍弃与之无关的资料。这样，可以节约人力、物力，缩短调查时间，提高调查资料的时效性。调查目的决定了调查的对象、调查的内容和采用的调查方法等。例如，新中国成立后，我国进行了六次人口普查，每次普查目的都不一样，因而调查项目也就不一样。如1953年第一次全国人口普查，目的是配合召开全国人大，确定选民及人大代表名额的需要，并为国家制定发展国民经济的第一个五年计划提供确实的人口数字，所以，调查主要是搞了四个项目：姓名、年龄、性别、民族。2000年第五次全国人口普查是在初步建立社会主义市场经济体制下进行的首次人口普查，普查所采用的新技术达到了国际先进水平，所设计的调查内容有23项户记录项目和26项人记录项目。2010年第六次人口普查，主要目的是查清十年来我国人口在数量、结构、分布和居住环境等方面的变化情况，为实施可持续发展战略、构建社会主义和谐社会，提供科学准确的统计信息支持，设计的调查内容包括20项户记录和28项人记录项目。总之，调查项目要根据调查目的列入计划。

（二）确定调查对象和调查单位

所谓调查对象，就是我们需要收集其资料的许多单位组成的总体，即调查总体。它是由许多性质相同的调查单位所组成。所谓调查单位，是指所要调查的每一个单位，是进行调查登记的标志的承担者。例如，调查目的为搜集某地区国有及国有控股企业生产情况的资料，则调查对象就是该地区所有国有及国有控股企业，而具体的每一个国有企业及国有控股企业就是调查单位。

在确定调查对象时，要明确总体的界限，划清调查的范围，以防在调查工作中产生重复或遗漏。例如，调查第三产业企业的生产情况，必须把第三产业与工业、农业或其他物质生产部门区分开。确定调查单位，就是要赋予调查单位以科学的定义，同时还要注意区分调查单位与报告单位（也称填报单位）。调查单位是调查项目的承担者，而填报单位则是负责上报调查资料的单位，这两者有时一致，有时不相一致。例如金融机构普查，每个金融机构既是调查单位又是报告单位。而如果进行金融从业人员基本情况普查，则每一个金融企业员工是调查单位，而报告单位是金融机构。

（三）确定调查项目和设计调查问卷

调查项目是调查中所要登记的具体内容，包括调查单位所须登记的标志（品质标志和数量标志）及其他有关情况。它完全是由调查对象性质、调查目的所决定的。例如，2010年全国人口普查拟定了姓名、与户主关系、性别、出生年月、民族、户口性质、户口登记地、出生地等28个人记录调查项目。

调查项目要以调查目的和任务为依据,同时也要考虑调查对象的特点,在具体拟定调查项目时须注意三个问题:第一,只列入能够得到确定资料的项目,有些项目不必要或者需要但没办法取得资料,则不要列入;第二,凡列入的调查项目,含义要具体明确,解释要清晰一致,以免按照不同理解进行回答得到不统一的答案,有些项目根据需要可加注释,规定统一口径;第三,调查项目之间尽可能相互联系、彼此衔接,以便相互核对起到校验作用,在一次调查中,各个项目之间保持有一定的联系,在多次调查中,项目之间尽可能地保持联系,使其具有可比性。

将各个调查项目按照一定顺序以表格形式体现出来,就构成了调查表。调查表一般分为一览表和单一表两种形式。一览表是把许多调查单位和相应的项目按次序登记在一张表上,当调查项目不多时可用一览表,较为简洁,便于合计和核对数据,如人口普查表就是一种一览表。单一表是一张表格里只登记一个调查单位,可容纳更多标志。如果项目多,一份表格可以由几张表组成。统计调查采用哪一种表式,是根据调查目的和任务而定的。

调查问卷是以问题的方式系统地记录调查项目和内容的一种书面形式。从形式上看,调查问卷是调查表和其他一些调查项目的组合形式,它既可以是由一个或多个调查表构成,也可以没有一张调查表而全部是由独立的调查项目组成,还可以是调查表和其他一些调查项目各占一定比例组合而成。调查问卷是收集调查对象各项原始资料的基本形式,如何设计一份科学的统计调查问卷,直接决定了统计调查的质量。

设计调查问卷要注意四方面原则。首先,主题明确。根据调查任务,紧扣调查主题来拟题,问题目的明确,重点突出,没有与主题无关的问题。其次,结构合理。问题的排列顺序有一定的逻辑性,符合被调查者的思维程序。一般是先易后难、先简后繁、先具体后抽象。再次,通俗易懂。调查问卷应使被调查者一目了然,并愿意如实回答。问卷中语气要亲切,符合被调查者的理解能力和认识能力,避免使用专业术语。对敏感性问题采取一定的调查技巧,使调查问卷具有合理性和可答性,避免主观性和暗示性,以免答案失真。最后,便于统计。要注意有效控制调查问卷的篇幅和回答问题的时间,调查问卷搜集的资料要便于整理、归纳、校验和统计。

一般地说,调查问卷主要由标题、前言、指导语、问题与答案、编码等部分组成。

1. 标题

问卷标题是对调查主题的高度概括,位于统计调查问卷的上端中央。标题的确定要能激发被调查者的兴趣。标题要简明扼要和切题,让被调查者对所要回答的内容有大致的了解,如"大学生创业心理调查问卷"。不能采用诸如"统计调查问卷"这样不能说明主题的标题,否则会让被调查者因不清楚要调查什么而产生排斥心理。

2. 前言

前言又称引言,有两方面内容。一是阐明调查的组织机构、目的和意义,表明调查的保密性原则,感谢被调查者的合作与支持,进而消除被调查者的顾虑,引起被调查者的兴趣,争取被调查者的支持和合作。这部分的文字表述要谦虚、诚恳。二是记录本份调查问卷的基本信息,主要包括调查的时间、地点与方式,被调查者的姓名、联系电话等,调查员的姓名及问卷编号等。为了消除被调查者的顾虑,通常采用匿名调查的方式,即不要求被调查者留下姓名,但要求留下被调查者的联系电话,主要是为了方便以后的电话回访。

3. 指导语

指导语是对填写调查问卷的方法、要求、注意事项等的总说明,一般是以文字和符号对要作答的题目提出要求。指导语通常有两方面的内容:一是题目中专用名词的概念界定,比如"劳动力""青年"等名词的含义界定,这样便于统一口径;二是具体的答题方法说明,比如"本题可以多选"等。指导语既可以统一放置在正式的调查问题之前,也可以分开单独放在某个具体的题目那里。编写指导语,最重要的标准就是简明扼要。

4. 问题与答案

调查问卷的主要内容是问题与答案,这部分设计的好坏直接影响到调查问卷设计的质量高低。根据提问的形式不同,调查问卷可以分为开放式问题和封闭式问题两种。

(1)开放式问题是指没有向被调查者提供备选答案的问题。从形式上看,开放式问题有填空式和自由回答式两类。

填空式是指在问题后面给出空格,让被调查者根据实际情况填写答案。它一般适合于容易填写的问题,常常只需要填写数字。例如:

请问贵公司有多少工人?_____。

自由回答式是指调查员提出问题,不给出备选答案,由调查者自由地表达。这是开放式问题最常用的形式。例如:

您认为如何才能控制住房价上涨?_____。

(2)封闭式问题是指已经设定好了各种可能答案的问题,被调查者只能从备选答案中选择一个或多个现成的答案。在设计中,其主要格式有二项式、多项式、评定式、序列式等。

二项式或是否式,即可供选择的答案只有两个,备选答案通常是用"是"与"否"、"有"与"无"等来描述,这两个备选答案是对立互斥的,被调查者只能填写其中一个答案。例如:

贵公司设有董事会吗?＿＿＿＿＿＿＿

① 有　　　　　　　② 无

多项式,即可供选择的答案在两个以上,根据问卷的要求,被访者可以选择一个或多个答案。例如:

您从事股票交易的换手率(单选):＿＿＿＿＿＿＿

① 平均 5 天换手一次或更短　　② 平均 1 个月左右换手一次

③ 平均 1 至 6 个月左右换手一次　④ 平均投资周期在 6 个月以上

引起总会计师承担主要责任的事项主要包括(可多选):＿＿＿＿＿＿＿

① 重要投资决策失误　　　　② 违反国家法律法规、财经制度等行为

③ 财务报告信息失真、财务舞弊　④ 重大决策的财务联签字

⑤ 重大经营损失、资产流失　　⑥ 其他责任＿＿＿＿＿＿＿＿＿＿＿

评定式,即如果研究的目的是对某事物若干特征进行程度比较,则可以将特征的重要程度进行排列,然后由被调查者从中选择答案。如表 2.1。

表 2.1　总会计师在贵公司的职责发挥程度

	很好	较好	一般	未有效	难发挥
1. 会计基础管理职责的发挥程度					
2. 财务管理与监督职责的发挥程度					
3. 内控制度建设中作用的发挥程度					

序列式要求被调查者对所给出的全部答案做出反应,按自己的偏好程度区分出重要程度,并按顺序排列答案。序列式的具体格式可以是从几个答案类别中挑选一个或多个最重要的答案并排序,也可以是让被调查者打分的形式。例如:

贵公司在采购风险管理上面临的风险或考验(按重要性排序,第一个为最重要):＿＿＿＿＿＿＿

① 法规/政策的应用、遵循和变动　② 原材料数量/价格的变化

③ 自然灾害等造成供应条件变化　④ 过度依存单一或有限供应商

⑤ 供应商质量与履约情况不佳　　⑥ 供应商的财务风险如破产

⑦ 公司的采购计划或合同管理不佳 ⑧ 汇率的变化

⑨ 劳动力成本的上升　　　　　　⑩ 市场需求波动

此外,问题设计时应注意以下事项:

第一,避免提出断定性的问题。例如,"贵公司董事会每年开多少次会议?"就是一种断定式问题,被调查企业可能没有设立董事会。正确的方法应该是在这个问题前加一个过滤性问题"贵公司有董事会吗?",如果回答"有"则继续提问"贵公司董事会每年开多少次会议?";如果回答"无",则分流到其他问题。

第二,问题数量要适度。问卷调查中,被调查者通常都是义务来回答调查问卷的内容,如果问题设计太多,会使被调查者产生反感心理,致使被调查者不愿意回答,问卷回收率低。因此,一份问卷的开放式问题不宜过多。

第三,所列问题不能超出被访者的能力。这种能力包括识别文字和理解文字的能力、知识的范围和水平等。在问卷中,文字要浅显易懂,不要用冷僻、深奥和过于抽象的词句,要根据不同的对象,使用他们熟悉的大众化语言。

第四,尽量避免社会禁忌和敏感性问题。禁忌性或敏感性问题包括各地风俗和民族文化中的忌讳,也包括涉及个人利害关系的问题,如"你们家有存款多少?""您离过婚吗?"。对这类问题可以通过以下三种方法处理:一是释疑法,在问题前面写一段消除顾虑的文字,或在调查表引言中写明替被调查者严格保密,并说明将采取的保密措施;二是假定法,用一个假定条件句作为前提,然后询问被调查者的看法;三是转移法,把本应该由被调查者根据自己实际情况回答的问题,转移到由被调查者根据他人的情况来阐述自己的想法。

第五,问题的表述要清楚。首先,每个问题要规范化、标准化,即问卷上提出的每个问题和概念都要有明确规定,要使所有的被访者做出一致的正确理解。为此,需要采用一种"操作"定义,明确规定或指明某一概念的具体含义。例如"劳动力"这个词,男性劳动力的起止年龄范围与女性劳动力的是不一样的,而且在劳动力年龄范围内失去劳动能力的,以及超过劳动力年龄仍具有劳动能力的,这些特殊情况如何判定? 大多数被调查者是不清楚的,这就需要在问卷中做明确的界定。其次,一句话只问一件事,不要问两件或两件以上的事。提问不能带有暗示,即不能带有感情色彩和倾向性。最后,文字应尽可能简明扼要。无论是设计问题还是设计答案,所用语言都应简单。问题的陈述要尽可能简短。

第六,问题的排列顺序要恰当,问题之间的承接要清楚。通常,把被调查者熟悉的问题放在前面,把被调查者比较生疏的问题放在后面;把简单的问题放在前面,把较难回答的问题放在后面;把能引起被调查者兴趣的问题放在前面,把容易引起他们紧张或产生顾虑的问题放在后面。由于开放式问题没有给定备选答案,需要被调查者做更多的思考才能回答,因此开放式问题一般放在封闭式问题的后面。

5. 编码

编码是指对调查问卷中的问题与答案用数字(或字母)所表示的代码,也是问卷调查的重要组成部分。编码既可以在设计调查问卷时就编好(前编码),也可以在调查完成后再进行编码(后编码)。在实际调查中,研究者大多采用前编码。问卷调查的编码便于后期进行计算机处理与统计分析,是计算机数据处理的中介和桥梁。

(四)确定调查时间和调查期限

调查时间是指调查资料所属的时点或时期。在统计调查中,有的是调查现象在某一时点上的状态,统计调查必须规定统一的时点,通常这一时点为标准时间。例如,我国第六次人口普查的标准时间定为 2010 年 11 月 1 日 0 时。有的是调查现象在一段时期内发展过程的结果,统计调查则要明确资料所属的起止日期,所登记的资料指该时期第一天到最后一天的累计数字。例如,调查 2014 年第一季度的 GDP 总值,则调查时间是从 2014 年 1 月 1 日起至 2014 年 3 月 31 日止的 3 个月。

调查期限是指调查工作进行的起止时间,包括搜集资料和报送资料的整个工作所需的时间。例如,我国第六次人口普查规定 2010 年 11 月 1 日 0 时为普查登记的标准时点,要求 2010 年 11 月 10 日以前登记完毕,则调查时间为 11 月 1 日 0 时,调查期限为 11 月 1 日至 10 日共 10 天。为了保证资料的及时性,必须尽可能缩短调查期限。

(五)确定调查的组织实施计划

调查工作的组织实施计划包括明确调查机构、制定调查工作步骤与日程安排、开展调查员培训、实施预调查、安排调查期间后勤保障、落实经费来源和开支、确定调查资料报送方法和调查结果公布时间等方面。为了确保调查问卷和调查项目对社会经济现象的适应性,很多统计调查会在正式开展大规模调查之前,先选择极小部分调查单位开展预调查,并据此来修改和完善调查问卷及项目。另外,在正式开展调查前,有必要对所有调查员开展专门培训,培训内容包括访谈技巧、统计口径、调查注意事项等。

第三节　统计调查的组织形式

一、统计调查的种类

统计调查按调查对象所包括范围的不同,可分为全面调查和非全面调查。全面调查是对构成调查对象总体的所有单位都无一例外地进行逐一调查。非全面调查是对调查对象中的一部分单位进行调查。相对来说,全面调查获得的资料更加系统和全面,但调查所耗费的人力、物力和财力也更大。

统计调查按登记资料的时间不同,可分为经常性调查和一次性调查。经常性调查是随着调查对象在时间上的变化而连续不断地登记或观察,了解事物在一定时期内发生、发展的全过程。这种调查在物质生产活动中应用广泛,如工业产品产量调查、主要原材料与燃料消耗调查等。一次性调查是对调查对象在某一时刻的状况进行一次性登记,反映事物在一定时点上的发展水平或状态,是不连续调查。例如,对人口的数量特征隔一段时间进行一次普查。

二、统计调查的组织形式

统计调查的组织形式是指组织统计调查、搜集信息资料的具体方式。统计调查包括统计报表和专门调查两种组织形式,其中,专门调查又分为普查、抽样调查、重点调查和典型调查四种形式。

(一) 普查

普查是一个国家或一个地区为详细地了解某项重要的国情、国力而专门组织的一次性的全面调查。它有两个主要特点:第一,普查是一次性(或周期性)调查,其主要用来调查属于一定时点上的社会经济现象的总量;第二,普查是专门组织的全面调查,其主要用来全面、系统地掌握重要的国情、国力方面的统计资料。

普查的具体方式有两种:一种是从上至下组织专门的普查机构和队伍对调查单位直接进行登记;另一种是利用调查单位的原始记录与核算资料,结合清仓盘点,由原有的调查机构、单位自行填报表格。

与其他调查方式相比,普查搜集资料的方法比较多样。第一,可以颁发调查表或普查表,由各调查单位自行填报,我国经济普查多采取这种报告法;

第二,可用直接观察,即由调查人员对所有调查单位进行计量和观察,如牲畜普查就是采取这种直接查点牲畜头数和重量的方法;第三,可以派员询问,即由调查人员对被调查者采访以搜集资料,如人口普查。事实上,搜集资料的各种方法在同一次普查中也可以结合运用。

1994年,我国正式确立了国家周期性普查制度,普查项目包括人口普查、农业普查、工业普查、第三产业普查和基本单位普查等5项。2003年,我国对国家普查项目及其周期安排进行了调整。目前,我国现有的国家普查项目有:(1)人口普查每10年进行一次,逢0的年份进行;(2)农业普查每10年进行一次,逢6的年份进行;(3)第三产业普查、工业普查和基本单位普查合并,再加上建筑业,共四项工作一起进行,统称为经济普查,全国经济普查每10年进行两次,分别在逢3、逢8的年份实施;(4)全国污染源普查始于2006年,时隔10年,于2016年进行了第二次全国污染源普查。

组织普查必须遵守以下四项原则:

首先,必须统一规定调查资料所属的标准时点,使所有普查资料都反映这一时点上的状况,避免重复和遗漏。例如人口普查,如果没有一个统一的标准时点,就会导致各调查单位登记的人口出生和死亡、迁入和迁出等数据失去可比性。当然,在实际登记时,不可能全国各地都在标准时间(比如,2000年人口普查的标准时间是11月1日0时)的一瞬间把普查的各项数字都同时登记好,而是有些边远地区要提前几天登记,一般地区要在以后几天内登记完,这属于调查期限的概念了。

其次,正确选择普查时期。普查的时期就是普查登记在什么时期进行。普查的标准时间是在普查时期选择的基础上才能确定的。普查时期应根据国家的需要选择在被调查现象变动最小的时期或是普查工作最方便的时期。例如,每10年一次、逢0的年份进行的人口普查,普查时期由原来的7月(第一次到第四次)调整到现在的11月(第五、六次)。

再次,在普查范围内各调查单位或调查点应尽可能同时进行调查,并尽可能在最短期限内完成,以便在方法上、步调上协调一致。如果时间拉得过长,就会影响调查资料的准确性和时效性。比如,2010年我国第六次人口普查,调查登记时间规定在10天之内(11月1日—10日)。

最后,调查项目一经确定,不能任意改变或增减,以免影响汇总综合,降低资料质量。同类普查的内容在各次普查中要尽可能保持相对稳定,以便将历次普查资料进行对比。

此外,进行普查前应先试点,取得经验,交流推广。普查结束后,要用其他调查方式(比如抽样调查)对普查资料进行检查和修正,以保证普查资料的质量。

(二)抽样调查

抽样调查是一种非全面调查,它是按照随机原则,在全部调查单位中抽取一部分单位进行调查,根据调查的结果推断总体数量特征的一种调查方法。抽样调查与其他非全面调查比较,具有两个基本特征:一是按照随机的原则抽选单位,排除个人主观意图的影响;二是对一小部分单位做深入细致的调查研究,取得数据,并据此从数量上推算总体。

在社会经济现象中,有很多现象是无法进行全面调查的,故须采用抽样方法调查,例如对电灯泡产品质量的检查。即使可以用全面调查方式,有时用抽样调查方式更加节约并能提高效率。现在世界上许多国家,无论自然科学试验或社会科学搜集资料,都广泛采用抽样调查方法。

(三)重点调查

重点调查是在调查对象范围内选择部分重点单位搜集统计资料的非全面调查。重点单位是指这些单位在全部总体中虽然数目不多,所占比重不大,但就其调查的标志来说,这些单位的标志值之和却在总体标志总量中占很大的比重。通过对这部分重点单位的调查,可以从数量上说明整个总体在该标志总量方面的基本情况。

重点调查的优点在于调查单位少,可以调查较多的项目和指标,了解较详细的情况,取得资料也及时,即用较少的人力和时间,取得较好的效果。当调查任务只要求掌握总体在调查标志方面的基本情况,而且总体中确实存在重点单位时,采用重点调查是比较适宜的。但必须指出,由于重点单位与一般单位的差别较大,通常不能由重点调查的结果来推算整个调查总体的指标。

组织重点调查的关键问题是确定重点单位。重点单位选多少,要根据调查任务确定。一般来说,选出的单位应尽可能少些,而其标志值在总体中所占的比重应尽可能大些。其基本标准是所选出的重点单位的标志值必须能够反映研究总体的基本情况。选择重点单位时,针对不同标志,或同一标志不同时期的重点调查,要随着情况的变化而随时调整重点单位。要注意重点单位可以变动的情况,即要看到:一个单位在某一问题上是重点,而在另一问题上不一定是重点;在某一调查总体中是重点,在另一调查总体中不一定是重点;在这个时期是重点,在另一个时期不一定是重点。选中的单位应是管理健全、统计基础工作较好的单位。

（四）典型调查

典型调查是根据调查的目的和任务,在对调查对象进行初步分析基础上,有意识地选取若干具有典型意义的或有代表性的单位进行的非全面调查。其主要特点是:第一,调查单位少,能深入实际,深入群众,搜集详细的第一手资料;第二,由于典型单位是有意识选出的,对其进行调查,容易受到人的主观意志的影响;第三,典型调查机动灵活,可节省人力和物力,提高调查的时效性。

典型调查的中心问题在于如何正确地选择典型单位,要保证被选中的单位具有充分代表性。选择典型单位的方法通常有划类选典式和解剖麻雀式两种方法。划类选典式是指在总体各单位标志值差异较大的情况下,可以在了解总体基本情况的基础上,把总体分成若干类型,从每一类型中按它在总体中所占比例的大小,选出若干典型单位进行调查。例如,为了研究某地区工业企业经营业绩情况,可以按照工业企业经营收益标志进行分类,然后从每个类别中各选择1~2个典型单位进行调查,这样,不同层次经营业绩的企业都有了代表单位,进而能反映总体的全面情况。解剖麻雀式是指在总体各单位标志值差异很小的情况下,选择具有代表性的个别典型单位进行全面、深入、细致的调查,进而掌握调查对象的一般水平。

（五）统计报表制度

统计报表是我国定期搜集基本统计资料的一种重要的组织形式。统计报表制度是指根据国家有关法规的规定,自上而下地统一布置,按照统一规定的表式、统一的指标项目、统一的报送程序和报送时间,自下而上地逐级提供基本统计资料的一种调查方式。

统计报表的主要特点是:首先,统计报表的资料来源是建立在基层单位的各种原始记录的基础上,基层单位也可利用其资料对生产、经营活动进行监督管理;其次,由于统计报表是逐级上报和汇总的,各级领导部门能获得管辖范围内的报表资料,了解本地区、本部门的经济和社会发展情况;最后,由于统计报表属于经常性调查,调查项目相对稳定,有利于积累资料,并且可进行动态对比分析。

统计报表按实施范围分为国家、部门和地方统计报表。国家统计报表是国民经济基本统计报表,它是用来反映国民经济和社会发展基本情况的统计报表,由国家统计局制发。部门统计报表是各业务部门为业务管理的需要而制发的,只在本系统内执行,用来搜集有关部门的业务技术资料。地方统计报表主要用来满足地方专门需要,其实施范围为各省、市、自治区、直辖市。部门统计报表和地方统计报表都是国家统计报表的补充。

统计报表按调查范围不同可分为全面统计报表和非全面统计报表。全面统计报表要求调查对象中的每个单位都填报；非全面统计报表只要求调查对象中的一部分单位填报。

统计报表按照报送周期长短的不同，可分为日报、旬报、月报、季报、半年报和年报等。年报是带有总结性的报表，其作用在于总结报告年度计划执行情况，分析研究历年生产发展趋势和平衡关系。所以，年报具有指标多、分组细、统计范围广等特点。除年报外，其他报表都称为定期报表。日报、旬报由于时效性强，也称为进度报表。各种报表报送周期的长短和指标项目的详简有一定的关系。通常是报表报送的周期愈短，报送的指标项目愈简愈粗；反之，则指标项目就愈多愈细。

统计报表按填报单位不同，可分为基层报表和综合报表。基层报表是由基层企业、事业单位根据原始记录汇总、整理、编报的统计报表。编报基层报表的单位称为基层填报单位。综合报表是由各级国家统计部门和业务主管部门根据基层报表汇总、整理、编报的统计报表，其反映一个地区、一个系统或全国的基本情况。编报综合报表的单位则称为综合填报单位。

统计报表按报送方式不同，分为电讯报表和书面（邮寄或投递）报表两种。电讯报表又可分为计算机网络、电报、电话和传真等方式。采用什么方式要取决于内容的紧迫性或要求的时效性。日报和旬报时效性强，要求迅速上报，故通常采用电讯方式上报；月报、季报、半年报和年报，除少数月报也采用电讯方式外，一般采用书面（邮寄或投递）的方式上报。

综上所述，统计调查的组织形式多种多样，实际组织调查时到底采取什么形式，必须根据调查的具体任务和调查对象本身的特点而定，并随客观情况和工作条件的变化而适当选用。在许多情况下可以推行非全面调查，特别注重采用抽样调查。同时，也要注意各种调查形式的结合运用，把全面调查和非全面调查结合起来，或用非全面调查核实全面调查资料的质量。比如，人口普查的一个显著特点是各国逐步采取全面调查与抽样调查相结合的方法。如美国，曾选择 20％的人口调查出生地、文化教育程度、收入等；选择15％的人口调查父母出生地、童年语言、是否服兵役等；选择 5％的人口调查行业、职业和来美时间。

三、统计调查方法

统计调查方法是指搜集调查对象原始资料的方法，即调查者向被调查者搜集答案的方法，主要有直接观察法、登记法、报告法、采访法和实验设计调查法等。

直接观察法是由调查人员到现场对调查对象进行观察、点数和计量,如对商品库存的盘点。直接观察法能够保证所搜集资料的准确性,便于开展统计分析,但需要消耗大量人力、物力和时间,而且无法用于对历史统计资料的搜集。

登记法是由有关的组织机构发出通告,规定当事人在某事发生后到该机构进行登记,填写登记材料,如人口出生和死亡的统计及流动人口的统计就是规定当事人到公安机构登记。

报告法(凭证法)是由统计工作机构将调查表格分发给报告单位和被调查者,被调查者根据填报要求填好调查表格再上报给统计工作机构。我国现行的统计报表制度就是采用报告法搜集资料的。

采访法是根据被调查者的答复来搜集统计资料的,具体又可分为口头询问法和被调查者自填法。口头询问法是由调查者对被调查者逐一采访,当面填答。被调查者自填法是由调查者把调查表交给被调查者并说明填表的要求和方法,并对有关事项加以解释,被调查者根据实际情况一一填写,填好之后交调查者。采访形式可以是多种多样的,既可以直接面对面的调查,也可以通过电话、网络进行调查。

实验设计调查法是用于搜集测试某一新产品、新工艺或新方法使用效果资料的方法。往往通过分组进行对照实验,并在实验中采集数据。分组时,实验对象分配、实验次序安排应遵循随机原则。一般来说,对于可以通过科学实验取得资料的,采用实验设计调查法;而对于无法通过科学实验取得资料的,则应用直接观察法。

近年来,现代信息网络技术被广泛地应用于统计调查工作中。调查机构利用门户网站、电子邮箱、网络微博、手机微信等方式,向调查单位发出调查问卷。调查单位在他们方便的时间填写问卷,并通过网络向调查机构提交问卷信息。另外,还出现了一些基于互联网的专门从事问卷调查服务的第三方服务商,例如集思吧、问卷星等。

本章练习

一、判断对错

1. 全面调查和非全面调查是根据调查结果所得到的资料是否全面来划分的。 ( )

2. 对某市下岗职工生活状况进行调查,要求在一个月内报送调查结果,所规定的一个月时间是调查时间。 (　　)

3. 我国人口普查的总体单位和调查单位都是每一个人,而填报单位是户。 (　　)

4. 采用重点调查搜集资料时,选择的调查单位是标志值较大的单位。 (　　)

5. 人口普查是专门调查,是一次性调查,也是全面调查。 (　　)

6. 典型调查既可以搜集数字资料,又可以搜集不能用数字反映的实际情况。 (　　)

7. 重点调查与抽样调查的目的是一致的,即都是通过对部分单位的调查,来达到对总体数量特征的认识。 (　　)

8. 典型调查与抽样调查的根本区别是选取调查单位的方法不同。 (　　)

9. 调查单位和填报单位在任何情况下都不可能一致。 (　　)

10. 企业机器设备普查每五年进行一次,因此它是一种经常性调查方式。 (　　)

二、单项选择题

1. 连续调查与不连续调查的划分依据是(　　)。

A. 调查的组织形式不同　　　　B. 调查登记的时间是否连续

C. 调查单位包括的范围是否全面　D. 调查资料的来源不同

2. 对一批某品牌手机进行质量检验,最适宜采用的方法是(　　)。

A. 全面调查　　B. 抽样调查　　C. 典型调查　　D. 重点调查

3. 下列调查中,调查单位与填报单位一致的是(　　)。

A. 企业设备调查　　　　　　B. 人口普查

C. 农村耕地调查　　　　　　D. 工业企业现状调查

4. 抽样调查的主要目的是(　　)。

A. 计算和控制抽样误差　　　B. 推断总体数量

C. 对调查单位做深入研究　　D. 广泛运用数学方法

5. 下述各项调查中属于全面调查的是(　　)。

A. 对某种连续生产的产品质量进行检验

B. 某地区对工业企业设备进行普查

C. 对全国钢铁生产中的重点单位进行调查

D. 抽选部分地块进行农产量调查

6. 统计调查表的形式一般有( )。

A. 简单表和分组表   B. 简单表和复合表

C. 分组表和一览表   D. 单一表和一览表

7. 居民年末储蓄存款余额是( )。

A. 定比数据   B. 定距数据   C. 定类数据   D. 定序数据

8. 某市规定 2012 年工业经济活动成果年报呈报时间是 2013 年 1 月 31 日,则调查期限为( )。

A. 一天   B. 一个月

C. 一年   D. 一年零一个月

9. 通过调查大庆、胜利、辽河等油田,了解我国石油生产的基本情况。这种调查方式是( )。

A. 典型调查   B. 重点调查   C. 抽样调查   D. 普查

10. 统计调查的基本任务是取得原始统计资料,所谓原始统计资料是( )。

A. 统计部门掌握的资料

B. 统计年鉴或统计公报上发布的资料

C. 直接向调查单位进行登记所取得的资料

D. 对历史统计资料进行整理后取得的资料

三、多项选择题

1. 在工业企业设备普查中,( )。

A. 工业企业是调查对象   B. 每个工业企业是填报单位

C. 每台设备是填报单位   D. 每台设备是调查单位

E. 工业企业的全部设备是调查对象

2. 制定统计调查方案,应确定( )。

A. 调查目的和调查对象   B. 调查单位和填报单位

C. 调查项目和调查表   D. 调查资料的使用范围

E. 调查的时间和时限

3. 抽样调查和重点调查的共同点是( )。

A. 两者都是非全面调查

B. 两者选取单位都不受主观因素的影响

C. 两者都按随机原则选取单位

D. 两者都按非随机原则选取单位

E. 两者都可以用来推断总体指标

4. 以下属于统计调查误差的是（　　）。

A. 调查得到的数据与客观存在的数据不符

B. 数据填报负责人虚报

C. 用样本资料推断总体指标产生的偏差

D. 数据填报人填写错误

E. 数据填报人计算错误

5. 把全部产品分为优等品、一等品、二等品、三等品和等外品,这个数据是（　　）。

A. 定性数据　　　B. 定量数据　　　C. 定类数据　　　D. 定序数据

E. 时间序列数据

6. 下列属于专门调查的有（　　）。

A. 普查　　　　　B. 抽样调查　　　C. 统计报表　　　D. 重点调查

E. 典型调查

7. 某企业进行奖金制度改革,员工对改革的态度有赞成、中立和反对,这个数据是（　　）。

A. 定性数据　　　B. 定量数据　　　C. 定类数据　　　D. 定序数据

E. 截面数据

8. 下列各调查中,调查单位和填报单位一致的是（　　）。

A. 企业设备调查　　　　　　　B. 人口普查

C. 工业企业普查　　　　　　　D. 商业企业调查

E. 商品价格水平调查

9. 抽样调查和典型调查的主要区别在于（　　）。

A. 选取调查单位的方法不同　　　B. 调查单位的多少不同

C. 在能否计算和控制误差上不同　D. 调查的目的不同

E. 调查的组织形式不同

10. 我国第六次人口普查的标准时间是 2010 年 11 月 1 日 0 时,下列情况应统计人口数的有（　　）。

A. 2010 年 11 月 2 日 1 时出生的婴儿

B. 2010 年 10 月 30 日 6 时出生的婴儿

C. 2010 年 10 月 30 日 14 时死亡的人

D. 2010 年 11 月 1 日 1 时死亡的人

E. 2010 年 10 月 29 日出生,11 月 1 日 3 时死亡的婴儿

四、案例题

　　某市为了优化金融服务实体经济,推动解决中小微企业融资难、融资贵问题,拟面向该市中小微企业的企业家开展"中小微企业融资情况"统计调查。如下是调查问卷中的部分内容,请据以补充完善形成一份完整的调查问卷。

　　1. 贵企业目前的资金状况　　　　　　　　　　　　　　　（　　）

　　A. 较紧张　　　　B. 一般　　　　C. 较充裕

　　2. 贵企业融资的主要用途　　　　　　　　　　　　　　　（　　）

　　A. 补充流动资金　　　　　　　B. 固定资产投资

　　C. 技术改造　　　　　　　　　D. 上新项目

　　3. 贵企业近年来主要的融资渠道(可多选)　　　　　　　（　　）

　　A. 银行融资

　　B. 小额贷款公司、典当行等类金融机构融资

　　C. 发行债券融资

　　D. 引入股权投资基金、创业投资基金等

　　E. 自行筹资及向亲戚朋友借款

　　F. 其他企业借款

　　4. 贵企业获得融资的综合成本为年利率　　　　　　　　（　　）

　　A. 5%(含)以下　　　　　　　B. 5%～10%(含)

　　C. 10%～15%(含)　　　　　　D. 15%～24%(含)

　　E. 24%～36%(含)　　　　　　F. 36%以上

　　5. 贵企业获得贷款的满足率(实际拿到的贷款额/向银行的申请额)

　　　　　　　　　　　　　　　　　　　　　　　　　　　　（　　）

　　A. 小于50%(含)　　　　　　　B. 50%～80%(含)

　　C. 80%～100%(含)

　　6. 贵企业从提交贷款申请到实际获得贷款平均所用时间　（　　）

　　A. 没有获贷　　B. 1周(含)以内　C. 1～2周(含)　D. 2～4周(含)

　　E. 1～3个月(含)　　　　　　　F. 3个月以上

　　7. 在融资需求中,贵企业最看重的因素　　　　　　　　　（　　）

　　A. 融资额度　　　B. 融资成本　　　C. 融资效率

　　8. 贵企业的贷款通常是否有抵质押(可多选)　　　　　　（　　）

　　A. 无抵押、无担保　　　　　　B. 不动产抵押

C. 知识产权质押   D. 应收账款质押

E. 担保公司担保   F. 其他企业或第三方担保

9. 贵企业认为获得贷款难的主要原因是(可多选)   (   )

A. 银行对企业财务状况或经营情况要求过于苛刻

B. 银行对企业的担保条件过于苛刻

C. 银行对企业的信用等级要求太高

D. 银行缺乏专门针对中小微企业特点的信贷产品

E. 银行贷款业务流程设置不合理

F. 银行信贷规模紧缩

G. 银行信贷管理权限过于集中在上级

H. 企业抵押担保不足

I. 企业信用等级不高

J. 企业规模小

K. 企业经营状况不佳

L. 企业财务状况和资金管理情况不符合信贷要求

10. 贵企业认为获得股权融资难的主要原因是(可多选)   (   )

A. 企业的股东不愿意过度稀释股权

B. 企业缺乏与股权投资机构对接的渠道

C. 企业的发展阶段、所属行业、盈利模式等不符合股权投资机构的投资偏好

D. 股权投资机构对于企业成长性、未来业绩承诺等投资条件过于苛刻

E. 投资机构与企业对于投资估值无法达成一致

第三章
统计整理

■   ■   ■   ■   ■

第一节　统计整理概述

一、统计整理的概念

统计调查取得的原始数据是分散的、凌乱的、不系统的，仅反映各被调查单位的具体情况，反映事物的表面现象或某个侧面，不能说明客观现象总体的情况。因此，必须对这些数据进行加工整理，才能认识事物的总体及其内部特征。统计数据整理是根据统计研究的任务与要求，对收集得到的各种原始数据进行审核、分组、汇总，使之系统化、条理化、科学化，从而反映现象总体的数量特征与规律。需要注意的是，统计数据的整理虽然主要是对原始数据的加工处理，但根据研究目的的需要，有时也要对已经加工过的数据进行再加工整理，通过必要的调整满足新的需要。

统计数据的整理既是统计调查的继续，又是统计分析的开始，在整个统计工作中具有重要的作用。因此，统计数据整理得科学，就会使统计数据内容丰富，能说明更多的问题；否则，就会使数据内容贫乏，使调查得来的大量原始数据不能发挥应有的作用。统计信息作为政府部门和企事业单位进行决策的重要依据，越来越受到重视。高质量的统计数据是判定社会经济现象运行活动的重要依据，数据整理与统计质量相互依存。

二、统计整理的原则和步骤

（一）统计整理的原则

统计数据整理要遵循目的性、联系性和简明性的原则。目的性原则是指数据整理一定要根据研究目的和任务的需要,选择适当的标志对原始数据进行分组整理。对于二手数据,则应弄清楚数据的来源、数据的口径以及有关的背景资料,确定这些数据是否符合研究目标的需要,是否需要重新加工整理。

联系性原则是指数据整理既要考虑客观事物总体的内在联系,也要考虑与其相关的事物之间的联系,从而使整理得出的指标相互联系,有一定逻辑关系。

简明性原则是指在数据整理的过程中要选择简明的方法,科学确定分组标志及其数量,采用适当的分组方式,以达到节约和实用的效果。

(二) 统计整理的步骤

统计数据整理是一项细致周密的工作,需要有计划、有组织地进行,数据整理的全过程包括对数据的审核、分组、汇总、编制频数(次数)分布表、绘制统计图等主要环节,这些构成了数据整理的主要内容。统计数据整理一般包括如下步骤:

1. 设计和编制统计数据的整理方案

数据整理方案是指导数据整理工作的指南,它明确规定在统计分组时使用的方法及计算的指标。方案中所选定的统计分组与统计指标要求必须是最基本且最能说明现象本质特征的。显然,整理方案与调查方案二者密切相关,所设计的指标应该以调查方案中的调查项目为基础,而不能超越或脱离调查项目的范围。

2. 对数据进行审核与筛选

在对统计数据进行整理时,首先需要进行数据审核,从而保证数据的质量。数据审核就是对收集到的数据进行全面审核,若发现问题,及时纠正。如果对发现的错误无法纠正,或者有些数据不符合调查的要求而又无法弥补时,就要对数据进行筛选。统计数据的审核是保证统计整理质量的重要手段,为进一步的整理与分析奠定基础。从不同渠道取得的统计数据,在审核的内容和方法上有所不同,对于通过统计调查取得的原始数据,主要从数据的完整性和准确性两个方面进行审核,对于通过其他渠道取得的二手数据,除了对其完整性和准确性进行审核外,还需要着重审核数据的适用性和时效性。

完整性审核主要是审核所有调查项目和指标是否填写齐全,调查单位是否有遗漏。对于统计调查取得的原始数据,应该查看调查问卷或调查表项目是否都填写完整,是否存在缺项、漏填,进一步查明原因并进行弥补。对于二手数据,则要看其调查项目是否完备,是否存在很多缺失值等。

准确性审核主要包括:一是检查数据是否真实地反映了客观实际情况,内容是否符合实际;二是检查数据是否有错误,计算是否正确。准确性审核的方法主要有抽样复查、逻辑检查和计算检查。抽样复查是指在所有的调查单位中随机地抽取一定比例的单位进行第二次调查进行验证。逻辑检查主要是审核数据是否符合逻辑,内容是否合理,各项目或数据之间有无互相矛盾的现象。计算检查是检查调查表中的各项数据在计算结果和计算方法上有无错误,如果存在错误,必须加以纠正,纠错之后的数据才能作为统计分析的基础数据。

对于二手数据,除了对其完整性和准确性进行审核外,还应着重审核数据的适用性和时效性。数据经过审核后,确认符合研究目的的需要,才有必要做进一步的加工整理。

对数据审核过程中发现的错误,应根据不同情况进行处理。对确定性的差错,要及时进行更正;对可疑但又不能肯定的差错,要及时询证,可根据问卷上的被调查对象的地址和联系方式进行复查,以得到确切的数据信息;对无法更正或不符合要求又无法弥补的统计数据要进行筛选。数据筛选主要是将某些不符合要求的数据或有明显错误的数据予以剔出,将符合某种特定条件的数据筛选出来,而不符合特定条件的数据予以剔出。

3. 数据的分组、汇总

根据研究任务的需要,对经过审核的原始数据要进行科学分组、汇总和必要的加工计算。数据分组是统计整理的重要内容和统计分析的基础,只有进行适当的分组才能整理出有价值的统计数据。数据汇总是在分组的基础上,将各组数据进行汇总,得出相应的频数(次数)、频率等指标。

4. 编制频数统计表、绘制统计图

频数(次数)分布表是以表格的形式把整理好的数据资料简明扼要、系统有序地显示出来。根据研究目的及研究对象的特点,也可用图形的方式显示统计数据,直观、形象、生动地反映统计整理的成果,便于统计信息的使用者了解和阅读统计数据。

5. 统计数据的发布、开发与应用

整理后的统计数据要以一定的形式及时向社会发布,并进行开发与应用,为社会公众、有关单位和部门提供参考。比如,《第三次全国经济普查方案》对普查成果的开发与应用做了规定,要建立和完善经济普查相关数据库,全面更新覆盖国民经济各行业的基本单位名录库、基础信息数据库和统计电子地理信息系统,要开展经济普查专题分析研究,要编辑出版经济普查年鉴。

三、统计整理的组织形式

统计整理的组织形式主要有四种:

(一) 逐级汇总

逐级汇总就是按照一定的统计管理体制,自下而上逐级汇总调查数据。我国现行的国民经济统计报表主要采用这种组织形式。其优点是能满足各地区、各部门对统计数据的需要,同时便于就地审核和更正原始数据。其缺点体现在汇总的层次多,反复传输数据,发生差错的可能性较大,耗时较多,从而影响统计数据的时效性。

(二) 集中汇总

集中汇总是指将统计调查资料直接集中到组织统计调查的最高机构或某一级的统计机构统一汇总。采用这种汇总方式,可以大大缩短数据汇总的时间,提高时效性,减少汇总差错。对于十分重要的或时效性要求较高的统计调查,往往采用这种汇总方式。这种方式最适用于快速普查等数据的汇总。但也有缺点,资料如有差错,不能就地更正;同时,汇总结果有时不能及时满足各地区、各部门的需要。

集中汇总可分为越级汇总和超级汇总。越级汇总是指在自下而上的汇总过程中,越过一定中间层次而进行的汇总,是介于逐级汇总和超级汇总之间的。超级汇总是在自下而上的汇总过程中,越过一切中间层次,将统计调查资料由基层直接上报到组织统计调查的最高机构统一汇总。

(三) 综合汇总

综合汇总是将逐级汇总和集中汇总结合形成的汇总形式。一方面对一些最基本的统计数据实行逐级汇总,另一方面对全部原始数据实行集中汇总,兼有上述两种组织形式的优点。如我国全国人口普查就采用了这种组织形式进行汇总,这样既保证了必要人口数据的及时使用,又保证了对人口情况进行深入分析研究的需要。但这种形式往往要花费大量人力、物力和财力。

(四) 会审汇编

某一级汇总部门组织所辖单位的统计人员携带统计报表和有关数据,采用会议的形式相互审核订正调查数据,然后共同汇总编制综合统计报表。

综合来看,在统计数据整理过程中,可以根据统计调查的特征,灵活确定统计汇总方式。比如,我国第三次经济普查方案的数据汇总采用以下方式:① 快速汇总。根据普查基层表汇总全国以及分地区、分行业等分组的法人单位、产业活动单位和个体经营户基本情况数据。② 全面汇总。在快速汇总的基础上,分别汇总全国以及分地区、分行业等分组的法人单位、产业活动单位主要经济指标数据。③ 专题汇总。根据普查基层表及相关信息,汇总全国服务业、战略性新兴产业、高技术服务业、文化产业和小微企业单位的从业人员和营业收入等数据,以及分行业和分地区数据。④ 推算汇总。根据个体经营户抽样调查表和普查表,推算汇总个体经营户收入及其分行业门类和分地区数据。

统计数据汇总的技术主要有两种,即手工汇总和电子计算机汇总。手工汇总就是用算盘和小型计算器进行汇总,采用这种汇总技术的方法有划记法、过录法、折叠法、卡片法。手工汇总适合于总体单位数量和调查项目较少的调查研究,在总体单位数量和调查项目较多的调查研究中,手工汇总花费时间长,而且容易出错。电子计算机大大提高了数据汇总的速度和精确度,目前已经成为我国统计工作的重要工具。

第二节　统计分组

一、统计分组的概念

统计分组是统计数据整理的核心内容。统计分组是指根据统计研究目的和要求,将总体的各单位按照一定的标志划分成若干个不同类型或性质的组成部分的一种统计方法。

统计分组使组内的差距尽可能地缩小,而组与组之间有明显的差异,从而使大量无序的、混沌的数据变为有序的、反映总体特征的资料。统计分组有两方面含义:对总体而言是"分",即将总体区分为性质相异的若干部分;对个体而言是"合",即将性质相同的个体组合起来。总体的这些组成部分称为"组"。

统计分组的实质是在现象总体内进行的一种分类,揭示总体内在的特征或数量结构以及总体之间的数量依存关系。例如,我国工业企业存在规模的差异、存在经济性质的差异、存在行业的差异等等,为了深入研究问题的需要,必须对总体进行各种分组,以便深入了解和研究总体的数量特征。

二、统计分组的作用

统计分组在统计研究中的重要作用表现为以下三个方面:

(一) 划分现象的类型

总体具有同质性,它是由若干个具有某种相同性质的总体单位构成的。但这种同质性又是相对的,统计分组就是根据某一标志将总体划分为更小的各个部分,从而了解总体的类型。

社会经济现象存在着复杂多样的类型,各种不同的类型有着不同的特点以及不同的发展规律。在整理大量统计数据时,有必要运用统计分组法将所研究的现象总体划分为不同的类型组来进行研究。表 3.1 列出的规模以上工业企业按行业分组(部分)和按经济类型分组的主要财务指标,能够较清晰地反映工业企业的财务效益情况。

表 3.1　2017 年 1—7 月份规模以上工业企业主要财务指标　　单位:亿元

分　组	营业收入	其中:主营业务收入	利润
总计	710 640.1	698 053.4	42 481.2
其中:采矿业	32 948.0	31 503.7	2 795.5
制造业	639 737.9	629 135.3	37 413.1
电力、热力、燃气及水生产和供应业	37 954.2	37 414.4	2 272.6
其中:国有控股企业	152 213.9	146 340.4	9 273.9
其中:集体企业	3 782.4	3 726.1	259.4
股份制企业	516 062.9	506 836.6	29 907.3
外商及港澳台商投资企业	154 034.9	151 223.8	10 197.7
其中:私营企业	250 631.5	248 806.3	14 161.6

资料来源:国家统计局网站。

注:经济类型分组之间存在交叉,故各经济类型企业数据之和大于总计。

(二) 揭示现象内部结构

在了解总体的类型基础上,根据各部分在总体中所占的比重,可以分析总体的结构特征,从各部分在时间上的变化又可以说明经济结构的变化趋势,等等。比如,表 3.2 显示了我国国内生产总值的构成及其变化情况,第一产业所占比重缓慢降低,第三产业所占比重稳步增长,从 2013 年起超过了第二产业。

表 3.2　我国国内生产总值构成　　　　　　　　　　　单位：%

年份	国内生产总值	第一产业	第二产业	第三产业
2010	100.0	9.5	46.4	44.1
2011	100.0	9.4	46.4	44.2
2012	100.0	9.4	45.3	45.3
2013	100.0	9.3	44.0	46.7
2014	100.0	9.1	43.1	47.8
2015	100.0	8.8	40.9	50.3
2016	100.0	8.6	39.9	51.5
2017	100.0	7.9	40.5	51.6

资料来源：国家统计局《中国统计年鉴》(2018)。

（三）分析现象之间的依存关系

社会经济现象之间相互关联的程度各不相同,其中比较密切的一种是依存关系,即在两个现象之间,一个现象会随着另一个现象的变化而相应地发生变化。按照现象之间影响因素的标志进行分组,就能反映出这些现象之间的依存关系。如收入和消费之间有一定的联系,教育投入和工资存在一定的依存关系等。分组分析法是研究现象之间依存关系的最基本的方法,在研究过程中,往往是先通过分组观察出现象之间的依存关系,然后在此基础上应用其他方法进一步深入分析。表3.3是对某公司近年来销售收入和年广告费进行调查得到的资料,从中看出,广告费用和销售收入之间存在一定依存联系。

表 3.3　某公司近年广告费和销售收入　　　　　　　　单位：万元

销售收入	40	43	65	80	80	56	50	63	90	72
广告费	12	13	13	14	14	20	22	26	27	30

三、统计分组标志的选择

分组标志的选择是统计分组的核心问题。分组标志是对统计总体进行分组的标准或依据。分组的标志选择是否恰当,关系到能否正确地反映总体数量特征及其变化规律。正确选择分组标志,需要注意以下问题：

首先,根据统计研究的目的与任务选择分组标志。在对社会经济现象进行研究时,可以根据不同的研究目的从不同的角度进行研究,而由于研究目的的不同,需要选择不同的分组标志进行分组。例如,对某市工业经济进行研究,目的是了解企业的规模状况,就要选择反映企业规模的标志(从业人员、营业收入)进行分组;如果目的是了解该市经济的产业结构,就要按照三次产业进行分组;如果想了解不同岗位职工的工资水平,则需要按岗位对职工的工资水平进行分组;如果想了解不同行业的工资水平,就要按照行业进行分组。因此,不同的研究目的,分组标志的选择是不同的。

其次,在若干个标志中,要抓住具有本质性的或主要的标志作为分组的依据。由于社会经济现象复杂多样,具有不同的特征。因此,就需要选择不同的分组标志对社会经济现象总体进行分组。在众多的分组标志中,我们要选择最能反映问题本质特征的标志。例如,要研究城市居民的生活水平,有反映居民收入水平的标志,也有反映居民支出水平的标志等,在进行统计分组时,就要选择其中最能反映问题本质特征的标志如居民消费支出额进行分组,这样能够对所研究的现象有一个客观的认识。

最后,根据现象所处的历史条件或经济条件来选择标志。分组标志的选择不是单纯的技术性问题,而是需要研究者对研究目的、研究对象的特征有比较好的了解和把握,在此基础上,才能选择合适的分组标志。社会经济现象随着时间地点条件的变化而变化,因此,即使是研究同类现象,也要视具体时间、地点、条件的不同而选择不同的分组标志。

四、统计分组方法

不论选择什么标志,采用什么方法对总体进行分组,都应遵循两条基本原则:穷尽性原则和互斥性原则。穷尽性原则,就是要求总体中的每个单位(或各单位的标志值)都应该有组可归属,即不能遗漏总体中的每一个单位。互斥性原则,就是在特定的分组标志下,总体中的任何一个单位只能归属于某一组,而不能同时或可能归属于几个组。只有遵循以上两个原则才能使总体中的每个单位只能归属于某一个组。

(一) 按品质标志分组方法

品质分组就是按品质标志对所研究的总体进行分组。一般地,对于以定类尺度或定序尺度计量的,采取品质分组。例如,企业职工按技术等级分组,高校教师按职称分组等。按品质标志分组是按研究对象的属性特征分组,有些现象的品质分组比较简单,即分组标志一经确定,组的名称和组数也就随之确定。例如,人口按性别分组,产品按等级分组等。

有些现象按品质标志分组是比较复杂的,如国民经济按行业分类,就业人员按职业分类等。对这些复杂问题的分组,统计学上称之分类。统计分类不仅涉及复杂的分组技术,而且涉及国家的政策和相关理论。为保证各种分类的科学性、统一性和完整性,便于各个部门掌握和使用,国家统计局会同有关部门制定了统一的分类目录,在全国范围内实行,如国民经济行业分类、统计用产品分类目录、战略性新兴产业分类、高技术产业分类等。

(二) 按数量标志分组方法

数量分组就是按数量标志对所研究的总体进行分组,即选择反映事物数量差异的数量标志,根据其变异范围区分各组界限,将总体划分为若干个性质不同的组成部分。一般地,对于以定距尺度或定比尺度计量的,采取数量分组。例如,人口按年龄分组,学生按身高分组等。

按数量标志分组,并不是单纯地确定各组间的数量差异,而是要通过分组体现的数量变化来确定现象的不同性质和不同类型。因此,根据变量值的大小来准确划分性质不同的各组界限并不简单。在按数量标志分组时,首先要分析总体中可能有多少种性质不同的组成部分,再研究确定各组成部分之间的数量界限。

根据总体各单位某一数量标志值的变动特征,可供选择的分组方式有单项式分组和组距式分组两种。具体分组方法后面详述。

(三) 对统计资料的再分组

统计研究中,由于对现象分析的角度改变,或原来在统计数据整理过程中,受各方面因素的影响,选择的统计分组方法不科学、不合理,或者是所分的组不可比时,必须依据正确的分组原则进行再分组,以满足统计研究的要求。

根据研究目的不同,再分组的方法也不相同,一般有两种:一是按原来的分组标志重划新组,并将原分组资料根据新组组限的比例重新加以整理;二是划定新组,并确定新组的单位数在总体中所占的比重,然后据以将原分组资料按比例重新加以整理。

五、统计分组及分组体系

由上述统计分组方法叙述可知,统计分组的分组标志根据性质不同,分为品质标志和数量标志,分组也就可以分为品质分组和数量分组。统计分组如按分组标志的数量多少,可分为简单分组和复合分组。统计分组体系是根据统计研究的目的和要求,对同一现象的总体选择多个分组标志分别进行分组形成的体系。

（一）简单分组及平行分组体系

简单分组是按一个标志对统计总体进行的分组，它只能反映现象在某一标志特征方面的差异情况，而不能反映现象在其他标志特征方面的差异。对于同一总体运用两个或两个以上标志进行简单分组后平等排列形成的体系即平行分组体系。例如，国家统计局对一套表联网直报平台 16 个行业门类的约 98.3 万家规模以上企业法人单位调查显示，2017 年全部规模以上企业就业人员年平均工资为 61 578 元，如表 3.4，分别按地区和按岗位分组就形成了平行分组体系。

表 3.4　2017 年规模以上企业就业人员年平均工资　　　单位：元

分组情况		平均工资
按地区分	东　部	67 558
	中　部	50 760
	西　部	56 155
	东北地区	54 028
按岗位分	中层及以上管理人员	131 929
	专业技术人员	83 148
	办事人员和有关人员	58 211
	社会生产服务和生活服务人员	49 502
	生产制造及有关人员	50 703

（二）复合分组及分组体系

复合分组是对同一总体按两个或两个以上标志进行层叠或重叠的分组。进行复合分组时，要注意先按主要标志分组，再按次要标志分组。如表 3.5，规模以上企业就业人员的年平均工资的分组就是复合分组。

表 3.5　2017 年规模以上企业就业人员分地区分岗位年平均工资　　单位：元

地　区	全部就业人员	中层及以上管理人员	专业技术人员	办事人员和有关人员	社会生产服务和生活服务人员	生产制造及有关人员
东　部	67 558	153 167	95 744	65 114	55 734	52 790
中　部	50 760	95 044	61 999	46 034	39 937	45 987

续表

地 区	全部就业人员	中层及以上管理人员	专业技术人员	办事人员和有关人员	社会生产服务和生活服务人员	生产制造及有关人员
西 部	56 155	110 616	70 005	51 505	41 749	50 254
东北地区	54 028	103 804	63 841	51 554	39 872	47 956

两个或两个以上的复合分组构成复合分组体系,同时简单分组和复合分组也可构成分组体系。因此,一般来说,采用多个相互联系、相互补充的标志对统计总体进行多种分组,这些分组所构成的体系,就称之为分组体系。

第三节　分配数列

一、分配数列的概念

在统计分组的基础上,将总体中所有单位按其标志表现(变量值按其大小)进行归类整理,形成总体中各单位或各变量值在各组间的分配称为次数分配。分布在各组中的个体单位数或变量值出现次数叫作次数或频数。各组次数与总次数之比叫作比率或频率。频率表明各组变量值的相对作用强度。

在分组归类的基础上,将各组别与次数按一定的次序排列所形成的数列称作次数分布数列,简称分布数列,又称分配数列或频数分配,如果是用频率表示的称之为频率数列。分配数列包括品质分配数列和变量分配数列,如图3.1所示,无论是哪种分配数列,都是由两个基本要素构成:各组的名称和各

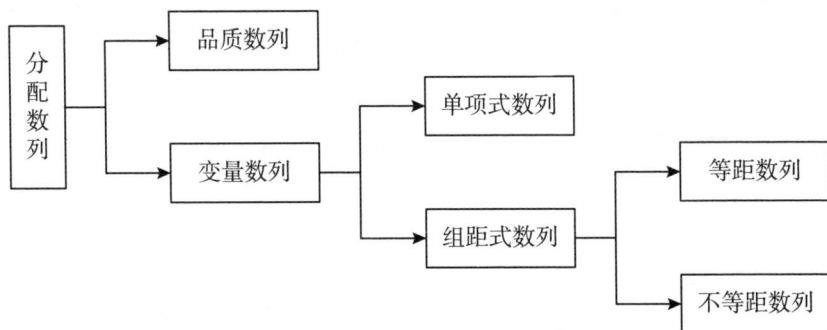

图 3.1　分配数列示意图

组的次数或频率。两种分配数列构成要素的不同之处仅有一点,即品质数列各组的名称是用文字表示的标志属性差异,而变量分配数列组的名称则是用标志值(即变量的不同水平)表示的数量变异界限。任何分布数列都必须满足两个条件,即各组频率大于零,各组的频率总和等于1(或100%)。

分布数列反映了所研究的总体中所有的单位数(变量值)在各组内的分布状态和总体的分布特征。比如,根据2017年底我国就业人员情况表,可了解次数分布的内容,如表3.6。

表3.6　2017年底我国就业人员情况

按城乡分组	就业人数(万人)	比重(%)
城镇	42 462	54.70
乡村	35 178	45.30
合　计	77 640	100.00
组的名称	次数(频数)	比率(频率)

编制分配数列是统计整理中的一种重要方法,它可以表明总体中所有单位或各变量值在各组间分布状态和分布特征,并据以研究总体某一标志的平均水平及其变动规律。分配数列可以说明总体的构成情况,是反映总体数量特征、揭示事物规律的重要方法。

二、分配数列的种类

(一)品质频数分布

品质频数(次数)分布,简称为品质数列,它是按品质标志对总体分组后形成的频数分布,其组别表现为一系列的概念或范畴,如表3.7,我国2017年末总人口按性别和城乡分组就形成了两个品质数列。品质数列可以计算次数和频率。

表3.7　2017年年末人口数及其构成

指　标	年末数(万人)	比重(%)
全国(大陆)总人口	139 008	100.00
其中:城镇	81 374	58.52
乡村	57 661	41.48

续表

指　标	年末数(万人)	比重(%)
其中:男性	71 137	51.17
女性	67 871	48.83

数据来源:国家统计局《中国统计年鉴》(2018)。

(二)变量分配数列

变量频数(频率)分布,简称为变量数列,它是对研究对象按照变量值进行分组后形成的分布数列,其组别表现为不同的数值或数域。变量数列又分为单项数列和组距数列。

1. 单项数列

单项数列就是一个变量值作为一组的变量数列。单项数列一般适用于离散型变量,且变量值变动范围较小的情况。组数太多不便于观察数据分布的特征和规律。例如,某社区家庭根据其家庭人口数分组,如表3.8。

表 3.8 某社区家庭按人口数分组情况表

人口数	户数
1	50
2	200
3	400
4	70
5	80
6 人以上	50
合计	850

2. 组距数列

当离散型变量的变量值变动范围比较大、总体单位数又很多的情况下,若采用单项式分组,把每一变量值作为一组,则必然会使组数过多,各组次数过于分散,不能反映总体内部各部分的性质和差异。而对于连续型变量,由于其变量值无法一一列举,更不能采用单项式分组,因此在这些情况下就需要采用组距式分组方法。

组距式分组是按变量值的一定范围对现象总体所进行的分组。在现象总体的变动范围内,将其划分为若干个区间,每个区间最小变量值称之下限,最大变量值称之上限,各区间内的所有变量值作为一组。与单项式分组相比较,各组的变量值不是某一具体的值,而是一个区间。采用组距分组所形成的分组数列就是组距数列。如表 3.9。

表 3.9　某日 60 只股票个股交易金额分布表

交易金额(百万元)	股票数	比率(%)
0～50	7	11.67
50～100	25	41.66
100～150	12	20.00
150～200	7	11.67
200～250	4	6.67
250～300	5	8.33
合计	60	100

组距数列根据数据特征和研究目的不同,可以采用等距数列和不等距数列,连续型组距数列和离散型组距数列,同时根据需要数列两端的组也可以选择采用开口组或闭口组的形式。

(1)等距数列和不等距数列

组距数列中各组组距相等的数列称之等距数列。在统计研究中,是否采用等距分组是根据研究目的、数据资料的特点等来决定的。如果数据资料的变动比较均衡,没有极端值,可以采用等距来进行分组。分组后各组内总体单位的变动比较规则,能够体现出现象的本质特征,反映现象变化的规律性。

组距数列中各组组距不相等的数列叫作不等距数列,即异距数列。异距数列能比较准确地反映总体内部各组成部分的性质差异。实际工作中,有一些现象的数据资料的变动很大,这时采用等距分组就不能反映事物的差别,必须按异距进行分组。

要指出的是,是否采用等距分组不仅根据数据资料的特征,还要考虑研究目的与要求。例如,研究我国人口的年龄构成,采用异距分组更能科学地反映各年龄段人口构成情况,如表 3.10。

表 3.10　2017 年年末人口数及其构成

指　标	年末数（万人）	比重（%）
全国总人口	138 271	100.0
其中：0～15 岁（含不满 16 周岁）	24 719	17.8
16～59 岁（含不满 60 周岁）	90 199	64.9
60 周岁及以上	24 090	17.3
其中：65 周岁及以上	15 831	11.4

数据来源：国家统计局《国民经济和社会发展统计公报》(2017)。

　　需要注意的是，由于组距数列各组的分布次数与组距相关，因此，有时需要剔除组距不同的影响，通常计算单位组距的次数，即次数密度指标：次数密度=各组次数/各组组距。同理，根据需要也可以计算各组频率密度。

　　(2) 连续型组距数列和离散型组距数列

　　变量为连续型的组距数列叫作连续型组距数列。在这种数列中前一组的上限与后一组的下限同为一个变量值，这样进行分组不会出现遗漏标志值的现象。变量为离散型的组距数列叫作离散型组距数列。由于离散型变量的取值为整数，因此，组距数列中前一组的上限与后一组的下限不为同一个变量值。

三、变量数列的编制

（一）影响分布数列的要素

1. 组距与组数

　　编制组距数列时，不仅要考虑各组的划分是否能区分总体内各组成部分的性质差异，还需要确定适当的组距和组数，才能准确地反映总体的分布特征。

　　一般来说，当社会经济现象性质差别的变动比较均衡时使用等距数列。由于组距相同，各组次数不受组距大小的影响。异距数列的组距与组数，应根据对现象本身数量关系的分析研究来确定。组距数列中，各组变量值变动的界限称为组限，组内最大变量值称为上限，最小变量值称为下限。组距就是上限与下限之差，即：

　　　　组距=本组上限-本组下限　　　　　　　　　　　　　　　　　　(3.1)

　　上述公式通常在由连续型组距数列计算组距时使用。而在离散型组距数列中，考虑到离散型组距数列的特点，其组距一般为后组下限与本组下限之差。即：

组距＝后组下限－本组下限　　　　　　　　　　　　　　　　　　(3.2)

组数和组距之间具有密切关系,是影响组距数列编制的两个基本要素。在全距(最大变量值与最小变量值之差)一定的情况下,组距的大小和变量数列的全距大小成正比变化,与组数多少成反比变化。组数越多,组距越小;组数越少,组距越大。因此,一般需要事先根据研究目的和数据特征先确定一个要素,在此基础上再确定另一个因素。

编制组距数列,应将一个总体分为多少组,要根据研究的目的来确定,同时要遵循简明性原则。如果组数过多,就会造成总体单位分布分散,同时还有可能把属于同类的单位归到不同的组中,不能真实反映出事物的本质特点和规律性;如果组数过少,又会造成把不同性质的单位归到同一个组内,不能区别事物的界限及本质特征。因此,必须恰当地确定组数。美国学者史特杰斯(H. A. Sturges)提出,在总体各单位标志值分布趋于正态的情况下,可根据总体单位数(N)来确定应分的组数(n),公式为:

$n = 1 + 3.322 \lg N$　　　　　　　　　　　　　　　　　　　　(3.3)

上式可供分组时参考,但也不能生搬硬套。组数和组距的确定应以能够反映数据的分布特征和规律为目的,采取组数的多少应依据所研究数据的特性和研究的目的而确定。由于组距数列有等距数列与异距数列之分,在采用等距分组的情况下,变量数列编制的组距(d)可采用下列公式确定:

组距＝全距/组数　　　　　　　　　　　　　　　　　　　　　(3.4)

2. 组限与组中值

组距数列中,每个组都有端点数值,这个端点数值就是组限,上端点数值或组内最大变量值为上限,下端点数值或组内最小变量值为下限。根据统计分组的互斥性原则,为了保证变量的分组不发生混乱,习惯上各组一般均包括本组下限变量值的单位,而不包括本组上限变量值的单位,即"上组限不在内"的原则。

在遇到较大或较小的极端变量值时,为了不使组数增加过多或将组距不必要地扩大,可采用"××以下"或"××以上"的方式表示,这种分组叫作开口组。开口组是指只有上限而缺下限(用"××以下"表示),或只有下限而缺上限(用"××以上"表示)的组。相应的,既有上限也有下限的组叫闭口组。在编制组距数列时,根据统计分组的穷尽性原则,变量值最小组的下限要参考最小的变量值确定,变量值最大的组的上限要根据最大的变量值确定,以保证不漏掉某一个变量值。

为了反映分布在各组中个体单位变量值的一般水平,往往需要计算组中

值。组中值是各组变量值的中间数值,通常根据各组上限和下限进行简单平均求得,公式为:

$$组中值 = \frac{上限 + 下限}{2} \qquad (3.5)$$

用组中值代表组内变量值的一般水平有一个前提,即组内各单位变量值在本组内均匀分布或在组中值两侧呈对称分布。虽然完全具备这一前提是不可能的,但在划分各组组限时,必须考虑使组内变量值的分布尽可能满足这一要求。在组距数列中存在开口组的情况下,为了进行统计分析,需要计算组中值。开口组的组中值的确定,一般可将邻组组距假定为开口组组距,然后计算组中值。公式为:

$$缺下限的开口组组中值 = 上限 - \frac{邻组组距}{2} \qquad (3.6)$$

$$缺上限的开口组组中值 = 下限 + \frac{邻组组距}{2} \qquad (3.7)$$

(二) 组距数列的编制

组距数列编制的基本步骤是:第一步,将原始数据序列化(编制由小到大简单数列);第二步,根据数据特点和研究目的确定组距、组数、组限;第三步,依据一定的次序进行分组,将各个变量值按组归类合计,形成次数分布或频率分布,制成统计表(变量数列)。

【例 3.1】根据抽样调查,2017 年西部某城市 50 户居民家庭每人每月生活费支出的资料如下(单位:元),编制组距数列。

995,822,794,773,670,980,827,798,776,746,811,950,740,753,781,
781,803,775,796,824,990,629,764,788,650,771,791,819,960,600,
762,801,829,786,809,920,837,580,760,784,804,863,650,759,783,
803,500,520,757,832

首先,将原始数据序列化,将这些数字按大小顺序,从小到大排列起来。然后,计算全距,确定组数和组距。全距为 995-500=495 元。根据这 50 户居民家庭人均月生活费收入序列化后所呈现出一定规律性的认识,参照上面一系列分组方法原理,我们确定把所有数据分成 5 组,则组距为 495÷5=91元,取整为 100 元。最后,编制变量数列。根据确定的组距、组数,现在按人均月生活费支出分组,并列出各组次数,编成分配数列,这种规律就可以更明显地表现出来,见表 3.11。从这个变量数列看出,这 50 户居民家庭人均月生活费支出呈现"两头小,中间大"的分布,规律性是很明显的。

表 3.11   某市 50 户居民家庭人均月生活费支出分布表

家庭人均月生活费支出	家庭户数	各组家庭户数占总户数的比重(%)
600 以下	3	6
600～700	8	16
700～800	22	44
800～900	11	22
900 以上	6	12
合 计	50	100

四、累计频数与频率的编制

为了更详细地认识变量的分布特征,还可以计算累计频数和累计频率,编制累计频数和累计频率数列。累计频数(或频率)有向上累计频数(或频率)和向下累计频数(或频率)两种。

以变量值大小为依据,由变量值小的组向变量值大的组累计频数和频率,称为向上累计频数和向上累计频率。向上累计频数和向上累计频率的意义是:累计到某一组的上限以下的累计次数或累计频率是多少;相反,由变量值大的组向变量值小的组累计各组的频数或频率,称为向下累计频数或向下累计频数,反映了累计到某一组下限以上的累计次数或累计频率是多少。

根据例 3.1 人均月生活费支出的变量数列的资料,编制向上累计频数(或频率)和向下累计频数(或频率)分布,如表 3.12。

表 3.12   某市 50 户居民家庭人均月生活费支出累计分布表

人均月生活费支出	户数	比重(%)	向上累计		向下累计	
			频数(户)	频率(%)	频数(户)	频率(%)
600 以下	3	6	3	6	50	100
600～700	8	16	11	22	47	94
700～800	22	44	33	66	39	76
800～900	11	22	44	88	17	34
900 以上	6	12	50	100	6	12
合 计	50	100	—	—	—	—

从表中看出,样本中人均月消费支出 700 元以下的有 11 户,占 22%(根据向上累计);人均月消费支出 800 元以上的有 17 户,占 34%(根据向下累计)。

五、次数分布的特征

根据编制好的变量数列,可绘制次数分布图和累计次数分布图。

(一)次数分布图

次数分布图具体表现为以下几种类型:

1. 钟形分布

钟形分布的特征是"两头小,中间大",即靠近中间的变量值分布的次数多,靠近两端的变量值分布的次数少,如果将变量值与其对应的频数在直角坐标系中对应的点连接起来绘制成曲线图,宛如一口钟,所以又称钟形分布。左右对称的钟形分布,也称正态分布,如图 3.2(a)所示。不对称的分布称为偏态分布,如图 3.2(b)(c)所示。偏态分布根据尾部拖向哪一方又可分为右偏和左偏两种曲线。

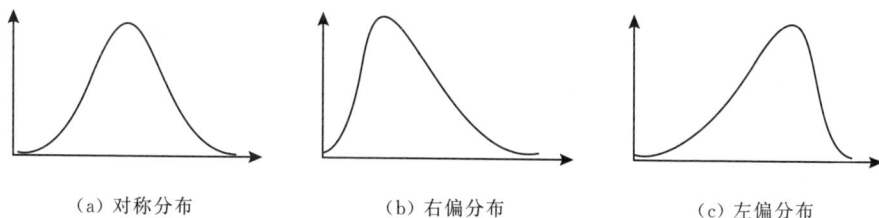

（a）对称分布   （b）右偏分布   （c）左偏分布

图 3.2 钟形分布示意图

2. U 形分布

U 形分布的特征是"两头大,中间小",即靠近中间的变量值分布的次数少,靠近两端的变量值分布的次数多,将这种分布绘成曲线,像英文字母"U"的形状,故称 U 形分布,如图 3.3 所示。U 形分布曲线又称生命曲线或浴盆曲线,人口死亡率按年龄的分布便是如此:婴幼儿由于抵抗力弱,死亡率很高;随着对新环境的适应和年龄的增长,死亡率逐渐降低;到了中年时期,死亡率最低;进入老年后,身体出现衰退性病变,死亡率又逐渐提高。

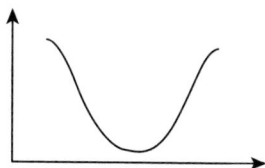

图 3.3 U 形分布

3.J 形分布

J 形分布有两种类型,如图 3.4,一种是次数随着变量值的增大而增多,称为正 J 形分布。如投资额按利润率大小分布,一般是正 J 形分布。一种是次数随着变量值的增大而减小,称为反 J 形分布。如随着产品产量的增加,产品单位成本逐步降低。

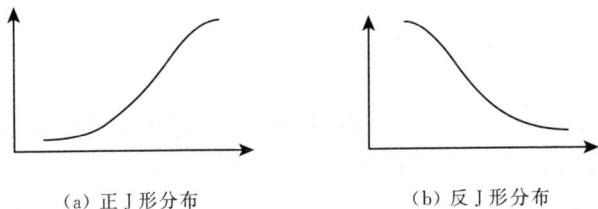

(a) 正 J 形分布   (b) 反 J 形分布

图 3.4　J 形分布示意图

通过分析变量数列次数分布的类型特征,可以检验统计数据整理的准确性,并分析现象变化的原因。如果现象总体发生了异常变化,会发生通过数据整理得到的特征与社会经济现象的分布特征不符合的情况。

(二) 累计次数(频率)分布图

在编制累计分布次数(频率)的基础上可以画出累计次数(频率)分布图。无论是向上累计还是向下累计,均以分组变量为横轴,以累计次数(频率)为纵轴。在直角坐标系中,将各组组距的上限与其相应的累计频数(频率)构成坐标点,依次用折线(或光滑曲线)相连,就构成向上累计分布图,如图 3.5 所示。

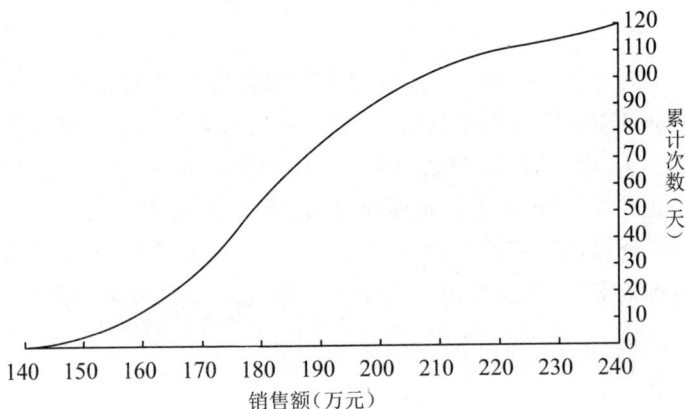

图 3.5　某超市日销售额向上累计次数曲线图

将各组组距的下限与其相应的累计频数(频率)构成坐标点,依次用折线(或光滑曲线)相连,构成向下累计分布图,如图 3.6 所示。

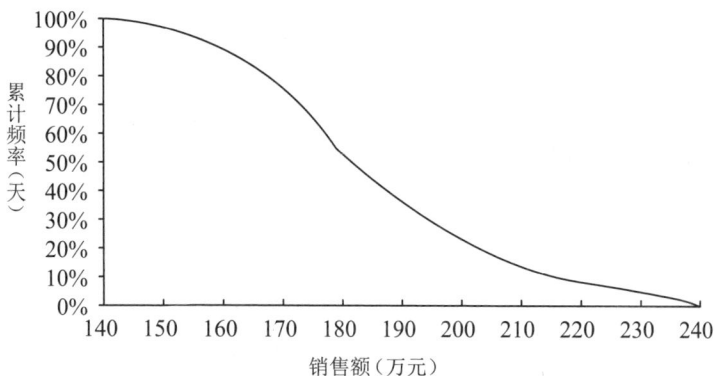

图 3.6　某超市日销售额向下累计频率曲线图

第四节　统计表和统计图

一、统计表

通过统计整理得到的反映社会经济现象总体特征的统计数据,需要通过一定的形式将其展示出来,便于人们分析和利用。统计表是显示统计数据最基本的形式。在数据的搜集、整理、描述和分析过程中,都要使用统计表。运用统计表来展示统计整理的结果能使大量的统计资料条理化、系统化,因而能更清晰地表述统计资料的内容,使内容简明易懂,节省篇幅。而且统计表还便于比较各项目(指标)之间的关系,便于计算,利用统计表易于检查数据的完整性和准确性。

统计表可分为广义的统计表与狭义的统计表。广义的统计表泛指统计工作各个阶段以纵横交叉的线条所绘制成的用来表现统计资料的表格。狭义的统计表是专门用以表现经过整理的系统化的统计资料的表格,包括整理表和分析表。

(一) 统计表的构成

统计表的形式多种多样,可根据统计数据的特征和统计分析的要求,绘制合适的统计表。统计表从形式上看,包括总标题、横行标题、纵栏标题和指标数值。总标题表明全部统计数据的内容,一般写在表的上端正中。横行标题和纵栏标题通常安排在统计表的第一列和第一行,它们所表示的主要是所研究的类别名称和指标名称;如果是时间数列数据,横行标题和纵栏标题也可以是时间。横行和纵栏交叉位置,填写具体的指标数值。具体样式如表3.13所示。

总标题

表 3.13　2017 年全国国内生产总值

三次产业	国内生产总值（亿元）	比重（%）
第一产业	65 467.6	7.9
第二产业	334 622.6	40.5
第三产业	427 031.5	51.6
合　计	827 121.7	100.0

纵栏标题

指标数值

横行标题

主词栏　　　　　宾词栏

资料来源:国家统计局《中国统计年鉴》(2018)。
注:本表数据按当年价格计算。

统计表从内容上划分,可区分为主词和宾词。统计表的主词(主栏),表明研究总体及其组成部分,即统计表所要说明的现象总体,一般排列在表的左方。统计表的宾词(宾栏),表明总体特征的统计指标的名称,一般排列在表的右方。实际运用中,要根据需要进行排列。

(二)统计表的种类

1. 按主词是否分组及分组情况分为简单表、分组表和复合表

简单表是指主词未经任何分组的统计表。简单表的主词一般按时间顺序排列,或按总体各单位名称排列。通常是对调查得到的原始数据初步整理后形成的。

分组表是指主词按照某一标志进行了分组的统计表。利用分组表可以反映不同类型现象的特征,说明现象总体内部的结构,分析现象之间的相互关系等。

复合表是指主词按照两个或两个以上标志进行复合分组的统计表。复合表能更深刻、详细地反映客观现象,但使用复合表要恰如其分,并不是分组越细越好。因为复合表中多进行一次分组,组数将成倍增加,分组太细反而不利于研究现象的特征。

2. 按作用不同可以分为调查表、整理表和分析表

调查表是在统计调查中用于登记原始数据的表格;整理表是用于统计数据整理、汇总的表格;分析表是用于统计分析、计算的表格。通常说的统计

表,一般是指狭义角度的统计表,包括整理表和分析表。

此外,统计表按所反映统计数列的时空性质不同,可以分为空间数列表和时间数列表。空间数列又称静态表,反映同一时间条件下不同空间范围内的统计数据的表格,反映现象在不同空间内数量分布状态。时间数列表又称动态表,是反映同一空间条件下不同时间上的统计数据的表格,能够反映在既定的空间范围内现象在不同时间上的变动过程。空间数列表和时数列表还可以结合起来显示统计数据,称之为时空数列表。

(三)编制统计表应注意的问题

统计表的编制应符合科学、实用、简练、美观的要求。编制统计表要注意以下问题:

首先,统计表的总标题要简明、扼要,项目排列美观。总标题应简明地概括出统计表的内容,表明统计数据的时间、地点和内容。横行标题、纵栏标题、指标数值的位置应安排合理,应使统计表的横竖长度比例适当,避免出现过高或过长的表格形式。

其次,计量单位。如果表中全部数据的计量单位相同,可将计量单位置于表的右角上方;否则,可将各个计量单位放在相应的各类别名称或指标名称之后,或单列出一列标明。

再次,表格线条画法。表中的上下两条线一般用粗线,中间的其他线要用细线,统计表的左右两边不封口,横行标题、纵栏标题之间根据需要可用竖线或横线隔开。

再次,表的内容要简明扼要,分组层次不宜过多,表格填写要规范。① 表中项目排列,一般应先局部后整体,即先列出各个项目后列出总计;当不需要列出全部项目时,可先列出总计,然后列出一些必要的项目。② 表中数据要填写准确,没有数字一般用"—"表示,缺数据或数据小可以忽略不计的一般用"……"表示,统计表一般不应出现空白单元格。统计表各纵列若须合计,一般列在最后一行;各横行若须合计,可置于最前一栏或最后一栏。③ 如果统计表的栏数较多,通常要加编号。

最后,数据来源和注释。应在统计表的下方注明数据来源,对于某些需要特殊注明的统计数据也要加注说明。

二、统计图

统计图是用图的形式形象地表现统计数据的一种形式,它使统计资料鲜明醒目、生动活泼、具体、形象、通俗易懂。统计图可以揭示现象的内部结构和依存关系,显示现象的发展趋势和分布状况,有利于进行统计分析与研究。

(一) 统计图的绘制原则与步骤

绘制统计图应遵循原则:第一,统计图应能反映客观实际情况,统计图与统计表一样,可以从数量方面反映出研究对象的规模、水平、结构、发展趋势和比例关系,也是统计整理的一种重要内容。绘制统计图所用的统计数据及绘制的统计图都必须准确。第二,统计图要简明扼要,突出主题,通俗易懂,图标题明确、图标清晰。第三,要根据统计数据特点和研究目的选择不同的图形,在准确反映客观实际的前提下,尽量美观。

统计图的绘制,一般需要以下几个步骤:第一,明确绘制统计图的目的。根据目的确定制图所应用的数据、图式和表达方法。第二,搜集统计数据。统计数据是绘制统计图的依据,制图所用的统计数据必须能反映事物的本质。第三,选择绘制的图式。要根据绘图的目的,搜集的统计数据的特征,确定所要绘制的统计图的式样,并同时考虑统计图的作用、分布场合和应用对象。第四,绘制图形。统计图的绘制可利用 Excel 的图表功能进行绘制。统计图一般包括标题(有图表标题、数值轴标题)、绘图区、图例等。

(二) 常用的统计图

1. 条形图

条形图主要是显示顺序数据和分类数据的频数分布,也可用于显示离散型变量的次数分布。条形图是用宽度相同的条形的高度或长短来表示数据的多少的图形。条形图可以横置或纵置,纵置时也称为柱形图。

条形图的用途很广,绘制图形所用的数据既可以是绝对数,也可以是相对数或平均数。它可以用于同一指标数值在不同国家、地区或不同企业、单位之间的比较,也可以反映同类指标数值在不同时间上的发展变化,还可以进行实际与计划指标数值的对比。如图 3.7 所示。

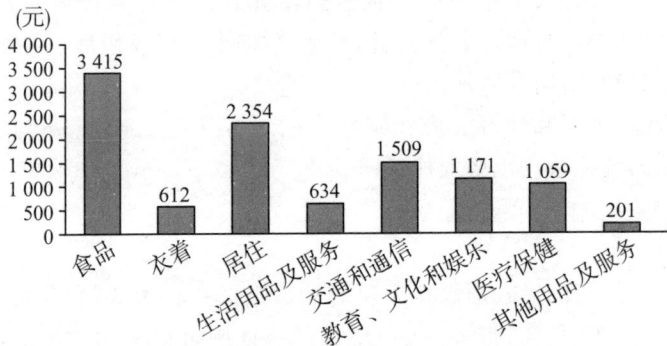

图 3.7 2017 年我国农村居民人均消费支出分布图

2. 饼图

饼图主要用于显示定类变量的次数分布,它是用圆形及圆内扇形的面积来表示数值大小的图形。饼图主要用于表示总体中各组成部分所占的比例,对于研究结构性问题十分有用。如图3.8,为2017年我国农村居民人均消费支出构成的饼图。

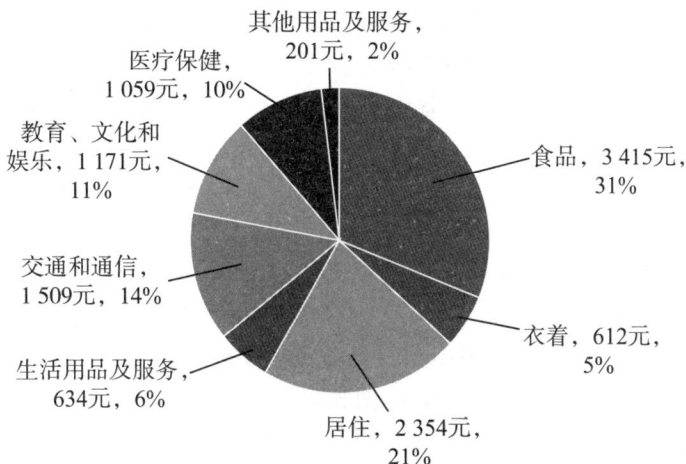

图3.8 2017年我国农村居民人均消费支出构成

3. 环形图

环形图与饼图类似,但又有区别。环形图中间有一个"空洞",总体或样本中的每一部分数据用环中的一段表示。如图3.9,2017年我国农村居民人

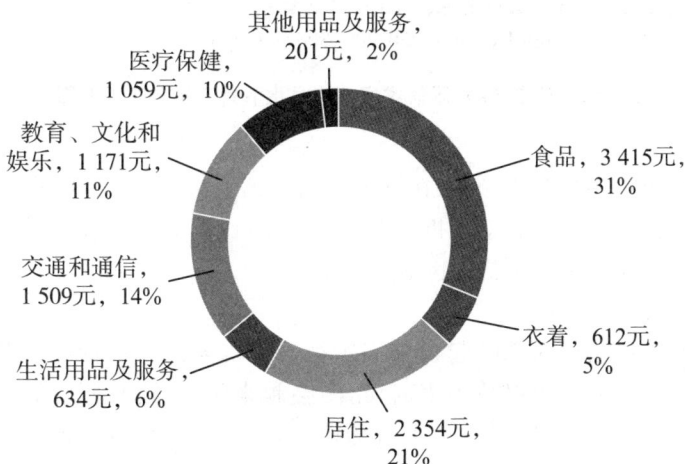

图3.9 2017年我国农村居民人均消费支出构成

均消费支出构成也可用环形图表示。饼图只能显示一个总体和样本各部分所占的比例,而环形图则可以同时绘制多个总体或样本的数据系列,每一个总体或样本的数据系列为一个环。因此环形图可显示多个总体或样本各部分所占的相应比例,从而有利于我们进行比较研究。

4. 直方图

直方图主要用于显示连续型变量的次数分布。直方图是用矩形的宽度和高度(即面积)来表示频数分布的图形。在平面直角坐标中,用横轴表示数据分组,纵轴表示频数或频率,这样,各组与相应的频数就形成了一个矩形,即直方图。如图 3.10,为某市 50 户居民家庭人均月生活费支出分布的直方图。

直方图与条形图不同。首先,条形图是用条形的长度(横置时)表示各类别频数的多少,其宽度(表示类别)则是固定的;直方图是用面积表示各组频数的多少,矩形的高度表示每一组的频数或频率,宽度则表示各组的组距,因此,其高度与宽度均有意义。其次,由于分组数据具有连续性,直方图的各矩形通常是连续排列,而条形图则是分开排列。最后,条形图主要用于展示分类数据,而直方图主要用于展示数值型数据。

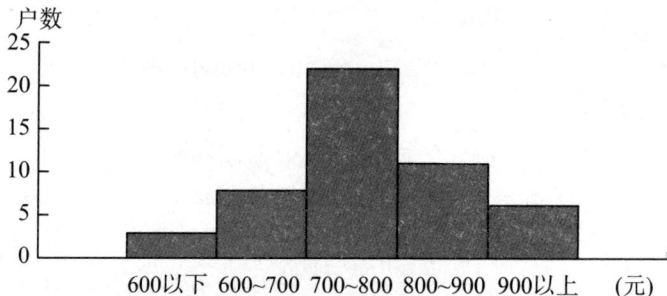

图 3.10 某市 50 户居民家庭人均月生活费支出分布直方图

5. 折线图

折线图也称频数多边形图,在直方图的基础上,把直方图顶部的中点(即组中值)用直线连续起来,就是折线图。如图 3.11,某市 50 户居民家庭人均月生活费支出分布也可以用折线图表示。

6. 曲线图

曲线图是用曲线的升降起伏来表示被研究现象的变动情况及其趋势的图形。当对数据所分的组数很多时,组距会越来越小,这时所绘制的折线图就会越来越光滑,逐渐形成一条平滑的曲线,这就是频数分布曲线。分布曲线在统计学中有着十分广泛的应用,是描述各种统计量和分布规律的有效方法。如前述的次数分布曲线和累计次数分析曲线图。图 3.12,前述某市 50 户居民家庭人均月生活费支出分布还可以用曲线图表示。

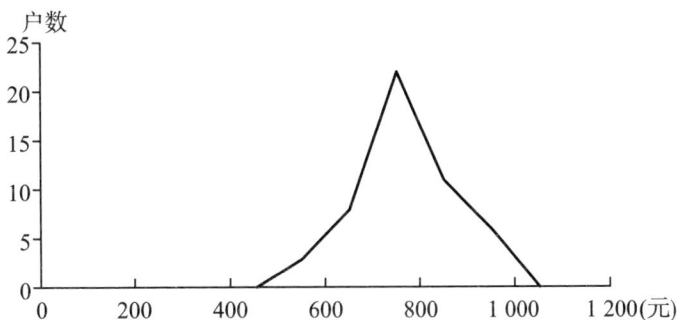

图 3.11　某市 50 户居民家庭人均月生活费支出分布折线图

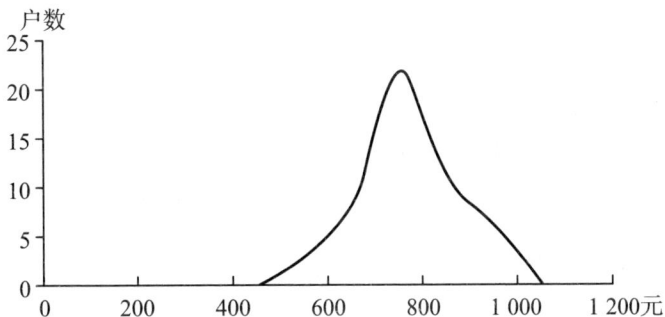

图 3.12　某市 50 户居民家庭人均月生活费支出分布曲线图

本章练习

一、判断对错

1. 对统计资料进行分组的目的就是为了区分各组单位之间量的不同。（　　）

2. 组中值是根据各组上限和下限计算的平均值,它代表了各组的平均分配次数。（　　）

3. 分配数列的实质是把总体单位总量按照总体所分的组进行分配。（　　）

4. 某企业职工按文化程度分组形成的分配数列是一个单项式分配数列。（　　）

5. 对资料进行组距式分组,是假定变量值在各组内部的分布是均匀的,所以这种分组会使资料的真实性受到损害。　　　　　　　　　　　(　　)

6. 任何一个分布都必须满足:各组的频率大于0,各组的频数总和等于1或100%。　　　　　　　　　　　　　　　　　　　　　　　(　　)

7. 统计分组后掩盖了各组内部各单位的差异,而突出了各组之间单位的差异。　　　　　　　　　　　　　　　　　　　　　　　　　　(　　)

8. 统计分组的关键问题是确定组距和组数。　　　　　　　　　(　　)

9. 简单分组和复合分组的区别在于选择分组标志的多少不同。　(　　)

10. 在确定组限时,最大组的上限应大于最大变量值。　　　　　(　　)

二、单项选择题

1. 统计整理的关键是(　　)。

A. 对调查资料进行审核　　　　　　B. 对调查资料进行统计分组

C. 对调查资料进行汇总　　　　　　D. 编制统计表

2. 下列分组中属于按品质标志分组的是(　　)。

A. 学生按考试分数分组　　　　　　B. 产品按品种分组

C. 企业按计划完成程度分组　　　　D. 家庭按年收入分组

3. 有一个学生考试成绩为 80 分,在统计分组中,这个变量值应归到(　　)组。

A. 60~70 分　　B. 70~80 分　　C. 80~90 分　　D. 90~100 分

4. 在组距数列中,影响次数分布的要素主要有(　　)。

A. 组中值　　　B. 组距和组限　　C. 分组标志　　D. 变量值

5. 对企业先按经济类型分组,再按企业规模分组,这样的分组,属于(　　)。

A. 简单分组　　B. 平行分组　　C. 复合分组　　D. 再分组

6. 用组中值代表各组内的一般水平的假定条件是(　　)。

A. 各组的次数均相等　　　　　　B. 各组的组距均相等

C. 各组的变量值均相等　　　　　D. 各组次数在本组内呈均匀分布

7. 对统计总体按两个及以上标志重叠分组后形成的统计表叫(　　)。

A. 简单表　　B. 简单分组表　　C. 复合分组表　　D. 汇总表

8. 在频数分布中,频率是指(　　)。

A. 各组频数之比　　　　　　　　B. 各组频率之比

C. 各组频数与总频数之比　　　　D. 各组频数与各组次数之比

9. 在编制组距数列时,在全距不变的情况下,组距与组数的关系是(　　)。

A. 正比例关系　　B. 反比例关系　　C. 乘积关系　　D. 毫无关系

10.次数分配数列是(　　)。

A.按数量标志分组形成的数列

B.按品质标志分组形成的数列

C.按数量标志或品质标志分组形成的数列

D.按总体单位数分组形成的数列

三、多项选择题

1.下列数列属于(　　)。

按生产计划完成程度分组(%)	企业数
80～90	5
90～100	30
100～110	15
合计	50

A.品质分配数列　　　　　　　　B.变量分配数列

C.组距式变量分配数列　　　　　D.等距变量分配数列

E.次数分配数列

2.在次数分配数列中,(　　)。

A.总次数一定,频数和频率成反比

B.各组的频数之和等于100

C.各组频率大于零,频率之和等于1

D.频率越小,则组的标志值所起的作用越小

E.频率表明各组标志值对总体的相对作用程度

3.指出下列分组哪些是属性分组。(　　)

A.人口按性别分组　　　　　　　B.企业按产值多少分组

C.家庭按收入水平分组　　　　　D.在业人口按文化程度分组

E.宾馆按星级分组

4.对统计数据准确性审核的方法有(　　)。

A.计算检查　　B.逻辑检查　　C.时间检查　　D.调查检查

E.平衡检查

5.各种不同性质的社会经济现象的次数分布类型主要有(　　)。

A.钟形分布　　B.U形分布　　C.J形分布　　　D.L形分布

E.指数分布

6. 从形式上看,统计表的构成包括( )。

A. 总标题   B. 指标数值   C. 纵栏标题   D. 横行标题

E. 主词和宾词

7. 按主词是否分组,统计表可分为( )。

A. 单一表   B. 简单表   C. 分组表   D. 复合表

E. 综合表

8. 统计数据的审核主要是审核数据的( )。

A. 准确性   B. 及时性   C. 完整性   D. 科学性

E. 代表性

9. 统计数据整理的内容一般有( )。

A. 对原始数据进行预处理   B. 对统计数据进行分组

C. 对统计数据进行汇总   D. 对统计数据进行分析

E、编制统计表、绘制统计图

10. 某单位 100 名职工按工资额分为 3 000 以下、3 000～4 000、4 000～6 000、6 000～8 000、8 000 以上等五个组。这一分组( )。

A. 是等距分组   B. 分组标志是连续型变量

C. 末组组中值为 8 000   D. 相邻的组限是重叠的

E. 某职工工资 6 000 元,应计在"6 000～8 000"元组内

四、案例题

某大型生活超市连续 120 天的销售额数据如下(单位:万元)。试对该商场的销售额进行整理并进行必要的分析。

155	162	172	176	179	185	191	197	209	228
153	163	171	175	179	186	192	198	210	234
154	164	172	175	180	187	194	198	210	236
149	161	168	173	178	185	189	196	206	223
150	161	168	174	178	186	191	196	207	224
152	162	170	174	179	186	190	197	208	226
155	165	171	175	180	187	194	200	211	234
157	165	172	176	181	188	195	201	211	234
158	166	172	176	182	188	195	202	213	238
146	160	168	173	178	184	189	196	205	218
145	160	167	173	179	183	187	196	203	215
141	159	165	172	176	182	188	199	205	213

第四章
总量指标与相对指标

■　■　■　■　■

第一节　总量指标

一、总量指标的概念

社会经济现象的数量特征要通过各种指标加以反映。总量指标是反映社会经济现象在具体时间、地点、条件下的总规模或总水平的统计指标,从外延上反映现象的数量特征。总量指标的数值表现形式是绝对数,故也称为绝对指标。总量指标必须有计量单位。例如,根据年度统计公报,2017年国内生产总值 827 122 亿元,其中,第一产业增加值 65 468 亿元;第二产业增加值 334 623 亿元;第三产业增加值 427 032 亿元。2017 年年末全国就业人员 77 640 万人,其中城镇就业人员 42 462 万人等。这些指标都是总量指标。

总量指标具有有限性特点,即根据有限总体才能计算总量指标。例如,一个班级的学生人数很容易确定,但池塘里的鱼苗就很难确定数量了。总量指标与总体研究范围相关,即总量指标的数值随着研究范围的扩大而增加、随着研究范围的缩小而减少。例如,一个城市的国内生产总值小于同时期所在省的国内生产总值。

二、总量指标的作用

总量指标是统计研究过程中所使用的最基本的统计综合指标,是人们认识事物的起点,是计算相对指标和平均指标以及进行统计分析的基础。但是,总量指标只揭示了现象外延方面的特征,是孤立的和静态的。总量指标的作用主要表现在以下三个方面:

第一,总量指标是人们认识社会经济现象的起点。这是由于,现象的基本情况往往首先表现为总量。例如,掌握了某个国家或地区在一定时点的人口总数、就业人员数量及一定时期的国内生产产值、居民消费支出、居民可支配收入等总量指标,就能对该国或地区的经济情况有一个基本认识。又如,我们掌握一个工业企业的年营业收入、职工人数等总量指标,就可以判断这个工业企业的规模。

第二,总量指标是制定政策、编制计划以及进行科学管理的重要依据。要进行科学决策,就要了解一个国家或地区的总体情况和总体实力,总量指标能够反映国家或地区社会经济、科技、教育、人民生活等方面在具体时间上发展的总体水平,掌握各个方面的总量指标,才能进行进一步的具体分析。

第三,总量指标是计算相对指标、平均指标和各种分析指标的基础。在掌握总量指标的基础上,根据现象内部和现象之间的内在联系计算相对指标和平均指标,可以对社会经济现象总体的数量特征进行深入分析。平均指标和相对指标都是总量指标的派生指标。例如,人均国内生产总值指标是通过国内生产总值总额与总人口数对比计算得到的。因此,总量指标正确与否直接影响到其他指标的计算结果是否正确。

三、总量指标的种类

(一) 按其反映的内容不同,分为总体单位总量和总体标志总量

总体单位总量,又称总体总量或单位总量,是指一个总体内所包含的总体单位总数,反映总体本身的规模大小。总体标志总量简称标志总量,是指总体单位某个数量标志值之和。例如,研究某市工业企业的生产情况时,该市所有的工业企业是总体,每一家工业企业是总体单位,那么,该市的所有工业企业总数是总体单位总量,而该市的工业增加值、工业利税总额等是总体标志总量,是由各总体单位的数量标志值汇总而来的。

当研究目的一定的条件下,总体一定存在总体单位总量和总体标志总量两个基本的总量指标,两者相互联系、相辅相成。例如,当研究某市工业企业职工的平均工资时,职工人数是总体单位总量,而工资总额是总体标志总量;当研究该市平均每家企业的职工人数时,则企业总数是总体单位总量,而职工人数为总体标志总量。

(二) 按反映的时间状况不同,分为时期指标和时点指标

时期指标是指反映现象总体在一段时期内发展过程的总数量,如某种商品销售量、工资总额、国内生产总值、人口增长量等,又如 2017 年我国国内生

产总值 827 122 亿元,2017 年全年城镇新增就业 1 351 万人。

时点指标是指现象总体在某一时刻(瞬间)上状态的总量,如年末人口数、月末商品库存量、年末固定资产的价值、企业设备台数、外汇储备额等,又如 2017 年末国家外汇储备 31 399 亿美元。

时期指标和时点指标具有不同的特点:

首先,时期指标的数值是连续登记取得的。例如,某工业企业某月生产某产品的数量,是该企业这个月每天生产该产品数量汇总的结果。而时点指标的数值是通过间断登记取得的。例如,该企业某月末的职工人数,是在这个月初变动到月末后实有的职工人数。

其次,时期指标具有累加性。可以把连续几个时期的指标数值相加,其加总后的结果有实际意义。例如,把某市某年 1 至 3 月的工业增加值相加,就得到该市第一季度的工业增加值;把全年 4 个季度的工业增加值相加,可以得到全年的工业增加值。时点指标不具有累加性,即在一般情况下不能把不同时点的指标数值相加,因为加总后的数值没有实际意义。例如,不能把该市一年每个月末(初)的人口数相加,相加后的结果是不能构成全年的总人口数的。

最后,时期指标数值的大小与时期长短有直接关系。例如,某市全年的工业增加值必然大于某个月的增加值。时点指标数值的大小与时点间隔长短无直接关系。例如,某企业年末的职工人数不一定比这年中某个月末的职工人数多。

有些时期指标和时点指标之间具有一定内在的联系。例如,根据 2017 年统计公报,年末国家外汇储备 31 399 亿美元,比上年末增加 1 294 亿美元。这里前一个指标是时点指标,比上年末增加 1 294 亿美元则是时期指标,它是由两个时点指标计算得到的。

四、总量指标的计量单位

总量指标具有一定的经济内容,必须要有计量单位。按总量指标所反映的客观现象性质的不同,计量单位可分为实物量计量单位、货币量计量单位和劳动量计量单位。

(一) 实物量计量单位

实物量计量单位,简称实物单位,是根据事物的自然属性和特点,采用自然的、度量衡的或物理的、化学的计量单位。

它具体包括以下几种:① 自然单位,即根据事物的自然属性来度量其数量的计量单位,如人口按"人"、牲畜按"头"、火车按"列"、鞋子按"双"等。② 度量衡单位,是指根据统一的度量衡制度的规定来度量现象数量的一种计量单位。如,煤炭(重量)以"吨"为单位,路程(长度)以"公里"为单位,建筑面积以"平方米"为单位。③ 双重或多重单位,是指同时采用两种或两种以上计量单位来表明某一种事物的数量的特征。如,发动机用"千瓦/台"表示,属双重单位;船舶以"吨/马力/艘"表示等,属多重单位。④ 复合单位,是用两种单位的乘积来表明某一种事物的数量特征,如货运量用"吨公里"表示、发电量用"千瓦时"表示等。⑤ 标准实物单位,是按照统一折算标准来度量被研究现象数量特征的一种计量单位,主要是针对那些性质和用途相同而品种规格不同的同类产品的计量而使用的。如,我国一次能源总量统计,是把天然气、原油、煤炭等发热量不同的能源按 7 000 大卡/千克折算为标准煤进行统计。

实物指标是反映国情、国力和研究各行业投入、产出、资源条件、生活环境、经济活动过程等基础的指标,它能具体反映社会经济现象实际存在的实物数量,体现具体的使用价值量。但实物单位的综合能力差,不同经济用途的实物量不能相加,因而不能反映多种事物的总规模和总水平,这是实物单位的局限性。

(二)货币量计量单位

货币计量单位简称货币单位,也称价值量单位,是指用货币作为价值尺度来计算社会物质财富或劳动成果价值量的计量单位,如国内生产总值、工业增加值、销售额、财政收入、外汇储备额等。以货币单位来度量事物的数量,使不能直接相加的经济现象的数量过渡到可以加总,用以综合地说明具有不同使用价值的经济现象的总规模、总水平等。由于价值指标具有广泛的综合性,所以它在统计核算中有广泛的应用范围。但也要注意货币单位使用的价格有不变价格和现行价格之分,在对客观现象的规模或水平进行比较时要注意价格的可比性。

(三)劳动量计量单位

劳动量计量单位简称劳动单位,是指用劳动时间表示的计量单位,如"工时""工日""台时"等。实际上,劳动单位是由劳动和工作时间组合而成的复合单位,如一个工人工作一小时为一个工时,工作一天为一个工日。借助劳动单位计算的劳动总消耗量指标来确定劳动规模,并作为评价劳动时间利用程度和计算劳动生产率的依据,具有一定的综合性和概括能力。将生产各种产品所消耗的劳动量相加得到的劳动消耗总量,即总工日或总工时,可用来综合反映企业生产各种不同产品的总产量。

五、总量指标的计算

总量指标是对统计调查来的原始数据经过分组和汇总得到的各项指标，是统计整理阶段的直接成果，为进行统计分析阶段提供可靠的基础。总量指标是最基本的综合指标，在计算总量指标时，主要注意以下几个方面：

首先，同类现象才能加总。总量指标是一定社会经济现象的数量表现，每一个总量指标都具有确定的社会经济内容，都具有一定质的规定性。一般情况下，只有同类现象才能加总。例如，人口和钢产量的性质不同，不能将两者加总。但在某些特殊情况下，对于具体形式不同但使用价值相同的产品，可以折算为标准品再行加总。如能源生产总量，是指一定时期内，全国一次能源生产量的总和，包括原煤、原油、天然气、水电、核能及其他动力能（如风能、地热能等），由于计量单位不同，需要折算成标准煤进行统计。

其次，明确总量指标的涵义、范围。统计指标包括内涵和外延两个方面，只有明确总量指标的涵义、范围，才能科学地确定统计指标的计算范围和计算方法，进而准确地计算总量指标。如，要调查第三产业的经济状况，首先要明确"第三产业"的含义，才能做出准确的统计分析。再如《中国统计年鉴》（2017）中，全国规模以上工业企业的统计范围，1998—2006 年为全部国有及年主营业务收入在 500 万元及以上非国有工业企业；2007—2010 年为年主营业务收入在 500 万元及以上的工业企业；2011 年以后年份为年主营业务收入在 2 000 万元及以上的企业。

在实际核算中，国内生产总值有三种计算方法，即生产法、收入法和支出法。三种方法分别从不同的方面反映国内生产总值及其构成。因此，一定要根据研究目的，统一规定指标的涵义、计算范围，确定科学的统计方法。

最后，在统计汇总时，必须有统一的计量单位。在计算实物指标总量时，不同实物单位代表不同类现象，而同类现象又可能因历史或习惯的原因采用不同的计量单位。同类现象的总量指标的数值，其计量单位只有统一时才能汇总，否则，就要先换算成统一的计量单位。计量单位若不统一，会在实际工作中由于各地区各单位的条件和习惯不同，而造成使用混乱和计算差错。

六、经济统计中常见的总量指标

（1）国内生产总值（GDP），指按市场价格计算的一个国家（或地区）所有常住单位在一定时期内生产活动的最终成果。国内生产总值有三种表现形态，即价值形态、收入形态和产品形态。从价值形态看，它是所有常住单位在一定时期内生产的全部货物和服务价值与同期投入的全部非固定资产货物和服务价值的差额,即所有常住单位的增加值之和;从收入形态看,它是所有常住单位在一定时期内创造并分配给常住单位和非常住单位的初次收入之和;从产品形态看,它是所有常住单位在一定时期内最终使用的货物和服务价值与货物和服务净出口价值之和。在实际核算中,国内生产总值有三种计算方法,即生产法、收入法和支出法。三种方法分别从不同的方面反映国内生产总值及其构成。对于一个地区来说,称为地区生产总值或地区 GDP。

(2) 国民总收入(GNI),即国民生产总值,指一个国家(或地区)所有常住单位在一定时期内收入初次分配的最终结果。一国常住单位从事生产活动所创造的增加值在初次分配中主要分配给该国的常住单位,但也有一部分以生产税及进口税(扣除生产和进口补贴)、劳动者报酬和财产收入等形式分配给非常住单位;同时,国外生产所创造的增加值也有一部分以生产税及进口税(扣除生产和进口补贴)、劳动者报酬和财产收入等形式分配给该国的常住单位,从而产生了国民总收入的概念。它等于国内生产总值加上来自国外的净要素收入。与国内生产总值不同,国民总收入是个收入概念,而国内生产总值是个生产概念。

(3) 支出法国内生产总值,是从最终使用的角度反映一个国家(或地区)一定时期内生产活动最终成果的一种方法,包括最终消费支出、资本形成总额及货物和服务净出口三部分。

(4) 最终消费支出,指常住单位为满足物质、文化和精神生活的需要,从本国经济领土和国外购买的货物和服务的支出。它不包括非常住单位在本国经济领土内的消费支出。最终消费支出分为居民消费支出和政府消费支出。

(5) 居民消费支出,指常住住户在一定时期内对于货物和服务的全部最终消费支出。居民消费支出除了直接以货币形式购买的货物和服务的消费支出外,还包括以其他方式获得的货物和服务的消费支出,即所谓的虚拟消费支出。居民虚拟消费支出包括如下几种类型:单位以实物报酬及实物转移的形式提供给劳动者的货物和服务;住户生产并由本住户消费了的货物和服务,其中的服务仅指住户的自有住房服务和付酬的家庭雇员提供的家庭和个人服务;金融机构提供的金融媒介服务。

(6) 政府消费支出,指政府部门为全社会提供的公共服务的消费支出和免费或以较低的价格向居民住户提供的货物和服务的净支出,前者等于政府服务的产出价值减去政府单位所获得的经营收入的价值,后者等于政府部门免费或以较低价格向居民住户提供的货物和服务的市场价值减去向住户收取的价值。

(7) 资本形成总额,指常住单位在一定时期内获得减去处置的固定资产和存货的净额,包括固定资本形成总额和存货变动两部分。

(8) 固定资本形成总额,指常住单位在一定时期内获得的固定资产减处置的固定资产的价值总额。固定资产是指通过生产活动生产出来的,且其使用年限在一年以上、单位价值在规定标准以上的资产,不包括自然资产。固定资本形成总额可分为有形固定资本形成总额和无形固定资本形成总额。有形固定资本形成总额包括一定时期内完成的建筑工程、安装工程和设备工器具购置(减处置)价值,土地改良以及新增役、种、奶、毛、娱乐用牲畜和新增经济林木价值。无形固定资本形成总额包括矿藏的勘探、计算机软件等获得减处置。

(9) 存货变动,指常住单位在一定时期内存货实物量变动的市场价值,即期末价值减期初价值的差额,再扣除当期由于价格变动而产生的持有收益。存货变动可以是正值,也可以是负值,正值表示存货上升,负值表示存货下降。存货包括生产单位购进的原材料、燃料和储备物资等,以及生产单位生产的产成品、在制品和半成品等。

(10) 初次分配总收入,初次分配是生产活动形成的净成果在参与生产活动的生产要素的所有者及政府之间的分配。生产活动的净成果是增加值。生产要素包括劳动力、土地、资本。劳动力所有者因提供劳动而获得劳动报酬;土地所有者因出租土地而获得地租;资本的所有者因资本的形态不同而获得不同形式的收入:借贷资本所有者获得利息收入,股权所有者获得红利或未分配利润,政府因直接或间接介入生产过程而获得生产税或支付补贴。初次分配的结果形成各个机构部门的初次分配总收入。各部门的初次分配总收入之和就等于国民总收入,亦即国民生产总值。

(11) 可支配总收入,是指在初次分配总收入的基础上,通过经常转移的形式对初次分配总收入进行再次分配。再分配的结果形成各个机构部门的可支配总收入。各部门的可支配总收入之和称为国民可支配总收入。

(12) 货物进出口总额,指实际进出我国国境的货物总金额。包括对外贸易实际进出口货物,来料加工装配进出口货物,国家间、联合国及国际组织无偿援助物资和赠送品,华侨、港澳台同胞和外籍华人捐赠品,租赁期满归承租人所有的租赁货物,进料加工进出口货物,边境地方贸易及边境地区小额贸易进出口货物(边民互市贸易除外),中外合资企业、中外合作经营企业、外商独资经营企业进出口货物和公用物品,到、离岸价格在规定限额以上的进出口货样和广告品(无商业价值、无使用价值和免费提供出口的除外),从保税仓库提取在中国境内销售的进口货物,以及其他进出口货物。该指标可以观察一个国家在对外贸易方面的总规模。我国规定出口货物按离岸价格统计,进口货物按到岸价格统计。

(13)存款,是指企业、机关、团体或居民根据资金必须收回的原则,把货币资金存入银行或其他信用机构保管并取得一定利息的一种信用活动形式。根据存款对象的不同可划分为企业存款、财政存款、机关团体存款、基本建设存款、城镇储蓄存款、农村存款等科目。它是银行信贷资金的主要来源。

(14)货币供应量,是指一个国家在一定时点上流通中的现金和存款货币的总和。它是中央银行制订和执行货币政策的重要观测依据,也是各国中央银行编制和公布的重要经济统计指标之一。按照我国现行规定,货币供应量分四个层次。

(15)保费收入,又叫保险费,是保险人根据保险合同的有关规定,为被保险人取得因约定危险事故发生所造成的经济损失补偿(或给付)权利,付给保险人的代价。包括财产险和人身险储金收入。

(16)赔款支出,是指保险人对财产保险的保险事故给予的经济补偿或对人身保险的保险事故给付的保险金。分为已决赔款和未决赔款。

(17)工业总产值,是以货币表现的工业企业在一定时期内生产的工业产品总量,它反映工业生产的总规模和总水平。它包括:在本企业内不再进行加工,经检验、包装入库的成品价值,工业性作业价值,自制半成品、在制品期末期初差额价值(生产周期较长的企业计算)。工业总产值采用"工厂法"计算,即以工业企业作为一个整体,按企业工业生产活动的最终成果来计算,企业内部不允许重复计算,不能把企业内部各个车间(分厂)生产的成果相加。但在企业之间、行业之间、地区之间存在着重复计算。

(18)工业销售产值,是以货币表现的工业企业在一定时期内销售的本企业生产的工业产品总量。包括已销售的成品、半成品价值,对外提供的工业性作业和对本企业基本建设部门、生活福利部门等提供的产品和工业性作业及自制设备的价值。

(19)资本金,是指企业在工商行政管理部门登记的注册资金。企业筹集的资本金主要分为国家资本金、法人资本金、个人资本金以及外商资本金等。

(20)总人口数,是指一定时点、一定地区的有生命的个人总和。使用时应注意:首先,总人口是指一个时点的人口,只能说明对应时点的某地区人口规模,而不能说明其他的时点的人口规模;其次,所谓有生命的个人总和,是指统计人口数时,以当时生存的人数为准,不论何种原因已死亡者均不统计。经常性人口统计和人口普查中,一般调查以下三个时点的总人口:年初人口,即 1 月 1 日 0 时人口数;年末人口,即 12 月 31 日 24 时人口数;年中人口,即 6 月 30 日 24 时人口数。我国前四次人口普查都是调查的年中人口。

第二节　相对指标

一、相对指标的概念

相对指标是反映社会经济现象之间数量对比关系的统计指标,是两个有联系的指标数值对比的结果,相对指标的数值表现形式是相对数。如 2016 年,我国规模以上工业企业主营业务收入比上年增长 4.9%;2017 年 7 月份,我国规模以上工业企业实现利润总额同比增长 16.5% 等都是相对指标。

二、相对指标的作用

首先,相对指标能够反映现象的内部结构、比例关系、普遍程度和速度。如前所述,社会经济统计学的研究对象是大量社会经济现象总体的数量方面,包括数量特征、数量关系和质量互变的数量界限等三个方面。而相对指标可以全面地反映现象总体的内部结构、比例关系、现象的普遍程度、普及程度和发展速度、强度等。同总量指标相比,相对指标揭示了现象内涵方面的特征。如,工业企业利润可以按规模区分为大、中、小型企业,按照轻重工业区分研究内部结构和比例关系等。

其次,相对指标能够将某些不能直接进行对比的统计指标,取得可以比较的基础。总量指标数值容易受总体范围的影响,总体范围大,指标数值也就越大,反之就越小。为了消除由于总体范围不同给统计对比分析带来的影响,就要使用相对指标。例如,企业由于产品结构以及生产条件不同,无法直接进行生产情况的对比,但是如果都以各自的计划完成程度、资金利润率、资金负债率、发展速度等相对指标进行比较,便可对其生产经营的状况作出合理的评价。

再次,相对指标能够确切而有效地反映企业的经济效益及抵御风险、偿还债务等方面的能力。我们知道,经济效益是经济活动中投入和产出的比较关系,无论是对宏观经济效益还是微观经济效益进行评价,既要看产出量,还要考虑投入量,将产出量与投入量进行比较,通过相对数的大小可以反映企业的生产经营能力。如,企业利润总额与成本费用对比计算出成本费用利润率,既反映企业投入的生产成本及费用的经济效益,同时也反映企业降低成本所取得的经济效益;总资产贡献率,则反映企业全部资产的获利能力,是企业经营业绩和管理水平的集中体现,是评价和考核企业盈利能力的核心指标;资产负债率指标既反映企业经营风险的大小,也反映企业利用债权人提供的资金从事经营活动的能力。

最后,相对指标能够反映现象的发展过程及事物之间的相互关联程度,反映事物发展变化的趋势。如,产值计划完成程度就比实际产值完成数更能说明计划执行情况,发展速度可以揭示经济发展变化趋势等。

三、相对指标的计量形式

相对指标的计量表现形式有两种,一种是有计量单位,另一种是无计量单位。有计量单位是将对比的分子和分母指标的计量单位结合使用,以表明事物的密度、普遍程度和强度等。有计量单位的相对指标主要用来表现某些强度相对指标的数值,例如,人口密度用"人/平方公里",人均国内生产总值用"元/人"表示,计量单位属于双重单位。

无计量单位是一种抽象化的数值,一般以系数、倍数、成数、百分数和千分数表示。系数和倍数是将对比的基数抽象化为 1 而计算的相对指标数值,如流动资产周转次数。成数是将对比的基数抽象化为 10 而计算出来的相对指标数值,如某企业利润比上年增长一成,即增长 10%。百分数是将对比的基数抽象化为 100 而计算出来的相对数,其符号为%。它是相对指标中最常用的一种表现形式,如主营业务收入利润率,人均主营业务收入、资产负债率等。千分数是将对比的基数抽象化为 1 000 而计算出来的相对数,其符号为‰。它适用于对比的分子数值比分母数值小得多的情况。如人口出生率、人口自然增长率等多用千分数表示。

在对比分析中,比较两个百分数或千分数时,有时用相减的方法求其差额,相差数为 1% 称为一个百分点,相差数为 1‰ 称为一个千分点。

四、相对指标的种类和计算方法

由于对比基础和研究目的的不同,相对指标可以分为计划完成程度相对指标、结构相对指标、比例相对指标、比较相对指标、强度相对指标和动态相对指标。

(一) 计划完成程度相对指标

1.计划完成程度相对指标的一般公式及计算

计划完成程度相对指标是将社会经济现象在一定时期内的实际完成数与计划任务数进行对比,用来检查、监督计划完成情况的相对指标,一般以百分数表示。其计算公式为:

$$\text{计划完成程度相对指标} = \frac{\text{实际完成数}}{\text{计划任务数}} \times 100\% \tag{4.1}$$

计划完成程度相对指标的分子是实际完成数值,分母是计划任务数值,分子指标和分母指标在指标涵义、计算方法、计量单位以及时间长度等方面应该完全一致。同时,分子、分母不允许互换。

在实际工作中,计划任务数既可以是总量指标,也可以是相对指标或平均指标,因此计划完成程度相对指标在计算形式上有所不同。

计划任务数为总量指标。此时,可直接用实际完成数和计划任务数对比求得计划完成程度相对指标。

$$\text{计划完成程度相对指标} = \frac{\text{实际水平}}{\text{计划水平}} \times 100\% \tag{4.2}$$

【例4.1】某电脑销售公司本月计划完成销售额 200 万元,实际完成 220 万元,则:

$$\text{计划完成程度相对指标} = \frac{220}{200} \times 100\% = 110\%$$

计划任务数为平均指标时,其计算公式为:

$$\text{计划完成程度相对指标} = \frac{\text{实际平均水平}}{\text{计划平均水平}} \times 100\% \tag{4.3}$$

计划任务数为相对指标,此时以本期计划数比上期实际数提高或降低多少的相对数表示时,如产值增长率、成本费用降低率、原材料利用率降低率等。其计算公式为:

$$\text{计划完成程度相对指标} = \frac{\text{实际完成百分数}(\%)}{\text{计划任务百分数}(\%)} \times 100\% \tag{4.4}$$

【例4.2】某公司计划年销售额要比上年提高 4%,实际提高 5%,则

$$\text{计划完成相对指标} = \frac{100\% + 5\%}{100\% + 4\%} \times 100\% = 100.96\%$$

即超额 0.96% 完成计划。

【例4.3】如某公司计划本年产品单位成本比上年降低 5%,实际降低 6%,则

$$计划完成相对指标=\frac{100\%-6\%}{100\%-5\%}\times100\%=98.95\%$$

即成本降低率比计划多完成 1.05%。

需要说明的是,在计划完成程度相对指标中,100% 是判断是否完成计划的数量界限。计划完成程度相对指标是评价计划完成情况的标准和依据。利用计划完成程度相对指标进行评价时,要根据指标的性质和要求而定。对于数值越大越好的指标,如产值、产量、利润等,计划完成程度要大于 100% 才算超额完成计划,超过 100% 的部分为超额完成计划的相对数;对于数值越小越好的指标,如原材料消耗量、单位产品平均成本等,计划完成程度要小于100% 才算超额完成计划,而超过 100% 的部分,则表示未完成计划的差距。

2. 计划执行进度相对指标

计划执行进度相对指标是检查计划时的累计完成数与计划规定数值的对比,并与对应的时间对比,反映计划执行进度情况。例如,某企业某年两种产品的产量计划执行情况分析,如表 4.1 所示,A 产品产量完成进度慢了,B产品则提前一个季度完成计划产量。

表 4.1 某企业两种产品的产量完成计划情况

产品名称	单位	年计划	实际完成数				累计完成年计划的%
			1 季	2 季	3 季	1~3 季累计	
A	千克	700	140	150	130	420	60.00
B	千克	300	75	85	140	300	100.00

(二) 结构相对指标

在对研究对象分组的基础上,就可以计算结构相对指标。结构相对指标是总体某部分数值(部分单位数或部分变量值)与总体全部数值(总体单位总量或总体标志总量)之比,又称比重或比率,一般用百分数表示。其计算公式为:

$$结构相对指标=\frac{总体部分数值}{总体全部数值}\times100\% \qquad (4.5)$$

由于结构相对指标是总体的部分数值与全部数值之比,因此个别结构相对指标的数值是一个大于 0 小于 1 的数值,而总体中所有结构相对指标数值之和等于 100% 或 1。

在结构相对指标的计算过程中,分子与分母数值不能互换。利用结构相对指标可以研究总体内各组成部分的比重及其变化情况,从而深刻认识事物各个部分的特殊性及其在总体中所占的地位。

（三）比例相对指标

比例相对指标是同一总体各组成部分数量（单位数或标志值）之间的对比而得到的相对指标。在对研究对象进行分组的基础上，也可以计算比例相对指标。其计算公式为：

$$比例相对指标 = \frac{总体中某部分数值}{总体中另一部分数值} \tag{4.6}$$

比例相对指标是在同一总体内进行计算的。利用比例相对指标，可以分析总体内各组成部分或各局部之间的数量关系是否协调一致。按比例发展是事物发展的客观要求，如人口的性别比例、国民经济中各产业之间的比例、国民收入使用额中消费和积累的比例等等，都可以运用比例相对指标进行分析研究。

比例相对指标可以用百分数表示，也可以用一比几或几比几的形式表示，如表 4.2 中，2017 年我国第一、二、三产业增加值的比例为：7.9：40.5：51.6。

表 4.2　我国国内生产总值构成（按当年价格计算）　　单位：%

年份	国内生产总值	第一产业	第二产业	第三产业
2010	100.0	9.5	46.4	44.1
2011	100.0	9.4	46.4	44.2
2012	100.0	9.4	45.3	45.3
2013	100.0	9.3	44.0	46.7
2014	100.0	9.1	43.1	47.8
2015	100.0	8.8	40.9	50.2
2016	100.0	8.6	39.9	51.6
2017	100.0	7.9	40.5	51.6

资料来源：国家统计局《中国统计年鉴》(2018)。

（四）比较相对指标

比较相对指标是可比现象之间的比较。一般是将两个不同国家、地区、部门、企业的同类指标作静态对比得到的相对指标，一般用百分数或倍数表示。也可以是与平均水平或某些标准水平进行比较，寻找不足与差距。其计算公式为：

$$比较相对指标 = \frac{某条件下的某指标数值}{另一条件下同类指标数值} \tag{4.7}$$

式中，分子与分母现象所属统计指标的涵义、口径、计算方法和计量单位必须一致。

需要注意的是，进行比较的是一般事物时，如甲、乙两个国家、地区、部门或企业,这时既可以用甲比乙,也可以用乙比甲,即分子分母的数值可以互换进行对比。但是,如将本单位的各项技术经济指标和国家规定的水平比较,和同行业的先进水平比较,和国外先进水平比较等,这时分子和分母的位置不能互换。另外,比较相对指标可以用总量指标数值进行对比,也可以用相对指标数值或平均指标数值进行对比,但由于总量指标易受总体范围大小的影响,因而,计算比较相对指标时,更多地采用相对指标或平均指标。运用比较相对指标对不同国家、不同地区、不同单位的同类指标对比,有助于揭示矛盾、找出差距、挖掘潜力、促进事物良性发展。

(五) 强度相对指标

强度相对指标是反映两个性质不同但有联系的总量指标之间数量对比关系的相对指标。它能反映国民经济和社会发展的强度、密度、普遍程度等,也能反映生产条件及公共设施的配备情况。计算公式为:

$$强度相对指标 = \frac{某一总体的总量指标数值}{另一有联系而性质不同总体的总量指标数值} \qquad (4.8)$$

强度相对指标数值的表现形式一般是有计量单位的,此时是双重单位,由分子指标和分母指标的计量单位组成。如人均国民生产总值"元/人"、人口密度"人/平方公里"、人均粮食产量"吨/人"等。而有的强度相对指标是无计量单位,用次数、倍数、系数、百分数或千分数表示,如人口出生率、人口死亡率、人口自然增长率等。

强度相对指标计算应用过程中要注意以下问题:首先,有些强度相对指标的分子和分母可以互换,能够区分正指标、逆指标。正指标是指标数值的大小与现象的发展程度或密度呈正方向变化的强度相对指标,即指标数值越大,现象的发展程度或密度越高,反之就越低;逆指标是指标数值的大小与现象的发展程度或密度呈反向变化的强度相对指标,即指标数值越大,现象的发展程度或密度越低,反之就越高。如:

$$商业网点密度(正指标) = \frac{零售商业机构数(个)}{地区人口数(千人)}$$

$$商业网点密度(逆指标) = \frac{地区人口数(千人)}{零售商业机构数(个)}$$

其次,强度相对指标一般具有平均的涵义,如人均国内生产总值、人均粮食产量,但不是平均指标,这是因为它不符合平均指标的涵义。

最后,计算强度相对指标时,必须注意社会经济现象之间客观上要存在一定的经济或技术上的联系,这样,两个指标对比才会有现实意义。如人口数与土地面积相比,能够说明人口的密度,但若用钢材产量和土地面积相比,就没有意义了。

(六) 动态相对指标

动态相对指标是指反映某现象的同类指标在不同时期上数量对比关系的相对指标,一般用百分数或倍数表示。其计算公式为:

$$动态相对指标 = \frac{报告期水平}{基期水平} \times 100\% \tag{4.9}$$

动态相对指标实际上就是发展速度,在统计分析中应用广泛,详细内容见本书第八章时间数列的分析。

五、正确运用相对指标的原则

相对指标种类较多,有各自的意义和作用,在计算和应用上也有不同的要求和特点,但从总体上说,计算和应用相对指标要坚持以下原则:

(一) 注意可比性,正确选择比较标准

可比性主要是指对比的分子和分母两个指标之间在经济内容、计算范围、计算方法和计量单位等方面要保持一致或相互适应的状态。例如,由于不同时期商品或劳务的价格水平是不同的,比如按照现价计算的 2017 年国内生产总值同 2000 年国内生产总值不能直接对比,为了保证两者的可比性,要么按 2017 年价格水平对 2000 年的国内生产总值进行调整,或按 2000 年的价格水平对 2017 年的国内生产总值进行调整,或者调整成按照一个不变价格计算的国内生产总值,使得两个指标的价格水平保持可比。

相对指标的比较标准,是指相对指标的分母数值,它是对比的依据和标准。选择不同的比较标准其反映和说明的问题不同。选择比较标准时要注意以下几点:第一,动态相对指标的对比基数的大小影响发展速度,在进行动态对比时,要选择能够反映具有一定特点的历史阶段,作为比较标准;第二,在进行长期对比时,要选择经济与社会发展比较稳定的时期,作为比较标准,以经济和社会不稳定时期的数据作为对比标准,必然会影响到计算数据的准确性,从而影响到统计分析的实际效果。

(二) 定性分析与定量分析相结合

计算对比指标数值的方法是简便易行的,但要正确地计算和运用相对指标,还要注重定性分析与定量分析相结合的原则。如进行恰当的统计分组就是一个关键的问题,只有在正确分组的基础上,才能运用相对指标,对现象的内部结构及现象间的依存关系进行正确分析。如分析规模以上工业企业实

现利润情况,按经济类型进行分组,便于研究各经济类型企业利润增长情况。根据国家统计局发布的统计数据,2017 年 1~7 月份,全国规模以上工业企业实现利润总额 42 481.2 亿元,同比增长 21.2%。其中,国有控股企业实现利润总额 9 273.9 亿元,同比增长 44.2%;集体企业实现利润总额 259.4 亿元,增长 3.7%;股份制企业实现利润总额 29 907.3 亿元,增长 22.9%;外商及港澳台商投资企业实现利润总额 10 197.7 亿元,增长 17.7%;私营企业实现利润总额 14 161.6 亿元,增长 14.2%。

(三)相对指标和总量指标结合

相对指标虽可以反映现象之间的差异程度,但把现象的绝对水平抽象化了,说明不了现象之间在绝对数量上的差异。因此,应用相对指标进行统计分析时,必须结合总量指标进行分析,反映现象之间绝对额的差异,以全面、正确地认识客观事物。

(四)多种相对指标综合运用

某一个相对指标只能说明一个方面的问题,在分析研究复杂现象时,应该将多种相对指标结合起来运用,这样才能把从不同侧面反映的情况结合起来观察分析,从而能较全面地说明客观事物的情况及其发展规律。

【例 4.4】某地区规模以上工业企业经营情况数据资料见表 4.3。

表 4.3 某地区规模以上工业企业经营数据

部门	资产总计(亿元)		每百元资产实现的利税(元/百元)	
	2016 年	2017 年	2016 年	2017 年
轻工业	2 201.19	2 387.70	42.57	38.55
重工业	3 754.96	4 366.12	17.30	15.09
合计	5 956.15	6 753.82	26.64	23.38

根据以上数据资料,计算结构相对指标、动态相对指标,见表 4.4。

表 4.4 某地区规模以上工业企业相对指标计算表

部门	资产总计(亿元)				发展速度(%)	百元资产实现的利税(元/百元)		发展速度(%)
	2016 年		2017 年			2016 年	2017 年	
	绝对数	比重(%)	绝对数	比重(%)				
轻工业	2 201.19	36.96	2 387.70	35.35	108.47	42.57	38.55	90.56
重工业	3 754.96	63.04	4 366.12	64.65	116.28	17.30	15.09	87.23
合计	5 956.15	100.00	6 753.82	100.00	113.39	26.64	23.38	87.76

根据表 4.4 有关指标,对这一地区规模以上工业企业经营状况进行分析。首先,从结构相对指标来看,2017 年该地区重工业企业拥有全部工业 64.65％的资产,有雄厚的物质技术基础,而轻工企业资产相对薄弱,占全部工业企业的 35.35％。其次,从动态相对指标来看,轻工企业资产 2017 年比 2016 年增长 8.47％,慢于重工企业 116.28％的增长速度。最后,从强度相对指标来看,轻工企业投资效率较高,2017 年每百元资产实现的利润和税金达 38.55 元,比重工企业高 1.6 倍,但从速度看,二者均有下降,其中尤以重工业更为突出,其下降幅度高于该地区全部工业企业的平均水平。

六、经济统计中常用的相对指标

① 总资产贡献率。反映企业全部资产的获利能力,是企业经营业绩和管理水平的集中体现,是评价和考核企业盈利能力的核心指标。计算公式为:

$$总资产贡献率 = \frac{利润总额 + 税金总额 + 利息支出}{平均资产总额} \times 100\% \qquad (4.10)$$

公式(4.10)中,税金总额为主营业务税金及附加与应交增值税之和;平均资产总额为期初期末资产总额的算术平均值。

② 资产负债率。该指标既反映企业经营风险的大小,也反映企业利用债权人提供的资金从事经营活动的能力。计算公式为:

$$资产负债率 = \frac{负债总额}{资产总额} \times 100\% \qquad (4.11)$$

公式(4.11)中,资产与负债均为报告期期末数。

③ 流动资产周转次数。指一定时期内流动资产完成的周转次数,反映投入工业企业流动资金的周转速度。计算公式为:

$$流动资产周转次数 = \frac{主营业务收入}{全部流动资产平均余额} \times 100\% \qquad (4.12)$$

公式(4.12)中,全部流动资产平均余额为期初和期末的流动资产总额的算术平均值。

④ 成本费用利润率。反映企业投入的生产成本及费用的经济效益,同时也反映企业降低成本所取得的经济效益。计算公式为:

$$成本费用利润率 = \frac{利润总额}{成本费用总额} \times 100\% \qquad (4.13)$$

公式(4.13)中,成本费用总额为主营业务成本、销售费用、管理费用、财务费用之和。

⑤ 产品销售率。该指标反映工业产品已实现销售的程度,是分析工业产

销衔接情况,研究工业产品满足社会需求的指标。计算公式为:

$$产品销售率=\frac{工业销售产值}{工业总产值}\times100\%$$ (4.14)

⑥ 资金利税率。指在一定时期内已实现的利润、税金总额与同期的资产(固定资产净值和流动资产)之比。计算公式为:

$$资金利税率=\frac{报告期累计实现利税总额}{固定资产净值平均余额+流动资产平均余额}\times100\%$$ (4.15)

⑦ 产值利税率。指在一定时期内已实现的利润、税金总额(包括利润总额、产品销售税金及附加和应交增值税)占同期全部工业总产值的百分比。计算公式为:

$$产值利税率=\frac{利税总额}{工业总产值}\times100\%$$ (4.16)

⑧ 工业增加值率。指在一定时期内工业增加值占同期工业总产值的比重,反映降低中间消耗的经济效益。计算公式为:

$$工业增加值率=\frac{工业增加值(现价)}{工业总产值(现价)}\times100\%$$ (4.17)

⑨ 全员劳动生产率。该指标反映企业的生产效率和劳动投入的经济效益。计算公式为:

$$全员劳动生产率=\frac{工业增加值}{全部职工平均人数}$$ (4.18)

由于工业增加值是现行价格计算的,而职工人数不含价格因素,因此应将增加值价格因素予以消除。具体方法可采用总产值价格变动系数来消除价格影响。

⑩ 项目建成投产率。指一定时期内全部建成投产项目个数与同期施工项目个数的比率。该指标从建设单位建设速度的角度反映投资效果。

⑪ 城镇登记失业率。指城镇登记失业人员与城镇单位就业人员(扣除使用的农村劳动力、聘用的离退休人员、港澳台及外方人员)、城镇单位中的不在岗职工、城镇私营业主、个体户主、城镇私营企业和个体就业人员、城镇登记失业人员之和的比。

⑫ 人口出生率(又称粗出生率)。指在一定时期内(通常为一年)一定地区的出生人数与同期内平均人数(或期中人数)之比,用千分率表示。年出生率计算公式为:

$$出生率=\frac{年出生人数}{年平均人数}\times1\,000‰$$ (4.19)

式(4.19)中,出生人数指活产婴儿,即胎儿脱离母体时(不管怀孕月数),有过呼吸或其他生命现象。年平均人数指年初、年底人口数的平均数,也可用年中人口数代替。

⑬ 人口死亡率(又称粗死亡率)。指在一定时期内(通常为一年)一定地区的死亡人数与同期内平均人数(或期中人数)之比,用千分率表示。年死亡率计算公式为:

$$死亡率=\frac{年死亡人数}{年平均人数}\times 1\,000‰ \tag{4.20}$$

⑭ 人口自然增长率。指在一定时期内(通常为一年)人口自然增加数(出生人数减死亡人数)与该时期内平均人数(或期中人数)之比,用千分率表示。计算公式为:

$$人口自然增长率=\frac{本年出生人数-本年死亡人数}{年平均人数}\times 1\,000‰ \tag{4.21}$$

⑮ 单位国内生产总值能耗。指一定时期内,一个国家或地区每生产一个单位的国内生产总值所消耗的能源。计算公式为:

$$单位国内生产总值能耗=\frac{能源消费总量}{国内生产总值}\times 100\% \tag{4.22}$$

⑯ 货(客)运密度。指在一定时期内某种运输方式在营运线路的某一区段平均每公里线路通过的货物(旅客)运输周转量。计算公式为:

$$货(客)运密度=\frac{货物(旅客)周转量}{营业线路长度}\times 100\% \tag{4.23}$$

该指标可以反映交通运输线路上的货物(旅客)运输量运输繁忙程度,是平衡运输线路运输能力和通过能力,规划线路建设及改造、配备技术设备,研究运输网布局的重要依据。

⑰ 能源生产弹性系数,是研究能源生产的增长与国民经济增长之间关系的指标。其计算公式为:

$$能源生产弹性系数=\frac{能源生产总量年平均增长速度}{国民经济年平均增长速度} \tag{4.24}$$

国民经济年平均增长速度,可根据不同目的或需要,用国民生产总值,国民收入等指标来计算。

⑱ 电力生产弹性系数。是研究电力生产量的增长与国民经济增长之间关系的指标。一般来说,电力的发展应当快于国民经济的发展,也就是说电力应超前发展,其计算公式为:

$$电力生产弹性系数 = \frac{电力生产量年平均增长速度}{国民经济年平均增长速度} \qquad (4.25)$$

⑲ 能源消费弹性系数。是反映能源消费增长速度与国民经济增长速度之间比例关系的指标。其计算公式为：

$$能源消费弹性系数 = \frac{能源消费年平均增长速度}{国民经济年平均增长速度} \qquad (4.26)$$

⑳ 电力消费弹性系数。是反映电力消费增长速度与国民经济增长速度之间的比例关系的指标,其计算公式为：

$$电力消费弹性系数 = \frac{电力消费年平均增长速度}{国民经济年平均增长速度} \qquad (4.27)$$

本章练习

一、判断对错

1. 总量指标是表明社会经济现象一定规模和水平的比率指标。 （　　）

2. 相对数一般都可以分为正指标和逆指标两种。 （　　）

3. 时期指标的数值和时点指标的数值都可以连续计算。 （　　）

4. 强度、比较相对指标分子和分母可以互换。 （　　）

5. 在实际工作中,一般对基本建设投资额等指标的长期计划,用水平法进行考核。 （　　）

6. 总体单位总量和总体标志总量指标的地位随着统计研究目的的变动而变动。 （　　）

7. 动态相对数也是一种比较指标,它说明社会经济现象在时间上的发展和变化。 （　　）

8. 对比的事物是否可比,对计算相对指标至关重要。 （　　）

9. 反映社会经济现象总体规模和水平的统计指标称为数量指标,表现形式为相对数。 （　　）

10. 结构相对指标是利用分组法,将总体区分为不同性质的各部分,以一部分数值与总体数值对比的比重或比率。 （　　）

二、单项选择题

1. 下列属于总量指标的是（　　）。

A. 出席率　　　B. 及格率　　　C. 达标率　　　D. 学生数

2. 计划规定成本降低3％,实际上降低了5％,则计划完成程度相对数等于:(   )。

    A. 98.1％   B. 102.1％   C. 97.9％   D. 101.9％

3. 用水平法检查五年计划的执行情况适用于(   )。

    A. 规定计划期初应达到的水平

    B. 规定计划期内某一期应达到的水平

    C. 规定计划期末应达到的水平

    D. 规定五年累计应达到的水平

4. 平均每人分摊主要产品产量是反映现象发展程度的(   )。

    A. 结构相对指标   B. 比较相对指标

    C. 强度相对指标   D. 比例相对指标

5. 下列具有广泛的综合性和概括能力的指标是(   )。

    A. 标准实物量指标   B. 多重实物量指标

    C. 价值指标   D. 劳动指标

6. 在同质总体中计算总量指标,只能是(   )。

    A. 总体单位   B. 有限总体

    C. 无限总体   D. 有限总体和无限总体

7. 下列指标中属于时点指标的是(   )。

    A. 商品销售额   B. 商品销售量

    C. 平均每人商品销售额   D. 商品库存额

8. 学生数以"人"作为计量单位,则这种计量单位称为(   )。

    A. 自然计量单位   B. 标准实物计量单位

    C. 度量衡单位   D. 劳动单位

9. 比例相对指标所反映的比例关系,是属于一种(   )。

    A. 结构性比例   B. 强度性关系   C. 比较性比例   D. 计划性关系

10. 在计算比较相对指标时,对比的分子和分母可以是(   )。

    A. 绝对数   B. 相对数   C. 平均数   D. 以上均可

三、多项选择题

1. 总量指标的计量单位有(   )。

    A. 实物单位   B. 劳动时间单位

    C. 价值单位   D. 百分比和千分比

    E. 倍数、系数和成数

2. 下列指标中属于强度相对指标的有（　　）。

A. 平均每人占有国民收入　　　　B. 人口自然增长率

C. 人口密度　　　　　　　　　　D. 按人口计算平均每人占有粮食产量

E. 职工出勤率

3. 总量指标和相对指标的计算和运用原则有（　　）。

A. 可比性原则

B. 与典型事物相结合的原则

C. 总量指标和相对指标相结合的原则

D. 多项指标综合运用的原则

E. 结合经济内容的原则

4. 根据我国国土面积 960 万平方公里和下述资料可以计算哪几种相对指标（　　）。

	人口普查人口数（单位：万人）	
	2000 年	2010 年
人口总数	126 583	133 972
其中：男	65 355	68 685
女	61 228	65 287

A. 结构相对指标　　　　　　　　B. 比例相对指标

C. 比较相对指标　　　　　　　　D. 强度相对指标

E. 动态相对指标　　　　　　　　F. 计划相对指标

5. 反映国民经济产业结构的相对数是（　　）。

A. 国民生产总值　　　　　　　　B. 第一、二、三产业产值之比

C. 各产业增长速度　　　　　　　D. 各产业比上年增长量

E. 各产业占的比重

6. 我国 GDP 每增长 1%，相当于人均增加收入 70 多元，全国将增加 60～80 万个就业岗位。这里用到的指标有（　　）。

A. 时期数　　　　B. 时点数　　　　C. 动态相对数　　　D. 强度相对数

E. 比较相对数

7. 2008 年我国发行长期建设国债 3 500 亿元；2008 年末，居民个人储蓄存款余额突破 95 000 亿元。这两个指标（　　）。

A. 都是时期数　　　B. 都是时点数　　　C. 都是绝对数

D. 前者是时期数,后者是时点数

E. 前者是时点数,后者是时期数

8. 某地年末就业人数为 800 万,比上年增加 20 万,城镇登记失业率为 4.6%,(　　)。

A. 就业人数是时期数　　　　B. 增加的就业人数是时期数

C. 就业人数是时点数　　　　D. 失业率是结构相对数

E. 就业人数和增加人数都是绝对数

9. 下列指标中属于相对指标的有(　　)。

A. 某地区平均每人年生活费 2 540 元

B. 某地区人口出生率 12.6‰

C. 某地区粮食总产量 4 200 万吨

D. 某产品产量计划完成程度为 127%

E. 某地区人口自然增长率 11.8‰

10. 下列指标中属于时期指标的有(　　)。

A. 某地区人口数　　　　　　B. 某地区人口死亡数

C. 某高校毕业学生人数　　　D. 某农场每年养猪存栏数

E. 某企业月末在册职工人数

四、计算分析题

1. 某企业产值计划完成程度相对数为 105%,比上年增长 7%,试计算计划规定比上年增长多少? 单位产品成本上年为 420 元,计划规定今年成本降低 5%,实际降低 6%,试确定今年单位成本的计划数字和实际数字,并计算单位成本计划完成程度指标。按计划规定,劳动生产率比上年提高 10%,实际执行结果提高了 12%,劳动生产率计划完成程度是多少?

2. 某市三个企业某年的上半年产值及计划执行情况如下:

企业	第一季度实际产值（万元）	第二季度				计划完成（%）	第二季度为第一季度（%）
		计划		实际			
		产值（万元）	比重（%）	产值（万元）	比重（%）		
	[1]	[2]	[3]	[4]	[5]	[6]	[7]
甲企业	230	255		280			

续表

| 企业 | 第一季度实际产值（万元） | 第二季度 | | | | 计划完成（%） | 第二季度为第一季度(%) |
| | | 计划 | | 实际 | | | |
		产值（万元）	比重（%）	产值（万元）	比重（%）		
乙企业	350			380		100	
丙企业	400	420				98	
合计							

要求:(1)试计算并填写上表空栏,并分别说明[1]—[7]是绝对数、相对数还是平均数,如果是相对数,请在其后注明是何种相对数;(2)丙企业若能完成计划,从绝对数和相对数两方面说明该市三个企业将超额完成计划多少?

3.我国 2010—2015 年国内生产总值资料如下(单位:亿元):

时间	国内生产总值	第一产业	第二产业	第三产业
2010 年	413 030.3	39 362.6	191 629.8	182 038.0
2011 年	489 300.6	46 163.1	227 038.8	216 098.6
2012 年	540 367.4	50 902.3	244 643.3	244 821.9
2013 年	595 244.4	55 329.1	261 956.1	277 959.3
2014 年	643 974.0	58 343.5	277 571.8	308 058.6
2015 年	689 052.1	60 862.1	282 040.3	346 149.7

根据上述资料,自行设计表格:(1)计算各年的第一产业、第二产业、第三产业的结构相对指标和比例相对指标;(2)计算我国国内生产总值、第一产业、第二产业、第三产业与上年对比的增长率;(3)简要说明我国经济变动情况。

4.某公司下属四个企业的有关销售资料如下:

企业	计划销售额(万元)	实际销售额(万元)	计划完成程度(%)
A	6 000		99
B		8 800	108
C	7 400	7 500	

续表

企业	计划销售额(万元)	实际销售额(万元)	计划完成程度(%)
D	8 200		105
合计			

根据上述资料:(1)完成上述表格中空栏数据的计算;(2)若 A 企业能完成计划,则公司的实际销售额将达到多少?绝对数和相对数分别比计划超额完成多少?(3)若每个企业的计划完成程度都达到 B 企业的水平,则公司的实际销售额将达到多少?绝对数和相对数分别比计划超额完成多少?

五、案例题

根据国家统计局发布的数据,收集得到 2016 年和 2017 年上半年全国规模以上工业企业的主营业务收入、利润总额、主营业务成本数据,根据这些数据分析 2017 年上半年全国规模以上工业企业的效益情况。

2016 年、2017 年上半年全国规模以上工业企业主要财务指标 单位:亿元

分组	2016 上半年			2017 上半年		
	主营业务收入	利润总额	主营业务成本	主营业务收入	利润总额	主营业务成本
总计	528 412.3	29 998.2	448 859.3	595 081.4	36 337.5	509 904.2
其中:采矿业	22 238.6	220.8	18 348.5	26 986.2	2 435.9	21 045.7
制造业	476 718.6	27 200.4	405 475.4	536 590.1	32 051.7	460 620.0
电力、热力、燃气及水生产和供应业	29 455.1	2 577.0	25 303.3	31 505.1	1 849.9	28 238.5
其中:国有控股企业	108 534.6	5 580.4	88 854.7	125 442.8	8 054.5	103 071.4
其中:集体企业	3 257.6	219.5	2 445.8	3 114.1	212.8	2 651.2
股份制企业	374 281.5	20 527.2	323 014.7	432 682.2	25 658.4	370 820.9
外商及港澳台商投资企业	117 605.9	7 424.5	98 344.7	128 592.0	8 646.3	109 556.0
其中:私营企业	528 412.3	10 512.5	161 467.3	208 125.3	11 887.5	182 458.1

第五章
平均指标和变异指标

■　■　■　■　■

第一节　平均指标概述

一、平均指标的概念

　　总体是由许多个体构成的,当研究目的一定时,各单位某一数量标志具有不同的标志值,从整体上去观察这些标志值,便会发现这些具有差异的数值具有一种共同的倾向,即以某一数值为中心的倾向,这就是集中趋势。变量分布的集中趋势要通过平均指标加以反映。平均指标是将总体各单位的变量值差异抽象化,从而反映同质总体内某一数量标志在具体时间、地点条件下达到的一般水平或平均水平的统计指标。

二、平均指标的特点

　　首先,将数量差异抽象化。平均指标把各个变量值之间的差异抽象化,从而说明总体的一般水平。根据国家统计局公布的数据,2017 年全部规模以上企业就业人员年平均工资为 61 578 元。从不同岗位看,中层及以上管理人员 131 929 元,专业技术人员 83 148 元,办事人员和有关人员 58 211 元,社会生产服务和生活服务人员 49 502 元,生产制造及有关人员 50 703 元。虽然不同岗位的职工工资水平差异较大,但从总体来看年平均工资是 61 578 元,从而抽象化了不同岗位工资水平的差异。

　　其次,必须具有同质性。平均指标只能根据同质总体中各单位标志值计算,不同的总体可以计算得到不同的平均指标。例如,根据城镇非私营单位就业人员的工资标志值可以计算得到城镇非私营单位就业人员平均工资,根据城镇私营单位就业人员工资标志值可以计算得到城镇私营单位就业人员平均工资。

最后,反映总体变量值的集中趋势。平均指标是把同质总体各单位标志值的差异抽象化,用一个数值来代表总体各单位的一般水平,是对总体分布集中趋势的度量。

三、平均指标的作用

第一,平均指标反映现象的一般水平或集中趋势,作为评价事物的标准或依据。例如,两个地区的粮食总产量,由于播种面积的差异,难以比较两地区生产水平的高低,但如果用两地区平均亩产量对比,则可评价生产水平的高低。再如,研究企业工资情况时,不能用工资总额,而要用各个时期的平均工资进行比较;评价某职工的收入是高还是低,要和他所在企业或所在地区的平均收入做比较。

第二,可以比较同一现象在不同时间上的平均水平。例如,2017 年全部规模以上企业就业人员年平均工资为 61 578 元,比 2016 年增长 7.3%。其中,中层及以上管理人员 131 929 元,增长 6.5%;专业技术人员 83 148 元,增长 8.9%;办事人员和有关人员 58 211 元,增长 7.3%;社会生产服务和生活服务人员 49 502 元,增长 5.9%;生产制造及有关人员 50 703 元,增长 5.6%。通过把总平均工资和各岗位平均工资同上年平均工资进行了对比,反映出总平均工作和各岗位平均的增长程度。

第三,可以比较同类现象在不同空间上的一般水平。分析 2017 年全部规模以上企业就业人员年平均工资,我们也可以把同一时间不同区域的工资水平进行对比。五类岗位平均工资最高的区域均为东部,平均工资分别为 153 167 元、95 744 元、65 114 元、55 734 元和 52 790 元。社会生产服务和生活服务人员岗位平均工资最低的区域为东北地区,平均工资为 39 872 元;其他四类岗位平均工资最低的区域均为中部,分别为中层及以上管理人员 95 044 元、专业技术人员 61 999 元、办事人员和有关人员 46 034 元、生产制造及有关人员 45 987 元。

第四,运用平均指标可以分析现象的依存关系或进行数量上的推断。如,通过调查得到某城市不同规模企业的平均资金利税率、平均成本费用利润率等指标,可以分析企业规模大小和资金利税率、成本费用利润率之间的内在联系。另外,在统计推断中,可以根据样本平均数推算总体平均数,并进一步推算总体标志总量。

四、平均指标的分类

平均指标按其反映的客观事物总体的时间状态不同,可以分为静态平均指标和动态平均指标。静态平均指标反映某一具体时间上总体各单位某一数量标志值的一般水平,又称一般平均数;而动态平均指标是反映同一总体不同时间上某一变量值的一般水平,也称序时平均数。本章着重介绍静态平均指标的计算问题。动态平均指标将在第八章时间数列分析中介绍。

一般平均数按其度量的方法不同,可以分为数值平均数和位置平均数。数值平均数是根据分布数列中的各单位的标志值(或变量值)计算得到的平均数,包括算术平均数、调和平均数和几何平均数,其指标数值的大小受各变量值大小的影响,因此,变量值中如有极端值则对其影响较大;位置平均数是根据分布数列中某些标志值所处的位置或所出现的次数来确定的,其指标数值大小不受极端值的影响。虽然各种平均指标的涵义不同,计算方法不同,应用场合也有区别,但它们都是总体各单位数量标志值的一般水平的代表值。

第二节　数值平均数

一、算术平均数

根据研究目的,我们能够确定要研究的总体,进而确定总体单位总数和总体标志总量。如要研究某企业职工的收入情况,职工总人数是总体单位总数,所有职工的工资总额则是标志总量,用工资总额和职工总人数对比就得到平均工资,这种计算方法就是算术平均数。

(一)算术平均数的基本公式

算术平均数是计算平均指标最基本、最常用的方法。计算公式为:

$$算术平均数 = \frac{总体标志总量}{总体单位总数} \tag{5.1}$$

在计算算术平均数时,分子与分母必须同属一个总体,在经济内容上有着从属关系,即分子数值是分母各单位标志值的总和。也就是说,分子与分母具有对应的关系,有一个总体单位必有一个标志值与之对应。只有这样计算出的平均指标才能表明总体的一般水平。这也是平均指标与强度相对指标的性质上的差异。强度相对指标是两个有联系的不同总体的总量指标对比,这两个总量指标没有依附关系,而只是在经济内容上存在客观联系。以此标准来衡量,职工平均工资、产品平均成本是平均指标;而人均国内生产总值、单位国内生产总值能耗是强度相对指标。

若具备总体标志总量与总体单位总数时,可直接利用公式(5.1)计算,在不具备上述条件时,可根据掌握资料情况而定。

(二) 算术平均数的计算方法

1. 简单算术平均数

如果数据资料是原始数据,没有分组整理,计算各变量值的平均值,可采用简单算术平均法计算。

设一组数据的变量值为 $x_1, x_2, \cdots, x_n$,则简单算术平均数的计算公式如下:

$$\bar{x} = \frac{x_1 + x_2 + x_3 + \cdots + x_n}{n} = \frac{\sum_{i=1}^{n} x_i}{n} \qquad (5.2)$$

公式(5.2)中,$\bar{x}$ 表示算术平均数,x_i 代表单位标志值,n 代表总体单位数。

【例5.1】据某城市人才服务中心调查,从事服务业行业的从业人员工资年薪在 40 000～55 000 元之间,下面是 24 名服务业从业人员年薪的数据库(单位:元):

49 100	48 600	49 950	48 800	47 200	49 900	51 350	54 600
49 300	51 200	51 000	49 400	51 400	51 800	49 600	53 400
48 700	50 300	49 000	49 800	48 900	48 650	51 300	51 900

计算服务业从业人员的年平均工资。

根据公式计算如下:

$$\bar{x} = \frac{\sum_{i=1}^{n} x_i}{n} = \frac{49\ 100 + 49\ 300 + \cdots + 53\ 400 + 51\ 900}{24} = 50\ 214.58(元)$$

2. 加权算术平均数

如果总体各单位标志值进行了分组,形成了变量数列,而各组的次数(频率)又不相同,则要考虑次数(频率)的影响,因而需要采用加权算术平均法计算。计算公式如下:

$$\bar{x} = \frac{x_1 f_1 + x_2 f_2 + \cdots + x_n f_n}{f_1 + f_2 + \cdots + f_n} = \frac{\sum\limits_{i=1}^{n} x_i f_i}{\sum\limits_{i=1}^{n} f_i} \tag{5.3}$$

或

$$\bar{x} = \frac{\sum\limits_{i=1}^{n} x_i f_i}{\sum\limits_{i=1}^{n} f_i} = x_1 \frac{f_1}{\sum\limits_{i=1}^{n} f_i} + x_2 \frac{f_2}{\sum\limits_{i=1}^{n} f_i} + \cdots + x_n \frac{x_n}{\sum\limits_{i=1}^{n} f_n} = \sum\limits_{i=1}^{n} x \frac{f_i}{\sum\limits_{i=1}^{n} f_i}$$

$$\tag{5.4}$$

公式(5.3)(5.4)中,f_i 为各组标志值出现的次数。

【例 5.2】某销售公司 50 名销售人员某月的销售额资料如表 5.1 所示,求月平均销售额。

表 5.1　某公司 50 名销售人员的销售情况

销售额(万元)x	20	21	22	23	24	25	26	27	合计
工人数(人)f	1	4	6	8	12	10	7	2	50
各组销售额(万元)	20	84	132	184	288	250	182	54	1 194

平均销售额为:

$$\bar{x} = \frac{20 \times 1 + 21 \times 4 + 22 \times 6 + 23 \times 8 + 24 \times 12 + 25 \times 10 + 26 \times 7 + 27 \times 2}{1 + 4 + 6 + 8 + 12 + 10 + 7 + 2}$$

$$= \frac{1\ 194}{50} = 23.88(万元)$$

加权算术平均数数值的大小,不仅取决于研究对象的变量值,而且受各变量值重复出现的频数或频率大小的影响。如果某一组的频数或频率较大,说明该组的数据较多,那么该组数据的大小对算术平均数的影响就大,反之则小。可见各组频数的多少(或频率的高低)对平均的结果起着一种权衡轻重的作用,因而这一衡量变量值相对重要性的数值称为权数。权数有两种形式:一种是以绝对数表示,称次数或频数;另一种是以比重表示,称频率。同一总体资料,用这两种权数所计算的加权算术平均数完全相同。这里所谓权数的大小,并不是以权数本身值的大小而言的,而是根据各组单位数占总体单位数的比重(即频率)的大小来衡量的。

例 5.2 是单项变量数列,各组变量值只有一个,而对于分组资料,用组中值作为各组变量值的代表值。当然,利用组中值作为本组代表值计算算术平均数,是在各组内的标志值分布均匀的假定下,计算结果与未分组数列的计算结果可能会有一些偏差,应用时应予以注意。

【例5.3】某销售公司50名销售人员上年完成的销售额数据如表5.2所示,计算平均销售额。

表5.2　50名销售人员上年完成的平均销售额计算表

按销售额分组(万元)	组中值 x_i	频数 f_i	$x_i f_i$
105～110	107.5	3	322.5
110～115	112.5	5	562.5
115～120	117.5	8	940.0
120～125	122.5	14	1 715.0
125～130	127.5	10	1 275.0
130～135	132.5	6	795.0
135～140	137.5	4	550.0
合　　计	—	50	6 160.0

则:

$$平均销售额 \bar{x} = \frac{\sum_{i=1}^{n} x_i f_i}{\sum_{i=1}^{n} f_i} = \frac{6\ 160}{50} = 123.2(万元)$$

(三) 算术平均数的数学性质

算术平均数受变量值和变量值出现次数的共同影响,靠近出现次数最多的变量值,并受极端变量值的影响。算术平均数的主要数学性质如下:

1. 算术平均数与总体单位数的乘积等于各单位标志值的总和

简单算术平均数: $n\bar{x} = \sum_{i=1}^{n} x_i$

加权算术平均数: $\bar{x} \sum_{i=1}^{n} f_i = \sum_{i=1}^{n} x_i f_i$

2. 各单位标志值(变量值)与算术平均数的离差之和为零

简单算术平均数: $\sum_{i=1}^{n} (x_i - \bar{x}) = \sum_{i=1}^{n} x_i - n\bar{x} = 0$

加权算术平均数：$\sum\limits_{i=1}^{n}(x-\bar{x})f=\sum\limits_{i=1}^{n}x_if_i-\sum\limits_{i=1}^{n}f_i\bar{x}=0$

3. 各单位标志值（变量值）与算术平均数的离差平方和最小值

$$\sum_{i=1}^{n}(x_i-\bar{x})^2=\min$$

$$\sum_{i=1}^{n}(x_i-\bar{x})^2\leqslant\sum_{i=1}^{n}(x_i-x_0)^2$$

二、调和平均数

调和平均数是根据总体各单位标志值的倒数计算的，它是标志值倒数的算术平均数的倒数，也称倒数平均数。在统计实践中，直接应用调和平均数的情况较少，多数情况下，是将调和平均数作为算术平均数的变形来应用的。调和平均数的计算形式也分简单调和平均数和加权调和平均数两种。

（一）简单调和平均数

简单调和平均法是先计算总体单位标志值倒数的简单算术平均数，然后求其倒数。

$$\bar{x}_h=\cfrac{n}{\cfrac{1}{x_1}+\cfrac{1}{x_2}+\cdots+\cfrac{1}{x_n}}=\cfrac{n}{\sum\limits_{i=1}^{n}\cfrac{1}{x_i}} \tag{5.5}$$

公式(5.5)中，$\bar{x}_h$ 表示调和平均数。

【例5.4】某蔬菜市场黄瓜早市 2 元/斤，中午 1.5 元/斤，晚上 1.0 元/斤。若早、中、晚各买 1 元钱的黄瓜，则每斤平均价格为多少？

$$\bar{x}_h=\cfrac{n}{\sum\limits_{i=1}^{n}\cfrac{1}{x}}=\cfrac{1+1+1}{\cfrac{1}{2}+\cfrac{1}{1.5}+\cfrac{1}{1.0}}=1.38（元/斤）$$

（二）加权调和平均数

对于分组的数据资料，如果已知各组标志值和各组标志总量，计算各组标志值的平均值，则应采用加权调和平均方法计算。

$$\bar{x}_h=\cfrac{m_1+m_2+\cdots m_n}{\cfrac{1}{x_1}m_1+\cfrac{1}{x_2}m_2+\cdots+\cfrac{1}{x_n}m_n}=\cfrac{\sum\limits_{i=1}^{n}m_i}{\sum\limits_{i=1}^{n}\cfrac{m_i}{x_i}} \tag{5.6}$$

公式(5.6)中，m 表示各组标志总量。

【例5.5】某企业不同工种的实习生的月工资资料如表 5.3，试计算其平均工资。

表 5.3　不同工种的实习生的月工资资料

工种	月工资（元）	工资总额（元）
甲	800	48 000
乙	1 000	70 000
丙	1 600	32 000
合计	—	150 000

分析：由于平均工资等于工资总额（标志总量）与工人数（单位总量）对比，因此先用工资总额与工资水平（月工资）对比计算得到工人数，从而计算得出平均工资：

$$平均工资 = \frac{48\ 000 + 70\ 000 + 32\ 000}{\dfrac{48\ 000}{800} + \dfrac{70\ 000}{1\ 000} + \dfrac{32\ 000}{1\ 600}} = \frac{150\ 000}{150} = 1\ 000（元）$$

调和平均数易受极端值的影响，只要有一个变量值为零，就不能计算调和平均数。因此，调和平均数应用的范围较小。

三、几何平均数

几何平均数是通过 n 个变量值连乘积的 n 次方根计算得到的平均指标。几何平均数是适用特殊数据的一种平均数，通常用来计算变量值的连乘积等于总比率或总速度的社会经济现象的平均比率和平均速度。当所掌握的变量值是比率或速度的形式，而且各比率的乘积等于总的比率或速度时，就可以采用几何平均法计算平均比率。

几何平均数可分为简单几何平均数和加权几何平均数。

（一）简单几何平均数

简单几何平均数是 n 个变量值连乘积的 n 次方根，计算公式如下：

$$\overline{x}_G = \sqrt[n]{x_1 \cdot x_2 \cdot x_3 \cdots x_n} \tag{5.7}$$

公式（5.7）中，$\overline{x}_G$ 表示几何平均数，x_n 表示各项变量值。

【例 5.6】某产品生产要经过前后衔接的四道工序。本月各工序产品的合格率分别为 95%、92%、90%、85%，计算本月整个流水生产线产品的平均合格率。

分析：由于是连续加工产品，后一道工序的合格率是在前一道工序的合格品的基础上计算的，因此，各工序的合格率具有环比的性质，该产品总的合格率等于各工序合格率的连乘积，故平均合格率为：

$$\overline{x}_G = \sqrt[4]{95\% \times 92\% \times 90\% \times 85\%} = 90.43\%$$

（二）加权几何平均数

与算术平均数一样，当资料中的某些变量值重复出现时（或数据资料已经整理），就应该用加权几何平均法计算。计算公式为：

$$\bar{x}_G = \sqrt[\sum\limits_{i=1}^{n} f_i]{x_1^{f_1} \cdot x_2^{f_2} \cdots x_n^{f_n}} \tag{5.8}$$

式（5.8）中，f_i 代表各个变量值出现的次数。

【例5.7】某金融机构贷款的年利率是按复利计算的。某项目贷款15年，各年的利率见表5.4，计算该贷款项目15年的平均年利率。

表5.4　贷款项目年利率分组表

年限	年利率（%）	本利率（%）x_i	年数 f_i
第1～2年	5	105	2
第3～7年	8	108	5
第8～15年	15	115	8
合　计	—	—	15

分析：在按复利计算利息的条件下，各年本利率的连乘积等于总的本利率，因此，按加权几何平均法计算15年的平均年本利率为：

$$\bar{x}_G = \sqrt[15]{1.05^2 \times 1.08^5 \times 1.15^8} = 111.26\%$$

则15年的平均年利率为：

$$111.26\% - 1 = 11.26\%$$

在统计数据整理的基础上，可以计算有关指标。如果是比率或速度的数据资料，需要计算平均指标时，可以先考虑能否采用几何平均法，即看其是否符合几何平均法的应用条件；否则，再考虑其他方法。应该注意的是，几何平均数受极端值的影响较算术平均数小。但是，如果变量值有负值或零，则不适宜采用几何平均法计算平均指标。

第三节　位置平均数

一、中位数

（一）中位数的含义

中位数是一种位置平均数，将总体各单位的某一标志值按大小顺序排列起来,形成一个数列,居于数列中间位置的那个标志值就是中位数。中位数用 M_e 表示。由于所研究的标志值中有一半小于中位数,一半大于中位数,在某些情况下可以用来反映现象的一般水平。中位数既可以计算定量变量的各标志值的集中趋势,也可以测定定序变量的集中趋势。在一个正态分布的变量数列中,中位数等于算术平均数。

(二) 中位数的计算

1. 未分组资料中位数的计算

对于未加工整理的原始数据,可以先将数据按从小到大顺序排列,如项数为奇数,居于中间的那个单位标志值就是中位数;如项数为偶数,中位数为居于中间的那两个标志值的平均值。

2. 单项数列中位数的计算

如果数据资料加工整理为单项式分组资料,要计算累计次数,中位数为居于中间位置所对应的标志值。

$$\text{中位数的位次} = \frac{\sum f + 1}{2} \tag{5.9}$$

【例 5.8】某电脑销售公司上个月销售人员销售量统计资料如表 5.5 所示,计算销售量的中位数。

表 5.5 某月销售量中位数计算表

按月销售量分组(台)	工人数(人)	向上累计次数	向下累计次数
26	3	3	80
31	10	13	77
32	14	27	67
34	27	54	53
36	18	72	26
41	8	80	8
合计	80	—	—

分析:因为累计次数为 80,则

$$\text{中位数位置} = \frac{\sum f + 1}{2} = \frac{80 + 1}{2} = 40.5$$

观察向上累计次数,变量值为 34 所在组的累计次数为 54,包含了累计次数 40.5,故中位数应在变量值为 34 所在组,由于是单项数列,找到中位数所在组,也就找到了中位数,即中位数等于34。

3. 组距数列中位数的计算

如果数据资料整理成组距数列,应先按(5.9)式找到中位数所在组的位置,然后再用比例插值法确定中位数的值。其计算公式如下:

下限公式(向上累计时用):

$$M_e = X_L + \frac{\frac{\sum f}{2} - S_{m-1}}{f_m} d \qquad (5.10)$$

上限公式(向下累计时用):

$$M_e = X_U - \frac{\frac{\sum f}{2} - S_{m+1}}{f_m} d \qquad (5.11)$$

式(5.10)(5.11)中,X_L、X_U 分别表示中位数所在组的下限、上限;f_m 表示中位数所在组的次数;S_{m-1} 表示向上累计到中位数所在组下限为止各组的累计次数;S_{m+1} 表示向下累计到中位数所在组上限为止各组的累计次数;$\sum f$ 表示总次数;d 表示中位数所在组的组距。

【例5.9】某工厂职工工资资料如表5.6所示,请计算该厂工人的工资水平中位数。

表5.6 某工厂职工工资情况表

月工资(元)	工人数(人)	向上累计人数	向下累计人数
3 000~3 500	20	20	200
3 500~4 000	70	90	180
4 000~4 500	37	127	110
4 500~5 000	43	170	73
5 000 以上	30	200	30
合计	200	—	—

首先,找到中位数的所在组:中位数位次 $= \dfrac{\sum f + 1}{2} = \dfrac{200 + 1}{2} = 100.5$

观察向上累计人数,中位数在 4 000~4 500 这一组。

其次,代入下限公式计算:

$$M_e = X_L + \frac{\frac{\sum f}{2} - S_{m-1}}{f_m} d = 4\ 000 + \frac{\frac{200}{2} - 90}{37} \times (4\ 500 - 4\ 000)$$

$$= 4\ 135.14(元)$$

或观察向下累计人数,中位数在 4 000~4 500 这一组,按上限公式计算结果相同:

$$M_e = X_U - \frac{\frac{\sum f}{2} - S_{m+1}}{f_m} d = 4\ 500 - \frac{\frac{200}{2} - 73}{37} \times (4\ 500 - 4\ 000)$$

$$= 4\ 135.14(元)$$

中位数具有以下特点:首先,作为一种位置平均数,概念清晰,只要排列数据,就可以比较容易地加以确定;其次,中位数是根据它在所有标志值中所处的位置确定的全体单位标志值的代表值,不受分布数列的极大或极小值影响,从而在一定程度上提高了中位数对分布数列的代表性,在数列中出现了极端变量值的情况下,用中位数作为代表值要比用算术平均数更好;最后,当某些变量不能表现为数值但可以定序时,不能计算数值平均数,但可以确定中位数。因此,在统计数据的处理和分析时,可结合使用中位数。

二、众数

(一) 众数的概念

众数是总体中出现次数最多、频率最高的变量值。在有些场合,众数可以反映现象的一般水平,它能直观地说明客观现象分布的集中趋势。如,研究城市居民家庭的人口数,三口之家所占比重明显高于其他家庭,因此,3 人就是城市居民家庭人数的一般水平。如果总体中出现次数最多的标志值不只一个,而是两个,那么,合起来就是复(双)众数,这种情形下,可以认为它们来自不同的总体,也就是说,可以进一步进行分组,以便更好地研究现象的一般规律。

由众数的定义可看出,总体的单位数较多,各标志值的次数分配又有明显的集中趋势时才存在众数;如果总体单位数很少,尽管次数分配较集中,那么计算出来的众数意义就不大;或尽管总体单位数较多,但次数分配不集中,即各单位的标志值在总体分布中出现的比重较均匀,那么也无所谓众数。

众数是由标志值出现次数多少决定的,不受资料中极端数值的影响,这样增强了众数对总体一般水平的代表性。要确定众数,就需要对数据资料加以整理成变量数列,在此基础上确定众数。根据变量数列的不同种类,确定众数可采用不同的方法。

(二) 众数的计算方法

1. 单项数列众数的确定

观察次数,次数最多的标志值所在组就是众数所在组,该组标志值也就是众数。例如,某种商品不同等级的价格不同,其销售量情况见表 5.7。

表 5.7　不同等级的同种商品销售情况表

产品等级	价格(元)	销售数量(千克)
I	40.0	800
II	30.0	1 400
III	25.0	600
IV	20.0	200
合计	—	3 000

上面数列中价格 30.0 元的商品销售量最多,即出现次数最多,则确定众数为 30.0(元)作为平均价格。由此也看出,消费者购买商品时不仅关注价格,也注重质量。

2. 组距数列众数的确定

首先由根据次数(频率)来确定众数所在组,然后再用比例插值法推算众数的近似值。其计算公式如下:

下限公式:

$$M_o = X_L + \frac{\Delta_1}{\Delta_1 + \Delta_2} \times d \qquad (5.12)$$

上限公式:

$$M_o = X_U - \frac{\Delta_2}{\Delta_1 + \Delta_2} \times d \qquad (5.13)$$

式(5.12)(5.13)中,M_o 表示组距数列众数;X_L、X_U 分别表示众数所在组的下限、上限;Δ_1 表示众数所在组与其下限相邻组次数之差;Δ_2 表示众数所在组与其上限相邻组次数之差;d 表示众数所在组的组距。

【例 5.10】某工厂职工工资资料如表 5.8 所示,试确定该厂工人工资的众数。

表 5.8　某工厂职工工资情况表

月工资（元）	工人数 f	工人数比重（%）
3 000～3 500	20	10
3 500～4 000	70	35
4 000～4 500	37	18.5
4 500～5 000	43	21.5
5 000 以上	30	15
合计	200	100

由下限公式计算：

$$M_o = X_L + \frac{\Delta_1}{\Delta_1 + \Delta_2} \times d = 3\ 500 + \frac{70-20}{(70-20)+(70-37)} \times 500$$

$$= 3\ 801.2（元）$$

根据上限公式计算：

$$M_o = X_U - \frac{\Delta_2}{\Delta_1 + \Delta_2} \times d = 4\ 000 - \frac{70-37}{(70-20)+(70-37)} \times 500$$

$$= 3\ 801.2（元）$$

（三）众数的特点

众数是一个位置平均数，它只考虑总体分布中出现最频繁的变量值，不受极端值和开口组数列的影响，对变量数列一般水平的代表性较强。当分布没有明显的集中趋势而趋均匀分布时，则无众数可言。如果与众数组相邻的上下两组的次数相等，则众数组的组中值就是众数值；如果与众数组相邻的上一组的次数较多，而下一组的次数较少，则众数会偏向该组下限；如果与众数组相邻的上一组的次数较少，而下一组的次数较多，则众数会偏向该组上限。由于众数的计算只利用了众数组及相邻组的数据信息，因而缺乏敏感性。

众数可以测定各层次数据的集中趋势，在实际工作中有一定应用范围。诸如，要说明一个企业中工人最普遍的技术等级，说明消费者需要的内衣、鞋袜、帽子等最普遍的号码等，都可以利用众数。但是必须注意，从分布的角度看，众数是具有明显集中趋势点的数值，一组数据分布的最高峰点所对应的数值即为众数。只有在总体单位比较多，而且又有一个明显的集中趋势时，计算众数才有意义。

三、不同类型数据的平均指标计算

一般平均数的计算所依据的数据资料,是截面数据,对于原始数据,一般需要整理为变量数列。具体来说,变量数列的分组依据的数据可能是绝对数、相对数或平均数,相应就有不同的变量数列,因而,在计算平均指标时也就涉及权数和计算方法的选择问题。

一般说来,在以绝对数为分组基础形成的分配数列条件下,次数(频率)常常就是权数。一般根据相对数或平均数的变量数列计算平均数时,常会遇到次数不适合做权数的情况,因而对于权数选择需慎重考虑。通常它应该同时满足两个条件:其一,它必须是标志的直接承担者;其二,它与标志值相乘所得的标志总量应是一个真实反映实际情况、具有经济意义的总量指标。

由相对数或平均数的变量数列计算平均指标,需要运用加权平均的方法。从方法而言,对于比率、速度等数据资料,可以先考虑是否能运用几何平均方法。如果不能运用几何平均方法则考虑采用算术平均或调和平均的方法。其权数的选择一般不再是频数或频率,而应根据相对数或平均数的含义,选择适当的权数。即以计算平均指标的基本公式为基础,选择基本公式的分子或分母数据作为权数。

【例 5.11】某集团公司所属企业上半年产值和利润计划完成情况如表 5.9,计算公司上半年各季度平均产值利润率。

表 5.9　某集团公司产值和利润情况表

产值利润率(%)	1 季度		2 季度	
	企业数(个)	实际产值(万元)	企业数(个)	实际利润(万元)
5～10	3	570	5	71
10～20	7	2 050	8	351.4
20～30	5	2 250	2	225
合　计	15	4 870	15	647.4

分析:要计算全公司的平均产值利润率,必须以产值利润率的基本公式为依据:

$$产值利润率 = \frac{实际利润}{实际产值} \times 100\%$$

计算第一季度的平均产值利润率,应该采用实际产值加权,进行算术平

均,即有:

$$\bar{x} = \frac{7.5\% \times 570 + 15\% \times 2\ 050 + 25\% \times 2\ 250}{570 + 2\ 050 + 2\ 250} = \frac{912.75}{4\ 870} = 18.74\%$$

而计算第二季度的平均产值利润率,则应该采用实际利润加权,进行调和平均,即有:

$$\bar{x}_h = \frac{71 + 351.4 + 225}{\dfrac{71}{7.5\%} + \dfrac{351.4}{15\%} + \dfrac{225}{25\%}} = \frac{647.4}{4\ 189.33} = 15.45(\%)$$

由此可见,对于同一问题的研究,算术平均数和调和平均数的实际意义是相同的,计算公式也可以相互推算,采用哪一种方法完全取决于所掌握的实际资料。即,如果掌握的是基本公式中的分母资料,则采用算术平均数,如果掌握的是基本公式中的分子资料,则采用调和平均数的计算公式。

四、各种平均数之间的比较

(一) 数值平均数与位置平均数的比较

数值平均数和位置平均数都是可以用来代表总体的一般水平或分布的集中趋势的,但是它们的计算、确定方法等存在一定差异。通常,数值平均数只适用于定量数据,根据所有变量值来计算平均数,能够概括反映所有变量值的平均水平,其对于数据的概括能力较强,但同时也容易受到个别或少数极端值的影响。位置平均数不仅能够根据定量数据来计算确定,还可根据定序尺度的数据确定,众数还可以根据定类数据获得;它们根据总体中处于特殊位置上的个别单位或部分单位的变量值来确定的代表值,某些数据的变动不一定会影响到它们的水平,可以说不受极端值的影响,对于一些无法计算数值平均数的现象,位置平均数可以发挥其独特的作用。因此,在实际应用中应根据研究对象的特点和分析的要求,选择适当的指标进行统计分析。

(二) 算术平均数与众数、中位数的比较

算术平均数与众数、中位数都是反映总体分布集中趋势的指标,它们之间的关系取决于总体内部频数分布的状况。它们的关系如下:

① 在正态分布的情况下,变量值的分布以算术平均为中心,形成完全对称的钟形分布,即算术平均数与中位数、众数三者完全相等,即 $\bar{X} = M_e = M_o$,这一关系如图 5.1(a)所示。

② 当频数分布呈现右偏态时,说明算术平均数受极大标志值的影响较大,必然拉动算术平均数向极大值一方靠,则三者之间的关系为 $\bar{X} > M_e >$

M_o，这一关系如图 5.1(b)。

③ 当频数分布呈现左偏态时，说明算术平均数受极小标志值的影响较大，必然拉动算术平均数向极小值一方靠，而众数和中位数由于是位置平均数，不受极端值的影响，因此，三者之间的关系为 $\overline{X} < M_e < M_o$，这一关系如图 5.1(c)。

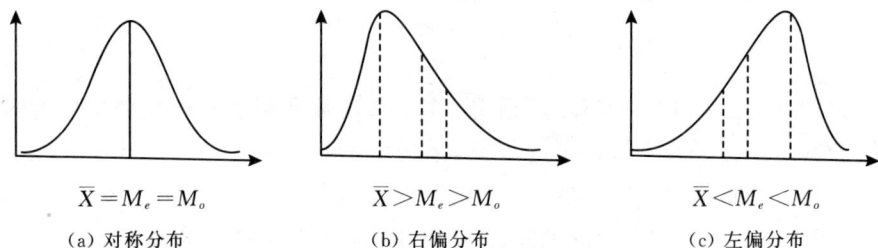

$\overline{X} = M_e = M_o$	$\overline{X} > M_e > M_o$	$\overline{X} < M_e < M_o$
（a）对称分布	（b）右偏分布	（c）左偏分布

图 5.1　不同分布的算术平均数、众数和中位数

从上面的分析可以看出，当频数分布出现偏态时，极端值对算术平均数产生很大的影响，而对众数、中位数没有影响。此时，用众数、中位数反映一组数据的一般水平比算术平均数有较高的代表性。

英国统计学家皮尔逊经研究提出如下经验规则，又称皮尔逊规则：在钟形分布只存在轻微偏斜的情况下，算术平均数与众数的距离约等于算术平均数与中位数的距离的三倍，即：

$$|\overline{X} - M_o| = 3|\overline{X} - M_e|$$

利用这一规则可以判断分布的偏斜方向，还可以根据已知的两个平均指标推算另一个平均指标的近似值。

【例 5.12】根据某城市住户家庭月收入的抽样调查资料算得众数为 4 043 元，中位数为 4 271 元，问算术平均数为多少？其分布呈何形态？

由已知资料，推算样本的算术平均数为：

$$\overline{X} = \frac{3M_e - M_o}{2} = \frac{3 \times 4\,271 - 4\,043}{2} = 4\,385(元)$$

因为 4 385 > 4 271 > 4 043，即有 $\overline{X} > M_e > M_o$。所以，该城市住户家庭月收入分布呈右偏态分布。

众数、中位数和算术平均数各自具有不同的特点，掌握它们之间的关系和各自的特点，有助于我们在实际应用中选择合理的测度值来描述数据的集中趋势。

众数是一种位置代表值，易理解，不受极端值的影响，大部分的数据资料都可以计算,即使资料有开口组仍然能够使用众数。但要注意,有的资料不存在众数、有的资料又可能包括多个众数,这时很难用它进行比较和说明。

中位数也是一种位置代表值,不受极端值的影响,除了数值型数据,定序数据也可以计算,而且开口组资料也不影响计算。

算术平均数的含义通俗易懂,直观清晰,全部数据都要参加运算,因此它是一个可靠的具有代表性的指标,是实际中应用最广泛的集中趋势测度值。算术平均数主要适合于作为定距和定比数据的集中趋势测度值,较容易受极端值的影响,对于偏态分布的数据,算术平均数的代表性较差,资料有开口组时,按相邻组组距计算假定性很大,代表性降低。

第四节　变异指标

平均指标是统计总体中各单位某一数量标志值的一般水平,反映了总体各单位变量值分布的集中趋势,利用平均指标可以对同类现象在不同空间或时间条件下的数量表现进行对比,以反映现象的发展趋势或规律。但是,平均指标掩盖了总体各单位客观上存在的差异,因此,对总体变异情况或平均数对总体各单位变量值的代表性进行研究是非常必要的,这就需要计算统计变异指标。

一、变异指标的概念

变异指标是反映总体各单位标志值的差别大小程度的综合指标,又称标志变动度。变异指标弥补了平均指标的不足,综合反映总体各单位标志值的差异性,从另一侧面反映了总体的数量特征。即平均指标说明总体各单位标志值的集中趋势,而变异指标则说明标志值的分散程度或离中趋势。

二、标志变异指标的作用

第一,标志变异指标是评价平均指标代表性的依据。平均指标作为总体各单位某一数量标志的代表值,其代表性的高低与总体差异程度有直接的关系。变异指标是衡量平均指标代表性的尺度,一般来讲,数据分布越分散,变异指标数值越大,平均指标的代表性越小;数据分布越集中,变异指标数值越小,平均指标的代表性越大。

第二,标志变异指标反映社会经济现象变动的均衡性或协调性,以及产品质量的稳定性。一般来说,标志变异指标数值越大,总体各单位变量值分布的离散趋势越高、均衡性越低;反之,变量值分布的离散趋势越低、均衡性就越高。

第三,标志变异指标是衡量投资或项目风险大小的重要指标。某项投资(或项目)收益的标准差(或变异系数)大,说明投资收益的不确定性大,即风险大;如果投资收益的标准差(或变异系数)小,则说明投资收益的风险性小。

此外,在统计推断中,无论是抽样估计还是假设检验,变异指标都是必不可少的要素,是统计推断的重要依据。

三、标志变异指标的种类

标志变异指标不是一个指标,而是由多个统计指标组成的指标体系。具体来说,按照比较与判断标准的不同,可以分为以下几类:一类是通过变量值之间的比较判断变异程度的指标,如全距、四分位差等;二是以平均指标为比较标准,计算各变量值偏离平均指标的程度,如平均差、标准差和变异系数;三是以正态分布为比较标准,研究总体标志值分布偏离正态分布的情况,这就需要计算特定的变异指标,来测定实际分布尖峭和偏斜程度,具体包括偏度与峰度指标。变异指标按照数值表现形式可以分为两类:一类是绝对数或平均数表示的,主要有极差、四分位差、平均差、标准差等,这类指标的计量单位与数据的计量单位相同;另一类是相对数表示的,包括平均差系数、标准差系数。

四、标志变异指标的计算与分析

(一) 全距

全距又称极差,是总体各单位标志的最大值和最小值之差。通常用 R 表示,其计算公式为:

$$R = X_{\max} - X_{\min} \tag{5.14}$$

如果资料是组距数列,则可以用最大组的上限(或假定上限)与最小组的下限(假定下限)计算其近似值:

$$R = U_{\max} - L_{\min} \tag{5.15}$$

式(5.15)中,$U_{\max}$代表最大组的上限(或假定上限),$L_{\min}$最小组的下限(或假定下限)

当然,这样计算的结果仅仅是一个近似值,这是由于在统计分组过程中,最大变量值组上限一般要大于总体最大变量值,而最小变量值组下限一般要小于总体最小变量值。

全距的特点是计算简便、易懂,意义明确,容易被人们接受和理解,因而常有应用。如,用于工业产品质量的检查与控制,以及时发现问题,采取措施。但是,全距是根据总体最大变量值与最小变量值两个数值计算而来的,不能反映所有变量值的差异程度,只是说明变量值波动的范围,很不精确。为全面表明总体的变异程度,还应当进一步计算其他变异指标。

(二) 平均差

平均差是各单位标志值对平均数的离差绝对值的算术平均数,反映各个变量值与算术平均数的平均差距,通常用 AD 表示。离差是总体各单位标志值与算术平均数之差,用公式表示为 $x_i - \overline{x}$。由于各标志值与算术平均数的离差总和恒等于零,即 $\sum_{i=1}^{n}(x_i - \overline{x}) = 0$ 或 $\sum_{i=1}^{n}(x_i - \overline{x})f = 0$,因此,采用离差的绝对值来计算得到平均差。

根据所掌握的资料不同,平均差的计算可分为简单算术平均式和加权算术平均式两种:

1. 简单形式平均差

如果所掌握的资料是未分组的资料时,用简单算术平均式计算平均差。其公式为:

$$AD = \frac{\sum_{i=1}^{n} |x_i - \overline{x}|}{n} \tag{5.16}$$

【例 5.13】5 名工人日产零件数为 12,13,14,14,15,16 件,平均每人日产量 $\overline{x} = 14$ 件,如表 5.10,请计算其平均差。

表 5.10　工人日产零件离差计算表

工人序号	日产零件数(件)	$(x_i - \overline{x})$	$|x_i - \overline{x}|$
1	12	-2	2
2	13	-1	1
3	14	0	0
4	14	0	0
5	15	1	1
6	16	2	2
合计	84	—	6

工人日产零件数的平均差为:$AD = \dfrac{\sum_{i=1}^{n} |x_i - \overline{x}|}{n} = \dfrac{6}{6} = 1$(件),即 6 名

工人日产量的平均差异是 1 件。

2. 加权形式平均差

如果所掌握的是分组资料时,则应采用加权平均形式计算平均差。其公式为:

$$AD = \frac{\sum_{i=1}^{n} | x_i - \overline{x} | f}{\sum_{i=1}^{n} f_i} \tag{5.17}$$

【例 5.14】某企业某月工人的产量如表 5.11 所示,求月产量的平均差。

表 5.11　　某企业工人月产量的平均差计算表

按月产量分组(台)	工人数(人)f_i	组中值 x_i	各组月产量(台)$x_i f_i$	$x_i - \overline{x}$	$| x_i - \overline{x} | f_i$
60 以下	10	55	550	−27.62	276.20
60~70	19	65	1 235	−17.62	334.78
70~80	50	75	3 750	−7.62	381.00
80~90	36	85	3 060	2.38	85.68
90~100	27	95	2 565	12.38	334.26
100~110	14	105	1 470	22.38	313.32
110 以上	8	115	920	32.38	259.04
合计	164	—	13 550	—	1 650.02

$$\overline{x} = \frac{\sum_{i=1}^{n} x_i f_i}{\sum_{i=1}^{n} f_i} = \frac{13\ 550}{164} = 82.62(台)$$

$$AD = \frac{\sum_{i=1}^{n} | x_i - \overline{x} | f_i}{\sum_{i=1}^{n} f_i} = \frac{1\ 650.02}{164} = 10.06(台)$$

通过计算看出,该企业本月工人平均产量是 82.62 台,每个工人的月产量与平均月产量的平均差异是 10.06 台。

平均差意义明确,同全距相比,它利用了全部数据信息,能比较客观反映变量分布的离散程度。平均差越大,表明变量分布离散程度越大;平均差越小,则变量分布离散程度越小。但是,由于平均差是用总体各单位变量值同总体算术平均数的离差的绝对值来计算的,不方便进行深入的数学处理和参与统计运算,因而在实际应用中受到一定限制。

(三)标准差

标准差是总体各单位标志值与其算术平均数的离差平方的算术平均数的平方根。与平均差计算过程不同,标准差采用先对离差求平方的方法消除由于离差的和等于零对变异分析带来的影响,利用平方和开平方之间的逆运算关系计算出来的变异指标。依据所掌握的资料不同,标准差的计算分为简单平均式和加权平均式两种。

1. 简单形式标准差

对于未分组资料,采用下列公式计算标准差:

$$\sigma = \sqrt{\frac{\sum_{i=1}^{n}(x_i - \bar{x})^2}{n}} \text{(对于总体数据)} \tag{5.18}$$

$$\text{或 } s = \sqrt{\frac{\sum_{i=1}^{n}(x_i - \bar{x})^2}{n-1}} \text{(对于样本数据)} \tag{5.19}$$

【例 5.15】6 名工人日产零件数为 12,13,14,14,15,16 件,平均每人日产量 $\bar{x}=14$ 件,如表 5.12,计算其标准差。

表 5.12 某企业工人日产量的简单标准差计算表

工人序号	日产零件数(件)	$(x_i - \bar{x})$	$(x_i - \bar{x})^2$
1	12	−2	4
2	13	−1	1
3	14	0	0
4	14	0	0
5	15	1	1
6	16	2	4
合计	84	—	10

工人日产零件数的标准差为:$\sigma = \sqrt{\frac{\sum_{i=1}^{n}(x_i - \bar{x})^2}{n}} = \sqrt{\frac{10}{6}} = 1.29$(件)

即 6 名工人日产量与平均日产量的平均差异为 1.29 件。

2. 加权形式标准差

如果掌握的是分组资料,采用下列公式计算标准差:

$$\sigma = \sqrt{\dfrac{\sum\limits_{i=1}^{n}(x-\overline{x})^2 f_i}{\sum\limits_{i=1}^{n} f_i}}\ (\text{对于总体数据}) \qquad (5.20)$$

$$s = \sqrt{\dfrac{\sum\limits_{i=1}^{n}(x_i-\overline{x})^2 f}{\sum\limits_{i=1}^{n} f_i - 1}}\ (\text{对于样本数据}) \qquad (5.21)$$

【例 5.16】某企业某月工人产量情况如表 5.13 所示,求标准差。

表 5.13 某企业某月工人产量的加权标准差计算表

按月产量分组(台)	工人数(人)f_i	组中值 x_i	各组月产量(台)x_if_i	$x_i-\overline{x}$	$(x_i-\overline{x})^2 f$
60 以下	10	55	550	−27.62	7 628.644 0
60~70	19	65	1 235	−17.62	5 898.823 6
70~80	50	75	3 750	−7.62	2 903.220 0
80~90	36	85	3 060	2.38	203.918 4
90~100	27	95	2 565	12.38	4 138.138 8
100~110	14	105	1 470	22.38	7 012.101 6
110 以上	8	115	920	32.38	8 387.715 2
合计	164	—	13 550	—	36 172.56

$$\overline{x} = \frac{\sum\limits_{i=1}^{n} x_i f_i}{\sum\limits_{i=1}^{n} f_i} = \frac{13\ 550}{164} = 82.62(\text{台})$$

$$\sigma = \sqrt{\frac{\sum\limits_{i=1}^{n}(x_i-\overline{x})^2 f_i}{\sum\limits_{i=1}^{n} f_i}} = \sqrt{\frac{3\ 617\ 256}{164}} = 14.85(\text{台})$$

即该月本企业工人的月平均产量为 82.62 台,所有工人的月产量的平均差异为 14.85 台。

标准差和平均差都能够反映所有变量值与平均指标之间的平均差异,但与平均差不同之处是在计算时的处理方法不同,平均差是取离差的绝对值消除正负号,而标准差是取离差的平方消除正负号,这更便于数学上的处理。因此,标准差是实际中应用最广泛的变异指标。对于同一组数据而言,计算得到的平均差的数值要比标准差的数值小一些。

(四)变异系数

全距、平均差、标准差都是反映数据离散程度的绝对值或平均值,其数值的大小不仅受变异程度的影响,而且还受平均水平高低的影响,同时,它们与原变量值的计量单位相同。因此,对于平均水平不同或计量单位不同的变异指标是不能简单地根据平均差或标准差的大小来直接进行比较变异程度的。为了消除变量值水平高低和计量单位不同对变异程度测度值的影响,需要计算变异系数。

变异系数通常是就标准差来计算的,因此,也称为标准差系数,它是一组数据的标准差与其相应的均值之比,是测度数据离散程度的相对指标,其计算公式为:

$$V_\sigma = \frac{\sigma}{\overline{x}} \tag{5.22}$$

变异系数可以用于比较不同水平的同类现象的平均指标的代表性,也可用于比较不同现象的平均指标的代表性。变异系数大的说明该组数据的离散程度大,变异系数小的说明该组数据的离散程度小。

【例 5.17】某连锁经营企业有 8 家门店,其产品销售数据如表 5.14 所示。试比较产品销售额与销售利润的离散程度。

表 5.14　某连锁经营企业 8 家门店产品销售数据　　　　单位:万元

编号	产品销售额 x_{i1}	$(x_{i1}-\overline{x}_1)^2$	销售利润 x_{i2}	$(x_{i2}-\overline{x}_2)^2$
1	170	134 139.062 5	8.1	595.848 1
2	220	100 014.062 5	12.5	400.400 1
3	390	21 389.062 5	18.0	210.540 1
4	430	11 289.062 5	22.0	110.460 1
5	480	3 164.062 5	26.5	36.120 1
6	650	12 939.062 5	40.0	56.100 1
7	950	171 189.062 5	64.0	991.620 1

续表

编号	产品销售额 x_{i1}	$(x_{i1}-\overline{x}_1)^2$	销售利润 x_{i2}	$(x_{i2}-\overline{x}_2)^2$
8	1 000	215 064.062 5	69.0	1 331.520 1
合计	4 290	669 187.5	260.1	3 732.608 8

分析：由于销售额与利润额数据的平均水平不同，不能直接用标准差进行比较，需要计算离散系数。由表中数据计算得：

$$\overline{x}_1=536.25（万元），\sigma_1=\sqrt{\frac{669\ 187.5}{8}}=289.22（万元），V_1=\frac{289.22}{536.25}=0.539；$$

$$\overline{x}_2=32.51（万元），\sigma_2=\sqrt{\frac{3\ 732.608\ 8}{8}}=21.60（万元），V_2=\frac{21.60}{32.51}=0.664。$$

计算结果表明，$V_1<V_2$，说明产品销售额的离散程度小于销售利润的离散程度。

【例 5.18】为提高水稻产量，某农科所研究培育了两个新品种，为了深入研究那个品种稳定并具有推广价值，选择不同地块进行了试种，收割后的具体数据如表 5.15 所示。假定生产条件相同，试对这两个新品种收获情况进行分析，确定哪一个品种具有稳定性和推广价值。

表 5.15　两种水稻新品种在四块田地上试种产量资料

地块编号	甲品种		乙品种	
	田块面积（亩）	产量（公斤）	田块面积（亩）	产量（公斤）
1	1.2	600	1.0	500
2	0.8	405	1.3	675
3	1.5	725	0.7	375
4	1.3	700	1.5	700
合计	4.8	2 430	4.5	2 250

分析：首先计算两个品种的平均亩产量，然后计算变异系数，从而判断那个品种稳定并具有推广价值。

① 两个品种的平均亩产量：

甲品种平均亩产量为：2 430/4.8＝506.25（公斤）；

乙品种平均亩产量为：2 250/4.5＝500（公斤）。

从亩产量看，甲品种亩产量略高。

② 计算变异指标,分析稳定性和推广价值:

在计算变异指标时,要注意公式运用。平均指标是按照基本公式计算,但标准差的计算要采用加权形式计算,这里的变量是亩产量,田块面积是权数。为方便计算,平均亩产量取整数。

$$\sigma_{甲}=\sqrt{\dfrac{\left(\dfrac{600}{1.2}-506\right)^2\times1.2+\left(\dfrac{405}{0.8}-506\right)^2\times0.8+\left(\dfrac{725}{1.5}-506\right)^2\times1.5+\left(\dfrac{700}{1.3}-506\right)^2\times1.3}{4.8}}$$

$$=21.25$$

$$\sigma_{乙}=\sqrt{\dfrac{\left(\dfrac{500}{1.0}-500\right)^2\times1.0+\left(\dfrac{675}{1.3}-500\right)^2\times1.3+\left(\dfrac{375}{0.7}-500\right)^2\times0.7+\left(\dfrac{700}{1.5}-500\right)^2\times1.5}{4.5}}$$

$$=25.86$$

计算变异系数:

$$V_{\sigma甲}=\frac{21.25}{506}=4.2\%$$

$$V_{\sigma乙}=\frac{25.86}{500}=5.17\%$$

通过计算,可以看出,甲品种不仅平均亩产量高,而且稳定性好,因而具有推广价值。

五、分布形态的描述

要全面了解数据分布的特点,还需要清楚数据分布曲线是否对称,偏斜的方向和程度以及频数分布曲线顶端的尖峭或扁平的程度。变量分布的偏度和峰度就是对这些分布特征的进一步描述。

(一) 偏度

偏度是指数据分布的不对称程度或偏斜程度。频数分布有对称的,有不对称的即偏态的。在偏态的分布中,又有两种不同的形态,即左偏和右偏。我们可以利用众数、中位数和算术平均数之间的关系大体上可以判断分布是左偏还是右偏,但要度量分布偏斜的程度,就需要计算偏度系数了。常用的偏度系数是以变量的三阶中心动差除以标准差的三次方计算。

动差又称矩,原是物理学上用以表示力与力臂对重心关系的术语,这个关系和统计学中变量与权数对平均数的关系在性质上很类似,所以统计学也用动差来说明频数分布的性质。

把分配数列中各组的次数看成是作用力 f,各组的标志值看成是力臂 x,则 $\sum xf$ 可看成是整个分配数列的统计动差,设 M 为原点动差,则有:

一阶原点动差: $M_1 = \dfrac{\sum xf}{\sum f}$,即算术平均数

二阶原点动差: $M_2 = \dfrac{\sum x^2 f}{\sum f}$,即平方的算术平均数

三阶原点动差: $M_3 = \dfrac{\sum x^3 f}{\sum f}$,即三次方的平均数

……

k 阶原点动差: $M_k = \dfrac{\sum x^k f}{\sum f}$

统计上通常用中心动差来测定分布数列的偏度。三阶中心动差就是一个测定偏态的指标,如果把原点移到算术平均数的位置,就可以得到一个以频数分配各组标志值 x 对平均数 $\bar{x}$ 的 k 阶中心动差,也称中心矩。

$$u_k = \frac{\sum\limits_{i=1}^{n} (x_i - \bar{x})^k f_i}{\sum\limits_{i=1}^{n} f}$$

$k=0$ 时,即零阶中心动差,$u_0 = 1$;

$k=1$ 时,即一阶中心动差,$u_1 = 0$;

$k=2$ 时,即二阶中心动差,$u_2 = \sigma^2$,即为方差,也就是标准差的平方。

当分布对称时,所有奇数阶中心动差等于 0,要判断是否对称分布,可考虑用奇数阶中心动差来测定。考虑到计算的方便,用三阶中心动差进行计算,由于三阶中心动差为量纲,要消除量纲的影响,可用 σ^3 去除,于是得到偏态系数:

$$\alpha_3 = \frac{u_3}{\sigma^3} \tag{5.23}$$

如图 5.2 所示,如果分布数列的分布是对称的,则 $\alpha_3 = 0$;如果分布数列的

分布是左偏的,则 $\alpha_3 < 0$;如果分布数列的分布是右偏的,$\alpha_3 > 0$。偏斜程度越严重,α_3 的绝对值越大。

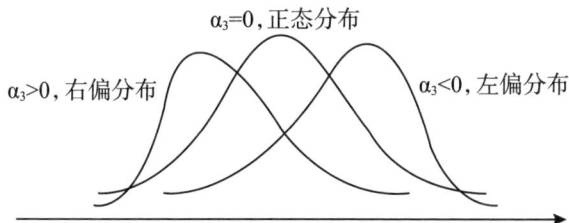

图 5.2　偏态分布与正态分布比较图

(二)峰度

峰度是变量分布的另一个重要特点,是用来衡量分布的集中程度或分布曲线的尖峭(或平坦)程度的指标。对峰度的测量通常以正态分布曲线为比较标准,通常将峰度分为正态峰度、尖顶峰度和平顶峰度。如变量分布曲线比正态分布曲线更加尖峭,更高、更窄,称为尖顶峰度;如果变量分布曲线比正态分布曲线更为平缓,更低、更扁平,称为平顶峰度。同样可用中心动差来测量分布数列的峰度,即以变量的四阶中心动差除以标准差四次方,并将结果减 3 计算得到峰度系数,公式如下:

$$\alpha_4 = \frac{u_4}{\sigma^4} - 3 \tag{5.24}$$

式 5.24 中,α_4 表示峰度指标。如图 5.3 所示,当峰度 $\alpha_4 = 0$ 时,分布曲线为正态曲线;当 $\alpha_4 > 0$ 时,为尖顶峰度,表示分布的形状比正态分布更窄更高,这意味着分布比正态分布更集中在平均数周围;$\alpha_4 < 0$,为平顶峰度,表示分布比正态分布更宽更平,意味着分布比正态分布更分散。

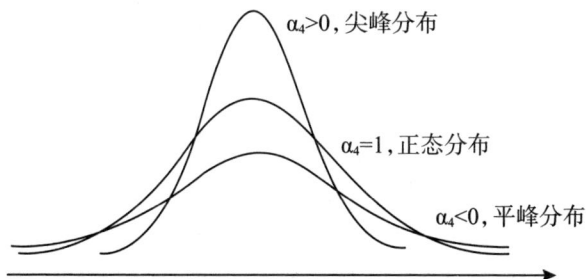

图 5.3　尖峰分布、平峰分布与正态分布比较图

第五节　平均指标的应用原则

平均指标在统计分析中应用得非常广泛,要使各种平均数充分发挥作用,应用时必须注意以下原则:

一、平均数只能在同质总体中才能进行计算

总体各单位的同质性是计算平均指标的前提和基础。这就是说,构成总体的各个单位必须具有某一共同的标志表现,在这一前提下计算平均指标才有意义。由不属于同质总体的个别单位标志值计算出来的平均指标,不能正确反映被研究总体某一标志值的一般水平,是没有意义的。例如,要了解某市第三产业职工的 2017 年平均工资,就不能把工业企业职工计算在内,否则会夸大或缩小该平均值,以致做出错误的判断和分析。

二、用组平均数补充总平均数

总平均数虽然是根据同质总体计算的,但它只保证了总体各单位在某一方面的性质相同,而其他一些性质仍然存在着重要差别,由于这些差别的影响,总平均数不能充分显示总体的特征。所以,应重视影响总平均数的各个有关因素的作用,用有关标志对总体进行分组,计算组平均数对总平均数作必要补充,来揭示现象内部结构组成的影响。

三、用分配数列来补充说明平均数

平均数只是说明现象的一般水平,它一方面将总体各单位数量差异抽象化;另一方面又掩盖了总体各单位的差异及其分布情况。为了比较深入地说明问题,在利用平均数对社会经济现象进行分析时,还应结合分配数列加以分析。

四、平均指标与变异指标结合应用

平均指标要与变异指标结合应用,这样既可以通过平均数反映现象的一般水平,又可以通过标志变动度的各项指标来表明平均数代表程度的高低,反映现象的均衡性、协调性、稳定性,从而全面反映现象的数量特征和数量规律。

五、用典型事例补充说明平均数

总平均水平说明现象变动的一般趋势,它反映了一定范围内社会经济现象的共性,但同时掩盖了社会经济现象的个性,并不显示个别单位的差异。因此,为了更好地反映社会经济现象的特征和规律,还需要通过典型事例来补充说明平均指标。

第六节 成数指标

一、成数指标的概念

在社会经济现象中,有些事物或现象的特征只表现为两种性质上的差异,例如,产品的质量表现为合格或不合格,人的性别表现为男或女,学生考试成绩分为及格和不及格,等等。这些只表现为是与否、有或无的标志,称为是非标志,也称交替标志。我们把总体或样本中具有某种表现或不具有某种表现的单位数占全部单位数的比重称为成数,它反映了总体或样本中"是"与"非"的构成,并且代表着两种表现或性质各反复出现的程度,即频率。例如,某一批产品,合格品占95%,不合格品占5%。在这里,95%和5%均为成数。

二、是非标志的平均数

为了计算是非标志的平均数,首先要将它们的表现形式量化。即在总体 N 个单位中具有某种属性的单位标志值取值为"1",具有这一属性的总体单位数用 N_1 表示,其比重(成数)用 P 表示;而不具有某种属性的单位标志值取值为"0",不具有这一属性的单位数用 N_0 表示,其比重(成数)用 Q 表示。即全部总体中具有所研究属性的单位数所占的比重,称为成数 P,表示为:

$$P = \frac{N_1}{N} \tag{5.25}$$

全部总体中不具有所研究属性的单位数所占比重,称为成数 Q,表示为:

$$Q = \frac{N_0}{N} \tag{5.26}$$

$$P + Q = 1 \tag{5.27}$$

这样,就可以运用算术平均法计算平均数了,是非标志的平均数为:

$$\bar{x} = \frac{\sum_{i=1}^{n} x_i f_i}{\sum_{i=1}^{n} f_i} = \frac{N_1 \times 1 + N_0 \times 0}{N} = P$$

【例 5.19】一批产品总产量为 100 台,经检验有 90 台合格品,10 台不合格品,则这批产品的平均合格率为:

$$\bar{x} = \frac{\sum_{i=1}^{n} x_i f_i}{\sum_{i=1}^{n} f_i} = \frac{1 \times 90 + 0 \times 10}{90 + 10} = 0.90$$

由此可见,在交替标志的总体中,具有某种性质的成数 P 也就是这一总体标志值的加权算术平均数。

三、是非标志的标准差

是非标志的平均数反映总体标志的集中趋势和一般水平。同时,还应研究是非标志的离散程度。是非标志的标准差是计算说明是非标志总体的变异程度的指标。如前面假设,总体单位数为 N,其中 N_1 个单位具有某种表现,N_0 个单位不具有该种表现,即:

$$\bar{X} = P$$

则交替标志的标准差为:

$$\sigma = \sqrt{\frac{(1-P)^2 \cdot N_1 + (0-P)^2 \cdot N_0}{N}} = \sqrt{Q^2 P + P^2 Q} = \sqrt{PQ(P+Q)}$$
$$= \sqrt{PQ} = \sqrt{P(1-P)}$$

【例 5.20】某企业生产产品 100 件,经检验有 85 件合格品,则该批产品的标准差为:

$$\sigma = \sqrt{P(1-P)} = \sqrt{85\% \times 15\%} = \sqrt{12.75\%} = 35.71\%$$

本章练习

一、判断对错

1. 当众数相邻两组的次数相等时,众数的数值就是众数组的组中值。

(　　)

2. 已知某数列的算术平均数为 5,中位数为 3,则该数列属于左偏分布。

(　　)

3. 对同一数列,同时计算平均差和标准差,两者必然相等。 (　　)

4. 如果分组数列各标志值出现的次数相同,计算平均差的加权平均式等于简单平均式。 (　　)

5. 平均指标由于反映的是总体某一数量标志值的一般水平,因此它可用于不同现象在不同时间、空间条件下对比。 (　　)

6. 如果两个数列的全距相同,它们的离散程度也完全相同。 (　　)

7. 中位数和众数都属于平均数,它们数值的大小受到总体内各单位标志值大小的影响。 (　　)

8. 标志变异指标数值越大,说明总体中各单位标志值的变异程度就越大,则平均指标的代表性就越小。 (　　)

9. 对任何两个性质相同的变量数列,比较其平均数的代表性,都可以采用标准差指标。 (　　)

10. 标准差系数是测量标志变异程度的一个相对指标,因而其数值的大小与标志值之间的差异程度无关。 (　　)

二、单项选择题

1. 某一变量数列中,若有变量值为 0,则不适宜计算的平均指标是(　　)。

A. 算术平均数　　　　　　　　B. 调和平均数

C. 中位数　　　　　　　　　　D. 众数

2. 在变量数列中,若标志值较小的组,而权数较大时,计算出来的算术平均数:(　　)。

A. 接近于标志值小的一方　　　B. 接近于标志值大的一方

C. 接近于中间水平的标志值　　D. 不受权数的影响

3. 计算标准差一般所依据的中心指标是(　　)。

A. 众数　　　B. 中位数　　　C. 算术平均数　　D. 几何平均数

4. 若两组数列的计量单位不同,在比较两组数列的离散程度大小时应采用(　　)。

A. 全距　　　B. 平均差　　　C. 标准差　　　D. 标准差系数

5. 加权算术平均数计算中的权数为(　　)。

A. 标志值　　　　　　　　　　B. 单位数比重

C. 标志值的标志总量　　　　　D. 权数之和

6. 加权算术平均数的大小,(　　)。

A. 主要受各组标志值大小的影响,而与各组次数的多少无关

B. 主要受各组次数多少的影响,而与各组标志值的大小无关

C. 既受各组标志值大小的影响,又受各组次数多少的影响

D. 既与各组标志值大小无关,也与各组次数的多少无关

7. 权数对算术平均数的影响作用决定于(　　)。

A. 权数的标志值　　　　　　　B. 权数的相对数

C. 权数的平均数　　　　　　　D. 权数的绝对值

8. 对比不同地区的棉花生产水平,应该采用的指标是(　　)。

A. 人均棉花产量　　　　　　　B. 每亩棉花产量

C. 棉花总产量　　　　　　　　D. 平均每亩棉花产量

9. 在变量数列中,当标志值为相对数,权数为标志总量时,计算平均数应采用(　　)。

A. 简单算术平均数方法　　　　B. 加权算术平均数方法

C. 调和平均数方法　　　　　　D. 算术平均数基本算式

10. 算术平均数的基本公式是(　　)。

A. 总体部分总量与总体单位总数之比

B. 总体标志总量与另一总体总量之比

C. 总体标志总量与总体单位总量之比

D. 总体标志总量与权数系数总量之比

三、多项选择题

1. 受极端值影响比较大的平均指标有(　　)。

A. 算术平均数　　B. 调和平均数　　C. 几何平均数　　D. 中位数

E. 众数

2. 简单算术平均数适用于(　　)。

A. 在统计分组后形成的各种分配数列

B. 在若干个变量值情况下

C. 各组次数都相等情况下

D. 各组次数都对称情况下

E. 各组变量值都相等情况下

3. 标志变异指标可用名数表示的是(　　)。

A. 全距　　　　　B. 平均差　　　　C. 平均差系数　　D. 标准差

E. 标准差系数

4. 不同总体的标准差不能简单对比,这是因为(　　)。

A. 平均数不一致　　　　　　　　B. 标准差不一致

C. 计量单位不一致　　　　　　　D. 总体单位数不一致

E. 离差平方和不一致

5. 在以下某一条件下,加权算术平均数都会等于简单算术平均数(　　)。

A. 各组次数相等　　　　　　　　B. 各组标志值不等

C. 变量数列为组距变量数列　　　D. 各组次数都为 1

E. 各组次数占总次数的比重相等

6. 计算和应用平均数的原则有(　　)。

A. 现象的同质性　　　　　　　　B. 用组平均数补充说明总平均数

C. 用变量数列补充说明平均数　　D. 用时间数列补充说明平均数

E. 把平均数和典型事例结合起来

7. 几何平均数主要适用于(　　)。

A. 标志值的代数和等于标志值总量的情况

B. 标志值的连乘积等于总比率的情况

C. 标志值的连乘积等于总速度的情况

D. 具有等比关系的变量数列

E. 求平均比率时

8. 中位数是(　　)。

A. 由标志值在变量数列中所处的位置决定的

B. 根据标志值出现的次数决定的

C. 总体单位水平的平均值

D. 总体一般水平的代表值

E. 不受总体中极端数值的影响

9. 同质总体各单位之间在性质上是相同的,但还存在着差异,这些差异的变动(　　)。

A. 对平均数没有影响　　　　　　B. 直接影响平均数水平

C. 不直接影响平均数水平　　　　D. 如果太大,就无法计算平均数

E. 不一定影响平均数

10. 不同数据组间各标志值的差异程度可以通过标准差系数进行比较,因为标准差系数(　　)。

A. 消除了不同数据组各标志值的计量单位的影响

B. 消除了不同数列平均水平高低的影响

C. 消除了各标志值差异的影响

D. 数值的大小与数列的差异水平无关

E. 数值的大小与数列的平均数大小无关

四、计算分析题

1. 已知某地区各工业企业上年产值计划完成情况以及计划产值资料如下表。要求根据上述资料计算该地区各企业产值计划的平均完成程度,如果在上表中所给资料不是计划产值而是实际产值,试计算产值计划平均完成程度。

计划完成程度(%)	企业个数(个)	计划产值(万元)
90 以下	5	140
90~100	20	310
100~110	55	1 650
110~120	22	710
120 以上	3	40
合计	105	2 850

2. 已知某厂三个车间生产不同的产品,其废品率、产量和工时资料如下表。请计算三种产品的平均废品率。假定三个车间生产的是同一产品,但独立完成,产品的平均废品率是多少?假定三个车间是连续加工某一产品,产品的平均废品率是多少?

车间	废品率%	产量(件)	产品制造总工时
甲	3	70	1 500
乙	2	20	3 000
丙	4	90	500
合计	—	—	5 000

3. 对某工厂甲、乙两车间工人当日产品中各抽取 50 件产品进行质量检查,得资料如下表。试比较甲乙两车间工人所生产零件质量的稳定性。

偏差(微米)	零件数(件)	
	甲工人	乙工人
9.6 以下	5	5
9.6～9.8	10	10
9.8～10.0	15	10
10.0～10.2	15	15
10.2～10.4	5	10
合计	50	50

4. 某企业工人基本工资资料如下表,请计算基期工人总平均工资和报告期工人总平均工资,填入上表空格处,并说明报告期工人总平均工资比基期工人总平均工资降低(或提高)的原因。

工人类别	月工资水平(元)			工人数(人)	
	基期	报告期	基期	报告期	
技术工人	1 700	1 750	300	400	
普通工人	1 400	1 450	200	600	
合计			500	1 000	

5. 某企业工人基本工资资料如下表,要求计算工人的平均工资、中位数和众数,计算全距、平均差、标准差和标准差系数,判断工人工资的分布状态,并对工资水平情况做分析。

基本工资(元)	工人数
1 400～1 500	9
1 500～1 600	19
1 600～1 700	32
1 700～1 800	19
1 800～1 900	17
1 900～2 000	4
合计	100

五、案例题

根据国家统计局对一套表联网直报平台 16 个行业门类的约 96 万家企业法人单位调查得到的 2016 年、2015 年的相关数据(见表 1～4),请分析 2016年联网直报平台企业的职工平均工资情况。

表 1　2016 年分地区分岗位就业人员年平均工资　　　　单位:元

地　区	全部就业人员	中层及以上管理人员	专业技术人员	办事人员和有关人员	商业、服务业人员	生产、运输设备操作人员及有关人员
合　计	57 394	123 926	76 325	54 258	46 742	48 005
东　部	62 875	144 045	87 708	60 379	52 750	50 119
中　部	47 538	88 500	57 790	43 599	37 480	43 385
西　部	52 976	104 414	65 274	49 119	39 371	47 770
东北地区	49 868	98 886	59 448	47 403	37 964	44 140

表 2　2015 年分地区分岗位就业人员年平均工资　　　　单位:元

地　区	全部就业人员	中层及以上管理人员	专业技术人员	办事人员和有关人员	商业、服务业人员	生产、运输设备操作人员及有关人员
合　　计	53 615	115 474	70 981	50 972	44 277	45 346
东　部	58 564	133 040	81 321	56 421	49 842	47 327
中　部	44 851	83 193	54 347	41 392	35 568	41 221
西　部	49 885	98 649	61 234	46 322	37 562	45 430
东　北	46 023	92 747	55 452	45 414	36 953	40 516

表 3　2016 年分行业分岗位就业人员年平均工资　　　　单位:元

行　业	全部就业人员	中层及以上管理人员	专业技术人员	办事人员和有关人员	商业、服务业人员	生产、运输设备操作人员及有关人员
合　计	57 394	123 926	76 325	54 258	46 742	48 005
采矿业	57 444	112 451	69 330	59 677	41 419	53 300
制造业	54 338	115 924	74 549	53 650	58 823	46 713
电力、热力、燃气及水生产和供应业	84 073	155 850	97 973	67 590	59 463	76 780

续表

行　业	全部就业人员	中层及以上管理人员	专业技术人员	办事人员和有关人员	商业、服务业人员	生产、运输设备操作人员及有关人员
建筑业	49 573	93 288	56 139	43 841	42 964	45 958
批发和零售业	59 044	124 728	74 589	58 608	43 687	46 371
交通运输、仓储和邮政业	68 058	132 143	104 306	59 879	57 940	61 380
住宿和餐饮业	40 573	81 000	46 044	39 692	35 337	36 600
信息传输、软件和信息技术服务业	120 864	236 476	138 736	86 434	83 547	62 913
房地产业	62 428	131 164	75 053	54 014	42 099	39 756
租赁和商务服务业	72 855	225 793	110 697	66 109	47 742	48 839
科学研究和技术服务业	99 599	198 308	108 416	70 181	52 540	55 377
水利、环境和公共设施管理业	49 397	107 405	69 276	48 702	35 887	44 087
居民服务、修理和其他服务业	41 815	89 634	52 645	44 456	34 784	39 093
教育	58 516	108 070	59 073	50 275	51 220	46 976
卫生和社会工作	62 798	104 263	62 953	46 153	43 295	46 013
文化、体育和娱乐业	80 207	157 556	116 237	63 041	41 867	46 348

表4　2016年分登记注册类型分岗位就业人员年平均工资 单位:元

登记注册类型	全部就业人员	中层及以上管理人员	专业技术人员	办事人员和有关人员	商业、服务业人员	生产、运输设备操作人员及有关人员
合　计	57 394	123 926	76 325	54 258	46 742	48 005
国　有	71 707	146 344	88 777	65 991	50 235	64 620
集　体	43 009	81 824	49 678	42 005	34 490	39 934
股份合作	48 444	85 904	55 441	44 345	36 220	44 620
联　营	48 987	108 459	64 376	39 984	41 867	42 607

登记注册类型	全部就业人员	中层及以上管理人员	专业技术人员	办事人员和有关人员	商业、服务业人员	生产、运输设备操作人员及有关人员
有限责任公司	57 784	123 035	77 296	52 765	44 719	48 836
股份有限公司	66 399	154 651	88 985	60 823	56 088	54 022
私 营	47 477	88 740	56 998	44 640	39 036	42 683
其他内资	50 853	93 769	59 195	44 572	40 957	42 370
港澳台商投资	66 621	172 327	108 892	69 695	59 420	49 994
外商投资	80 964	242 992	124 970	87 074	71 089	56 244

第六章
抽样推断

■　　■　　■　　■　　■

第一节　抽样推断概述

一、抽样推断的概念

抽样推断是按照随机原则从全部研究对象中抽取一部分单位进行调查，并以调查结果对总体数量特征做出具有一定可靠程度的估计与推断，从而达到对全部研究对象的认识的一种统计方法。17 世纪到 19 世纪中叶，大数定律、概率论逐步发展，成为一门数学分支，当时的统计学家将其引进到统计学的研究领域，从而产生了抽样推断的统计研究方法。在实际的经济管理活动中，经常会运用到抽样推断的方法。例如，根据百分之几的居民家庭收支，来推断全国上亿居民家庭的收支情况；根据百分之几的农作物收获面积的实际产量，来推算全县、全省乃至全国的农产量。

抽样推断具有三个特点。首先，由部分来推断总体。通过抽样调查，取得部分单位的完整资料，据以计算抽样的综合指标，然后对总体数量特征做出估计。其他非全面调查，如重点调查、典型调查，一般不具备严格意义上的统计推断的条件。其次，按随机原则来抽选部分单位。随机原则是指在抽选部分单位时，要非常可观，毫无偏见，不受调查人员任何主观意图的影响。其他非全面调查，如重点调查和典型调查，一般是根据调查任务的要求，有意识地选取若干个单位进行调查。最后，抽样推断的误差可以事先计算和控制。在抽样推断技术下，抽样误差的范围可以事先加以计算，并控制这个误差范围，以保证抽样推断的结果达到一定的可靠程度。其他非全面调查，如典型调查，固然可以根据少数的典型单位的情况去推算总体数量特征，但这种推算误差范围和保证程度,是无法事先计算并加以控制的。

二、抽样推断的作用

首先,可以解决无法进行或很难进行全面调查、但又需要了解其全面数量情况的统计问题。在实际工作中,针对某些现象总体的一些标志的调查是具有破坏性的,比如电灯泡的耐用时间试验、罐头食品的卫生检查、人体白细胞数量的化验等,不可能进行全面调查,只能使用抽样调查。还有一些现象总体,从理论上看是有限总体,比如城乡居民的家庭收支调查、旅游客源的调查等。但由于总体涉及的范围过大,采用全面调查将花费大量的人力、物力和财力,有时没有必要,有时条件不允许。这时,采用抽样调查更为可行。

其次,可以补充或修正全面调查的数据。全面调查由于范围广、工作量大、参加人员多,往往容易发生登记性误差。如果在全面调查后,随机抽取一部分单位重新调查一次,将这些单位两次调查的资料进行对照和比较,计算其差错率,并据以对全面资料加以修正,可以进一步提高全面调查资料的准确性。例如,2000 年 11 月 1 日的我国第五次人口普查时使用了长表和短表两种调查表。短表的调查项目少,人人都要登记;长表在短表基础上增加了许多项目,只供全国一小部分人口登记。这实际上就是在普查的同时进行抽样调查。

再次,可以用于工业生产过程的质量控制。在工业产品成批或大量连续生产过程中,利用抽样调查可以检验生产过程是否正常,及时提供信息,进行质量控制,保证生产质量稳定。

最后,可以对某种总体的假设进行检验,判断其真伪,以做出正确的决策。例如,新工艺新技术的改革是否能收到明显的效果,需要对未知或完全不知道的总体做出一些假设,然后利用抽样推断法,根据样本数量特征对所做的假设进行检验,作出判断。

三、抽样推断的理论基础

(一) 大数定理法则

大数定理即关于大量的随机现象具有稳定性质的法则。它说明如果被研究的总体是由大量的相互独立的随机因素所构成,而且每个因素对总体的影响都相对的小,那么对这些大量因素加以综合平均的结果,因素的个别影响将相互抵消,呈现出它们共同作用的倾向,使总体具有稳定的性质。

大数定理证明,如果随机变量总体存在着有限的平均数和方差,则对于充分大的抽样单位数 n，可以以几乎趋近于 1 的概率，来期望抽样平均数与总体平均数的绝对离差为任意小，即对于任意的正数 α 有：

$$\lim_{n\to\infty} p(\mid \overline{x_i} - \overline{X} \mid < \alpha) = 1 \tag{6.1}$$

式(6.1)中，$\overline{x_i}$ 为抽样平均数，$\overline{X}$ 为总体平均数，n 为抽样单位数。

（二）中心极限定理

人们已经知道，在自然界和生产实践中遇到的大量随机变量都服从或近似服从正态分布，正因如此，正态分布占有特别重要的地位。那么，如何判断一个随机变量是否服从正态分布显得尤为重要。例如，经过长期的观测，人们已经知道，很多工程测量中产生的误差都是服从正态分布的随机变量。在什么条件下，$\lim_{n\to\infty} p\{y_n \leqslant x\} = \Phi(x)$，这是 18 世纪以来概率论研究的中心课题，因而，从 20 世纪 20 年代开始，习惯上把研究随机变量及其分布收敛到正态分布的这类定理称为中心极限定理。

林德伯格－莱维中心极限定理：设 $\{x_n\}$ 是一项相互独立同分布随机变量序列，$E(X_i) = \mu$，$D(X_i) = \sigma^2$，$0 < \sigma^2 < +\infty$，$i = 1, 2, \cdots$，则对任意实数，总有

$$\lim_{n\to\infty} p\left\{ \frac{\sum_{i=1}^{n} X_i - E\sum_{i=1}^{n} X_i}{\sqrt{D\sum_{i=1}^{n} X_i}} \leqslant x \right\} = \lim_{n\to\infty} p\left\{ \frac{\sum_{i=1}^{n} X_i - n\mu}{\sqrt{n}\sigma} \leqslant x \right\}$$

$$= \frac{1}{\sqrt{2\pi}} \int_{-\infty}^{x} e^{-\frac{t^2}{2}} dt = \Phi(x) \tag{6.2}$$

本定理的证明在 20 世纪 20 年代由林德伯格和莱维给出，因证明比较复杂，在此从略。

由定理可知，当 n 充分大时，

$$\frac{\sum_{i=1}^{n} X_i - n\mu}{\sqrt{n}\sigma} \sim N(0,1)$$

$$\sum_{i=1}^{n} X_i \sim N(n\mu, n\sigma^2), \frac{1}{n}\sum_{i=1}^{n} X_i \sim N\left(\mu, \frac{\sigma^2}{n}\right)$$

由于它对 $\{x_n\}$ 的分布形式没有要求，因而得到广泛使用。

四、概率抽样的方法

概率抽样又称为随机抽样，是指以概率理论和随机原则为依据来抽取样

本的抽样。一般来说,概率抽样的基本组织形式分为单阶段抽样和多阶段抽样两大类。其中,单阶段抽样是指只需一次的抽样过程,包括简单随机抽样、分层抽样、系统抽样、整群抽样四种方法。

简单随机抽样是指将总体内的 N 个单位编成抽样框,然后采用抽签或随机数表等方式抽取 n 个单位构成样本。简单随机抽样适用于总体规模不大、总体内部差异小的情况。

分层抽样,又称类型抽样,它是将总体全部单位分类,形成若干个层(或称为类型组),然后按规定的比例从不同层中随机抽取若干单位进而合成样本的方法。这种方法的优点是样本代表性比较好,抽样误差比较小。

系统抽样,又称为等距抽样,它是先将总体单位按某一标志排序,并按某种规律确定一个起点,然后每隔一定的间隔抽取一个单位,直至抽取 n 个单位构成样本。总体单位据以排序的标志,可以是有关标志,也可以是无关标志。

整群抽样是指将全部总体单位划分为若干群,然后以群作为抽样单位从中随机地抽取部分群,再对被抽中的各个群中所包含的所有单位进行调查登记。

多阶段抽样是指从总体中抽选单位时,不是一次从总体中直接抽取,而是分两个或两个以上的阶段进行。例如,从某省 100 多万农户中抽取 1 000 户调查农户生产性投资情况,采用多阶段抽样的方法:首先,从省内部县中抽取 5 个县;其次,从抽中的 5 个县中各抽 4 个乡;再次,从抽中的 20 个乡中各抽 5 个村;最后,从抽中的 100 个村中各抽 10 户,这样就构成了 1 000 户的样本。

五、抽样推断的几个基本概念

(一) 全及总体和样本总体

全及总体又称母体,简称总体,它是指所要认识的、具有某种共同性质的许多单位的集合体。全及总体的单位数称为总体单位数,通常用 N 表示。

样本总体又称子样,简称样本,是从全及总体中随机抽取出来,代表全及总体的那部分单位的集合体。样本总体的单位数称为样本容量,通常用 n 来表示。随着样本容量增大,样本对总体的代表性越来越高。

如果说对于一次抽样调查,全及总体是唯一确定的,那么样本总体就不是这样。样本是不确定的,一个全及总体可能抽出很多个样本总体。样本的个数和样本的容量有关,也和抽样的方法有关。

（二）全及指标和样本指标

全及指标又称为总体参数，它是根据全及总体各个单位的标志值或标志属性计算的，反映总体某种属性或特征的综合指标。常用的全及指标有总体平均数（或总体成数）、总体标准差（或总体方差）。

样本指标也称为样本统计量或抽样指标，它是由样本总体各单位标志值计算出来反映样本特征，用来估计全及指标的综合指标（抽样指标）。样本统计量是样本变量的函数，用来估计总体参数，因此与总体参数相对应。统计量有样本平均数（或抽样成数）、样本标准差（或样本方差）。

对于一个问题，全及总体是唯一确定的，所以全及指标的量值也是唯一确定的，它与样本的取值无关。而样本统计量则是随机变量，它的取值随样本的不同而发生变化。在抽样推断中，全及指标是未知的，样本指标是可知的，但是通过样本指标可以推断估计全及指标。在统计学意义上，对全部样本而言，所有可能样本指标的平均数等于总体相应指标；对一个样本而言，当样本容量逐步增大时，样本指标会逐渐接近全及总体相应指标。

（三）重复抽样和不重复抽样

重复抽样是指从全及总体抽取样本时，随机抽取一个样本单位，记录该单位有关标志表现后，把它放回到全及总体中去，再从全及总体中随机抽取第二个样本单位，记录它的有关标志表现后，也把它放回全及总体中去，照此下去直到抽选第 n 个样本单位。

不重复抽样是指是从全及总体抽取样本时，随机抽取一个样本单位，记录该单位有关标志表现后，这个样本单位不再放回全及总体参加下一次抽选；然后，从总体（$N-1$）个单位中随机抽取第二个样本单位，记录它的有关标志表现后，该单位也不放回全及总体中去；从总体（$N-2$）个单位中抽取第三个样本单位，照此下去直到抽选出第 n 个样本单位。

（四）样本容量和样本可能数目

样本容量是指一个样本所包含的单位数。通常将样本单位数不少于 30 个的样本称为大样本，不及 30 个的称为小样本。经济统计的抽样调查多属于大样本调查。

样本可能数目又称样本个数，是指从一个总体中可能抽取的样本个数。一个总体有多少样本，则样本统计量就有多少种取值，从而形成该统计量的分布，此分布是抽样推断的基础。

第二节　抽样误差

一、抽样误差的概念

抽样误差是指由于随机抽样的偶然因素使样本各单位的结构不足以代表总体各单位的结构,而引起抽样指标和全及指标之间的离差。影响抽样误差的因素主要有四种。

(一) 抽样单位数的多少

在其他条件不变的情况下,抽样单位数越多,抽样误差越小;反之,抽样单位数越少,则抽样误差就越大。抽样单位数扩大了,样本必然就越能反映总体的数量特征。如果把抽样单位扩大到接近总体时,那么这时抽样调查也就越接近于全面调查,抽样误差就缩小到几乎完全消失的程度。

(二) 总体被研究标志的变异程度

在其他条件不变的情况下,总体各单位标志的变异程度越小,则抽样误差也越小。抽样误差和总体变异程度成正比变化,这是因为,总体变异程度越小,表示总体各单位标志值之间的差异很小。如果总体各单位标志变动度等于 0,则抽样指标就完全等于总体指标,抽样误差也就不存在了。

(三) 抽样方法

不重复抽样的抽样平均误差公式比重复抽样的抽样平均误差公式多了一个系数 $\sqrt{\dfrac{N-n}{N-1}}$ 或 $\sqrt{1-\dfrac{n}{N}}$,这个系数称为不重复抽样修正系数。由于这个系数总是大于 0 而小于 1,所以在其他条件相同的情况下,不重复抽样的抽样误差总是小于重复抽样的抽样误差。但当 N 很大而 n 相对较小(即抽样比例 n/N 很小)时,$\sqrt{1-\dfrac{n}{N}}$ 接近于 1,两者相差甚微。因此,实际中抽样比例很小时,不重复抽样的抽样误差常采用重复抽样的公式计算。

(四) 抽样组织形式

不同的抽样组织形式也有不同的抽样误差,这是因为不同的抽样组织所抽出的样本对于总体的代表性不同。可以利用不同的抽样误差判断各种抽样组织形式的估计有效性。

二、实际抽样误差

(一) 实际抽样误差的定义

实际抽样误差是指某一具体样本的样本估计值与总体参数的真实值之间的离差。实际抽样调查中,由于总体参数是未知数,因此,每次抽样的实际抽样误差是无法计算的。抽样调查中所谓抽样误差可以计算和控制,并不是指某次具体抽样的实际抽样误差,而是指从所有可能样本来考察的抽样平均误差和抽样极限误差。

(二) 实际抽样误差的来源

1. 登记性误差

登记性误差是是调查过程中由于调查者或被调查者的人为因素所造成的误差。登记性误差的原因有以下三点:首先,由于计量手段的局限性所带来的难以绝对符合实际而出现的误差;其次,由于登记、计算、抄报、汇总错误及被调查者所报不实或调查者有意虚报瞒报等所带来的误差;最后,被调查者因人为因素干扰形成的有意虚报或瞒报调查数据,这种误差在统计调查中应予以特别重视。从理论上讲,登记性误差是可以消除的。

2. 代表性误差

代表性误差可分为系统性误差和偶然性误差两类。

(1) 系统性误差就是由于违反了抽样调查的随机原则而导致的代表性误差。如有意识多选好的单位或较差的单位进行调查而造成的误差,即是随机误差。只要遵循了随机原则就可以避免产生系统性误差。系统性误差和登记性误差一样,都是抽样组织工作造成的,可以采取措施预防误差发生或将其减小到最低程度。

(2) 偶然性误差也叫随机误差。在测量时,即使排除了产生系统性误差的因素,进行了精心的观测,仍然会存在一定的误差,这类由于偶然的或不确定的因素所造成的每一次测量值的无规则变化,就叫作偶然性误差。抽样误差特指偶然性误差。

三、抽样平均误差

抽样平均误差是反映抽样误差一般水平的指标。前面已经提过,从一个总体可能抽取很多个样本,因此,抽样指标如抽样平均数、抽样成数等,随着不同样本而有不同的取值。它们对全及指标如总体平均数、总体成数的离差就有大有小,我们有必要用一个指标来衡量抽样误差的一般水平。

通常用抽样平均数的标准差或抽样成数的标准差来作为衡量其抽样误差一般水平的尺度。按照标准差的一般意义,抽样平均数(或成数)的标准差是按抽样平均数(或成数)与其平均数的离差平方和的平方根计算的,但由于抽样平均数的平均数等于总体平均数,抽样成数的平均数等于总体成数,抽样指标的标准差恰好反映了抽样指标和总体指标的平均离差程度。

以 μ_x 表示抽样平均数的平均误差,以 μ_p 表示抽样成数的平均误差,以 M 表示全部可能的样本数目。则:

$$\mu_x = \sqrt{\frac{\sum (\bar{x} - \bar{X})^2}{M}} \tag{6.3}$$

$$\mu_p = \sqrt{\frac{\sum (p - P)^2}{M}} \tag{6.4}$$

这些公式表明了抽样平均误差的关系。但是,由于总体平均数和总体成数我们并不知道,而且也无法计算全部样本的抽样指标值,所以按公式(6.3)和(6.4)来计算抽样平均误差是不可能的,在实际中可以通过其他方法加以计算。现在分别就抽样平均数和抽样成数的抽样平均误差的计算问题加以讨论。

(一) 抽样平均数的平均误差

以 μ_x 表示抽样平均数的平均误差,以 σ 表示总体的标准差。根据定义:

$$\mu_x^2 = E\left[\bar{x} - E(\bar{X})\right]^2 = E(\bar{x} - \bar{X})^2$$

$$= E\left[\frac{x_1 + x_2 + \cdots + x_n}{n} - \frac{\bar{X} + \bar{X} + \cdots + \bar{X}}{n}\right]^2$$

$$= \frac{1}{n^2} E\left[(x_1 - \bar{X}) + (x_2 - \bar{X}) + \cdots + (x_n - \bar{X})\right]^2$$

现在分别考虑重复抽样和不重复抽样的情况。

(1) 在重复抽样的情况下,这些样本变量 $x_1, x_2, \cdots, x_n$ 是相互独立的,样本变量 x 与总体变量 X 同分布。展开上式得:

$$\mu_x^2 = \frac{1}{n^2}\left[E(x_1 - \bar{X})^2 + E(x_2 - \bar{X})^2 + \cdots + E(x_n - \bar{X})^2 + \sum_{i \neq j} E(x_i - \bar{X})(x_j - \bar{X})\right]$$

$$= \frac{1}{n^2}\left[E(X - \bar{X})^2 + E(X - \bar{X})^2 + \cdots + E(X - \bar{X})^2\right] = \frac{1}{n^2}(n\sigma^2) = \frac{\sigma^2}{n}$$

从而得到:

$$\mu_x = \frac{\sigma}{\sqrt{n}} \qquad\qquad (6.5)$$

式(6.5)表明,抽样平均数的平均误差仅为总体标准差的$1/\sqrt{n}$。例如,当样本单位数为 100 时,则平均误差仅为总体标准差的 1/10。这说明,一个总体的某一标志的变动度可能很大,但抽取若干单位加以平均之后,抽样平均数的标准差比总体的标准差大大地缩小了,所以以抽样平均数作为估计量是更有效的。从式(6.5)可以看出,抽样平均误差和总体标志变动的大小成正比,而和样本单位数的平方根成反比。例如,抽样平均误差要减少 1/2,则样本单位数必须增大就要扩大到原来的 4 倍;抽样平均误差要减少为原来的 1/3,则样本单位数就要扩大到原来的 9 倍。

【例 6.1】设某生产零件的工厂有 4 个车间,每个车间的日产量分别为 800、1 000、1 400、1 600 件。现在从中随机抽取 2 个车间,并求平均日产量,用以代表该工厂平均日产量水平。

如果采取重复抽样的方法,则所有可能样本及平均日产量如表 6.1 所示。

表 6.1　重复抽样的样本平均数及离差

序号	样本变量(x)	样本平均数($\bar{x}$)	平均离差$[\bar{x}-E(\bar{x})]$	离差平方$[\bar{x}-E(\bar{x})]^2$
1	800,800	800	−400	160 000
2	800,1 000	900	−300	90 000
3	800,1 400	1 100	−100	10 000
4	800,1 600	1 200	0	0
5	1 000,800	900	−300	90 000
6	1 000,1 000	1 000	−200	40 000
7	1 000,1 400	1 200	0	0
8	1 000,1 600	1 300	100	10 000
9	1 400,800	1 100	−100	10 000
10	1 400,1 000	1 200	0	0
11	1 400,1 400	1 400	200	40 000
12	1 400,1 600	1 500	300	90 000
13	1 600,800	1 200	0	0
14	1 600,1 000	1 300	100	10 000
15	1 600,1 400	1 500	300	90 000
16	1 600,1 600	1 600	400	160 000
—		19 200	—	800 000

解:样本平均数的平均数 $E(\bar{x}) = \dfrac{\sum \bar{x}}{\text{样本可能数目}} = \dfrac{19\ 200}{16} = 1\ 200$(件)

抽样平均误差 $\mu_x = \sqrt{\dfrac{\sum [\bar{x} - E(\bar{x})]^2}{\text{样本可能数目}}} = \sqrt{\dfrac{800\ 000}{16}} = 223.61（件）$

现在我们直接从 4 个车间总体求总平均日产量和日产量的标准差，如表 6.2 所示。

表 6.2　总体平均数及离差

序号	日产量(X)	日产量离差($X-\overline{X}$)	离差平方($X-\overline{X}$)^2
1	800	-400	160 000
2	1 000	-200	40 000
3	1 400	200	40 000
4	1 600	400	160 000
—	4 800	—	400 000

总平均日产量 $\overline{X} = \dfrac{\sum X}{N} = \dfrac{4\ 800}{4} = 1\ 200（件）$

标准差 $\sigma = \sqrt{\dfrac{\sum (X-\overline{X})^2}{N}} = \sqrt{\dfrac{400\ 000}{4}} = 316.23（件）$

抽样平均误差 $\mu_x = \dfrac{\sigma}{\sqrt{n}} = \dfrac{316.23}{\sqrt{2}} = 223.61（件）$

例 6.1 计算结果表明：抽样平均数的平均数等于总体平均数，即 $E(\bar{x}) = \overline{X}$，两者都等于 1 200 件；抽样平均误差，即抽样平均数的标准差等于总体标准差的 $1/\sqrt{n}$，$\mu_x = \dfrac{\sigma}{\sqrt{n}}$，例 6.1 中两者计算的结果都等于 223.61 件。

（2）在不重复抽样的情况下，这时样本变量 $x_1, x_2, \cdots x_n$ 不是相互独立的。展开上式得：

$$\mu_x^2 = \frac{1}{n^2}[E(x_1-\overline{X})^2 + E(x_2-\overline{X})^2 + \cdots + E(x_n-\overline{X})^2 + \sum_{i \neq j} E(x_i - \overline{X})(x_j - \overline{X})]$$

$$= \frac{1}{n^2}\sum_{i=1}^{n} E(x_i-\overline{X})^2 + \frac{1}{n^2}\sum_{i \neq j} E(x_i-\overline{X})(x_j-\overline{X})$$

共有 $n(n-1)$ 个乘积。现在分别计算 $E(x_i-\overline{X})^2$ 和 $E(x_i-\overline{X})(x_j-\overline{X})$，即：

$$E(x_i-\overline{X})^2 = \sum_{j=1}^{N} P_j(X_j-\overline{X})^2 = \frac{1}{N}\sum_{j=1}^{N}(X_j-\overline{X})^2 = \sigma^2$$

$$E(x_i - \overline{X})(x_j - \overline{X}) = \sum_{K \neq L} P_{KL}(X_K - \overline{X})(X_L - \overline{X})$$

$$= \frac{1}{N(N-1)} \sum_{K \neq L} (X_K - \overline{X})(X_L - \overline{X})$$

式中：$K, L = 1, 2, \cdots, N$；P_{KL} 表示第 i 个被抽中的单位取值为 X_K、第 j 个被抽中的单位取值为 X_L 的概率，其概率等于 $1/N(N-1)$。而且：

$$\sum_{K \neq L} (X_K - \overline{X})(X_L - \overline{X}) = \left[\sum_{j=1}^{N} (X_j - \overline{X}) \right]^2 - \sum_{j=1}^{N} (X_j - \overline{X})^2$$

$$= - \sum_{j=1}^{N} (X_j - \overline{X})^2 = -N\sigma^2$$

$$E(x_i - \overline{X})(x_j - \overline{X}) = \frac{1}{N(N-1)}(-N\sigma^2) = \frac{-\sigma^2}{N-1}$$

代入上述公式求 μ_x^2，即：

$$\mu_x^2 = \frac{1}{n^2} \sum_{i=1}^{n} E(x_i - \overline{X})^2 + \frac{1}{n^2} \sum_{i \neq j} E(x_i - \overline{X})(x_j - \overline{X})$$

$$= \frac{1}{n^2} \sum_{i=1}^{n} \sigma^2 + \frac{1}{n^2} \sum_{i \neq j} \frac{-\sigma^2}{N-1} \qquad \left[\text{其中} \sum_{i \neq j} \text{共有} n(n-1) \text{项} \right]$$

$$= \frac{\sigma^2}{n} \left[1 - \frac{n-1}{N-1} \right]$$

$$= \frac{\sigma^2}{n} \left[\frac{N-n}{N-1} \right]$$

从而求得：

$$\mu_x = \sqrt{\frac{\sigma^2}{n} \left(\frac{N-n}{N-1} \right)} \qquad\qquad (6.6)$$

在总体单位数 N 很大的情况下，可以近似地表示为：

$$\mu_x = \sqrt{\frac{\sigma^2}{n} \left(1 - \frac{n}{N} \right)} \qquad\qquad (6.7)$$

从式(6.7)可以看出，不重复抽样平均方差等于重复抽样平均方差乘以校正因子 $\left(1 - \frac{n}{N} \right)$。例如，当样本单位数为总体单位数的 1% 时，则不重复抽样平均方差是重复抽样平均方差的 99%。由于校正因子 $\left(1 - \frac{n}{N} \right)$ 总是小于 1，因此，在同样情况下，不重复抽样的平均误差也总是小于重复抽样的平均误差。但在抽样单位数占总体单位数的比重很小时，这个因子接近于 1，对平均误差所起的作用不大。因而实际工作中按不重复抽样方法进行抽样时，也往往简便地采用重复抽样的公式来计算抽样平均误差。

【例 6.2】现在仍以 4 个车间日产量分别为 800、1 000、1 400、1 600 件的例子,用不重复抽样的方法,随机抽取车间的日产量,并求平均日产量,则所有可能的样本及样本平均数如表 6.3 所示。

表 6.3　重复抽样的样本平均数及离差

序号	样本变量(x)	样本平均数($\bar{x}$)	平均离差$[\bar{x}-E(\bar{x})]$	离差平方$[\bar{x}-E(\bar{x})]^2$
1	800,1 000	900	−300	90 000
2	800,1 400	1 100	−100	10 000
3	800,1 600	1 200	0	0
4	1 000,800	900	−300	90 000
5	1 000,1 400	1 200	0	0
6	1 000,1 600	1 300	100	10 000
7	1 400,800	1 100	−100	10 000
8	1 400,1 000	1 200	200	0
9	1 400,1 600	1 500	300	90 000
10	1 600,800	1 200	0	0
11	1 600,1 000	1 300	100	10 000
12	1 600,1 400	1 500	300	90 000
—	—	14 400	—	400 000

解:样本平均数的平均数 $E(\bar{x}) = \dfrac{\sum \bar{x}}{样本可能数目} = \dfrac{14\ 400}{12} = 1\ 200(件)$

样本平均误差 $\mu_x = \sqrt{\dfrac{\sum [\bar{x}-E(\bar{x})]^2}{样本可能数目}} = \sqrt{\dfrac{40\ 000}{12}} = 57.74(件)$

根据已经计算的总体平均数 $\overline{X} = 1\ 200$(件),总体平均方差 $\sigma = 308.22$(件),也可以计算不重复抽样的平均误差 μ_x 为:

$$\mu_x = \sqrt{\dfrac{\sigma^2}{n}\left(\dfrac{N-n}{N-1}\right)} = \sqrt{\dfrac{94\ 999.568\ 4}{2}\left(\dfrac{4-2}{4-1}\right)} = 117.95(件)$$

由此可见:在不重复抽样的条件下,抽样平均数的平均数仍等于总体平均数,即 $E(\bar{x}) = \overline{X}$,例 6.2 两者均为 1 200 件;不重复抽样的平均误差有:

$$\mu_x = \sqrt{\dfrac{\sigma^2}{n}\left(\dfrac{N-n}{N-1}\right)} \approx \sqrt{\dfrac{\sigma^2}{n}\left(1-\dfrac{n}{N}\right)}$$

而且不重复抽样的平均误差小于重复抽样的平均误差,即 117.95 件小于 217.64 件。

(二) 抽样成数的平均误差

总体成数 P 可以表现为总体是非标志的平均数,即:

$$E(X) = P \tag{6.8}$$

$$\sigma = \sqrt{P(1-P)} \tag{6.9}$$

同理,抽样成数 p 也可以表现为样本是非标志的平均数,即:

$$E(x) = p \tag{6.10}$$

$$\sigma_i = \sqrt{p(1-p)} \tag{6.11}$$

根据抽样平均数和总体平均数的关系,有 $E(p) = P$,即抽样成数的平均数等于总体成数。根据抽样平均差和总体标准差的关系,我们容易推得抽样成数的平均误差。

(1) 在重复抽样的情况下,抽样成数的平均误差为:

$$\mu_p = \frac{\sigma}{\sqrt{n}} = \sqrt{\frac{P(1-P)}{n}} \tag{6.12}$$

式(6.12)中,P 为总体成数;n 为样本的单位数。

(2) 在不重复抽样的情况下,抽样成数的平均误差为:

$$\mu_p = \sqrt{\frac{\sigma^2}{n}\left(\frac{N-n}{N-1}\right)} = \sqrt{\frac{P(1-P)}{n}\left(\frac{N-n}{N-1}\right)} \tag{6.13}$$

或近似地认为:

$$\mu_p = \sqrt{\frac{\sigma^2}{n}\left(1-\frac{n}{N}\right)} = \sqrt{\frac{P(1-P)}{n}\left(1-\frac{n}{N}\right)} \tag{6.14}$$

式(6.13)和(6.14)中,N 为总体单位数。当样本单位数占总体单位数的比例甚小时,校正因子 $\left(1-\dfrac{n}{N}\right)$ 接近于 1,不重复抽样平均误差就可以用重复抽样平均误差来代替。

在上述公式中,σ 或 $\sqrt{P(1-P)}$ 是总体标准差,但在实际中这一资料是未知的。计算抽样平均误差时通常采用下列代替方法:① 用样本标准差代替总体标准差。在大样本情况下,可直接用样本标准差 s 代替 σ,用 $\sqrt{p(1-p)}$ 代替 $\sqrt{P(1-P)}$,在小样本情况下则以采用样本修正标准差 s_{n-1} 代替总体标准差 σ。② 用以前(近期)的总体标准差或同类地区的总体标准差代表所研究总体的标准差。若同时有多个可供参考的数值时,应选其中最大者。对于成数 P,因其标准差 $\sigma_p = \sqrt{P(1-P)}$ 在 $P = 0.5$ 时为最大,所以有多个可供选择的数值时,应选其中最接近 0.5 的比率。其目的在于使我们对抽样误差的估计有更大的把握程度。

（三）不同抽样组织形式下抽样平均误差的计算

1. 简单随机抽样平均误差的计算

简单随机抽样是最基本的抽样组织形式，其常用的取数方法有抽签法、利用随机数表法和电子计算机取数法。简单随机抽样平均误差的计算如上所述，它是其他抽样组织形式抽样平均误差计算的基础。

【例 6.3】某商业银行的某一营业网点有个人定期储蓄账户 2 000 户，从中随机抽检 100 个账户作为一个样本，抽检得知该样本平均个人定期储蓄存款为 43 300 元，方差为 551 100 元。根据以上资料计算该营业网点储户的抽样平均误差。

解：已知 $N = 2\,000$，$n = 100$，$s^2 = 551\,100$，用样本标准差代替总体标准差，样本成数标准差代替总体成本数标准差。

平均存款的抽样平均误差为：

在重复抽样情况下：$\mu_x = \dfrac{\sigma}{\sqrt{n}} = \sqrt{\dfrac{551\,100}{100}} = 72.24$（元）；

在不重复抽样情况下：$\mu_x = \sqrt{\dfrac{\sigma^2}{n}\left(1 - \dfrac{n}{N}\right)} = \sqrt{\dfrac{551\,100}{100}\left(1 - \dfrac{100}{2\,000}\right)} = 72.36$（元）。

2. 类型抽样平均误差的计算

类型抽样也称分层抽样，它是将总体全部单位按照某个标志分成若干个类型组，然后从各类型组中按随机原则抽取样本单位的方法。在类型抽样的情况下，因为从各类型组都抽取了样本单位，所以对各类型组来说是全面调查，因此，组间方差是可以不考虑的，影响抽样误差的总体方差是组内方差。类型抽样包括等额类型抽样、等比类型抽样和最优分配类型抽样三种。在这里只介绍实际应用最广的等比类型抽样的抽样平均误差的计算。

（1）抽样平均数的平均误差：

$$\mu_x = \sqrt{\dfrac{\overline{\sigma_i^2}}{n}} \quad \text{（重复抽样）} \tag{6.15}$$

$$\mu_x = \sqrt{\dfrac{\overline{\sigma_i^2}}{n}\left(1 - \dfrac{n}{N}\right)} \quad \text{（不重复抽样）} \tag{6.16}$$

式（6.15）和（6.16）中，$\overline{\sigma_i^2}$ 表示总体各组数量标志平均组内方差，$\overline{\sigma_i^2}$ 在未知的情况下，可用样本各组数量标志平均组内方差 $\overline{s_i^2}$ 代替：

$$\overline{s_i^2} = \frac{\sum\limits_{i=1}^{k} s_i^2 n_i}{\sum\limits_{i=1}^{k} n_i} = \frac{\sum\limits_{i=1}^{k} s_i^2 n_i}{n} \tag{6.17}$$

式(6.17)中，$s_i^2(i=1,2,3\cdots,k)$表示样本各组数量标志组内方差；$n_i(i=1,2,3\cdots,k)$表示样本各组单位数；k表示类型组数。

（2）抽样成数的平均误差：

$$\mu_p = \sqrt{\frac{\overline{P_i(1-P_i)}}{n}} \text{（重复抽样）} \tag{6.18}$$

$$\mu_p = \sqrt{\frac{\overline{P_i(1-P_i)}}{n}\left(1-\frac{n}{N}\right)} \text{（不重复抽样）} \tag{6.19}$$

式(6.18)和(6.19)中，$\overline{P_i(1-P_i)}$表示总体各组是非标志平均组内方差，在$\overline{P_i(1-P_i)}$未知的情况下，可用样本各组是非标志平均组内方差$\overline{p_i(1-p_i)}$代替。

$$\overline{p_i(1-p_i)} = \frac{\sum\limits_{i=1}^{k} p_i(1-p_i)n_i}{\sum\limits_{i=1}^{k} n_i} = \frac{\sum\limits_{i=1}^{k} p_i(1-p_i)n_i}{n} \tag{6.20}$$

式(6.20)中，$p_i(1-p_i)(i=1,2,3,\cdots,k)$表示样本各组是非标志组内方差。

【例 6.4】某护肤品公司调查某款护肤品的每位消费者年消费次数，现以 2∶3 的比例从男性、女性消费群体中共抽取 100 人进行调查，取得如表 6.4 所示的资料，试求单个消费者对该款护肤品的平均年消费次数的平均误差。

表 6.4　某护肤品公司某款护肤品抽样资料

消费群体	代码	年平均消费次数（次）	年消费次数的标准差（次）
男性	1	3	1.2
女性	2	8	0.8

解：

已知 $k=2, n=100, n_1=40, n_2=60, \overline{x}_1=3, \overline{x}_2=8, s_1^2=(1.2)^2=1.44, s_2^2=(0.8)^2=0.64$，则：

$$\overline{x} = \frac{\sum\limits_{i=1}^{k} n_i \overline{x}_i}{n} = \frac{40\times3+60\times8}{100} = 6\text{（次）}$$

样本组内方差的平均数为：

$$\overline{s_i^2} = \frac{\sum\limits_{i=1}^{k} s_i^2 \overline{x}_i}{n} = \frac{1.2 \times 3 + 0.8 \times 8}{100} = 0.1(\text{次})$$

等比类型抽样的平均误差为：

$$\mu_x = \sqrt{\frac{\overline{\sigma_i^2}}{n}} = \sqrt{\frac{0.1}{100}} = 0.03(\text{次})$$

【例 6.5】某地区有 10 000 户，按城市和农村户比例，按不重复抽样方法抽取 1 000 户进行年收入 10 万元以上家庭数量的调查，资料如表 6.5 所示，试计算年收入 10 万元以上家庭所占比重的抽样平均误差。

表 6.5 某地家庭年收入 10 万元以上数量抽样资料

家庭户分类	分类代码	抽样户数	年收入 10 万元家庭所占比重(%)
城市	1	300	80
农村	2	700	15

解：已知 $N=10\,000, n=1\,000, n_1=300, n_2=700, p_1=80\%, p_2=15\%$，样本组内方差的平均数为：

$$\overline{p_i(1-p_i)} = \frac{\sum\limits_{i=1}^{k} p_i(1-p_i)n_i}{n} = \frac{0.8 \times 0.2 \times 300 + 0.15 \times 0.85 \times 700}{1\,000}$$
$$= 13.725\%$$

等比类型抽样的平均误差为：

$$\mu_p = \sqrt{\frac{\overline{P_i(1-P_i)}}{n}\left(1-\frac{n}{N}\right)} = \sqrt{\frac{0.13\,725}{1\,000} \times \left(1-\frac{1\,000}{10\,000}\right)} = 1.11\%$$

3. 等距抽样平均误差的计算

等距抽样又称机械抽样或系统抽样，它是将总体各单位按某一标志顺序排列，然后按一定的间隔抽取样本单位。等距抽样又分为按有关标志排队抽样和按无关标志排队抽样两种。如果总体各单位是按无关标志排队，它的抽样误差十分接近简单随机抽样的误差，故可用简单随机抽样平均误差公式计算；如果总体各单位是按有关标志排队，其抽样平均误差可参照类型抽样平均误差公式计算。

4. 整群抽样平均误差的计算

整群抽样是从总体中成群地抽取样本单位数，将若干个群组成样本，对抽中的群进行全面登记调查。整群抽样一般采用的是不重复抽样。由于整群抽样对中选群的每个单位全面调查,所以不存在群内方差,影响抽样平均误差的只有群间方差和群数的多少。

设将总体全部单位 M 划分为 R 群,每群包括 M 个单位,则有 $N=RM$。现从 R 群中随机抽取 r 群组成样本,并对中选群的所有单位进行调查,计算整群抽样的抽样平均误差可用群间方差代替简单随机抽样平均误差公式中的总体方差资料,以 R 代替 N,以 r 代替 n,具体计算如下。

(1)抽样平均数平均误差公式为:

$$\mu_x = \sqrt{\frac{\delta_x^2}{r}\left(\frac{R-r}{R-1}\right)} \tag{6.21}$$

式(6.21)中,δ_x^2 表示总体平均数群间方差。

总体平均数区间方差公式为:

$$\delta_X^2 = \frac{\sum\limits_{i=1}^{R}(\overline{X}_i - \overline{X})^2}{R} \tag{6.22}$$

式(6.22)中,$\overline{X}_i(i=1,2,3,\cdots,R)$ 表示总体各群平均数。

总体平均数公式为:

$$\overline{X} = \frac{\sum\limits_{i=1}^{R}\overline{X}_i}{R} \tag{6.23}$$

当 δ_X^2 未知时,可用样本平均数群间方差 δ_x^2 代替,即:

$$\delta_x^2 = \frac{\sum\limits_{i=1}^{r}(\overline{x}_i - \overline{x})^2}{r} \tag{6.24}$$

式(6.24)中,$\overline{x}_i(i=1,2,3,\cdots,r)$ 表示样本各群平均数。

样本平均数公式为:

$$\overline{x} = \frac{\sum\limits_{i=1}^{r}\overline{x}_i}{r} \tag{6.25}$$

(2)抽样成数平均误差公式为:

$$\mu_p = \sqrt{\frac{\delta_P^2}{r}\left(\frac{R-r}{R-1}\right)} \tag{6.26}$$

式(6.26)中,δ_P^2 表示总体成数群间方差。

总体成数群间方差公式为：

$$\delta_P^2 = \frac{\sum_{i=1}^{R} (P_i - P)^2}{R} \tag{6.27}$$

式(6.27)中，$P_i(i=1,2,3,\cdots,R)$表示总体各群成数。

总体成数公式为：

$$P = \frac{\sum_{i=1}^{R} P_i}{R} \tag{6.28}$$

当δ_P^2未知，可用样本成数群间方差δ_p^2代替，即：

$$\delta_p^2 = \frac{\sum_{i=1}^{r} (p_i - p)^2}{r} \tag{6.29}$$

式(6.29)中，$p_i(i=1,2,3,\cdots,r)$表示样本各群成数。

样本成数公式为：

$$p = \frac{\sum_{i=1}^{r} p_i}{r} \tag{6.30}$$

【例6.6】某公司有10个部门，每部门有40个员工，现随机抽取4个部门进行整群抽样以调查某年该公司员工的工资情况和全勤率，有关资料如表6.6所示。分别计算抽样平均数和成数的抽样平均误差。

表6.6　整群抽样资料

中选部门	各部门平均工资情况(元)$\overline{x}_i$	各部门全勤率(%)p_i
第一个	4 500	83
第二个	4 200	90
第三个	4 080	95
第四个	4 800	85

解：由资料可知，$R=10$，$r=4$，则：

$$样本平均数 \ \overline{x} = \frac{\sum_{i=1}^{r} \overline{x}_i}{r} = \frac{4\ 500 + 4\ 200 + 4\ 080 + 4\ 800}{4} = 4\ 395(元)$$

$$样本平均数的群间方差 \ \delta_{\overline{x}}^2 = \frac{\sum_{i=1}^{r} (\overline{x}_i - \overline{x})^2}{r} = 78\ 075(元)$$

$$样本成数 \ p = \frac{\sum_{i=1}^{r} p_i}{r} = \frac{83\% + 90\% + 95\% + 85\%}{4} = 88.25\%$$

$$样本成数的群间方差 \ \delta_p^2 = \frac{\sum_{i=1}^{r}(p_i - p)^2}{r} = 21.6875\%$$

用样本平均数的群间方差代替群平均数的群间方差,样本成数的群间方差代替群成数的群间方差,故:

$$抽样平均数的平均误差 \ \mu_x = \sqrt{\frac{\delta_x^2}{r}\left(1 - \frac{r}{R}\right)} = \sqrt{\frac{78\,075 \times \left(1 - \frac{4}{200}\right)}{4}} =$$

138.31

$$抽样成数的平均误差 \ \mu_p = \sqrt{\frac{\delta_p^2}{r}\left(1 - \frac{r}{R}\right)} = \sqrt{\frac{21.6875\% \times \left(1 - \frac{4}{200}\right)}{4}} =$$

2.31%

四、抽样极限误差

用样本的抽样指标来估计总体指标要达到完全准确几乎是不可能的。而实际抽样误差通常是无法计算的,只能用抽样平均误差来反映抽样误差的大小。而某一次具体抽样的实际抽样误差可能为正也可能为负,其绝对值可能大于平均误差也可能小于平均误差,一般情况下我们又只进行一次具体抽样。因此,我们不能只研究抽样平均误差,还必须研究某一次具体抽样的抽样误差可能的范围,这就需要引入抽样极限误差这一概念。

抽样极限误差是指一定概率下抽样误差可能的范围,也称为允许误差。因为抽样指标与总体指标之间的离差可能是正(大于总体指标),也可能是负(小于总体指标),因此,抽样极限误差采用绝对值的形式。它等于样本指标可允许变动的上限或者下限与总体指标之差的绝对值。

设 Δ_x、Δ_p 分别表示抽样平均数极限误差和抽样成数极限误差。则有:

$$\Delta_x = |\bar{x} - \overline{X}| \tag{6.31}$$

$$\Delta_p = |p - P| \tag{6.32}$$

式(6.31)和(6.32)$\bar{x}$ 与 p 都表示样本平均数和样本成数可允许的上限或下限数值。容易将上面的等式变换为下列等价的不等式关系:

$$\bar{x}-\Delta_x \leqslant \bar{X} \leqslant \bar{x}+\Delta_x$$

$$p-\Delta_p \leqslant P \leqslant p+\Delta_p$$

$\bar{x}-\Delta_x \leqslant \bar{X} \leqslant \bar{x}+\Delta_x$ 式表示被估计的总体平均数是以抽样平均数 $\bar{x}$ 为中心,在 $\bar{x}-\Delta_x$ 至 $\bar{x}+\Delta_x$ 之间变动,区间 $(\bar{x}-\Delta_x, \bar{x}+\Delta_x)$ 称为平均数的估计区间或称平均数的置信区间,区间的总长度为 $2\Delta_x$,在这个区间内样本平均数和总体平均数之间的绝对离差不超过 Δ_x。同样,$p-\Delta_p \leqslant P \leqslant p+\Delta_p$ 式表明被估计的总体成数是以抽样成数 p 为中心在 $p-\Delta_p$ 至 $p+\Delta_p$ 之间变动。在区间 $(p-\Delta_p, p+\Delta_p)$ 内,抽样成数与总体成数之间的绝对离差不超过 Δ_p。

例如,要估计某地优良水稻品种种子的平均千粒重,现在随机从该批种子抽取 500 克,计数 12 500 粒,折合平均每千粒重 $\bar{x}=40$ 克,如果确定极限误差范围为 8 克,就要求该批种子的平均千粒重落在 40±8 克,即在 32~48 克之间。

又如,要估计某农作物幼苗的成活率,从播种这一品种的秧苗地块中随机抽取秧苗 1 000 株,其中死苗 80 株,则秧苗成活率 $p=1-\frac{80}{1\,000}=92\%$。如果确定极限误差范围为 5%,这就要求该农作物成活率 p 落在 92%±5%,即在 87%~97% 之间。

在抽样实践工作中,为了表示抽样误差的相对程度,需要计算抽样误差系数 Δ'_x 或 Δ'_p。抽查误差系数的计算即以抽样极限误差除以抽样平均数 $\bar{x}$,或抽样成数 p。即:

$$\Delta'_x=\frac{\Delta_x}{\bar{x}} \tag{6.33}$$

$$\Delta'_p=\frac{\Delta_p}{p} \tag{6.34}$$

由抽样误差系数还可以通过下列公式计算抽样估计精度或简称精度 A。即:

$$A_x=1-\Delta'_x \tag{6.35}$$

$$A_p=1-\Delta'_p \tag{6.36}$$

如上例,种子平均千粒重的抽样误差系数 $\Delta'_x=\frac{\Delta_x}{\bar{x}}=\frac{8}{40}=0.2$,精度 $A_x=1-\Delta'_x=1-0.2=0.8$。又如,幼苗成活率的抽样误差系数 $\Delta'_p=\frac{\Delta_p}{p}=\frac{5\%}{92\%}=5.43\%$,精度 $A_p=1-\Delta'_p=1-5.43\%=94.57\%$。

第三节　抽样估计

一、抽样估计的概念

抽样估计又称为抽样推断,也称为参数估计。它是按照随机原则从全部研究对象中抽取一部分单位进行调查,并以调查结果对总体数量特征作出具有一定可靠程度的估计与推断,以反映总体的数量特征和数量表现的一种统计方法。抽样估计是对总体进行描述的一种重要方法,它具有花费小、适用性强、科学性高等优点。因此,国内外在许多领域都广泛地运用抽样估计来搜集和分析统计资料。例如,要检验某种工业产品的质量,只需计算从中抽取部分产品的合格率,以此估计全部产品的合格率;根据部分职工家庭收支状况的数据资料,来推断全部职工家庭的收支状况等。

二、抽样估计的优良标准

用样本估计量去推断总体参数,并非只能用一个样本估计量,而可能有多个估计量可供选择,我们总希望选定的估计量能够推断得好一点,那么"好一点"的标准是什么呢?一般来说有三个基本的标准,满足了这三个标准就可以认为该估计量是优良的。

(一)无偏性

无偏性的直观意义是没有系统误差。虽然每个可能样本的估计值不一定恰好等于未知总体参数,但如果多次抽样,应该要求各个估计值的平均数等于总体参数,即从平均意义上,估计量的估计是没有偏差的。这一要求称为无偏性。一般来说,这是一个优良的估计量必须具备的性质。例如,样本平均数 $\bar{x}$ 和样本成数 p 分别满足:

$$E(\bar{x})=\mu;E(p)=\pi$$

式中,E 表示数学期望,即算术平均数,所以样本平均数(成数)是总体平均数(成数)的无偏估计。

(二)一致性

一致性要求用样本估计量估计和推断总体参数时要达到:样本容量 n 充分大时,样本估计量充分靠近总体参数,即随着 n 的无限增大,样本估计量与未知的总体参数之间的绝对离差任意小的可能性趋于实际的必然性。根据

概率论中的大数定律可知:对于任意给定的正数 ε 有:

$$\lim_{x \to \infty} P(|\bar{x} - \mu| < \varepsilon) = 1 \tag{6.37}$$

$$\lim_{x \to \infty} P(|p - \pi| < \varepsilon) = 1 \tag{6.38}$$

式(6.37)和(6.38)表明,当样本容量越来越大时,样本平均数(样本成数)与总体平均数(总体成数)的偏差小于任意给定的正数 ε 的可能性趋近于 1 的概率,即几乎是一定发生的。因此,样本估计量是总体参数的一致估计量。

(三)有效性

有效性要求用样本估计量估计和推断总体参数时,作为估计量的标准差比其他估计量的标准差要小。如果一个无偏估计量 δ 在所有无偏估计量中标准差最小,即:

$$\sigma(\delta_1) \leqslant \sigma(\delta) \tag{6.39}$$

式(6.39)中,δ 为任意一个无偏估计量,则 δ_1 是有效估计量,或称该估计量具有有效性。显然,如果某总体参数具有两个不同的无偏估计量,希望确定哪一个是更有效的估计量,自然应该选择标准差小的那个。估计量的标准差愈小,根据它推导出接近于总体参数估计的值的机会愈大。

三、抽样估计的可靠程度

(一)定义

对于被估计的全及指标,找出样本的两个估计量,则全及指标落在两个估计量构成的区间内的概率,称为抽样估计的可靠程度,也称可信程度、把握程度、置信程度。用样本估计量构成的数值区间称为置信区间或估计区间,即 $(\bar{x} - \Delta_x, \bar{x} + \Delta_x)$ 或 $(p - \Delta_p, p + \Delta_p)$。

根据中心极限定理,如果变量 X 的分布具有有限的平均数和标准差,从这个总体抽取容量为 n 的全部样本,其平均数的分布随着 n 的增大而趋近于正态分布。

连续变量正态分布的密度函数为:

$$f(x) = \frac{1}{\sigma\sqrt{2\pi}} e^{-(x-\bar{x})^2/2\sigma^2} \tag{6.40}$$

可以给出正态分布的分布函数为:

$$F(x) = \int_{-\infty}^{x} f(x) dx = \frac{1}{\sigma\sqrt{2\pi}} \int_{-\infty}^{x} e^{-(x-\bar{x})^2/2\sigma^2} dx \tag{6.41}$$

将连续变量正态分布的密度函数中的 x 视为样本平均数,即为样本平均数的正态分布密度函数：

$$f(\bar{x}) = \frac{1}{\mu_x \sqrt{2\pi}} e^{-(\bar{x} - E(\bar{x}))^2 / 2\mu_x^2} \tag{6.42}$$

则样本平均数正态分布的分布函数为：

$$F(\bar{x}) = \int_{-\infty}^{\bar{x}} f(\bar{x}) d\bar{x} = \frac{1}{\mu_x \sqrt{2\pi}} \int_{-\infty}^{\bar{x}} e^{-(\bar{x} - E(\bar{x}))^2 / 2\mu_x^2} d\bar{x} \tag{6.43}$$

根据样本平均数正态分布的分布函数，可以计算样本平均数分布在某一区间的概率。但是，不同现象的随机变量就有不同的平均数和方差，不同的正态分布参数也就有不同的正态分布形式，要利用上述分布函数对各类不同的正态分布求某点或某区间的概率是很困难的。

（二）概率度 t

基于理论上的要求，抽样极限误差通常是以抽样平均误差为标准单位来衡量的，概率度 t 即抽样极限误差与抽样平均误差的比值。将 t 值代入样本平均数正态分布的分布函数，即可进行正态分布标准化，得到样本平均数标准正态分布的分布函数如下：

$$F(t) = \frac{1}{\sqrt{2\pi}} \int_{-\infty}^{t} e^{-t^2/2} dt \tag{6.44}$$

在统计推断中，常常要求解变量落在 $(\bar{x} - \Delta_x, \bar{x} + \Delta_x)$ 区间内的概率，则所要求的概率积分可以给出如下形式：

$$F(t) = \frac{1}{\sqrt{2\pi}} \int_{-t}^{t} e^{-t^2/2} dt \tag{6.45}$$

按公式（6.45），可以算出总体平均数落在 $(\bar{x} - \Delta_x, \bar{x} + \Delta_x)$ 区间内的概率。

四、抽样估计的要素

为了估计未知参数 θ，我们构造一个统计量 $h(X_1, \cdots, X_n)$，然后用 $h(X_1, \cdots, X_n)$ 的值 $h(x_1, \cdots, x_n)$ 来估计 θ 的真值，称 $h(X_1, \cdots, X_n)$ 为 θ 的估计量，称 $h(x_1, \cdots, x_n)$ 为 θ 的估计值。用抽样指标来估计总体指标有三项要素：估计值、估计值的误差范围及其相应的概率保证程度。

五、抽样估计的方法

（一）点估计

点估计即以实际抽样调查资料得到的抽样指标值作为总体指标值的估

计值,同时给出极限误差和相应的可靠程度。

(二) 区间估计

区间估计就是根据估计可靠程度的要求,选定概率度 t 以及极限误差,再利用抽样调查取得的抽样指标,求出估计上限和估计下限,即估计区间或置信区间。

(三) 参数估计的一般步骤

1. 第一种方式:按照给定的置信概率,来估计抽样误差的可能范围

(1) 抽取样本,计算抽样指标,作为总体指标的估计值,并计算样本标准差,推算抽样平均误差;

(2) 按照给定的概率 $F(t)$,利用正态分布概率积分表查对应的概率度 t 的值;

(3) 依据求得的 μ、t 计算对应的抽样极限误差的可能范围 Δ;

(4) 利用已经计算出的样本指标和抽样极限误差,确定被估计的总体参数的置信区间。

【例 6.7】某小区有 700 户户主,该小区超市想要估计小区内每位户主平均每次购物的消费金额。利用随机不重复抽样方法从中抽取 50 户作为一个样本,得知其平均每次购物的消费金额为 150 元,标准差为 50 元。试以 90% 的把握程度估计这 700 户户主的平均每次购物的消费金额。

解:$\bar{x}=150,\delta=50,n=50,N=700$

则不重复抽样的抽样平均误差为

$$\mu_x=\sqrt{\frac{\sigma^2}{n}}\times\sqrt{\frac{N-n}{N-1}}=\sqrt{\frac{50^2}{50}}\times\sqrt{\frac{4\,500+4\,200+4\,080+4\,800}{4}}=6.82$$

置信度 $F(t)=90\%$,所以 $t=1.64$,则

$\Delta_x=t\times\mu_x=1.64\times6.82=11.18$

该小区全年平均每次购物的消费金额的置信区间为:

下限:$150-11.18=138.82$(元)

上限:$150+11.18=161.18$(元)

即我们可以以 90% 的把握程度估计 700 户户主的平均每次购物的消费金额将在 $138.82\sim161.18$ 元之间。

2. 第二种方式:按照预先给定的允许误差范围,计算出相应的概率保证程度

(1) 抽取样本,计算抽样指标,作为总体指标的估计值,并计算样本标准差,推算抽样平均误差;

（2）按照预先给定的Δ和已经计算的μ，计算出概率度t值；

（3）根据概率度t值，查正态概率表找相应的概率$F(t)$；

（4）利用预先给定的误差范围和已计算出的样本指标，确定被估计总体指标的估计区间。

第四节　必要抽样单位数的确定

一、确定抽样单位数的意义

在选定适合对象特点的抽样组织方式之后，就要决定从总体中抽取多少个样本单位才是必要的。因为当进行一项抽样调查时，抽取的样本单位数越多，所得的抽样调查资料的代表性就越高，抽样推断的效果就越好；反之，如果抽样单位数越少，所得的抽样调查资料的代表性就越低。可见，抽样单位数不能过少，过少了抽样推断就不能达到预期的效果。但是，抽样单位数也不能过多，过多了会增加人力、物力和费用，也影响抽样调查资料的及时提供。因此，在抽样调查时，认真研究和确定一个必要的抽样单位数，对于省时、省力又能保证较好的抽样调查效果，是具有很重要意义的。确定必要抽样单位数的原则是：在保证抽样推断能达到预期的可靠程度和精确程度的要求下，确定一个恰当的抽取样本单位的数目。

二、影响抽样单位数的因素

抽样单位数主要受四方面因素的影响。首先，总体标志的变异程度。总体标志变异程度越大，抽取的样本单位数就越多；反之，抽取的样本单位数就越少。其次，允许误差的大小。允许的误差越大，抽取的样本单位数就越少；反之，抽取的样本单位数就越多。再次，调查者对一项抽样推断的可靠程度和精确程度的要求。如果要求抽样的可靠程度和精确程度比较高，那么抽样单位数就要多些；反之，就可以少些。最后，不同的抽样组织方法。一般来说，类型抽样和机械抽样比简单随机抽样需要的抽样单位数少，单个抽样比整群抽样需要的抽样单位数少，不重复抽样比重复抽样需要的抽样单位数少。另外，抽样单位数的确定，还要结合调查的人力、物力和财力的许可情况加以考虑。

三、必要抽样单位数的确定方法

根据上面确定抽样单位数的前四个依据,可以由抽样极限误差公式来反映它们之间的联系。因此,将抽样极限误差公式加以推演,就可导出各种不同抽样方法计算必要抽样单位数的公式。

(一) 简单随机重复抽样平均指标的必要抽样单位数

由于 $\Delta_x = t\mu_x = t\sqrt{\dfrac{\sigma^2}{n}}$,等式两端平方移项得:

$$n = \frac{t^2\sigma^2}{\Delta_x^2} \tag{6.46}$$

同样,可以得到计算简单随机重复抽样成数的必要抽样单位数公式为:

$$n = \frac{t^2 p(1-p)}{\Delta_p^2} \tag{6.47}$$

(二) 简单随机抽样不重复抽样平均指标的必要抽样单位数

由于 $\Delta_x = t\mu_x = t\sqrt{\dfrac{\sigma^2}{n}\left(1-\dfrac{n}{N}\right)}$,等式两端平方移项得:

$$n = \frac{t^2\sigma_N^2}{N\Delta_x^2 + t^2\sigma^2} \tag{6.48}$$

同样,可以得到计算简单随机不重复抽样成数的必要抽样单位数公式为:

$$n = \frac{t^2 p(1-p)N}{N\Delta_p^2 + t^2 p(1-p)} \tag{6.49}$$

根据同样原理,可以推导出计算类型抽样的必要抽样单位数公式。

在重复抽样条件下:

$$n = \frac{t^2 \overline{\sigma^2}}{\Delta_x^2} \tag{6.50}$$

$$n = \frac{t^2 \overline{p(1-p)}}{\Delta_p^2} \tag{6.51}$$

在不重复抽样条件下:

$$n = \frac{t^2 \overline{\sigma^2} N}{N\Delta_x^2 + t^2\sigma^2} \tag{6.52}$$

$$n = \frac{t^2 \overline{p(1-p)}N}{N\Delta_p^2 + t^2 \overline{p(1-p)}} \tag{6.53}$$

按照上面的公式来计算抽样单位数时,须事先取得总体的标准差 σ 或

$\sqrt{p(1-p)}$。在实际工作中,一般可以根据以往统计资料来确定;如果以往没有这方面资料可供利用,那么可在组织正式抽样调查之前先进行试验性抽样调查,用抽样指标的标准差 σ 或 $\sqrt{p(1-p)}$ 来代替。如果在缺少成数 p 的资料时,也可以直接假定 $p=0.5$,这样 $p(1-p)=0.5\times0.5=0.25$,为最大值。用标准差的最大值确定抽样单位数,就既会使抽样推断不会超出所确定的抽样极限误差范围,又能保证达到事先要求的可靠程度。

一个总体往往同时需要计算抽样平均数和抽样成数,由于它们的方差和允许误差的范围不同,因此,需要抽样的数目也可能不同,为了防止由于单位数不足而扩大抽样误差,在实际工作中往往根据单位数比较大的一个数目进行抽样,以满足共同的需要。

【例6.8】某进出口公司出口一种名茶,现对其所出口的 10 000 包茶的重量规格进行检测。(1)根据以往抽样测定,求得其平均每包茶重量的标准差为 10 克。如果概率保证程度为 68.27%,平均每包茶重量的误差范围不超过 5 克,问要抽取多少包茶?(2)根据以往抽样测定,该茶规格合格率为 95%,要求在 99.73% 的概率保证下,允许误差不超过 4%,所需抽取多少包茶?

解:(1)将有关数据代入,在重复抽样下:

$$n=\frac{t^2\sigma^2}{\Delta_x^2}=\frac{1^2\times10^2}{5^2}=4(包)$$

在不重复抽样下:

$$n=\frac{t^2\sigma^2N}{N\Delta_x^2+t^2\sigma^2}=\frac{1^2\times10^2\times10\ 000}{10\ 000\times5^2+1^2\times10^2}=4(包)$$

(2)将有关数据代入,在重复抽样下:

$$n=\frac{t^2p(1-p)}{\Delta_p^2}=\frac{3^2\times0.95\times0.05}{0.04^2}=268(包)$$

在不重复抽样下:

$$n=\frac{t^2p(1-p)N}{N\Delta_p^2+t^2p(1-p)}=\frac{3^2\times0.95\times0.05\times10\ 000}{10\ 000\times0.04^2+3^2\times0.95\times0.05}=261(包)$$

第五节　假设检验

一、假设检验的概念

（一）假设检验的基本概念

所谓假设检验，就是对某一总体参数先做出假设的数值；然后搜集样本资料，用这些样本资料确定假设数值与样本数值之间的差异；最后，进一步判断两者差异是否显著，若两者差异很小，则假设的参数是可信的，做出"接受"的结论，若两者的差异很大，则假设的参数准确的可能性很小，做出"拒绝"的结论。

例如，某厂生产一批产品，必须检验合格才能出厂，规定合格率为 95%，现从中抽取 100 件进行质量检查，发现合格率为 93%。假设检验就是利用样本指标 $p=93\%$ 的合格率，来判断原来假设 $P=95\%$ 合格率是否成立。如假设成立，产品就能出厂，如假设不成立，这批产品便不能出厂。

再比如，某地区去年职工家庭年收入为 72 000 元，本年抽样调查结果表明，职工家庭年收入为 71 000 元，这是否意味着职工生活水平下降呢？我们还不能下这个结论，最好通过假设检验，检验这两年职工家庭收入是否存在显著性统计差异，才能判断该地区今年职工家庭年收入是否低于去年水平。

（二）假设检验的基本类型

首先要明确提出有关总体参数的假设，一般有两个部分，即：原假设和替代假设。原假设是接受检验的假设，记作 H_0；替代假设是当原假设被否定时生效的另一种假设，记作 H_1。原假设和替代假设相互对立。如果原假设 H_0 是真实的，则替代假设 H_1 不真实；如果原假设 H_0 不真实，这意味着替代假设 H_1 是真实的。原假设 H_0 和替代假设 H_1 在统计学中称为统计假设。假设检验有双边检验与单边检验。具体地说，有以下几种类型：

（1）$H_0:\mu=\mu_0, H_1:\mu\neq\mu_0$；

（2）$H_0:\mu=\mu_0, H_1:\mu>\mu_0$；

（3）$H_0:\mu=\mu_0, H_1:\mu<\mu_0$。

第一种类型的假设检验称为双边检验，第二、第三种类型的假设检验称为单边检验。

1. 双边检验

在这种检验下提出的原假设是 μ 等于某一数值 μ_0，所以只要 $\mu>\mu_0$ 或 $\mu<\mu_0$ 二者之中有一个成立，就可以否定原假设。这种假设检验称为双边检验，它有两个拒绝域，两个临界值，每个拒绝域的面积为 $\alpha/2$，如图 6.1(a) 所示。

2. 单边检验

在有些情况下我们关心的假设问题带有方向性。有两种情况：一种是所考察的数值越大越好，另一种是数值越小越好。根据人们的实际需要不同，单侧检验中可以有不同的方向。

① 右侧检验。当希望考察的数值越小越好时，例如废品率，检验的形式可以写为：

$H_0:\mu\leqslant\mu_0,H_1:\mu>\mu_0$

其检验图如图 6.1(b)所示。

② 左侧检验。当考察的数值越大越好时，例如产品使用寿命，检验的形式可以写为：

$H_0:\mu\geqslant\mu_0,H_1:\mu<\mu_0$

其检验图如图 6.1(c)所示。

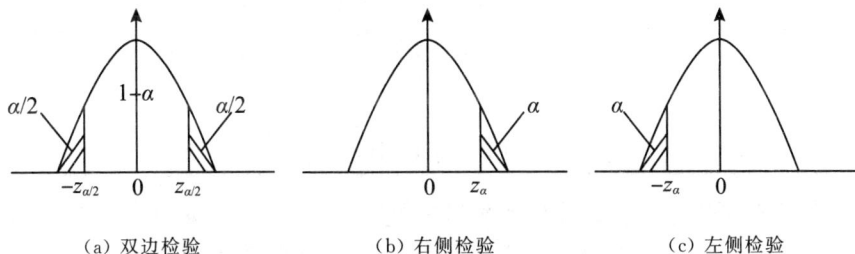

（a）双边检验　　　　（b）右侧检验　　　　（c）左侧检验

图 6.1　双边与单边检验示意图

二、假设检验的两类错误

假设检验的依据是样本，通过计算合适的检验统计量，分析样本统计值与参数值的差距，差距越小，假设值真实性可能就越大；反之，差距越大，假设值真实可能性就越小。因此，只要分析结果说明它们之间的差距是显著的，就否定原假设，故假设检验又称显著检验。但是要注意的是这种分析是建立在原假设 H_0 为真的基础上，只有分析完成时，概率很小的事情发生了，我们才能接受原假设非真的想法。这里用到这样一个基本思想，即在一次试验或一次观察中小概率事件几乎不可能发生。因此,一般在个体检验中,先认为提出的"原假设"是正确的,而某事件 A 在原假设为真的条件下发生的概率很小(这里概率很小一般在试验之前就确定了,这就是显著水平 α,如 5%、10% 等)。但是经过抽样观察,如果小概率事件 A 居然发生了,这就要怀疑原假设的正确性。如果不能否定原假设,仅仅意味着我们由于没有足够的证据否定它,才接受了原假设,并不意味着它完全正确。

上面曾说过检验统计量,一般说来,它的基本形式可表示如下:

$$检验统计量 = \frac{样本统计量 - 被假设参数}{统计量的标准差}$$

当计算得出结果,要做出决策时,可能有以下四种情况:

当 H_0 为真实时,不否定原假设当然是正确的。但是,当 H_0 本来是真实的时候,却也有可能错误地被否定掉,这种否定真实原假设的错误称为第一类错误,它的概率就是显著水平 α。另一种可能犯的错误是当原假设 H_0 非真实时作出接受 H_0 的选择,这种错误称为第二类错误,用 β 表示犯第二类错误的概率。α 越大,就越可能犯第一类错误,即越有可能否定真实的原假设。β 越大,就越有可能犯第二类错误,即越有可能接受非真实的原假设。具体结果如表 6.7 所示。

表 6.7　假设检验决策结果

	H_0 真实	H_0 不真实
不否定 H_0	正确$(1-\alpha)$	犯第二类错误(β)
否定 H_0	犯第一类错误(α)	正确$(1-\beta)$

我们希望犯这两类错误的概率都尽可能小,但是在一定样本容量下,减少 α 会引起 β 增大,减少 β 会引起 α 增大。要同时降低两类错误的概率 α、β 或者要在 α 不变的条件下降低 β,需要增加样本容量。

例如,某厂商声称其产品的合格品率为 99%,而实际上合格品率仅为 90%,这意味着在 100 件产品中平均 90 件合格品和 10 件次品。为了检验厂商的宣称是否真实,我们随机抽取了 20 件产品,结果都是合格品,于是我们由此推断厂商的宣称是真实的,这时我们就犯了第二类错误,犯这种错误的概率用 β 来表示,所以也称作 β 错误或"取伪错误"。反之,如果在 20 件产品中我们抽到了 5 件不合格品,而怀疑厂商的产品合格率并最终推断厂商说假话。这时候我们犯了第一类的错误,即"弃真错误"。

一般检验的原则是,事先规定允许犯第一类错误的概率 α,然后尽量减少犯第二类错误的概率 β，有了 α，再根据检验统计量的分布求出在原假设 H_0 为真实时，检验统计量所有取值，我们把 H_0 为真实时其统计量大于某一数值，我们不能接受的区域称为否定域，否定域的端点就叫作临界值，其余的取值范围称为接受域。因为原假设 H_0 为真实时，检验统计量落在否定域的概率很小，几乎是不可能的。如果由样本算得的检验统计量的值落在否定域里（包括临界值），说明在一次观察中小概率事件发生了，而这几乎是不可能的，因而判断 H_0 是非真实的，作出否定原假设 H_0 的决策。

综上所述，假设检验的一般步骤为：首先，提出统计假设；其次，选择显著性水平，即所允许犯第一类错误的概率（最常用 α 取 0.05 或 0.01，一般的研究项目中显著性水平都是给定的）；再次，选定合适的检验统计量，且能在原假设 H_0 成立的条件下知其分布；复次，根据显著性水平确定统计量的否定域或临界值，并注意是双边检验还是单边检验；最后，根据样本数据计算统计量的数值并由此做出决策。如果统计量的值落在否定域内（包括临界值），就说明原假设与样本描述的情况有显著差异，应该否定原假设；反之，如果落在接受域内，说明样本和原假设描述的情况的差异是不显著的，接受原假设 H_0。

三、几种常见的假设检验

（一）总体均值的检验

考虑下面三种类型的假设检验：

$H_0:\mu=\mu_0,H_1:\mu\neq\mu_0$；

$H_0:\mu=\mu_0,H_1:\mu>\mu_0$；

$H_0:\mu=\mu_0,H_1:\mu<\mu_0$。

可以分三种情况来讨论总体均值的检验。

1. 正态总体均值的检验——总体方差已知

构造检验统计量：

$$Z=\frac{\overline{X}-\mu_0}{\frac{\sigma}{\sqrt{n}}} \tag{6.54}$$

当 $\mu=\mu_0$ 时，统计量服从 $N(0,1)$。给定显著性水平 α，则有：

（1）$H_0:\mu=\mu_0,H_1:\mu\neq\mu_0$

检验规则为：当 $|Z|=\dfrac{|\overline{X}-\mu_0|}{\frac{\sigma}{\sqrt{n}}}\geqslant z_{\frac{\alpha}{2}}$ 时，拒绝 H_0；当 $|Z|=\dfrac{|\overline{X}-\mu_0|}{\frac{\sigma}{\sqrt{n}}}<$

$z_{\frac{\alpha}{2}}$，接受 H_0。

（2）$H_0:\mu=\mu_0,H_1:\mu>\mu_0$

检验规则为：当 $|Z|=\dfrac{|\overline{X}-\mu_0|}{\dfrac{\sigma}{\sqrt{n}}}\geqslant z_\alpha$ 时，拒绝 H_0；当 $|Z|=\dfrac{|\overline{X}-\mu_0|}{\dfrac{\sigma}{\sqrt{n}}}<$

z_α，接受 H_0。

$H_0:\mu=\mu_0;H_1:\mu<\mu_0$

检验规则为：当 $|Z|=\dfrac{|\overline{X}-\mu_0|}{\dfrac{\sigma}{\sqrt{n}}}\leqslant-z_\alpha$ 时，拒绝 H_0；当 $|Z|=\dfrac{|\overline{X}-\mu_0|}{\dfrac{\sigma}{\sqrt{n}}}>$

$-z_\alpha$，接受 H_0。

以上三个假设检验的拒绝域如图 6.2，拒绝域的面积为 α。

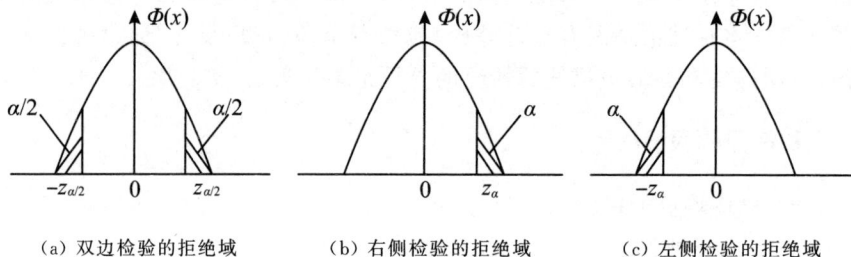

（a）双边检验的拒绝域　　　　（b）右侧检验的拒绝域　　　　（c）左侧检验的拒绝域

图 6.2　正态总体均值的假设检验（总体方差已知）的拒绝域

【例 6.9】某厂生产的产品的使用寿命服从正态分布 $N(1\,020,100^2)$。现从最近生产的一批产品中随机抽取 16 件，测得样本平均寿命为 1 080 小时。试在 0.05 的显著性水平下判断这批产品的使用寿命是否有显著提高？

解：根据题意，提出假设：$H_0:\mu=1\,020,H_1:\mu>1\,020$。检验统计量为：

$$Z=\frac{\overline{X}-\mu_0}{\dfrac{\sigma}{\sqrt{n}}}=\frac{1\,080-1\,020}{100/\sqrt{16}}=2.4$$

由 $\alpha=0.05$，查表即得临界值 $Z_{0.05}=1.64$。由于 $Z=2.4>Z_{0.05}=1.64$，所以应拒绝 H_0 而接受 H_1，即这批产品的使用寿命确有显著提高。

2. 正态总体均值的检验——总体方差未知

由于 σ 未知，应取检验统计量：

$$t = \frac{\overline{X} - \mu_0}{\frac{S}{\sqrt{n}}} \qquad\qquad (6.55)$$

式(6.55)中,S 是样本标准差。当 $\mu = \mu_0$ 时,t 统计量服从自由度 $n-1$ 的 t 分布。给定显著性水平 α,检验三种类型下的检验规则分别为:

当 $|t| \geq t_{\frac{\alpha}{2}}(n-1)$ 时拒绝 H_0,$|t| < t_{\frac{\alpha}{2}}(n-1)$ 时接受 H_0;

当 $t \geq t_\alpha(n-1)$ 时拒绝 H_0,$t < t_\alpha(n-1)$ 时接受 H_0;

当 $t \leq -t_\alpha(n-1)$ 时拒绝 H_0,$t > -t_\alpha(n-1)$ 时接受 H_0。

拒绝域面积为 α,见图 6.3。

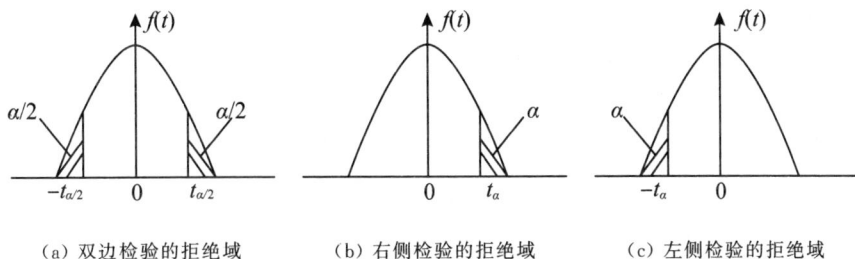

(a) 双边检验的拒绝域　　　(b) 右侧检验的拒绝域　　　(c) 左侧检验的拒绝域

图 6.3　正态总体均值的假设检验(总体方差未知)的拒绝域

【例 6.10】市场管理部门对某厂生产的洗发水规格进行检查,以确定是否符合其标签上注明的"容量为 1 L"的说法。现抽取 15 瓶该厂生产的洗发水作为一个随机样本,样本均值为 0.86 L,样本标准差为 0.14 L。假设该洗发水容量规格近似服从正态分布,试问是否可以相信产品同厂家所说的情况所符?($\alpha = 0.05$)

解:建立假设:$H_0: \mu = 1$,$H_1: \mu \neq 1$

$$t = \frac{\overline{X} - \mu_0}{\frac{S}{\sqrt{n}}} = \frac{0.86 - 1}{0.14 / \sqrt{15}} = -3.87$$

查 t 分布表,得 $t_{0.05}(14) = 1.7613$。由于 $|t| > t_{0.05}(14)$,所以只能拒绝 H_0,也即没有充分的理由相信该厂商生产的洗发水容量为 1 L。

3. 非正态总体均值的检验

虽然总体不服从正态分布,但当样本容量 n 很大(如 $n \geq 30$)时,由中心极限定理可知 $\overline{X}$ 的抽样分布近似正态分布。如 σ 已知,可以把

$$Z = \frac{\overline{X} - \mu_0}{\frac{\sigma}{\sqrt{n}}}$$

作为检验统计量,当 $\mu=\mu_0$ 时,统计量近似服从 $N(0,1)$。如果 σ 未知,则可用 S 代替它,即

$$t=\frac{\overline{X}-\mu_0}{\dfrac{S}{\sqrt{n}}}$$

当 $\mu=\mu_0$ 时,统计量近似服从 $N(0,1)$,检验方法与正态总体的检验相同。

(二) 两个总体均值之差的检验

考虑下面三种类型的假设检验:

$H_0:\mu_1-\mu_2=D,H_1:\mu_1-\mu_2\neq D$;

$H_0:\mu_1-\mu_2=D,H_1:\mu_1-\mu_2>D$;

$H_0:\mu_1-\mu_2=D,H_1:\mu_1-\mu_2<D$。

当 $D=0$ 时,以上三种类型的假设检验可分别简化为:

$H_0:\mu=\mu_0,H_1:\mu\neq\mu_0$;

$H_0:\mu=\mu_0,H_1:\mu>\mu_0$;

$H_0:\mu=\mu_0,H_1:\mu<\mu_0$。

下面分三种情况来讨论。

1. 两个正态总体的均值之差的检验——两个总体方差已知

我们知道,$\overline{X}_1-\overline{X}_2\sim N\left(\mu_1-\mu_2,\dfrac{\sigma_1^2}{n_1}+\dfrac{\sigma_2^2}{n_2}\right)$,经标准化后,为

$$Z=\frac{\overline{X}_1-\overline{X}_2-(\mu_1-\mu_2)}{\sqrt{\dfrac{\sigma_1^2}{n_1}+\dfrac{\sigma_2^2}{n_2}}}\sim N(0,1)$$

于是,构造检验统计量

$$Z=\frac{\overline{X}_1-\overline{X}_2-(\mu_1-\mu_2)}{\sqrt{\dfrac{\sigma_1^2}{n_1}+\dfrac{\sigma_2^2}{n_2}}}=\frac{\overline{X}_1-\overline{X}_2-D}{\sqrt{\dfrac{\sigma_1^2}{n_1}+\dfrac{\sigma_2^2}{n_2}}} \tag{6.56}$$

当原假设成立时,统计量服从 $N(0,1)$。给定显著性水平 α,检验三种类型下的检验规则分别为:

当 $|Z|\geqslant z_{\alpha/2}$ 时拒绝 H_0,$|Z|<z_{\alpha/2}$ 时接受 H_0;

当 $Z\geqslant z_\alpha$ 时拒绝 H_0,$Z<z_\alpha$ 时接受 H_0;

当 $Z\leqslant -z_\alpha$ 时拒绝 H_0,$Z>-z_\alpha$ 时接受 H_0。

【例6.11】某服装公司有 A、B 两个附属工厂。过去几年内,A 工厂采取

了许多改进措施,增添了一些新设备。现从 A 工厂和 B 工厂分别抽取 40 天和 30 天观察,得到平均生产率分别为 92% 和 88%,假定 A 工厂和 B 工厂的生产率近似服从正态分布,标准差分别为 15 和 19。试问改进后 A 工厂的生产率是否高于 B 工厂的?($\alpha = 0.05$)

解:按题意,建立假设:$H_0: \mu_1 = \mu_2$,$H_0: \mu_1 > \mu_2$

由于两个总体都近似服从正态分布,且总体方差已知,所以选取检验统计量:

$$Z = \frac{\overline{X}_1 - \overline{X}_2}{\sqrt{\dfrac{\sigma_1^2}{n_1} + \dfrac{\sigma_2^2}{n_2}}}$$

其观测值为:

$$z = \frac{\overline{x}_1 - \overline{x}_2}{\sqrt{\dfrac{\sigma_1^2}{n_1} + \dfrac{\sigma_2^2}{n_2}}} = \frac{92 - 88}{\sqrt{\dfrac{15^2}{40} + \dfrac{19^2}{30}}} = 0.973$$

查表得 $z_{0.025} = 1.96$,由于 $z < z_{0.025}$,所以接受原假设 H_0,也即认为改进后 A 工厂的生产率并没有高于 B 工厂。

2. 两个正态总体的均值之差的检验——两个总体方差未知但相等

我们知道,

$$t = \frac{\overline{X}_1 - \overline{X}_2 - (\mu_1 - \mu_2)}{S_P \sqrt{\dfrac{1}{n_1} + \dfrac{1}{n_2}}} \sim t_\alpha(n_1 + n_2 - 2)$$

于是检验统计量为:

$$t = \frac{\overline{X}_1 - \overline{X}_2 - D}{S_P \sqrt{\dfrac{1}{n_1} + \dfrac{1}{n_2}}} \tag{6.57}$$

其中,

$$S_p = \sqrt{\frac{(n_1 - 1)S_1^2 + (n_1 - 1)S_2^2}{n_1 + n_2 - 2}} \tag{6.58}$$

当原假设成立时,统计量服从自由度为 $n_1 + n_2 - 2$ 的 t 分布。给定显著性水平 α,检验三种类型下的检验规则分别为:

当 $|t| \geq t_{\frac{\alpha}{2}}(n_1 + n_2 - 2)$ 时拒绝 H_0,$|t| < t_{\frac{\alpha}{2}}(n_1 + n_2 - 2)$ 时接受 H_0;

当 $t \geq t_\alpha(n_1 + n_2 - 2)$ 时拒绝 H_0,$t < t_\alpha(n_1 + n_2 - 2)$ 时接受 H_0;

当 $t \leq -t_\alpha(n_1 + n_2 - 2)$ 时拒绝 H_0,$t > -t_\alpha(n_1 + n_2 - 2)$ 时接受 H_0。

【例 6.12】现有某研究小组研究某品牌智能电视机的销售在我国东、西部是否有显著的差异,从东、西部分别抽取 32、24 个销售门店进行调查,获得如下该品牌月销售量数据:

$$\overline{x}_1 = 150, \overline{x}_2 = 130, s_1^2 = 17, s_1^2 = 14$$

假定两个总体都服从正态分布,且方差相等。试问该品牌智能电视机的销售在我国东、西部有无显著差异?($\alpha = 0.05$)

解:按题意建立假设:$H_0:\mu_1 = \mu_2, H_1:\mu_1 \neq \mu_2$

由于两个总体都服从正态分布且方差相等,所以选取检验统计量:

$$t = \frac{\overline{X}_1 - \overline{X}_2}{S_P \sqrt{\dfrac{1}{n_1} + \dfrac{1}{n_2}}}$$

其观测值为:

$$t = \frac{150 - 130}{\sqrt{\dfrac{31 \times 17 + 23 \times 14}{54}} \times \sqrt{\dfrac{1}{32} + \dfrac{1}{24}}} = 18.69$$

查 t 分布表,$t_{0.025}(54) = 2.004\ 9$。由于 $t > t_{0.025}(54)$,所以拒绝 H_0,也即该品牌智能电视机的销售在我国东、西部有显著差异。

3. 两个非正态总体的均值之差的检验

当两个样本容量 n_1 和 n_2 都足够大时,根据中心极限定理可推得 $\overline{X}_1 - \overline{X}_2$ 的抽样分布近似为正态分布。因此检验统计量为:

$$Z = \frac{\overline{X}_1 - \overline{X}_2 - D}{\sqrt{\dfrac{\sigma_1^2}{n_1} + \dfrac{\sigma_2^2}{n_2}}}$$

如果 σ_1^2 和 σ_2^2 未知,就用 S_1^2 和 S_2^2 分别代替。即

$$Z = \frac{\overline{X}_1 - \overline{X}_2 - D}{\sqrt{\dfrac{S_1^2}{n_1} + \dfrac{S_2^2}{n_2}}} \tag{6.59}$$

当原假设成立时,统计量近似服从 $N(0,1)$。检验方法与正态总体条件下的检验相同。

(三)总体比例的检验

考虑下面三种类型的假设检验:

$H_0:P = P_0, H_1:P \neq P_0$;

$H_0:P = P_0, H_1:P > P_0$;

$H_0:P=P_0,H_1:P<P_0$。

当 nP 和 $n(1-P)$ 都大于 5 时,样本比例 p 的抽样分布近似正态分布。于是构造检验统计量:

$$Z=\frac{p-P_0}{\sqrt{\dfrac{P_0(1-P_0)}{n}}} \tag{6.60}$$

当原假设成立时,统计量近似服从 $N(0,1)$。

【例 6.13】根据有关资料估计某市老年人口(65 岁以上)比重为 14.7%,该市老年人口研究会为了验证这个估计是否可靠,随机抽选了 400 名居民,发现有 57 人年龄在 65 岁以上,调查结果是否支持该市老年人口比重为 14.7% 的结论?($\alpha=0.05$)

解:按题意建立假设:$H_0:P_1=P_2,H_1:P_1\neq P_2$

选取检验统计量为:

$$Z=\frac{p-P_0}{\sqrt{\dfrac{P_0(1-P_0)}{n}}}$$

其观测值为:

$$z=\frac{p-P_0}{\sqrt{\dfrac{P_0(1-P_0)}{n}}}=\frac{\dfrac{57}{400}-0.147}{\sqrt{\dfrac{0.147\times0.853}{400}}}=-0.254$$

查表得 $z_{0.05}=1.65$。由于 $|z|<z_{0.05}$,所以接受 H_0,也即认为这些数据可以证明该市老年人口比重为 14.7%。

(四) 两个总体比例之差的检验

考虑下面三种类型的假设检验:

$H_0:P_1=P_2,H_1:P_1\neq P_2$;

$H_0:P_1=P_2,H_1:P_1>P_2$;

$H_0:P_1=P_2,H_1:P_1<P_2$。

当 n_1 和 n_2 都大于 30 并且 n_1P_1、$n_1(1-P_1)$ 和 n_2P_2、$n_2(1-P_2)$ 都大于 5 时,两个样本比例之差的抽样分布近似正态分布。

$$Z'=\frac{(p_1-p_2)-(P_1-P_2)}{\sqrt{\dfrac{P_1(1-P_1)}{n_1}+\dfrac{P_2(1-P_2)}{n_2}}} \tag{6.61}$$

因为 Z' 含有未知参数 P_1 和 P_2,所以 Z' 不是统计量,不能作为检验统计

量。当 $P_1 = P_2$ 时,P_1 和 P_2 的联合估计值为:

$$p = \frac{n_1 p_1 + n_2 p_2}{n_1 + n_2} \tag{6.62}$$

故 $p_1 - p_2$ 的标准差估计值为:

$$\sqrt{\frac{p(1-p)}{n_1} + \frac{p(1-p)}{n_2}}$$

于是构造检验统计量为:

$$z = \frac{(p_1 - p_2) - (P_1 - P_2)}{\sqrt{\frac{p(1-p)}{n_1} + \frac{p(1-p)}{n_2}}} = \frac{(p_1 - p_2)}{\sqrt{\frac{p(1-p)}{n_1} + \frac{p(1-p)}{n_2}}} \tag{6.63}$$

当原假设成立时,统计量近似服从 $N(0,1)$。

【例 6.14】某一保险机构称,对于新出台的某一险种,南、北方的人们的喜爱程度,为了进一步了解事实,进行了一次抽样调查以了解两地喜爱该险种的人数比例 P,调查数据如下:沿海地区:$n_1 = 300$,$P_1 = 0.65$;非沿海地区:$n_2 = 400$,$P_2 = 0.55$。问该调查结果是否支持沿海地区的消费者更偏好该险种这个结论?($\alpha = 0.01$)

解:按题意建立假设:$H_0 : P_1 > P_2$,$H_1 : P_1 \leqslant P_2$

$$p = \frac{n_1 p_1 + n_2 p_2}{n_1 + n_2} = \frac{300 \times 0.65 + 400 \times 0.55}{300 + 400} = 0.135$$

选取检验统计量:

$$Z = \frac{(p_1 - p_2)}{\sqrt{\frac{p(1-p)}{n_1} + \frac{p(1-p)}{n_2}}}$$

其观测值为:

$$z = \frac{0.65 - 0.55}{\sqrt{\frac{0.65 \times 0.35}{300} + \frac{0.55 \times 0.45}{400}}} = 2.695$$

查表得 $z_{0.01} = 2.323$。由于 $|z| > z_{0.01}$,所以拒绝 H_0,也即没有充分的证据认为沿海地区的投保人更偏好于该险种。

四、总体参数的假设检验

(一) 单个正态总体参数的假设检验

考虑下面三种类型的假设检验:

$H_0 : \sigma^2 = \sigma_0^2$,$H_1 : \sigma^2 \neq \sigma_0^2$;

$H_0:\sigma^2=\sigma_0^2,H_1:\sigma^2>\sigma_0^2$;

$H_0:\sigma^2=\sigma_0^2,H_1:\sigma^2<\sigma_0^2$。

计算正态分布总体方差的置信区间时,我们曾介绍了一个统计量

$$\chi^2=\frac{(n-1)S^2}{\sigma^2} \tag{6.64}$$

现采用 χ^2 统计量作为方差的检验统计量。在原假设 H_0 成立的条件下,它服从自由度为 $n-1$ 的 χ^2 分布,即

$$\chi^2=\frac{(n-1)S^2}{\sigma^2}\sim\chi^2(n-1)$$

在一定显著性水平 α 下,查表可得出相应的临界值,检验三种类型下的检验规则分别为:

当 $\chi^2\geqslant\chi^2_{\alpha/2}(n-1)$ 或 $\chi^2\leqslant\chi^2_{1-\alpha/2}(n-1)$ 时拒绝 H_0,否则接受 H_0;

当 $\chi^2\geqslant\chi^2_\alpha(n-1)$ 时拒绝 H_0,$\chi^2<\chi^2_\alpha(n-1)$ 时接受 H_0;

当 $\chi^2\leqslant\chi^2_{1-\alpha}(n-1)$ 时拒绝 H_0,$\chi^2>\chi^2_{1-\alpha}(n-1)$ 时接受 H_0。

【例 6.15】某企业职工月收入呈正态分布,该企业某年某月职工月收入标准差为 245 元,今年同年抽查了 30 个职工月收入情况,得其标准差为 287 元,能否以 0.01 的显著水平断定今年职工月收入差异程度已明显扩大?

解:根据题意可建立假设:$H_0:\sigma^2=245^2,H_1:\sigma^2>245^2$

若要检验原假设是否成立,可选择 $\chi^2=\frac{(n-1)S^2}{\sigma^2}$ 为检验统计量,本例的观测值为:

$$\chi^2=\frac{(30-1)\times287^2}{245^2}=39.795$$

由显著性水平 $\alpha=0.01$,查自由度为 $n-1=29$ 的 χ^2 分布,由于是单侧检验,其临界值为:$\chi^2_{0.01}=49.588$。因为 $39.795<\chi^2_{0.01}=49.588$,所以接受原假设 H_0,即该企业职工月收入差异程度并没有改变。

(二)两个正态总体方差之比的检验

考虑下面三种类型的假设检验:

$H_0:\sigma_1^2=\sigma_2^2,H_1:\sigma_1^2\neq\sigma_2^2$;

$H_0:\sigma_1^2=\sigma_2^2,H_1:\sigma_1^2>\sigma_2^2$;

$H_0:\sigma_1^2=\sigma_2^2,H_1:\sigma_1^2<\sigma_2^2$。

其中,σ_1^2、σ_2^2 分别为两个正态总体的方差。若在这两个总体中分别随机抽取容量为 n_1、n_2 的样本,S_1^2、S_2^2 为这两个样本的方差,我们可以采用 $F=$

$(S_1^2/\sigma_1^2)/(S_2^2/\sigma_2^2)$作为这两个总体方差是否相同的检验统计量。显然,在原假设 H_0 成立的条件下,

$$F = S_1^2/S_2^2 \tag{6.65}$$

服从自由度分别为 n_1-1 和 n_2-1 的 F 分布。在一定显著性水平 α 下,查表可得出相应的临界值,检验三种类型下的检验规则分别为:

当 $F \geqslant F_{\frac{\alpha}{2}}(n_1-1, n_2-1)$ 或 $F \leqslant 1/F_{\frac{\alpha}{2}}(n_2-1, n_1-1)$ 时拒绝 H_0,否则接受 H_0;

当 $F \geqslant F_{\alpha}(n_1-1, n_2-1)$ 时拒绝 H_0,$F < F_{\alpha}(n_1-1, n_2-1)$ 时接受 H_0;

当 $F \leqslant 1/F_{\alpha}(n_2-1, n_1-1)$ 时拒绝 H_0,$F > 1/F_{\alpha}(n_2-1, n_1-1)$ 接受 H_0。

【例 6.16】在例 6.12 中,我们假定某品牌智能电视机在东、西部地区的月销售量服从正态分布,且方差相等。但从样本($n_1=32, n_2=24$)测得的数据是 $s_1^2=17, s_2^2=14$,即两个样本方差存在着一定的差异,因而需检验这两个总体的方差是否真的相等。($\alpha=0.1$)

解:由题意可建立假设:$H_0: \sigma_1^2 = \sigma_2^2, H_1: \sigma_1^2 \neq \sigma_2^2$

要检验原假设是否成立,可选择 $F = S_1^2/S_2^2$ 为检验统计量,本例的观测值为:

$$F = \frac{17}{14} = 1.214$$

在显著性水平 $\alpha=0.1$ 的条件下,查自由度 $n_1-1=31, n_2-1=23$ 的 F 分布,其临界值为:$F_{0.05}(31,23)=4.88, 1/F_{0.05}(5,7)=1/4.88 \approx 0.20$,因为 $4.88 > 1.214 > 0.20$,所以接受原假设 H_0,即虽然这两个样本的方差存在着一定的差异,但这种差异并不显著。

本章练习

一、判断对错

1. 重复抽样的抽样误差一定大于不重复抽样的抽样误差。 （ ）

2. 抽样估计的准确度与可靠性要求是一致的,即准确度越高,则可靠性越大。 （ ）

3. 所有可能出现的样本的平均数的平均数,等于总体平均数。 （ ）

4. 样本各单位标志值的差异程度影响抽样平均误差大小。 （ ）

5. 当抽样数目一定时,总体标志变动度越小,抽样误差也越小。　(　　)

6. 抽样误差之所以能得到控制,是因为可以调整总体方差的大小。

(　　)

7. 能够拒绝原假设的统计量的所有可能取值的集合称为拒绝域。

(　　)

8. 在假设检验中,原假设和备择假设只有一个成立而且必有一个成立。

(　　)

9. 假设检验时所陈述的具体数值是针对总体参数的假设值。　(　　)

10. 在假设检验中,备择假设具有特定方向性的假设检验称为双侧假设。

(　　)

二、单项选择题

1. 抽样调查所必须遵循的基本原则是(　　)。

A. 随意原则　　B. 可比性原则　　C. 随机原则　　　D. 准确性原则

2. 全及总体按其各单位标志的性质不同,可分为(　　)。

A. 全及总体和抽样总体　　　　B. 有限总体和无限总体

C. 变量总体和属性总体　　　　D. 可列无限总体和不可列无限总体

3. 有效性是衡量用抽样指标估计总体指标估计量准则之一,有效性是指作为优良估计量的方差与其他估计量的方差(　　)。

A. 前者小于后者　　　　　　　B. 前者大于后者

C. 两者相等　　　　　　　　　D. 两者不等

4. 在一定抽样平均误差的条件下,要提高推断的可靠程度,必须(　　)。

A. 扩大误差　　B. 缩小误差　　　C. 扩大极限误差 D. 缩小极限误差

5. 抽样调查的目的是为了(　　)。

A. 掌握总体单位的情况　　　　B. 抽样估计

C. 计算样本平均指标　　　　　D. 计算成数

6. 抽样平均误差的实质是(　　)。

A. 总体标准差　　　　　　　　B. 抽样总体的标准差

C. 抽样误差的标准差　　　　　D. 样本平均数的标准差

7. 从含有 N 个元素的总体中抽取 n 个元素作为样本,使得总体中的每一个元素都有相同的机会(概率)被抽中,这样的抽样方式称为(　　)。

A. 简单随机抽样　　　　　　　B. 分层抽样

C. 系统抽样　　　　　　　　　D. 整群抽样

8. 拒绝域的大小与我们事先选定的(　　)。

A. 统计量有一定的关系　　　　　B. 临界值有一定的关系

C. 置信水平有一定的关系　　　　D. 显著性水平有一定的关系

9. 下列检验中属于右侧检验的是(　　)。

A. $H_0:\mu=\mu_0,H_1:\mu\neq\mu_0$　　　　B. $H_0:\mu\geqslant\mu_0,H_1:\mu<\mu_0$

C. $H_0:\mu\leqslant\mu_0,H_1:\mu>\mu_0$　　　　D. $H_0:\mu>\mu_0,H_1:\mu\leqslant\mu_0$

10. 在大样本情况下,检验总体均值所使用的统计量是(　　)。

A. $z=\dfrac{\bar{x}-\mu_0}{\sigma/n}$　　　　B. $z=\dfrac{\bar{x}-\mu_0}{\sigma^2/\sqrt{n}}$

C. $t=\dfrac{\bar{x}-\mu_0}{\delta/\sqrt{n}}$　　　　D. $z=\dfrac{\bar{x}-\mu_0}{\delta/\sqrt{n}}$

三、多项选择题

1. 样本个数的多少取决于(　　)。

A. 样本容量　　　　　　　　　B. 总体全部单位数

C. 抽样方法　　　　　　　　　D. 研究的目的

E. 抽样误差大小

2. 不重复随机抽样的特点在于(　　)。

A. 由 n 次连续的实验构成　　　B. 每次实验互不独立

C. 总体保持不变　　　　　　　D. 每个单位中选与否互不影响

E. 每个单位在每次被抽选的机会相等

3. 样本容量的确定是抽样设计中一个必须着重考虑的关键问题,因为它会影响(　　)。

A. 样本平均数的抽样误差　　　B. 样本的可能数目

C. 样本的标准差　　　　　　　D. 样本成数的抽样误差

E. 抽样极限误差

4. 常用的抽样组织形式有(　　)。

A. 简单随机抽样 B. 等距抽样　　C. 整群抽样　　D. 类型抽样

E. 多阶段抽样

5. 在抽样推断中,样本就是(　　)。

A. 抽样框　　　　　　　　　　B. 推断对象的总体

C. 子样　　　　　　　　　　　D. 样本个数

E. 代表总体的那部分单位的集合体

6. 在抽样调查中,( )。

A. 全及总体是唯一确定的　　　　B. 全及指标是唯一确定的

C. 抽样总体是不确定的　　　　　D. 抽样指标是随机变量

E. 样本是随机抽取的

7. 抽样估计的抽样平均误差( )。

A. 是不可避免要产生的　　　　B. 是可以通过改进调查方法消除的

C. 是可以事先计算的　　　　　D. 只有调查结束之后才能计算

E. 是可以控制的

8. 某批原材料的质量实际上是不符合生产标准的,质检部门抽取 1% 的原材料进行检验,得出的结论是符合生产标准的,说明( )。

A. 质检部门犯了第一类错误　　　B. 质检部门犯了第二类错误

C. 犯这种错误的概率是 α　　　D. 犯这种错误的概率是 β

E. 犯这种错误的原因是质检部门工作失误

9. 若原假设 $H_0: \mu = \mu_0$,μ 为总体某个参数,根据具体问题,备择假设可有三种选择( )。

A. $H_1: \mu \neq \mu_0$　　B. $H_1: \mu > \mu_0$　　C. $H_1: \mu < \mu_0$　　D. $H_1: \mu \geq \mu_0$

E. $H_1: \mu \leq \mu_0$

10. 下述表述正确的有( )。

A. 若观察到的显著性水平为 5%,则原假设是可信的

B. 若观察到的显著性水平为 4%,则此结果为统计显著

C. 一个高度显著的结果不可能是由于偶然的缘故

D. 若观察到的显著性水平为 1%,则 100 次中仅有 1 次的机会原假设为真

E. 若观察到的显著性水平为正 1%,则 β 值为 99%

四、计算分析题

1. 某电池厂生产 2 号电池 100 000 节,按规定,电流强度在 5 安培以上者为合格品,抽取 0.1% 进行检查,结果如下表。请计算平均电流强度的抽样平均误差及合格率的抽样平均误差。

电流强度(安培)	电池数(节)
4.5 以下	1
4.5~5.0	2

续表

电流强度(安培)	电池数(节)
5.0~5.5	48
5.5~6.0	42
6.0~6.5	5
6.5~以上	2
合计	100

2. 某港口年出口某种货物 20 万集装箱,采取不重复抽样调查 400 集装箱,结果为集装箱平均重量 5 000 公斤,标准差 1 000 公斤,试以 95.45% 的可靠性推断该港口年出口该种货物的总重量可能在多少斤之间?

3. 纱厂某时期内生产了 10 万个单位的纱,按纯随机抽样方式抽取 2 000 个单位检验,检验结果合格率为 95%,废品率为 5%,试以 95% 的把握程度,估计全部纱合格品率的区间范围及合格品数量的区间范围?

4. 某农场进行小麦产量抽样调查,小麦播种总面积为 1 万亩。根据以往资料知道,总体平均亩产 400 斤,方差 144 斤。要求计算:若概率保证程度 95.45%,抽样允许误差不超过 1 斤,采用不重复简单随机抽样,至少应抽多少亩作为样本?

5. 为降低贷款风险,某银行内部规定,平均每项贷款数额不得超过 120 万元。随着经济的发展,贷款规模有增大的趋势。银行相关主管想了解在同样项目条件下,贷款的平均规模是否明显超过 120 万元,随机抽取了一个样本容量为 144 的样本,测得平均贷款数额为 128 万元,标准差为 45 万元。试以 $\alpha=0.01$ 的显著性水平,用 P 值进行假设检验。

6. 某商场某商品的日销售量服从标准差未知的正态分布,根据以往经验,日平均销售量为 60。该商场在某一周内进行了一次促销活动,其一周的日销售量数据分别为:64,57,49,81,76,70,59。试以 $\alpha=0.01$ 的显著性水平,对促销是否有效进行假设检验。

五、案例题

Arnold Bennett 是美国 MIT 斯隆商学院的一名教授,在杂志 *Interfaces*(1995 年 3 月)中描述了最近他作为统计学专家提供相关服务的一个法律案例。

这个案例涉及一艘远离新英格兰海岸捕捞扇贝的渔船。为了保护幼扇贝免遭捕捞,美国渔业和野生动物保护机构规定"每个扇贝肉的重量至少 1/36 磅才可以捕捞"。这艘船被指控违反了这个重量标准。Bennett 教授在文章中描述:这艘船抵达马萨诸塞州的一个港口时装有 11 000 袋扇贝,港务人员随机抽选了其中的 18 袋来检查。港务人员从每一个袋中随机取出一满勺扇贝,然后算出每个扇贝肉的平均重量。港务人员根据 18 袋的结果估计这艘船的每个扇贝肉的平均重量为 1/39 磅,低于标准,于是立即没收了捕获的 95%,后来进行了拍卖。船主不服,对联邦政府提起诉讼,认为自己的捕捞符合标准,认为只选了 18 袋,不足以代表全体。

律师问 Bennett 教授的问题之一就是:"能够从一个容量 18 的样本中得到所有扇贝的平均重量的可靠估计吗?"于是,Bennett 教授进行了分析。Bennett 教授把被抽样的 18 袋的每袋的平均重量按照 1/36 磅为 1 的情况作了比较,0.93 就是比 1/36 磅轻,1.14 就代表比 1/36 磅重,数量低于 1 表明是不符合标准的。请看下面的数据,只有两袋超过了 1/36 磅,其他都没有到"1",都不符合标准。

0.93,0.88,0.85,0.91,0.91,0.84,0.90,0.98,0.88,

0.89,0.98,0.87,0.91,0.92,0.99,1.14,1.06,0.93

那么正如律师所问,从 11 000 袋中只抽出 18 袋作为样本合不合理呢?请运用抽样推断的有关知识进行分析。

(资料来源:[美]詹姆斯·麦克莱夫等著,袁卫等译:《商业和经济统计学》,中国财政经济出版社 2008 年版。)

第七章
相关分析与回归分析

■　■　■　■　■

第一节　相关关系的概念和种类

一、相关关系的概念

社会经济现象的发展变化是非常复杂的。一个重要表现是,现象总体的很多标志之间都存在各种各样和千丝万缕的联系,比如企业研发投入和劳动生产率之间的关系,再比如企业家政治身份和企业盈利水平之间的关系等。研究这些标志之间的关系,进而揭示社会经济现象发展的规律性,是统计研究工作的重要目的。相关分析是研究不同标志之间相关关系的重要分析手段。如果把施加影响的标志称为因素标志,而将受到影响的标志称为结果标志,通常认为,这两类标志之间存在着函数关系或相关关系。

函数关系是指标志之间存在着严格确定的依存关系,当因素标志的数量确定后,结果标志的数量就随之完全确定。例如,在播种水稻时,如禾苗的株行距确定了,那么每亩禾苗株数可以根据禾苗的株行距来确定;正方形的面积完全由它的边长所决定。函数关系在自然科学界如数学、物理学中经常遇到,社会经济现象也会遇到函数关系。例如,在计件工资制的情况下,工资总额与工人加工零件数量成函数关系;价格不变的条件下,商品销售额与销售量成函数关系。函数关系以 $y = f(x)$ 的方程来实现,它表明变量之间联系的一种形式。

相关关系是不完全确定的随机关系。在相关关系的情况下,因素标志的每个数值,都可能有若干个结果标志的数值。所以,相关关系是一种不完全的依存关系。例如,工人技术水平的提高,使得劳动生产率提高,但不意味着做同样工作的几个同级工人都有同样高的劳动生产率。其他如商品流转规模与流通费用水平的关系、投资额和国民收入增长的关系都是如此。究其原因是现象在数量上受各种因素的影响,其中错综复杂的关系有些属于人们暂时还没有认识的,有些虽已被认识但还无法控制,而计量上的可能误差,都造成现象之间变量关系的不确定性。但是不确定的变量关系之间确实存在某些规律性,使因素标志和结果标志之间的相关关系通过平均值明显地表现出来。

在统计分析工作中,由于标志表现或变量值的计量误差问题,函数关系通常是以相关关系表现出来的。而当对社会经济现象的数量关系把握更为精准时,相关关系又会转化为函数关系。相关分析的主要对象是标志之间的相关关系,但是相关关系必须利用相应的函数关系数学表达式描绘出来。因此,函数关系是相关分析的重要工具。

二、相关关系的类型

现象总体不同标志之间的相关关系相当复杂,表现为各种形态。按不同的标准,可以区分为不同的类型。

按相关的程度分为完全相关、不完全相关和不相关。两个依存关系的标志,其中一个标志的数量变化由另一个标志的数量变化所确定,则称这两种标志间的关系为完全相关。在这种情况下,相关关系即成为函数关系,可以用一定方程来准确表示。例如圆的面积 S 决定于它的半径 r,即 $S=\pi r^2$。两个标志彼此互不影响,其数量变化各自独立,称为不相关。例如,某日股票收盘价格与当日天气状况是分属于不同总体的现象,一般认为是不相关的。两个现象之间的关系介于完全相关和不相关之间,称为不完全相关,这是统计分析的主要研究对象。

按相关的方向分为正相关和负相关。如果相关关系表现为因素标志和结果标志的数量变动方向一致,就称为正相关。例如,工人的平均劳动生产率随着他们技术水平的提高而提高。如果相关关系表现为因素标志和结果标志的数量变动方向是相反的,那就是现象之间存在负相关。例如,商品流转规模越大,而流通费用平均水平越低。实际上,很多社会经济现象呈现出来的正相关或负相关关系是在一定范围内存在并相互转化的。比如,在经济未充分发展的阶段,随着人均国民收入的增长,收入分配不平等程度是不断上升的,是正相关;当经济进入充分发展阶段后,尤其是人均国民收入达到某个峰值之后,随着人均国民收入的增长,收入分配不平等程度将逐渐下降,这又是负相关。

按相关的形式分为线性相关和非线性相关。对于两个具有相关关系的现象进行实际调查，获得一系列成对的数据，这些成对的数据在平面直角坐标系中确定为一些点。如果这些点大致散布在一条直线的周围，则这两种现象就构成线性相关形式；如果现象相关点的分布并不表现为直线的关系，而近似于某种曲线方程，则这种关系就称为非线性关系。现象研究究竟取什么形式，必须根据实际经验，对事物的性质作理论分析才能恰当地解决。

按影响因素的多少分为单相关和复相关。如果研究的是一个结果标志同某一因素标志相关，就称为单相关。例如，在计件工资的条件下，工人一天的工资只与其完成产量成相关关系。这时所研究的只是两个标志的相关关系，所以称为单相关。统计实践中，经常分析若干个因素标志对结果标志的影响，这种关系即为复相关，又称多元相关。例如，农产品生产成本、市场供求、金融因素、汇率变化、国际农产品价格、国际原油价格、自然灾害等因素对我国农产品价格变化的关系，便是复相关。在实际工作中，如果存在多个因素标志对结果标志的影响时，应该加以筛选，抓住其中最主要的因素，研究其相关关系。

三、相关关系的内容

相关关系主要有三方面内容。首先，确定相关关系的存在、相关关系呈现的形态和方向、相关关系的密切程度。其主要方法是定性分析、绘制相关图表和计算相关系数。其次，确定相关关系的数学表达式。为了测定现象之间数量变化上的一般关系，必须使用函数关系的数学公式作为相关关系的数学表达式。如果现象之间表现为直线相关，采用配合直线方程的方法；如果表现为曲线相关，就采用配合曲线方程的方法。这是进行判断、推算和预测的依据。最后，相关关系的检验。因为变量间的相关系数大多是通过样本数据计算的，并以样本的相关系数来推断总体变量间的相关性，但两者之间必然存在差别，这样就需要进行显著性检验。

四、相关图表

将呈现出相关关系的两个现象在数量上的对应关系进行测定，由此得到一组数据，据此绘制成的表称为相关表。例如，某种产品的销售价格与销售额之间呈相关关系，现有该产品六个月的销售资料如表7.1。

表 7.1　产品销售价格与销售额相关表

月份	1	2	3	4	5	6
销售价格(元/件)	2	3	4	3	4	5
销售额(万元)	73	73	71	72	69	68

　　从相关表往往难以看出现象间的相关形式。因此,常将相关表上的数据描在平面直角坐标系中,由此得到的点称为相关点,所得图形称为相关图或散点图。根据相关点的分布情况可以直观地判断现象间的相关形式。

　　将表 7.1 中的销售价格记作 x,销售额记作 y,将 6 个数对描在坐标系中得相关图,如图 7.1。

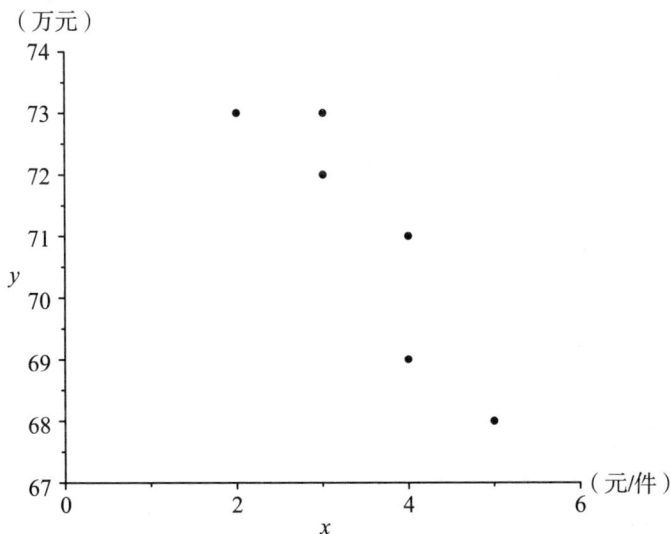

图 7.1　销售额和销售价格的相关图

　　相关图直观地表示相关变量间的相关形式。据此可以判断现象间是呈线性相关还是呈曲线相关,是正相关还是负相关,现象间的相关密切程度如何,从而为回归分析奠定基础。

　　在编制相关表时,如果成对的数字较多,编制简单相关表就不方便。此时,哪个变量的不同数据较多,且变化范围较大,就对这个变量进行分组。于是可以得到单变量分组表或双变量分组表。编制的方法就像编制分组次数表一样,不过这里可能对自变量和因变量都作分组,以相对应各组的成对数字资料作为交错各组的次数所编制的一种相关次数表。

五、相关系数

（一）相关系数的基本计算公式

相关系数是反映现象间相关关系密切程度的统计指标。在统计学上，最先由卡尔·皮尔逊提出衡量一元线性相关的密切程度的相关系数公式，即积差法公式。

相关系数的积差法公式为：

$$r = \frac{\sum (x - \bar{x})(y - \bar{y})}{n\sigma_x \sigma_y} \tag{7.1}$$

式(7.1)中，r 为变量 x 与变量 y 的相关系数，$\bar{x}$ 和 $\bar{y}$ 分别为变量 x 与 y 的平均数，σ_x 为变量 x 的标准差（均方差），

$$\sigma_x = \sqrt{\frac{\sum_{i=1}^{n} (x - \bar{x})^2}{n}}$$

σ_y 为变量 y 的标准差（均方差），

$$\sigma_y = \sqrt{\frac{\sum_{i=1}^{n} (y - \bar{y})^2}{n}}$$

将 σ_x, σ_y 的公式代入(7.1)式，则有：

$$r = \frac{\sum (x - \bar{x})(y - \bar{y})}{\sqrt{\sum (x - \bar{x})^2} \sqrt{\sum (y - \bar{y})^2}} \tag{7.2}$$

利用公式(7.2)计算相关系数颇为不便，因此常常对公式(7.2)加以改造，探求一些简便算法。

（二）相关系数公式的其他形式

1. 形式一

$$r = \frac{n\sum xy - \sum x \sum y}{\sqrt{n\sum x^2 - (\sum x)^2} \sqrt{n\sum y^2 - (\sum y)^2}} \tag{7.3}$$

该公式适于直接根据相关数据计算，公式证明不难，可由式(7.2)直接推导出。

2. 形式二

$$r = \frac{\overline{xy} - \bar{x} \cdot \bar{y}}{\sigma_x \sigma_y} \tag{7.4}$$

其中，$\overline{xy} = \dfrac{\sum\limits_{}^{n} xy}{n}$。

（三）相关系数对相关密切程度的说明

1. r 的取值介于 -1 与 1 之间，即 $-1 \leqslant r \leqslant 1$。

2. $r > 0$，表明现象间呈正相关关系；$r < 0$，表明现象间呈负相关关系。

3. $|r|$ 越大，表明现象间的线性相关程度愈高；$|r|$ 越小，表明现象间的线性相关程度愈低。一般而言，当 $|r| < 0.3$ 时，为微弱相关；$0.3 \leqslant |r| < 0.5$ 时，为低度相关；当 $0.5 \leqslant |r| < 0.8$ 时，为显著相关；$|r| \geqslant 0.8$ 时，为高度相关。在相关分析中，我们只关心那些相关程度较高的现象。

4. $|r| = 1$，表明两现象完全相关，即呈函数关系；$r = 0$，表明两现象不存在线性相关，此时，两现象可能不相关，也可能呈曲线相关。

总而言之，相关系数的符号表示相关方向。正号表示正相关，负号表示负相关。相关系数的绝对值大小表示相关的密切程度。

【例 7.1】表 7.2 是某行业 5 个企业产品销售额 x 和销售利润 y 的资料。试计算销售利润额与产品销售额的相关系数，并进行分析说明。

表 7.2　某行业产品销售额和销售利润原始资料

企业编号	产品销售额 x（万元）	利润额 y（万元）
1	430	22.0
2	480	26.5
3	650	40.0
4	950	64.0
5	1 000	69.0

解：据表的数据绘制相关图（略），可以发现，相关点近似在一条直线上，并且销售利润额与产品销售额间是正相关关系。将表中的数据代入公式 (7.3) 有：

$$r = \frac{n \sum xy - \sum x \sum y}{\sqrt{n \sum x^2 - \left(\sum x\right)^2} \sqrt{n \sum y^2 - \left(\sum y\right)^2}}$$

$$= \frac{5 \times 172\,780 - 3\,510 \times 213.5}{\sqrt{5 \times 2\,740\,300 - 3\,510^2} \times \sqrt{5 \times 11\,067.25 - 213.5^2}} = 0.986\,5$$

由于 $r > 0$，故表明该行业销售利润额与产品销售量间的确是呈正相关关系；又 $r=0.986\,5$，非常接近 1，故销售利润额与产品销售量存在高度的相关关系。

需要说明的是：

第一，在相关分析之前，一定要进行定性分析。要利用科学的先验理论来进行定性分析，说明标志或变量之间确实存在相关关系，避免将不相关或者虚假相关的标志拿来进行相关分析。只有标志之间确实存在相关关系时，计算相关系数才有意义，相关系数才能正确地说明线性相关的密切程度和相关方向。如果事先不做学理层面的定性分析，而根据任意两组数据计算相关系数，并据此进行判断，则往往会得出错误的结论。

第二，在计算相关系数时，两个变量的值是对等的，可以不区分自变量和因变量。这点从相关系数的基本计算公式中 x 与 y 的对等地位可以看出。相关系数表示两个变量彼此间相关关系的密切程度。

六、相关系数的显著性检验

我们求出样本相关系数 r，是用它对总体相关系数进行推断，由于样本相关系数 r 的取值随着样本的不同而不同，是个随机变量，并且相关系数有个明显的缺点，就是它接近于 1 的程度与样本容量 n 有关。这样容易给人一种假象。因为当 n 较小时，相关系数的绝对值容易接近于 1；当 n 较大时，相关系数的绝对值容易偏小。特别是当 $n=2$ 时，相关系数绝对值总为 1，但这时变量间并不一定存在完全线性相关，甚至可能两变量之间不存在线性相关。因此，根据样本资料求出样本相关系数后，在对两变量的相关程度做出结论之前，还需要检验这种相关系数是否真的存在，也就是对总体相关系数是否为零进行检验。

第二节　简单线性回归分析

一、相关分析与回归分析的关系

相关分析是社会学中较为普遍采用的一种资料分析的方法。相关分析旨在测度变量之间的相关程度，它运用相关系数这一工具达到目的。而回归分析是一种统计学上分析数据的方法，主要是希望探讨数据之间是否有一种特定关系，进而确定一个或几个变量（自变量）的变化对另一个特定变量（因变量)的影响程度。具体来说,回归分析主要解决以下几个方面的问题:第一,从一组样本数据出发,确定出变量之间的数学关系式;第二,对这些关系式的可信程度进行统计检验,并从影响某一特定变量的诸多变量中找出哪些变量的影响是显著的,哪些是不显著的;第三,利用所求的关系式,根据一个或几个变量的取值来估计或预测另一个特定变量的取值,并给出这种估计与预测的置信度。

相关分析与回归分析在实际应用中有密切关系。在回归分析中,所关心的是一个随机变量 Y 对另一个(或一组)随机变量 X 的依赖关系的函数形式。而在相关分析中,所讨论的变量的地位一样,分析侧重于随机变量之间的种种相关特征。例如,以 X、Y 分别代表甲、乙两个项目的投资回报率,感兴趣的是二者的关系如何,而不在于由 X 去预测 Y。

二、一元线性回归模型

(一) 回归模型

一元回归模型是最简单的计量经济学模型。在模型中,只有一个解释变量,被解释变量与解释变量之间存在线性关系。

一元线性回归模型表示如下:

$$y = \beta_0 + \beta_1 x + \varepsilon \tag{7.5}$$

式(7.5)表示变量 y 和 x 之间的真实关系。其中,y 称作被解释变量(或相依变量、因变量),x 称作解释变量(或独立变量、自变量),ε 称作随机误差项,它反映了除 x 之外的随机因素对 y 的影响,是不由 x 和 y 之间的线性关系所解释的变异性。β_0 和 β_1 称为模型的参数。

式(7.5)被称为理论回归模型。由于随机误差项 ε 是无法直接观测的,为了进行回归分析,通常需要对其概率分布提出一些假定。这些假定有:

假定 1:误差项的期望值为 0,即对所有的 t 总有 $E(\varepsilon_t) = 0$。

假定 2:误差项的方差为常数,即对所有的 t 总有 $D(\varepsilon_t) = \sigma^2$。

假定 3:误差项之间不存在序列相关关系,即当 $s \neq t$ 时有 $\text{Cov}(\varepsilon_s, \varepsilon_t) = 0$。

假定 4:自变量是给定的变量,与随机误差项线性无关。

假定 5:随机误差项服从正态分布。

满足以上标准假定的一元线性回归模型,称为标准的一元线性回归模型。

(二) 回归方程

根据回归模型中的假定,ε 的期望值等于零。因此 y 的期望值 $E(y) = \beta_0 + \beta_1 x$,也就是说,$y$ 的期望值是 x 的线性函数。描述因变量 y 的期望值如

何依赖于自变量 x 的方程,称为回归方程。一元线性回归方程的形式为:

$$E(y) = \beta_0 + \beta_1 x \tag{7.6}$$

一元线性回归方程的图形是一条直线,因此也称为直线回归方程。式(7.6)中,β_0 是回归直线在 y 轴上的截距,是当 $x=0$ 时 y 的期望值;β_1 是直线的斜率,它表示当 x 每变动一个单位时 y 的平均变动值。

(三) 估计的回归方程

如果回归方程中的参数 β_0 和 β_1 是已知的,对于一个给定的 x 的值,利用式(7.6)就能计算出 y 的期望值。然而,总体回归参数 β_0 和 β_1 是未知的,所以我们只有利用样本数据去估计它们。若 β_0 和 β_1 的估计值分别为 $\hat{\beta}_0$ 和 $\hat{\beta}_1$,这时我们就得到了估计的回归方程。对于一元线性回归,估计的回归方程形式如下:

$$\hat{y} = \hat{\beta}_0 + \hat{\beta}_1 x \tag{7.7}$$

式(7.7)中,$\hat{y}$ 是 y 的估计值;$\hat{\beta}_0$ 为估计的回归直线在 y 轴上的截距;$\hat{\beta}_1$ 为直线的斜率,表示 x 每变动一个单位时,y 的平均变动值。

三、一元线性回归模型的估计

(一) 回归系数的估计

参数的估计方法有很多,其中最经典的是最小二乘法和极大似然法。下面我们仅介绍最小二乘法。最小二乘法的基本思路是使因变量的实际观察值 y 和估计值 $\hat{y}$ 之间的离差平均和达到最小来求模型参数的估计值。

对于一元线性回归模型,将第 i 个 x 值代入模型,得到估计的回归方程为:

$$\hat{y}_i = \hat{\beta}_0 + \hat{\beta}_1 x_i \quad (i = 1, 2, \cdots, n) \tag{7.8}$$

根据最小二乘法,计算因变量的观察值与估计值之间的离差平方和:

$$Q = \sum_{i=1}^{n} (y_i - \hat{y}_i)^2 = \sum_{i=1}^{n} [y_i - (\hat{\beta}_0 + \hat{\beta}_1 x_i)]^2 \tag{7.9}$$

我们可以知道,Q 是 $\hat{\beta}_0$、$\hat{\beta}_1$ 的二次函数并且是非负数。所以 Q 的极小值总是存在的。

根据极值存在的必要条件可知

$$\begin{cases} \dfrac{\partial Q}{\partial \hat{\beta}_0} = 0 \\[2mm] \dfrac{\partial Q}{\partial \hat{\beta}_1} = 0 \end{cases}$$

由此,不难推得:

$$\begin{cases} \sum (\hat{\beta}_0 + \hat{\beta}_1 x_i - y_i) = 0 \\ \sum (\hat{\beta}_0 + \hat{\beta}_1 x_i - y_i) x_i = 0 \end{cases}$$

进而得到:

$$\begin{cases} \sum y_i = n\hat{\beta}_0 + \hat{\beta}_1 \sum x_i \\ \sum y_i x_i = \hat{\beta}_0 \sum x_i + \hat{\beta}_1 \sum x_i^2 \end{cases}$$

于是解得:

$$\begin{cases} \hat{\beta}_0 = \dfrac{\sum x_i^2 \sum y_i - \sum x_i \sum y_i x_i}{n \sum x_i^2 - (\sum x_i)^2} \\ \hat{\beta}_1 = \dfrac{n \sum y_i x_i - \sum y_i \sum x_i}{n \sum x_i^2 - (\sum x_i)^2} = \bar{y} - \hat{\beta}_1 \bar{x} \end{cases} \tag{7.10}$$

(二) 随机误差项方差的估计

一元线性回归模型总共有 3 个参数需要估计。除了两个系数 β_0 和 β_1 外,还包括总体随机误差项的方差 σ^2。σ^2 可以反映理论模型的误差,它是检验模型时必须利用的一个重要参数。由于随机误差项本身是不能直接观测的,所以用残差代替随机误差项来估计。数学证明,σ^2 的无偏估计 S^2 由下式给出:

$$S^2 = \frac{\sum\limits_{i=1}^{n} e_i^2}{n-2} \tag{7.11}$$

式(7.11)中,分子是残差平方和,分母是自由度,其中 n 是样本观测值的个数,2 是一元线性回归方程中回归系数的个数。

四、一元线性回归模型的检验

回归分析是要通过样本所估计的参数来代替总体的真实参数,或者说是用样本回归线代替总体回归线。尽管从统计性质上已知,如果有足够多的重复抽样,参数的估计值的期望(均值)就等于其总体的参数真值,但在一次抽样中,估计值不一定就等于该真值。那么,在一次抽样中,参数的估计值与真值的差异有多大,是否显著,这就需要进一步进行统计检验。统计检验主要包括拟合优度检验、变量的显著性检验及参数的区间估计。

（一）拟合优度检验

拟合优度检验，顾名思义，是检验模型对样本观测值的拟合程度。检验方法是构造一个可以表征拟合程度的指标，在这里称为统计量，统计量是样本的函数。从检验对象中计算出该统计量的数值，然后与某一标准进行比较，得出检验结论。有人也许会问，采用普通最小二乘估计方法，已经保证了模型最好地拟合了样本观测值，为什么还要检验拟合程度？问题在于，在一个特定的条件下做得最好的并不一定就是高质量的。普通最小二乘法所保证的最好拟合，是同一个问题内部的比较，拟合优度检验结果所表示优劣是不同问题之间的比较。例如，图 7.2(a)和(b)中的直线方程都是由散点表示的样本观测值的最小二乘估计结果，对于每个问题它们都满足残差的平方和最小，但是二者对样本观测值的拟合程度显然是不同的。

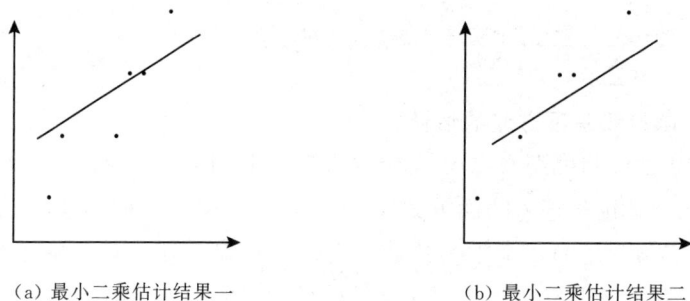

（a）最小二乘估计结果一　　　　　　　（b）最小二乘估计结果二

图 7.2　最小二乘估计结果

1. 总离差平方和的分解

因变量 y 的取值是不同的，y 取值的这种波动称为变差。变差的产生来自于两个方面：一是由于自变量 x 的取值不同造成的，二是除了 x 以外的其他因素的影响。对一个具体的观测值来说，变差的大小可以用实际观测值 y 与其均值 $\bar{y}$ 之差（$y_i - \bar{y}$）来表示。而 n 次观测值的总变差可由这些离差的平方和来表示，称为总平方和，记为 SST。即：

$$SST = \sum (y_i - \bar{y})^2 \tag{7.12}$$

显然每个观察点的离差可以分解为：

$$y_i - \bar{y} = (\hat{y}_i - \bar{y}) + (y_i - \hat{y}_i)$$

将上式两边平方并对所有的样本点求和得：

$$\sum (y_i - \bar{y})^2 = \sum (\hat{y}_i - \bar{y})^2 + 2 \sum (y_i - \hat{y}_i)(\hat{y}_i - \bar{y}) + \sum (y_i - \hat{y}_i)^2$$

可以证明 $\sum (y_i - \hat{y}_i)(\hat{y}_i - \bar{y}) = 0$，所以有：

$$\sum (y_i - \bar{y})^2 = \sum (\hat{y}_i - \bar{y})^2 + \sum (y_i - \hat{y}_i)^2$$

即：$\qquad\qquad\qquad SST = SSR + SSE \qquad\qquad\qquad$ (7.13)

公式(7.13)中,SST 称为总离差平方和,反映样本观测值总体离差的大小;SSR 称为回归平方和,反映了总离差平方和中可由样本回归线解释的部分,它越大,表明样本回归线与样本观测值的拟合程度越高;SSE 称为残差平方和,反映样本观测值与估计值偏离的大小,也是模型中解释变量未解释的那部分离差的大小。

2. 可决系数 R^2 统计量

根据上述关系,可以用

$$R^2 = \frac{SSR}{SST} = 1 - \frac{SSE}{SST} \qquad\qquad\qquad (7.14)$$

检验模型的拟合优度,称 R^2 为判定系数。显然,在总离差平方和中,回归平方和所占的比重越大,残差平方和所占的比重越小,则回归直线与样本点拟合得越好。如果模型与样本观测值完全拟合,则有 $R^2 = 1$,此时样本点是一条直线。实际生活中,观测值并不全部位于回归直线上,但又大致分布在其附近,此时 $0 < R^2 < 1$,R^2 越接近于 1,模型的拟合优度越高。

可决系数的取值范围为 $0 \leqslant R^2 \leqslant 1$,是一个非负的统计量。它是随着抽样的不同而变动的统计量。为此,对判定系数的统计可靠性也应进行检验。

(二) 显著性检验

回归分析中的显著性检验包括两个方面的内容:一是对各回归系数的显著性检验,二是对整个回归方程的显著性检验。对于前者通常采用 t 检验,而对于后者则是在方差分析的基础上采用 F 检验。在一元线性回归模型中,由于只有一个解释变量 x,对 $\beta_1 = 0$ 的 t 检验与对整个方程的 F 检验是等价的。

所谓回归系数的显著性检验,就是根据样本估计的结果对总体回归系数的有关假设进行检验。为了进行显著性检验,首先必须要了解 $\hat{\beta}_0$ 和 $\hat{\beta}_1$ 的概率分布。因为 $\hat{\beta}_0$ 和 $\hat{\beta}_1$ 均为线性估计量,是因变量 y 的线性组合。根据上一节所述的标准假定,可知 y 是服从正态分布的变量,所以 $\hat{\beta}_0$ 和 $\hat{\beta}_1$ 也服从正态分布。可以证明,在标准假定下回归系数的最小二乘估计量 $\hat{\beta}_0$ 和 $\hat{\beta}_1$ 的期望值与方差分布满足:

$$E(\hat{\beta}_0) = \beta_0, E(\hat{\beta}_1) = \beta_1$$

$$D(\hat{\beta}_0) = \sigma^2 \left(\frac{1}{n} + \frac{\bar{x}}{\sum (x_i - x)^2} \right), D(\hat{\beta}_1) = \frac{\sigma^2}{\sum (x_i - x)^2}$$

若令 $\sigma_{\hat{\beta}_0}^2 = D(\hat{\beta}_0)$, $\sigma_{\hat{\beta}_1}^2 = D(\hat{\beta}_1)$, 则有：

$$\hat{\beta}_0 \sim N(\beta_0, \sigma_{\hat{\beta}_0}^2); \hat{\beta}_1 \sim N(\beta_1, \sigma_{\hat{\beta}_1}^2)$$

由于总体方差是未知的，所以只能用其无偏估计量去代替。我们用 $S_{\hat{\beta}_i}$ 代表 $\hat{\beta}_i (i=0,1)$ 的标准差的估计值，当样本为小样本时，回归系数估计值的标准化变换值服从 t 分布：

$$t_{\hat{\beta}_i} = \frac{\hat{\beta}_i - \beta_i}{S_{\hat{\beta}_i}} \sim t(n-2) \tag{7.15}$$

上式中，n 为样本容量，$n-2$ 为自由度。

利用以上结论可以对回归系数进行显著性检验。β_0 和 β_1 的检验方法是相同的，下面我们仅以 β_1 的检验为例，介绍回归系数显著性检验的基本步骤。

第一，提出假设：$H_0:\beta_1=0$，$H_1:\beta_1\neq 0$。

第二，给定一个显著性水平 α，根据实际要求确定。一般情况下取 0.05 或 0.01。

第三，计算回归系数 t 统计量的值。根据式(7.15)可以计算出 t 统计量的值。

第四，确定临界值。t 检验的临界值是由显著性水平和自由度决定的。这里进行的是双侧 t 检验，依据显著水平 α 和自由度查 t 分布表所确定的临界值是 $-t_{\alpha/2}(n-2)$ 和 $t_{\alpha/2}(n-2)$。

第五，做出判断。如果 $|t_{\hat{\beta}_i}| > |t_{\alpha/2}(n-2)|$，就拒绝原假设，接受备择假设，否则，就接受原假设。

五、一元线性回归模型预测

回归分析的主要目的是对建立的估计的回归模型进行预测。如果所拟合的样本回归方程通过各种检验，我们就可以利用其来进行预测。所谓预测是指根据自变量 x 的取值计算因变量 y 的取值。回归模型进行预测的方法包括两种，习惯称之为点估计与区间估计。

(一) 点估计

利用估计的回归方程，对于自变量 x 的一个给定值 x_0，求得 y 的一个估计值就是点估计。显然，点估计的结果是一个点——确定的一个值。点估计分为平均值的点估计和个别值的点估计。简单一元线性回归预测的基本公式如下：

$$\hat{y} = \hat{\beta}_0 + \hat{\beta}_1 x \tag{7.16}$$

(二) 区间估计

利用估计的回归方程,对于自变量 x 的一个给定值 x_0,根据 $\hat{y} = \hat{\beta}_0 + \hat{\beta}_1 x$ 求得 y 的一个估计值 $\hat{y}$。事实上,一个给定值 x_0 对应一个 y_0。令 $e_0 \sim N[0, \hat{\sigma}^2(e_0)]$,

$$\hat{\sigma}(e_0) = \left[1 + \frac{1}{n} + \frac{(x_0 - \bar{x})^2}{\sum (x_i - \bar{x})^2} \right] \sigma^2 \tag{7.17}$$

在小样本情况下,e_0 的统计量为:

$$t = \frac{\hat{y} - y_0}{\hat{\sigma}^2(e_0)} \sim t(n-2) \tag{7.18}$$

若要求达到置信水平 $(1-\alpha)$,则有:

$$P\left[\hat{y}_0 - t_{\alpha/2}(n-2)\hat{\sigma}(e_0) < y_0 < \hat{y}_0 + t_{\alpha/2}(n-2)\hat{\sigma}(e_0)\right] = 1 - \alpha \tag{7.19}$$

第三节　多元线性回归分析

上一节讨论的回归问题只涉及一个自变量,但在实际问题中,影响因变量的因素往往很多,一个因变量因素同多个自变量的回归问题就是多元回归。当因变量与各个自变量之间为线性关系时,称为多元线性回归。多元线性回归模型是一元线性回归模型的扩展,其基本原理与一元线性回归模型相类似,只是在计算上比较麻烦一些,一般需借助计算机完成。本节对于多元回归分析中与一元回归分析相类似的内容,仅给出必要的结论和具体例子,不作进一步的论述。只对某些多元回归分析所特有的问题作比较详细的说明。

一、多元线性回归模型

多元线性回归模型的一般形式如下:

$$y = \beta_0 + \beta_1 x_1 + \beta_2 x_2 + \cdots + \beta_k x_k + \varepsilon \tag{7.20}$$

式中,$\beta_0, \beta_1, \cdots, \beta_k$ 为回归系数,ε 为随机误差项。

多元线性回归模型在应用最小二乘法估计参数时,除要求满足一元线性回归模型相同的假设条件外,还必须满足以下几个假设条件:首先,样本容量至少超过要估计的参数的数目;其次,各个自变量之间不存在线性相关;最后,随机误差项之间相互独立。

二、多元线性回归模型的估计

（一）估计模型

多元线性回归样本估计模型的一般形式如下：

$$\hat{y} = \hat{\beta}_0 + \hat{\beta}_1 x_1 + \hat{\beta}_2 x_2 + \cdots + \hat{\beta}_k x_k \tag{7.21}$$

式中 $\hat{y}$ 为回归估计值，$\hat{\beta}_0, \hat{\beta}_1, \cdots, \hat{\beta}_k$ 分别为回归系数 $\beta_0, \beta_1, \cdots, \beta_k$ 的估计值。

（二）估计方法

多元线性回归模型 $\hat{\beta}_0, \hat{\beta}_1, \cdots, \hat{\beta}_k$ 的估计同样是应用最小二乘法，过程如下：

首先，令 Q 等于误差的平方和：

$$Q = \sum_{i=1}^{n} e_i^2 = \sum_{i=1}^{n} (y_i - \hat{y}_i)^2 = \sum_{i=1}^{n} [y_i - (\hat{\beta}_0 + \hat{\beta}_1 x_{1i} + \cdots + \hat{\beta}_k x_{ki})]^2 \tag{7.22}$$

其次，在 Q 最小的条件下，根据函数最小值取得的必要条件有：

$$\begin{cases} \dfrac{\partial Q}{\partial \hat{\beta}_0} = 0 \\[2mm] \dfrac{\partial Q}{\partial \hat{\beta}_1} = 0 \\[2mm] \vdots \\[2mm] \dfrac{\partial Q}{\partial \hat{\beta}_k} = 0 \end{cases}$$

整理得：

$$\begin{cases} \sum y_i - \sum (\hat{\beta}_0 + \hat{\beta}_1 x_{1i} + \cdots + \hat{\beta}_k x_{ki}) = 0 \\[2mm] \sum y_i x_{1i} - \sum (\hat{\beta}_0 + \hat{\beta}_1 x_{1i} + \cdots + \hat{\beta}_k x_{ki}) x_{1i} = 0 \\[2mm] \sum y_i x_{2i} - \sum (\hat{\beta}_0 + \hat{\beta}_1 x_{1i} + \cdots + \hat{\beta}_k x_{ki}) x_{2i} = 0 \\[2mm] \vdots \\[2mm] \sum y_i x_{ki} - \sum (\hat{\beta}_0 + \hat{\beta}_1 x_{1i} + \cdots + \hat{\beta}_k x_{ki}) x_{ki} = 0 \end{cases}$$

最后，解方程组即可得到 $\hat{\beta}_0, \hat{\beta}_1, \cdots, \hat{\beta}_k$。

也可以应用矩阵求解：

$$\begin{pmatrix} n & \sum x_{1i} & \sum x_{2i} & \cdots & \sum x_{ki} \\ \sum x_{1i} & \sum x_{1i}^2 & \sum x_{1i}x_{2i} & \cdots & \sum x_{1i}x_{ki} \\ \vdots & \vdots & \vdots & & \vdots \\ \sum x_{ki} & \sum x_{1i}x_{ki} & \sum x_{2i}x_{ki} & \cdots & \sum x_{ki}^2 \end{pmatrix} \begin{pmatrix} \hat{\beta}_0 \\ \hat{\beta}_1 \\ \vdots \\ \hat{\beta}_k \end{pmatrix} = \begin{pmatrix} \sum y_i \\ \sum x_{1i}y_i \\ \vdots \\ \sum x_{ki}y_i \end{pmatrix}$$

上式可以写为：

$$\boldsymbol{X}'\boldsymbol{X}\hat{\boldsymbol{B}} = \boldsymbol{X}'\boldsymbol{Y}$$

其中，

$$\boldsymbol{Y} = \begin{pmatrix} y_1 \\ y_2 \\ \vdots \\ y_n \end{pmatrix}, \boldsymbol{X} = \begin{pmatrix} 1 & x_{11} & x_{21} & \cdots & x_{k1} \\ 1 & x_{12} & x_{22} & \cdots & x_{k2} \\ \vdots & \vdots & \vdots & & \vdots \\ 1 & x_{1n} & x_{2n} & \cdots & x_{kn} \end{pmatrix}, \hat{\boldsymbol{B}} = \begin{pmatrix} \hat{\beta}_0 \\ \hat{\beta}_1 \\ \vdots \\ \hat{\beta}_k \end{pmatrix}$$

因此，

$$\hat{\boldsymbol{B}} = (\boldsymbol{X}'\boldsymbol{X})^{-1}\boldsymbol{X}'\boldsymbol{Y} \tag{7.23}$$

三、多元线性回归模型的检验

（一）拟合优度检验

拟合优度的计算公式为：

$$R^2 = \frac{SSR}{SST} = \frac{\sum (\hat{y}_i - \bar{y})^2}{\sum (y_i - \bar{y})^2} = 1 - \frac{SSE}{SST} = 1 - \frac{\sum (y_i - \hat{y}_i)^2}{\sum (y_i - \bar{y})^2} \tag{7.24}$$

式中，SST 是总的离差平方和；SSR 是用回归直线可以解释的那一部分离差平方和，称为回归平方和；SSE 是用回归直线无法解释的离差平方和，称为残差平方和。

显而易见，各个样本观测点与样本回归直线靠得越紧，回归平方和占总的离差平方和的比例就越大。因此，R^2 是对回归模型拟合程度的综合度量。其值越大，模型拟合度就越高；其值越小，则模型对样本的拟合程度就越差。

R^2 的取值范围为 $0 \leqslant R^2 \leqslant 1$。当所有的观测值都位于回归直线上时，$SSE = 0$，这时 $R^2 = 1$，说明总离差可以完全由所估计的样本回归直线来解释；当观测值并不是全部位于回归直线上时，$SSE > 0$，则 $R^2 < 1$；当回归直线没有解释任何离差，即 y 的总离差全部归于残差平方和，即 $SST = SSE$，这时 $R^2 = 0$。

在样本容量一定的条件下,总离差平方和与自变量个数无关;而残差平方和随自变量个数的增加不断减少,至少不会增加。因此,R^2 是自变量个数的非递减函数。但是,不同的多元线性回归模型所包含的解释变量个数不同,估计时样本容量也不一定相同。故有必要对 R^2 的计算公式进行修正。修正公式为:

$$\bar{R}^2 = 1 - \frac{SSE/(n-k-1)}{SST/(n-1)} = 1 - \frac{\sum(y_i - \hat{y}_i)^2/(n-k-1)}{\sum(y_i - \bar{y})^2/(n-1)} \quad (7.25)$$

(二) 回归系数的显著性检验

对多元线性回归模型中回归系数显著性检验的目的在于检验与各回归系数对应的自变量对因变量的影响是否显著,以便对自变量的取舍做出正确的判断。一般来说,当发现某个变量的影响不显著时,应将其从模型中删除。这样才能够做到以尽可能少的自变量去达到尽可能高的拟合优度。

多元模型中回归系数的检验同样采用 t 检验,其原理和基本步骤与一元回归模型中的检验基本相同。下面仅给出回归系数显著性检验 t 统计量的一般计算公式。

$$t_{\hat{\beta}_j} = \frac{\hat{\beta}_j}{S_{\hat{\beta}_j}} (j = 1, 2, \cdots, k) \quad (7.26)$$

式中,$\hat{\beta}_j$ 是回归系数 β_j 的估计值,$S_{\hat{\beta}_j}$ 是 $\hat{\beta}_j$ 的标准差。式中 t 统计量背后的原假设为 $H_0 : \beta_j = 0$,因此,t 的绝对值越大表明 $\beta_j = 0$ 的可能性越小,即表明相应的自变量对因变量的影响是显著的。

(三) 回归方程的显著性检验

由于多元线性回归模型包含了多个回归系数,因此对于多元回归模型,除了要对单个回归系数进行显著性检验外,还要对整个回归模型进行显著性检验。由离差平方和的分解公式可知,回归模型的总离差平方和等于回归平方和与残差平方和的和。回归模型总体函数的线性关系是否显著,其实质就是判断回归平方和与残差平方和之比值的大小问题。由于回归平方和与残差平方和的数值会随观测值的样本容量和自变量个数的不同而变化,所以不宜直接比较,而必须在方差分析的基础上利用 F 检验进行。其具体的方法步骤可归纳如下:

① 假设总体回归方程不显著,即有:

$H_0 : \beta_1 = \beta_2 = \cdots = \beta_K = 0$

② 构造统计量。F 检验的统计量计算公式为:

$$F = \frac{\text{SSR}/(k-1)}{\text{SSE}/(n-k)}$$

③ 计算统计量的值。根据样本数据以及 F 检验的统计量计算公式,计算 F 统计量的值。

④ 查 F 分布表。根据自由度和给定的显著性水平,查 F 分布表,得其临界值 F_α。

⑤ 决策。当 $F > F_\alpha$ 时,拒绝原假设,即认为总体回归函数中各自变量与因变量的线性回归关系显著。当 $F < F_\alpha$ 时,接受原假设,即认为总体回归函数中,自变量与因变量的线性关系不显著,因而所建立的回归模型没有意义。

四、多元线性回归模型预测

在通过各种检验的基础上,多元线性回归模型可以用于经济预测。多元线性回归预测与一元线性回归预测的原理是一致的,其基本公式如下:

$$\hat{y} = \hat{\beta}_0 + \hat{\beta}_1 x_1 + \hat{\beta}_2 x_2 + \cdots + \hat{\beta}_k x_k \tag{7.27}$$

模型各系数已估计并通过检验后,将各自变量在预测期的具体数值代入上式便可计算出 y 的预测值。

本 章 练 习

一、判断对错

1. 若两变量完全相关,则这两变量之间的关系是函数关系。　　（　　）

2. 不管自变量如何变化,因变量都不变,这种情况称为零相关。（　　）

3. 总变差一定大于回归变差。　　（　　）

4. 在相关分析中,要求相关的两个变量都是随机变量。　　（　　）

5. 相关系数的值越大,说明相关的程度越高。　　（　　）

6. 求解一元线性回归方程中参数的常用方法是最小平方法。　　（　　）

7. 相关系数为 0 表明两个变量之间不存在任何关系。　　（　　）

8. 产品的单位成本随着产量增加而下降,这种现象属于函数关系。

（　　）

9. 当所有观察值 y 都落在回归直线上,则 x 与 y 之间的相关系数为 1。

（　　）

10. 不具有因果关系的两个变量的相关关系为 0。　　（　　）

二、单项选择题

1. 现象之间相互关系的类型有(　　)。

A. 函数关系与因果关系　　　　B. 相关关系与函数关系

C. 相关关系与因果关系　　　　D. 回归关系与因果关系

2. 相关系数等于1,说明两个变量之间(　　)。

A. 完全负相关　　　　　　　　B. 相关程度很高

C. 完全正相关　　　　　　　　D. 相关程度很低

3. 估计标准误差是反映(　　)。

A. 平均数代表性指标　　　　　B. 序时平均数代表性指标

C. 现象之间相关关系的指标　　D. 回归直线代表性指标

4. 相关分析是研究(　　)。

A. 变量之间的数量关系　　　　B. 变量之间的变动关系

C. 变量之间相互关系的密切程度　D. 变量之间的因果关系

5. 根据你的判断,下面的相关系数取值错误的是(　　)。

A. −0.86　　　B. 0.78　　　C. 1.25　　　D. 0

6. 设产品产量与产品单位成本之间的线性相关系数为−0.87,这说明二者之间存在着(　　)。

A. 高度相关　　B. 中度相关　　C. 低相关　　D. 极弱相关

7. 在相互依存的两个变量中,根据研究的目的,将其中一个变量定为自变量,另一个变量定为(　　)。

A. 固定变量　　B. 因变量　　C. 任意变量　　D. 自变量

8. 如果一个变量的数量变化,由另一个变量的数量变化所唯一确定,这时两个变量间的关系称为(　　)。

A. 单相关　　B. 复相关　　C. 不完全相关　　D. 完全相关

9. 如果两个变量之间存在负相关关系,下列回归方程中肯定有误的是(　　)。

A. $\hat{y}=25-0.75x$　　　　　　B. $\hat{y}=120+0.86x$

C. $\hat{y}=200-2.5x$　　　　　　D. $\hat{y}=34-0.74x$

10. 说明回归方程拟合优度的统计量是(　　)。

A. 相关系数　　B. 回归系数　　C. 判定系数　　D. 估计标准误差

三、多项选择题

1. 在相关关系中各现象之间（　　　）。

A. 一定存在着严格的依存关系

B. 存在着一定的依存关系,但不是确定的关系

C. 存在着不明显的因果关系

D. 存在一一对应的函数关系

E. 存在着明显的因果关系

2. 变量 x 值按一定数量增加时,变量 y 也近似地按一定数量随之增加,反之亦然。则 x 和 y 之间存在（　　　）。

A. 正相关关系　　　　　　　　B. 负相关关系

C. 直线相关关系　　　　　　　D. 曲线相关关系

E. 零相关

3. 如果两个变量之间的相关系数为1,则这两个变量是（　　　）。

A. 正相关关系　　　　　　　　B. 负相关关系

C. 完全相关关系　　　　　　　D. 不完全相关关系

E. 零相关

4. 相关系数值的大小是说明（　　　）。

A. 两个变量的相关关系程度的高低

B. 和估计标准误差值成正比

C. 和估计标准误差值成反比

D. 和估计标准误差值无关

E. 和估计标准误差值的关系不确定

5. 相关关系与函数关系各有不同的特点,主要体现在（　　　）。

A. 函数关系是一种不严格的相互依存关系

B. 函数关系可以用一个数学表达式精确表达

C. 函数关系中各变量均为确定性的

D. 现象为相关关系时,是有随机因素影响的依存关系

E. 相关关系中现象之间仍然可以通过大量观察法来寻求其变化规律

6. 估计标准误差是反映（　　　）。

A. 回归方程代表性的指标　　　B. 自变量离散程度的指标

C. 因变量数列离散程度的指标　D. 因变量估计值可靠程度的指标

E. 相关关系的指标

7. 变量之间的不完全相关可以表现为(　　)。

A. 零相关　　　　B. 正相关　　　　C. 负相关　　　　D. 单相关

E. 复相关

8. 下列现象属于相关关系的是(　　)。

A. 家庭收入与支出的关系　　　　B. 圆的半径与圆的面积的关系

C. 产品产量与单位成本的关系　　D. 施肥量与粮食单位面积产量的关系

E. 销售收入与销售价格的关系

9. 商品销售额与流通费用率,在一定条件下存在相关关系。这种相关关系属于(　　)。

A. 单相关　　　　B. 复相关　　　　C. 直线相关　　　　D. 负相关

E. 正相关

10. 下述关系中属于正相关的是(　　)。

A. 工业产品产量与单位成本之间的关系

B. 商业企业的劳动效率与流通费用率之间的关系

C. 单位产品成本与原材料消耗之间的关系

D. 工业企业的劳动效率与单位时间内生产的产品数量之间的关系

E. 汽车保有量与汽车保险费的关系

四、计算分析题

在研究我国的股票市场问题中,把境内股票筹资额记为 y,把股票发行量记为 x。我们收集到 2001—2013 年的样本数据 (x_i, y_i) 如下表。根据下表,试用 Excel 计算相关系数和建立回归方程。

我国股票发行量和股票筹资额数据

时间	股票发行量(亿股)	股票筹资额(亿元)
2001 年	141.48	1 252.34
2002 年	291.74	961.75
2003 年	281.43	1 357.75
2004 年	227.92	1 510.94
2005 年	567.05	1 882.51
2006 年	1 287.77	5 594.29
2007 年	637.24	8 680.17
2008 年	180.34	3 852.21

续表

时间	股票发行量(亿股)	股票筹资额(亿元)
2009 年	400.05	6 124.69
2010 年	920.99	11 971.93
2011 年	272.36	5 814.19
2012 年	299.81	4 134.38
2013 年	259.92	3 868.88
合计	6 280.14	59 109.27

五、案例题

某地区人均国内生产总值与人均消费水平如下表,根据表中数据画出散点图,确定两者之间存在什么样的相关关系,计算相关系数确定相关的程度,建立回归方程。如果该地区 2016 年人均国内生产总值达到 45 000 元,测算 2016 年人均消费水平的理论值。

某地区人均国内生产总值与人均消费金额数据

时间	人均国内生产总值(元)	居民人均消费水平(元)
2003 年	8 622	3 887
2004 年	9 398	4 144
2005 年	10 542	4 475
2006 年	12 336	5 032
2007 年	14 185	5 596
2008 年	16 500	6 299
2009 年	20 169	7 310
2010 年	23 708	8 430
2011 年	25 608	9 283
2012 年	30 015	10 522
2013 年	35 198	12 570
2014 年	38 459	14 110
2015 年	41 908	15 632
合计	286 648	107 290

第八章
时间数列

第一节　时间数列的概念和种类

一、时间数列的概念

统计对社会经济现象的研究,不仅要从静态上分析现象总体的数量特征、内部结构以及相互关联的数量关系,而且还要从动态上研究其发展变化的过程、速度和变动规律。时间数列就是指社会经济现象在不同时间上的一系列指标值,按时间先后顺序加以排列而形成的数列,也称动态数列或时间序列。时间数列由两个基本要素组成:现象所属时间和各个时间所对应的统计指标值。

表8.1列举了六个时间序列,分别反映了我国2000—2015年国内生产总值、居民消费价格指数、城镇居民家庭人均可支配收入、年末人口数、人口自然增长率和城镇单位就业人员平均工资的状况。

表 8.1　　我国 2000—2015 年国民经济统计指标

时间	国内生产总值(亿元)	居民消费价格指数(%,上年=100)	城镇居民家庭人均可支配收入(元)	年末总人口(万人)	人口自然增长率(‰)	城镇单位就业人员平均工资(元)
2000 年	100 280.1	100.4	6 280.0	126 743	7.58	9 333
2001 年	110 863.1	100.7	6 859.6	127 627	6.95	10 834
2002 年	121 717.4	99.2	7 702.8	128 453	6.45	12 373
2003 年	137 422.0	101.2	8 472.2	129 227	6.01	13 969

续表

时间	国内生产总值(亿元)	居民消费价格指数(%,上年=100)	城镇居民家庭人均可支配收入(元)	年末总人口(万人)	人口自然增长率(‰)	城镇单位就业人员平均工资(元)
2004 年	161 840.2	103.9	9 421.6	129 988	5.87	15 920
2005 年	187 318.9	101.8	10 493.0	130 756	5.89	18 200
2006 年	219 438.5	101.5	11 759.5	131 448	5.28	20 856
2007 年	270 232.3	104.8	13 785.8	132 129	5.17	24 721
2008 年	319 515.5	105.9	15 780.8	132 802	5.08	28 898
2009 年	349 081.4	99.3	17 174.7	133 450	4.87	32 244
2010 年	413 030.3	103.3	19 109.4	134 091	4.79	36 539
2011 年	489 300.6	105.4	21 809.8	134 735	4.79	41 799
2012 年	540 367.4	102.6	24 564.7	135 404	4.95	46 769
2013 年	595 244.4	102.6	26 955.1	136 072	4.92	51 483
2014 年	643 974.0	102.0	29381.0	136 782	5.21	56 360
2015 年	685 505.8	101.4	31790.3	137 462	4.96	62 029

资料来源:根据国家统计局网站资料整理。

在时间序列中,现象所属的时间单位可以是年,也可以是季、月、日等,统计指标的形式可以是总量指标,也可以是相对指标或平均指标。

二、时间数列的种类

时间数列的划分是按统计指标的表现形式来确定的,分为绝对数时间数列、相对数时间数列和平均数时间数列。其中,前者是基础,后两者是派生的时间数列。

(一)绝对数时间数列

绝对数时间数列是由总量指标按时间的顺序排列而成的数列,也称总量指标时间数列。总量指标时间数列按指标所反映的时间状况不同又可分为时期数列和时点数列。

时期数列是时期指标时间数列的简称,其数列指标是反映现象在一段时间内发展过程的总量,即时期指标,如表8.1中的国内生产总值时间数列。时期数列有以下几个特点:首先,数列中各个时期的指标数值可以相加,所得数值说明现象在更长时期内的指标值。例如,月度销售额、季度销售额和年度销售额指标所属的时间长度不同,将 1 月份、2 月份和 3 月份的销售额相加,得到一季度的销售额,将一至四季度的销售额相加得到年度的销售额。其次,数列中每一个指标数值的大小与其所包括的时期长短有直接关系,指标所属时期越长,指标值越大。例如,一个季度的销售额总是大于一个月的销售额,年度销售额大于季度销售额。最后,时期数列具有连续统计的特点。由于时期指标是反映现象在一段时间内发展过程的总量,指标数值必须把现象在这段时间内发生的数量进行一一登记,并进行累加。

时点数列是指由反映某种现象在一定时点(瞬间)上的发展状况的总量指标所构成的总量指标时间数列,如表 8.1 中的年末总人口时点数列没有时期,只有间隔,该时点数列的间隔为 1 年。时点数列有如下几个特点:首先,数列中每个指标数值是不能相加的,因为相加以后的数值,无法解释其意义。例如,根据表 8.1 将 2011 年和 2012 年年末总人口相加,得到的总量是 270 139,但这个数值无法说明什么问题。其次,数列中每个指标数值的大小与其时间间隔长短不一定有直接联系。时点数列中相邻两个时点之间的时间间距称为时点间隔。一般情况下,间隔的大小与指标的数值大小没有直接的关系。例如,年底的商品库存量不一定比各月的库存量大。但如果现象存在长期变化趋势,呈现长期上升或下降趋势,则指标数值的大小与间隔的长短就有一定关系。例如,根据表 8.1 的年末总人口,与 2000 年相比,间隔为一年的 2001 年总人口比间隔为两年的 2002 年总人口要小。最后,时点数列指标值不具有连续统计的特点。时点指标是反映某种现象在一定时点(瞬间)上的发展状况指标值,一方面我们不可能登记每一时点上的数据,另一方面,我们也只需要在某一时点上进行统计,取得该时点上的数据。

(二)相对数时间数列

相对数时间数列是指由一系列同类的相对指标数值所构成的时间数列,也称相对指标时间数列。它可以反映社会经济现象数量对比关系的发展过程。时间数列中的相对指标可以是强度相对指标,也可以是计划相对指标、比例相对指标、比较相对指标、结构相对指标和动态相对指标。如表 8.1 中的人口自然增长率就是强度相对指标。在相对数时间数列中,各个相对指标的数值是不能相加的,因为各相对数的数值相加后是毫无意义的。

相对数时间数列有三种情形:由两个时期数列对比派生的相对数时间数列、由两个时点数列对比派生的相对数时间数列和由一个时期数列一个时点数列对比派生的相对数时间数列。如表 8.1 中的居民消费价格指数、城镇居民家庭人均可支配收入和人口自然增长率时间数列。

（三）平均数时间数列

平均数时间数列是指由一系列同类的平均数指标数值所构成的时间数列,也称平均指标时间数列。它可以反映社会经济现象一般水平的发展变化过程。平均数时间数列分为静态平均数时间数列和动态平均数时间数列。平均数时间数列中各个指标值也是不能相加的,因为各平均数相加后是毫无意义的。如表 8.1 中的城镇单位就业人员平均工资时间数列。

三、时间数列的作用

时间数列可以描述社会经济现象发展的过程和结果,可以研究社会经济现象的发展方向、水平、速度和趋势,可以探索某些社会经济现象发展变化的数量规律性,可以对某些社会经济现象的发展变化进行预测,可以对比分析不同国家或地区的社会经济发展情况。

四、时间数列的编制

编制时间数列是要通过数列中各项指标数值的对比,研究社会经济现象的发展过程和规律性。因此,保证时间数列中前后各项指标数值的可比性,是编制时间数列的基本原则。

（一）时间长短的可比性

对于时期数列,各指标所属时期的长短应保持一致;对于时点数列,尽管数列中每个时点指标数值的大小与其间隔长短不一定有直接联系,但保持时点数列中相邻两个时点之间的间隔相等,各指标具有更好的可比性。

（二）总体范围的可比性

无论是时期数列还是时点数列,指标值的大小都与现象总体范围有着密切的关系,现象总体的范围越大,指标的数值也越大。现象总体的范围是指它的空间范围:一是指地区范围,二是指隶属关系范围。

（三）经济内容的可比性

一个统计指标有内涵和外延两个方面。指标的内涵是指其经济学定义,指标的外延则是指实际统计工作中对其计算内容的具体规定,这种规定是由相关的统计制度、会计制度等财经制度确定的。统计指标的经济内容的制度规定(指标的外延),应该与指标的定义(内涵)一致,但由于条件的限制,某些指标的外延不一定与指标的内涵保持一致,可能存在差异。当条件改善后,指标的外延就会向指标的内涵调整。因此,指标的外延往往具有时间性。为了保证时间数列的可比性,就要对在不同时期具有不同外延的同一指标进行调整。

(四)计算方法的可比性

统计指标的计算有计算方法的规定,某些统计指标的计算可能有多种方法,计算方法的不同会导致指标数值上的差异。如国内生产总值,可以用生产法、支出法或收入法计算,从理论上讲,三种方法的计算结果应该是一致的,但在实际工作中,这三种方法计算的结果往往存在较大的差异,为了保证时间数列的可比性,要保持计算方法的一致。

(五)计算价格的可比性

价值指标的数值大小受价格变动的影响,价格有现行价格和不变价格,即使是不变价格,也有不同时期的不变价格。历史上,我国曾经使用过 1950、1952、1957、1970、1980、1990 和 2000 年不变价格。编制价值指标的时间数列要保证各指标的计算价格相同,时间数列才具有可比性。

(六)计量单位的可比性

统计指标的计量单位有实物单位、货币单位和劳动单位,在一个时间数列中,不同时间的指标要使用同一计量单位。例如,表 8.1 中各年的国内生产总值,计量单位为人民币"亿元",有时候我们也可以将各年的国内生产总值换算为美元,计量单位用"亿美元",但不能出现某些年度以人民币"亿元",而另外一些年度为"亿美元"。对实物指标的计量就更应保持计量单位的一致性。例如,关于重量的计算单位就有多种:吨、公斤、千克、克等等,在一个时间数列中某一指标,我们要使用其中的某一种计量单位,而不能混合使用。

第二节　时间数列的水平指标

一、发展水平

发展水平又称发展量,是指时间数列中的每一项具体指标数值。它反映社会经济现象在各个时期所达到的规模和水平。发展水平可表现为总量指标、相对指标和平均指标。

根据各发展水平在动态数列中所处的地位与作用,又可分为最初水平和最末水平、基期水平和报告期水平。在时间数列中第一项指标数值叫最初水平,最后一项指标数值叫最末水平。基期水平是指作为比较基础时期的发展水平,报告期水平是指所要进行分析研究的那个时期的水平。基期水平和报告期水平不是固定不变的,而是随着研究的目的和要求的不同而改变的。

二、平均发展水平

将不同时期的发展水平加以平均而得到的平均数,叫平均发展水平,说明现象在这些时期内发展的一般水平,又称序时平均数、动态平均数。

(一)根据绝对数时间数列计算平均发展水平

1. 据时期数列计算平均发展水平

由于时期数列中的各项指标数值都是反映社会经济现象在一定时期内的过程总量,具有可加性,因此我们可以采用简单算术平均的方法计算序时平均数,即将时期数列中研究范围内的各项指标数值之和除以时期项数来得到。计算公式为:

$$\bar{a} = \frac{\sum_{i=1}^{n} a_i}{n} \tag{8.1}$$

公式(8.1)中,$\bar{a}$ 为时期数列的序时平均数,a_i 为各时间上的时期指标值,n 为时期数列的项数。

【例8.1】根据表8.1,2000年至2015年我国国内生产总值的序时平均数为:

$$\bar{a} = \frac{\sum_{i=1}^{n} a_i}{n} = \frac{100\ 280.10 + 110\ 863.10 + 121\ 717.40 + \cdots + 685\ 505.80}{16}$$

$$= 334\ 070.74(亿元)$$

2. 根据时点数列计算平均发展水平

(1)连续时点数列

以天为间隔的时点数列称为连续时点数列,分两种情况。在掌握整个研究时期中每日资料的情况下(时点资料是逐日登记的),计算方法与时期数列相同,用简单算术平均法,即 $\bar{a} = \frac{\sum_{i=1}^{n} a_i}{n}$。公式中,$\bar{a}$ 为时点数列的序时平均数,a_i 为各时间上的时点指标值,n 为时点数列的项数。如果掌握的资料是一段时期中变动的资料,也就是时点资料不是逐日登记的,而是在现象发生变化时加以登记,这时,要用每次资料持续不变的时间长度为权数进行加权平均。计算公式为：

$$\bar{a} = \frac{\displaystyle\sum_{i=1}^{n} a_i f_i}{\displaystyle\sum_{i=1}^{n} f_i} \tag{8.2}$$

公式(8.2)中,$\bar{a}$ 为时点数列的序时平均数,a_i 为各时间上的时点指标值,f_i 为时点指标值持续不变的时间长度。

(2) 间断时点数列

时点指标大多数是间断统计的,如果掌握的是间隔相等的时点资料,采用"首末折半法",也称简单序时平均法。计算时,假定指标值在两个时点之间的变动是均匀的。具体方法是:首先依次将相邻两个时点指标简单算术平均,得到两个时点指标的序时平均数,然后再将这些序时平均数进行简单算术平均。计算公式为:

$$\bar{a} = \frac{\dfrac{a_1+a_2}{2}+\dfrac{a_2+a_3}{2}+\cdots+\dfrac{a_{n-1}+a_n}{2}}{n-1} = \frac{\dfrac{a_1}{2}+a_2+a_3+\cdots+a_{n-1}+\dfrac{a_n}{2}}{n-1}$$

$$\tag{8.3}$$

【例 8.2】某企业 2016 年各时点的商品库存资料如表 8.2,计算一季度的平均每月商品库存额。

表 8.2　某企业 2016 年一季度各月初的商品库存资料

	1 月 1 日	2 月 1 日	3 月 1 日	4 月 1 日
商品库存额(万元)	200	225	215	240

解:此为间隔相等的时点资料,采用"首末折半法",一季度的平均每月商品库存额为:

$$\bar{a} = \frac{\dfrac{a_1}{2}+a_2+a_3+\cdots+a_{n-1}+\dfrac{a_n}{2}}{n-1} = \frac{\dfrac{200}{2}+225+215+\dfrac{240}{2}}{4-1} = 220(\text{万元})$$

如果掌握的是间隔不等的时点资料,先求相邻两时点指标值的平均数,再根据这些平均数以两个时点之间的间隔为权数进行加权算术平均,此方法也称加权序时平均法。计算时,也是假定指标值在两个时点之间的变动是均匀的。计算公式为:

$$\overline{a} = \cfrac{\cfrac{a_1 + a_2}{2}f_1 + \cfrac{a_2 + a_3}{2}f_2 + \cdots + \cfrac{a_{n-1} + a_n}{2}f_{n-1}}{\sum\limits_{i=1}^{n-1} f_i} \tag{8.4}$$

【例 8.3】某企业 2016 年商品库存资料如表 8.3,计算全年平均每月商品库存额。

表 8.3 某企业 2016 年的月初商品库存资料

	1 月 1 日	3 月 1 日	10 月 1 日	12 月 31 日
商品库存额(万元)	200	215	225	220

解:此为间隔不等的时点资料,采用"加权序时平均法",全年平均每月商品库存额为:

$$\overline{a} = \cfrac{\cfrac{a_1 + a_2}{2}f_1 + \cfrac{a_2 + a_3}{2}f_2 + \cdots + \cfrac{a_{n-1} + a_n}{2}f_{n-1}}{\sum\limits_{i=1}^{n-1} f_i}$$

$$= \cfrac{\cfrac{200 + 215}{2} \times 2 + \cfrac{215 + 225}{2} \times 7 + \cfrac{225 + 220}{2} \times 3}{2 + 7 + 3} = 218.54$$

需要注意的是:根据间断时点数列计算序时平均数,是假定现象在相邻两个时点之间的变动是均匀的,但实际并不完全这样,所以计算的结果是一个近似值。为了使计算结果能基本反映实际情况,时点数列的间隔不宜过长,相对准确的计算是掌握每日的时点数据。相邻两个时点的期初期末可以看作是同一时刻,例如 4 月 1 日可以看作为 3 月 31 日或 3 月 31 日可以看作为 4 月 1 日。

(二)根据静态相对数时间数列或静态平均数时间数列计算平均发展水平

相对数可分为静态和动态两种,此处仅指静态。基本方法是:首先分别计算构成相对数时间数列的分子和分母数列的序时平均数,然后将这两个序时平均数对比。无论相对数时间数列是由两个时期数列对比形成的,还是两个时点数列对比形成的或一个时期数列、一个时点数列对比形成的,都按此方法计算。静态平均指标时间数列的平均发展水平的计算也用此方法。其算式一般写为:

$$\overline{c} = \cfrac{\overline{a}}{\overline{b}} \tag{8.5}$$

式中,$\bar{c}$代表静态相对指标时间数列或静态平均指标时间数列的序时平均数,分子$\bar{a}$、分母$\bar{b}$分别代表子项和母项总量指标时间数列的序时平均数。在这里a和b作为总量指标时间数列(时点或时期)有三种可能情况:(1)a和b均为时期数列;(2)a和b均为时点数列;(3)a和b一个为时点数列另一个为时期数列。

【例8.4】某企业2016年总产值和生产工人数资料如表8.4,计算一季度的平均每月劳动生产率。

表8.4　某企业2016年1—4月份总产值和生产工人数资料

	1月	2月	3月	4月
总产值(万元)	1 250	1 200	1 300	1 360
月初生产工人数(人)	100	102	105	106
劳动生产率(万元/人)	12.38	11.59	12.32	—

解:劳动生产率时间数列是静态平均数时间数列,我们不能对此进行简单平均,要按照上述基本方法进行计算。也就是要先计算分子总产值时间数列的序时平均数和分母生产工人数时间数列的序时平均数,再将这两个平均数对比。

分子总产值时间数列为时期数列,采用简单算术平均法计算一季度平均每月总产值:

$$\bar{a} = \frac{\sum_{i=1}^{n} a_i}{n} = \frac{1\ 250 + 1\ 200 + 1\ 300}{3} = 1\ 250(万元)$$

分母生产工人数时间数列为间隔相等的时点资料,采用"首末折半法"计算一季度平均每月生产工人数:

$$\bar{b} = \frac{\frac{b_1}{2} + b_2 + b_3 + \cdots + b_{n-1} + \frac{b_n}{2}}{n-1} = \frac{\frac{100}{2} + 102 + 105 + \frac{106}{2}}{4-1} = 103.33(人)$$

则,一季度的平均每月劳动生产率为:

$$\bar{c} = \frac{\bar{a}}{\bar{b}} = \frac{1\ 250}{103.33} = 12.10(万元/人)$$

【例8.5】某企业2016年商品销售额和商品库存额资料如表8.5,计算二季度平均商品流转次数。

表 8.5 某企业 2016 年 4—7 月商品销售额和商品库存额资料

	4 月	5 月	6 月	7 月
商品销售额(万元)	4 250	4 200	4 300	4 360
月初商品库存额(万元)	800	812	810	826
商品流转次数(次)	5.27	5.18	5.26	——

解:商品流转次数时间数列是静态相对数时间数列,我们不能对此进行简单平均,要按照上述基本方法进行计算。也就是要先计算分子商品销售额时间数列的序时平均数和分母商品库存额时间数列的序时平均数,再将这两个平均数对比。

分子商品销售额时间数列为时期数列,采用简单算术平均法计算二季度平均每月商品销售额:

$$\bar{a} = \frac{\sum_{i=1}^{n} a_i}{n} = \frac{4\ 250 + 4\ 200 + 4\ 300}{3} = 4\ 250(万元)$$

分母商品库存额时间数列为间隔相等的时点资料,采用"首末折半法"计算二季度平均每月商品库存额:

$$\bar{b} = \frac{\frac{b_1}{2} + b_2 + b_3 + \cdots + b_{n-1} + \frac{b_n}{2}}{n-1} = \frac{\frac{800}{2} + 812 + 810 + \frac{826}{2}}{4-1} = 811.67(万元)$$

则,二季度平均每月的商品流转次数为:

$$\bar{c} = \frac{\bar{a}}{\bar{b}} = \frac{4\ 250}{811.67} = 5.24(次)$$

(三) 根据动态相对数时间数列或动态平均数时间数列计算平均发展水平

根据动态相对数时间数列计算平均发展水平将在第三节介绍。根据动态平均数时间数列计算平均发展水平,由于掌握资料的不同有两种计算方法。

① 如果动态平均数时间数列中各项动态平均数所属时间相同,采用简单算术平均法。计算公式为:

$$\bar{a} = \frac{\sum_{i=1}^{n} \bar{a}_i}{n} \tag{8.6}$$

公式(8.6)中,$\bar{a}$ 为动态平均数时间数列的序时平均数,$\bar{a}_i$ 为动态平均数时间数列中各时间上的动态平均数,n 为动态平均数时间数列的项数。

【例 8.6】某企业 2016 年商品库存额资料如表 8.6,计算二季度的平均每月商品库存额。

表 8.6 某企业 2016 年 4—7 月商品销售额和商品库存额资料

	4 月	5 月	6 月	7 月
平均商品库存额(万元)	800	805	825	826

解:平均商品库存额时间数列是动态平均数时间数列,由于动态平均数时间数列中各项动态平均数所属时间相同,采用简单算术平均法计算二季度的平均每月商品库存额如下。

$$\bar{a} = \frac{\sum_{i=1}^{n} \bar{a}_i}{n} = \frac{800 + 805 + 825}{3} = 810(万元)$$

② 如果动态平均数时间数列中各项动态平均数所属时间不相同,采用加权算术平均法。计算公式为:

$$\bar{a} = \frac{\sum_{i=1}^{n} \bar{a}_i f_i}{\sum_{i=1}^{n} f_i} \qquad (8.7)$$

公式(8.7)中,$\bar{a}$ 为动态平均数时间数列的序时平均数,$\bar{a}_i$ 为动态平均数时间数列中各时间上的动态平均数,f_i 为各时间上的动态平均数持续不变的时间长度。

【例 8.7】某企业 2015 年商品库存额资料如表 8.7,计算全年平均每月商品库存额。

表 8.7 某企业 2015 年商品销售额和商品库存额资料

	1—4 月	5—8 月	9—11 月	12 月
平均商品库存额(万元)	805	815	825	830

解:平均商品库存额时间数列是动态平均数时间数列,由于动态平均数时间数列中各项动态平均数所属时间不相同,采用加权简单算术平均法计算全年平均每月商品库存额如下。

$$\bar{a} = \frac{\sum_{i=1}^{n} \bar{a}_i f_i}{\sum_{i=1}^{n} f_i} = \frac{805 \times 4 + 815 \times 4 + 825 \times 3 + 830 \times 1}{4 + 4 + 3 + 1} = 815.42(万元)$$

三、增长量

增长量为某种现象在一定时期内所增长的绝对量。它是报告期水平和基期水平之差,反映现象报告期比基期增长的水平。增长量由于采用的基期不同,分为:

(1) 逐期增长量:报告期水平与前一期水平之差,说明报告期比前一期增长的绝对量。

$$a_1-a_0,a_2-a_1,a_3-a_2,\cdots,a_n-a_{n-1} \tag{8.8}$$

(2) 累计增长量:报告期水平与某一固定期水平之差,说明报告期比某固定时期增长的绝对量。

$$a_1-a_0,a_2-a_0,a_3-a_0,\cdots,a_n-a_0 \tag{8.9}$$

累计增长量与逐期增长量有如下数量关系:

累计增长量等于相应各时期的逐期增长量之和,即:

$$(a_n-a_0)=(a_1-a_0)+(a_2-a_1)+(a_3-a_2)+\cdots(a_n-a_{n-1}) \tag{8.10}$$

相邻两时期累计增长量之差等于相应时期的逐期增长量,即:

$$(a_n-a_0)-(a_{n-1}-a_0)=(a_n-a_{n-1}) \tag{8.11}$$

(3) 年距增长量:为消除季节差异的影响,将不同年份的相同月或季的指标数值对比,又称同比增长量。

年距增长量=本期发展水平-去年同期发展水平。 (8.12)

四、平均增长量

平均增长量是某种现象在一定时期内平均每期增长的绝对量。它是各时期逐期增长量的序时平均数。逐期增长量说明现象每期比上期增长了多少绝对数量,平均增长量则说明这些逐期增长量的平均水平。由于各期逐期增长量之和等于总增长量(累计增长量),对各期逐期增长量平均应采用算术平均法。即:

$$平均增长量=\frac{逐期增长量之和}{逐期增长量个数}=\frac{累计增长量}{时间数列项数-1}$$

用公式符号表示为:

$$\bar{a}=\frac{(a_1-a_0)+(a_2-a_1)+(a_3-a_2)+\cdots(a_n-a_{n-1})}{n}=\frac{(a_n-a_0)}{m-1} \tag{8.13}$$

公式中,$\bar{a}$ 为平均增长量,n 为逐期增长量的项数,m 为时间数列的项数。

【例8.8】2000—2015 年我国货物进出口总额资料如表8.8,计算各年的逐期增长量、累计增长量和平均增长量。计算结果如表8.8所示(计算过程略)。

表 8.8　2000—2015 年我国货物进出口总额资料　　单位:人民币亿元

序号	时间	进出口总额	逐期增长量	累计增长量	平均增长量
1	2000 年	39 273.2	—	—	—
2	2001 年	42 183.6	2 910.4	2 910.4	2 910.4
3	2002 年	51 378.2	9 194.6	12 105.0	6 052.5
4	2003 年	70 483.5	19 105.3	31 210.3	10 403.4
5	2004 年	95 539.1	25 055.6	56 265.9	14 066.5
6	2005 年	116 921.8	21 382.7	77 648.6	15 529.7
7	2006 年	140 974.0	24 052.2	101 700.8	16 950.1
8	2007 年	166 863.7	25 889.7	127 590.5	18 227.2
9	2008 年	179 921.5	13 057.8	140 648.3	17 581.0
10	2009 年	150 648.1	− 29 273.4	111 374.9	12 375.0
11	2010 年	201 722.2	51 074.1	162 449.0	16 244.9
12	2011 年	236 402.0	34 679.8	197 128.8	17 920.8
13	2012 年	244 160.2	7 758.3	204 887.0	17 073.9
14	2013 年	258 168.9	14 008.7	218 895.7	16 838.1
15	2014 年	264 241.8	6 072.9	224 968.6	16 069.2
16	2015 年	245 502.9	− 18 738.8	206 229.7	13 748.6

资料来源:国家统计局网站。

第三节　时间数列的速度指标

一、发展速度

发展速度是表明社会经济现象发展变化程度的相对指标,它是现象报告期水平与基期水平之商,说明报告期水平已发展到基期水平的若干倍或百分之几。计算公式如下:

$$发展速度 = \frac{报告期水平}{基期水平} \times 100\%$$ （8.14）

发展速度指标的数值通常为大于 0 的正数,发展速度指标的数值大于 0 小于 1 时,说明现象报告期水平低于基期水平,发展速度指标的数值等于或大于 1 时,说明现象报告期水平达到或超过基期水平。由于采用的基期不同,发展速度分为:

① 环比发展速度:报告期水平和报告期前一期水平之商,表明现象逐期发展变化的程度。用算式表示为:

$$\frac{a_1}{a_0}, \frac{a_2}{a_1}, \frac{a_3}{a_2}, \cdots \frac{a_n}{a_{n-1}} \tag{8.15}$$

② 定基发展速度:报告期水平和某一固定期水平之商,表明现象在较长时期内总的发展速度,也称总发展速度或发展总速度。用算式表示为:

$$\frac{a_1}{a_0}, \frac{a_2}{a_0}, \frac{a_3}{a_0}, \cdots \frac{a_n}{a_0} \tag{8.16}$$

定基发展速度与环比发展速度存在以下数量关系:

定基发展速度等于相应的各个时期的环比发展速度的连乘积,即:

$$\frac{a_n}{a_0} = \frac{a_1}{a_0} \times \frac{a_2}{a_1} \times \frac{a_3}{a_2} \times \cdots \frac{a_n}{a_{n-1}} \tag{8.17}$$

相邻两个定基发展速度之商等于相应时期的环比发展速度,即:

$$\frac{a_n}{a_0} \div \frac{a_{n-1}}{a_0} = \frac{a_n}{a_{n-1}} \tag{8.18}$$

③ 年距发展速度:为消除季节差异的影响,将不同年份的相同月或季的指标数值对比,说明报告期水平与上年同期水平对比的相对变化程度。

$$年距发展速度 = \frac{报告期水平}{上年同期水平} \times 100\% \tag{8.19}$$

二、增长速度(增减速度)

增长速度是表明社会经济现象增长程度的相对指标,说明报告期水平比基期水平增加(减少)了多少倍(或百分之几)。其计算公式如下:

$$\begin{aligned}
增长速度 &= \frac{报告期水平 - 基期水平}{基期水平} \times 100\% \\
&= \frac{报告期水平}{基期水平} - 100\% \\
&= 发展速度 - 100\% \\
&= \frac{增长量}{基期水平} \times 100\%
\end{aligned} \tag{8.20}$$

从公式(8.20)可以看出,当发展速度大于 1 时,增长速度为正值,表示现象增长(增加)的程度;当发展速度小于 1 时,增长速度为负值,表示现象的降低(减小)程度。由于采用的基期不同,增长速度可分为:

① 环比增长速度:表明现象报告期水平和报告期前一期水平相比,逐期增长变化的程度。环比增长速度等于环比发展速度－1,用公式表示为:

$$\frac{a_1}{a_0}-1, \frac{a_2}{a_1}-1, \frac{a_3}{a_2}-1, \cdots \frac{a_n}{a_{n-1}}-1 \tag{8.21}$$

② 定基增长速度:表明现象报告期水平和某一固定基期水平相比,在较长时期内总的增长变化的程度。定基增长速度等于定基发展速度－1,用公式表示为:

$$\frac{a_1}{a_0}-1, \frac{a_2}{a_0}-1, \frac{a_3}{a_0}-1, \cdots \frac{a_n}{a_0}-1 \tag{8.22}$$

定基增长速度和环比增长速度两者之间不存在直接的换算关系。如果要根据各时期的环比增长速度推算各期的定基增长速度,必须先将环比增长速度加 1 转换为环比发展速度,再连乘求出定基发展速度,再减 1 得到定基增长速度。

【例 8.9】2001—2015 年我国财政收入的相关速度资料如表 8.9(定基速度以 2000 年为基期),要求:① 根据速度指标的关系,推算表格中空格指标的数值;② 如果 2000 年我国财政收入为 13 395.23 亿元,请推算 2001—2015 年我国财政收入。推算指标的结果如表 8.10(推算过程略)。

表 8.9　2000—2015 年我国财政收入速度资料

时间	环比发展速度(%)	定基发展速度(%)	环比增长速度(%)	定基增长速度(%)
2001 年	122.33		22.33	
2002 年	115.36		15.36	
2003 年	114.87		14.87	
2004 年	121.56		21.56	
2005 年	119.90		19.90	
2006 年	122.47		22.47	
2007 年	132.41		32.41	
2008 年		457.85		357.85
2009 年		511.51		411.51

续表

时间	环比发展速度(%)	定基发展速度(%)	环比增长速度(%)	定基增长速度(%)
2010 年		620.38		520.38
2011 年		775.46		675.46
2012 年		875.34		775.34
2013 年		964.59		864.59
2014 年		1 047.91		947.91
2015 年		1 136.74		1 036.74

资料来源:根据国家统计局网站资料计算。

表 8.10　2000—2015 年我国财政收入及速度资料

时间	财政收入 (亿元)	环比发展速度 (%)	定基发展速度 (%)	环比增长速度 (%)	定基增长速度 (%)
2000 年	13 395.23	—	—	—	—
2001 年	16 386.04	122.33	122.33	22.33	22.33
2002 年	18 903.64	115.36	141.12	15.36	41.12
2003 年	21 715.25	114.87	162.11	14.87	62.11
2004 年	26 396.47	121.56	197.06	21.56	97.06
2005 年	31 649.29	119.90	236.27	19.90	136.27
2006 年	38 760.20	122.47	289.36	22.47	189.36
2007 年	51 321.78	132.41	383.13	32.41	283.13
2008 年	61 330.35	119.50	457.85	19.50	357.85
2009 年	68 518.30	111.72	511.51	11.72	411.51
2010 年	83 101.51	121.28	620.38	21.28	520.38
2011 年	103 874.43	125.00	775.46	25.00	675.46
2012 年	117 253.52	112.88	875.34	12.88	775.34
2013 年	129 209.64	110.20	964.59	10.20	864.59
2014 年	140 370.03	108.64	1047.91	8.64	947.91
2015 年	152 269.23	108.48	1136.74	8.48	1 036.74

③ 年距增长速度:为消除季节差异的影响,将不同年份的相同月或季的指标数值对比再减去 1,说明报告期水平与上年同期水平对比的增长变化程度。

$$年距增长速度 = \frac{报告期水平}{上年同期水平} - 1 \qquad (8.23)$$

三、增减 1% 的绝对值

增减 1% 的绝对值是将水平指标和速度指标结合起来,反映现象每增减 1% 所包含的具体经济内容的综合指标。其计算公式为:

$$增减 1\% 绝对值 = \frac{逐期增长量}{环比增长速度(\%) \times 100} = \frac{基期水平}{100} \qquad (8.24)$$

【例 8.10】2000—2015 年我国货物进出口总额资料如表 8.11,计算各年的环比发展速度、定基发展速度、环比增长速度、定基增长速度和增长 1% 的绝对值。

表 8.11 2000—2015 年我国货物进出口总额资料

时间	进出口总额 (人民币亿元)	环比发展 速度(%)	定基发展 速度(%)	环比增长 速度(%)	定基增长 速度(%)	增长 1% 的绝对值 (人民币亿元)
2000 年	39 273.2	—	—	—	—	—
2001 年	42 183.6	107.4	107.4	7.4	7.4	392.7
2002 年	51 378.2	121.8	130.8	21.8	30.8	421.8
2003 年	70 483.5	137.2	179.5	37.2	79.5	513.8
2004 年	95 539.1	135.5	243.3	35.5	143.3	704.8
2005 年	116 921.8	122.4	297.7	22.4	197.7	955.4
2006 年	140 974.0	120.6	359.0	20.6	259.0	1 169.2
2007 年	166 863.7	118.4	424.9	18.4	324.9	1 409.7
2008 年	179 921.5	107.8	458.1	7.8	358.1	1 668.6
2009 年	150 648.1	83.7	383.6	−16.3	283.6	1 799.2
2010 年	201 722.2	133.9	513.6	33.9	413.6	1 506.5
2011 年	236 402.0	117.2	601.9	17.2	501.9	2 017.2
2012 年	244 160.2	103.3	621.7	3.3	521.7	2 364.0

续表

时间	进出口总额 （人民币亿元）	环比发展 速度（%）	定基发展 速度（%）	环比增长 速度（%）	定基增长 速度（%）	增长1%的绝对值 （人民币亿元）
2013年	258 168.9	105.7	657.4	5.7	557.4	2 441.6
2014年	264 241.8	102.4	672.8	2.4	572.8	2 581.7
2015年	245 502.9	92.9	625.1	−7.1	525.1	2 642.4

资料来源：国家统计局网站。

四、平均发展速度

（一）平均发展速度的计算

为了研究现象在一个较长时期内的平均发展速度，需要对各个时期的环比发展速度的数量差异抽象化，计算各个环比发展速度的平均数。平均发展速度说明现象在较长时期内逐期平均发展变化的程度。

1. 几何平均法

平均发展速度是对各个时期的环比发展速度求平均数，也就是根据动态相对数时间数列计算平均发展水平。它的计算不同于由静态相对数时间数列计算平均发展水平，由于发展总速度不等于各期环比发展速度的相加和，而是等于各期环比发展速度的连乘积，所以平均发展速度的计算，不能用算术平均法，而应用几何平均法。将各期环比发展速度的指标值视为变量值，将环比发展速度的个数视为变量值的个数。则：

$$\bar{x} = \sqrt[n]{x_1 \cdot x_2 \cdot x_3 \cdots x_n}$$
$$= \sqrt[n]{\Pi x}$$
$$= \sqrt[n]{\frac{a_1}{a_0} \cdot \frac{a_2}{a_1} \cdot \frac{a_3}{a_2} \cdots \frac{a_n}{a_{n-1}}}$$
$$= \sqrt[n]{\frac{a_n}{a_0}} \tag{8.25}$$
$$= \sqrt[n]{R} \tag{8.26}$$

上述公式中，$\bar{x}$ 表示平均发展速度，$x_1, x_2, x_3, \cdots, x_n$ 表示各时期的环比发展速度，n 表示环比发展速度的项数，Π 表示连乘符号，$a_1, a_2, a_3, \cdots, a_n$ 表示各期发展水平，R 表示发展总速度。

从公式(8.25)可以看出，平均发展速度名义上是各时期的环比发展速度的几何平均数，但实际上是由最初水平和最末水平两期的水平所决定的，中间各时期水平的变化对平均发展速度的计算没有影响。由公式(8.25)可以推导出：

$$a_0 \cdot \bar{x} \cdot \bar{x} \cdots \bar{x} = a_0 \bar{x}^n = a_n \tag{8.27}$$

这是几何平均法的实质，即：要求最初水平(a_0)在平均发展速度($\bar{x}$)下发展，到第 n 期达到实际最末水平(a_n)，所以这个方法也称为"水平法"。

【例 8.11】2005—2010 年我国国内生产总值和年末总人口资料如表 8.12。(1) 按十二五规划要求，到 2015 年底把我国人口总数控制在 13.9 亿内，十二五期间我国人口年平均增长率应控制在什么水平？(2) 十一五规划的目标是国内生产总值年平均增长率为 7.5%，十一五规划的目标是否完成？(3) 根据十二五规划，期间国内生产总值年平均增长速度为 7%，以 2010 年为基期，到 2015 年可以达到多少亿元？(4) 根据十三五规划规定，经济保持中高速增长，在提高发展平衡性、包容性、可持续性基础上，到 2020 年国内生产总值比 2010 年翻一番；积极应对人口老龄化、促进人口均衡发展、坚持计划生育的基本国策，全面实施一对夫妇可生育两个孩子政策，全国总人口 14.2 亿人左右。以 2010 年为基期，期间的国内生产总值年平均增长率为多少？人口年平均增长率可以维持在什么水平？(5) 根据表 8.1 提供的资料，以 2015 年为基期，到 2020 年，国内生产总值年平均增长率为多少？人口年平均增长率可以维持在什么水平？

表 8.12　2005—2010 年我国国内生产总值和年末总人口资料

时间	2005 年	2006 年	2007 年	2008 年	2009 年	2010 年
国内生产总值(亿元)	187 318.9	219 438.5	270 232.3	319 515.5	349 081.4	413 030.3
年末总人口(万人)	130 756	131 448	132 129	132 802	133 450	134 091

资料来源：国家统计局网站。

解：我国人口增长率应控制在 0.722%。即：

$$\bar{x} - 100\% = \sqrt[n]{\frac{a_n}{a_0}} = \sqrt[5]{\frac{13.9}{13.409\ 1}} - 100\% = 0.722\%$$

"十一五"期间实际的国内生产总值年平均增长率为 17.13%，完成了十一五规划目标。即：

$$\bar{x} - 100\% = \sqrt[n]{\frac{a_n}{a_0}} = \sqrt[5]{\frac{413\ 030.3}{187\ 318.9}} - 100\% = 17.13\%$$

按年平均增长速度 7%，到 2015 年国内生产总值可以达到 579 296.4 亿元。即：

$$a_n = a_0 \bar{x}^n = 413\ 030.3 \times (1+7\%)^5 = 579\ 296.4(亿元)$$

以 2010 年为基期，期间（即 2010—2020 年）的国内生产总值年平均增长率为 7.2%。人口年平均增长率可以维持在 0.574%。即：

$$\bar{x} - 100\% = \sqrt[n]{R} = \sqrt[10]{2} - 100\% = 7.2\%$$

$$\bar{x} - 100\% = \sqrt[n]{\frac{a_n}{a_0}} = \sqrt[10]{\frac{14.2}{13.409\ 1}} - 100\% = 0.574\%$$

根据表 8.1 提供的资料，以 2015 年为基期，国内生产总值年平均增长率为 3.8%。人口年平均增长率可以维持在 0.652%。即：

$$\bar{x} - 100\% = \sqrt[n]{\frac{a_n}{a_0}} = \sqrt[5]{\frac{413\ 030.3 \times 2}{685\ 505.8}} - 100\% = 3.8\%$$

$$\bar{x} - 100\% = \sqrt[n]{\frac{a_n}{a_0}} = \sqrt[5]{\frac{14.2}{13.746\ 2}} - 100\% = 0.652\%$$

2. 方程法

应用方程法计算平均发展速度时，先假设 $\bar{x}$ 为应用此方法求得的平均发展速度指标，这样根据 $\bar{x}$ 计算的各期发展水平如下：

第一年：$a_0 \cdot \bar{x}$

第二年：$a_0 \cdot \bar{x} \cdot \bar{x}$

第三年：$a_0 \cdot \bar{x} \cdot \bar{x} \cdot \bar{x}$

……

第 n 年：$a_0 \cdot \bar{x}^n$

这个方法的实质是：要求各年根据 $\bar{x}$ 计算所达到的水平累计总和与各年实际所具有的水平总和相一致。因此这个方法也称"累计法"。即：

$$a_0\bar{x} + a_0\bar{x}\bar{x} + a_0\bar{x}\bar{x}\bar{x} + \cdots + a_0\bar{x}^n = a_1 + a_2 + a_3 + \cdots + a_n$$

整理得：

$$\bar{x} + \bar{x}^2 + \bar{x}^3 + \cdots + \bar{x}^n - \frac{\sum a}{a_0} = 0 \tag{8.28}$$

解此高次方程，求出 $\bar{x}$ 的正根，就是我们所要求的平均发展速度，因此这个方法也称"代数平均法"。解此高次方程很麻烦，一般通过查《平均增长速度查对表》求解。

应用《平均增长速度查对表》时，首先要判断资料是递增型还是递减型，方法是通过计算各期发展水平总和与最初水平之比，再除以时期数，如果这个平均数大于100%,则是递增型,这个平均数小于100%,则是递减型。

【例8.12】某公司2015年固定资产投资2 000万元,计划在十三五期间每年投资分别为2 200万元、2 500万元、2 800万元、3 000万元和3 300万元,该公司在十三五期间固定资产投资计划的年平均发展速度是多少?

解:$a_0 = 2\ 000, \sum\limits_{i=1}^{5} a_i = 13\ 800, \dfrac{\sum a}{a_0} = \dfrac{13\ 800}{2\ 000} = 690\%$。

由于$690\% \div 5 = 138\% > 100\%$,说明该公司固定资产投资是逐年增加的,查《平均增长速度查对表》中的"累计法查对表",间隔期为1~5年的增长速度,如表8.13。690%这个数字介于689.29%~691.29%之间,其对应的平均增长速度介于10.9%~11.0%之间。据此,可以推算出平均增长速度为10.935%。所以该公司在十三五期间固定资产投资计划的年平均发展速度是110.935%。

表8.13 累计法查对表

增长速度　　　　　　　　　　　　　　　　　　　　　　　　间隔期:1~5年

平均每年增长%	各年发展水平总和为基期水平的%				
	1 年	2 年	3 年	4 年	5 年
……	……	……	……	……	……
10.6	110.60	232.92	368.21	517.84	683.24
10.7	110.70	233.24	368.90	519.07	685.32
10.8	110.80	233.57	369.59	520.31	687.30
10.9	110.90	233.89	370.28	521.54	689.29
11.0	111.00	234.21	370.97	522.78	691.29
……	……	……	……	……	……

(二) 两种计算方法的比较

在几何平均法的情况下,用平均发展速度的n次方所计算出来的最末一年的定基发展速度和实际资料的最末一年的定基发展速度是一致的。用平均发展速度所计算出来的最末一年水平和实际资料的最末一年的水平是一致的。

在方程法的情况下,按平均发展速度推算出来的各年定基发展速度总和,与实际资料的各年定基发展速度的总和是一致的。按平均发展速度推算出来的各年发展水平总和,与实际资料的各年发展水平的总和是一致的。

显然,几何平均法的侧重点是从最后一年水平出发来进行研究,而方程法的侧重点是从各年发展水平的累计总和出发来进行研究。

五、平均增长速度

平均发展速度说明现象在较长时期内逐期平均发展变化的程度,平均增长速度说明现象逐期平均增长变化的程度。

平均增长速度的计算,不能根据各期环比增长速度直接计算,必须先将环比增长速度变为环比发展速度,按水平法或累计法计算平均发展速度,然后再按下式计算:

平均增长速度＝平均发展速度－1

第四节　长期趋势的测定

一、时间数列的构成因素

社会经济现象总是随着时间的推移而不断发生变化,这种变化是由许多错综复杂的因素共同作用的结果,这些因素有的是自然的,有的是社会的,有的是政治的,有的是经济的。在诸多的因素中,有的是长期起作用的,有的只是短期起作用,有的对事物发展起着决定性的作用,有的只是偶然起非决定性的作用。构成时间数列的各种因素,按照它们的性质和作用不同,可以归纳为四种:长期趋势因素、季节变动因素、循环变动因素和不规则变动因素。

（一）长期趋势

长期趋势是时间数列变动的基本形式,是指现象在一个相当长的时间内所表现的沿着某一方向的持续发展变化。这种持续变化可能是不断增长的趋势,也可能是不断降低的趋势,还可能是不变的水平趋势,这是我们对未来状况进行判断和预测的主要依据。现象呈现出某种持续向上或持续下降的趋势或规律,是由于受某种长期的、决定性的因素影响。例如,改革开放以来,我国经济持续增长,城镇居民的可支配收入和农村居民的纯收入也呈现出持续增长的趋势。

（二）季节变动

季节变动是指现象受自然季节变换因素和社会生产条件、风俗习惯等社会经济因素的影响,在一年内发生的有规律的、以一定时间为周期的重复波动。季节变动通常是自然季节变换因素引起的,但季节变动不仅是指随一年中四季而变动,而且还包括一年内有规律的、按一定周期(年、季、月、周、日、时)重复出现的变动。例如,羽绒服和农产品的销售量季节变动通常受自然季节变换因素的影响,而旅游业的产值的季节变动,则除了受自然季节变换因素的影响外,还受节假日等社会经济因素的影响。

(三) 循环变动

循环变动是指社会经济现象变动中围绕着长期趋势出现的发生周期比较长的、具有一定循环起伏形态的变动。循环变动不同于长期趋势变动,它不是单一方向的持续变动,而是有升有降的交替波动。循环变动不同于季节变动,季节变动有明显的固定的周期,周期的时间不超过一年,而循环变动的周期长短不确定,而且时间在一年以上。

(四) 不规则变动

不规则变动是指除以上各种变动以外,由于临时的、偶然的因素引起的非周期性或趋势性的随机变动。如,自然灾害、意外事故、政治事件、战争等因素引起的无任何规律的变动。

二、时间数列构成因素的组合模型

时间数列分析就是将影响数列的上述四种因素进行分解,以测定不同因素对时间数列影响的大小和规律,为认识和预测现象的发展提供依据。上述四种因素,按照它们的影响方式不同,可以设定不同的组合模型。其中常用的有加法模型和乘法模型。

加法模型:$Y = T + C + S + I$ (8.29)

乘法模型:$Y = T \cdot C \cdot S \cdot I$ (8.30)

公式中 Y 表示时间数列的指标值,T 表示长期趋势,S 表示季节变动,C 表示循环变动,I 表示不规则变动。

若假设四种因素的影响是相互独立的,时间数列便是各因素相加的总和,可以使用加法模型对时间数列进行分析。若假设四种因素的影响是相互交错的,时间数列便是各因素的乘积,可以使用乘法模型对时间数列进行分析。

三、时间数列分解分析的方法

在上述组合模型中,包含了时间数列的四种因素,这是时间数列分析的完备模式,但是并非在每个时间数列中都同时存在这四种因素。在时间数列中,长期趋势是经常存在的,季节变动因素和循环变动因素则不一定存在。如果时间数列中不存在季节变动因素和循环变动因素,则在加法模型中 S 或 C 的取值为 0,在乘法模型中 S 或 C 的取值为 1。

因为长期趋势是经常存在的,所以,首先要测定时间数列的长期趋势,然后,对非年度数据(以年度为单位的,不存在季节变动)的时间数列考察是否存在季节性变动。对循环变动和不规则变动的分解是比较困难的,但如果不规则变动中没有什么重大变化,变动的主要影响因素是循环变动因素,测定循环变动的方法通常是剩余法。其基本思路是:对时间数列资料用长期趋势值和季节比率消除趋势变动和季节变动的影响,而得到反映循环变动和不规则变动的数列,然后再用移动平均法消除不规则变动,便可得到反映循环变动的系数。

时间数列构成因素的组合模型不同,对时间数列分解分析的方法也不相同。加法模型用减法分解,乘法模型用除法分解。例如:

加法模型的分解: $T = Y - (C + S + I)$

乘法模型的分解: $T = Y / (C \cdot S \cdot I)$

四、长期趋势的测定

在一个长时期的动态数列中,影响数列中指标数值升降变动的因素是多方面的,除了长期趋势外,另有一些因素短期起作用,造成短期的波动,还有一些偶然性因素,造成不规则的偶然变动,在按月或按季资料中,有不少现象还存在季节变动。在一个动态数列中,这几种变动往往是互相交织在一起的。现象变动的长期趋势就体现在这种多因素相互交织作用所形成的波动中,只有把波动修匀之后,才能体现出趋势的状态和走向。长期趋势的测定,就是用一定的方法对动态数列进行修匀,使修匀后的数列排除季节变动、偶然变动等因素的影响,显示出现象变动的基本趋势,作为预测的依据。

测定和分析过去一段相当长的时间内客观现象持续向上或向下的长期趋势,从而可以认识和掌握现象发展的规律性;通过分析现象发展的长期趋势,可以为统计预测提供必要的条件;测定长期趋势,可以消除原有时间数列中长期趋势的影响,以便更好地研究季节变动的影响。测定长期趋势的方法主要有时距扩大法、移动平均法和数学模型法。

(一) 时距扩大法

时距扩大法是将原时间数列中所包括的较小时距单位的各个时期的资料加以合并,得出较长时距的资料,用以消除由于时距较短受偶然因素所引

起的波动,从而展现出现象变动的总趋势。具体分为以下两种方法:

1. 时距扩大总数

将时距比较短的时间数列,通过合并为总数的方法加工处理成时距较长的时间数列,消除受偶然因素影响引起的不规则变动,从而使数列呈现出总的变动趋势。此种方法适合于时期数列资料。

2. 时距扩大平均数

将时距比较短的时间数列,通过合并计算为序时平均数的方法加工处理成时距较长的时间数列,消除受偶然因素影响引起的不规则变动,从而使数列呈现出总的变动趋势。此种方法既适合于时期数列资料,也适合于时点数列资料。

【例 8.13】2012—2016 年我国各月份的邮电业务总量资料如表 8.14。从表中数据来看,各月的邮电业务总量有升有降,而且有明显的逐月持续增长的趋势。试用时距扩大法分析长期趋势。

表 8.14　2012—2016 年各月份我国邮电业务总量资料　　单位:亿元

	2012 年	2013 年	2014 年	2015 年	2016 年
1 月	1 151.7	1 321.8	1 670.5	1 670.5	2 926.6
2 月	1 153.4	1 199.8	1 504.3	1 504.3	2 714.7
3 月	1 255.9	1 395.7	1 768.2	1 768.2	3 236.5
4 月	1 223.3	1 372.2	1 746.7	1 746.7	3 224.6
5 月	1 265.3	1 398.7	1 797.7	1 797.7	3 395.8
6 月	1 257.8	1 397.0	1 773.6	1 773.6	3 456.3
7 月	1 250.9	1 395.8	1 805.6	1 805.6	3 550.5
8 月	1 260.0	1 397.4	1 826.8	1 826.8	3 675.7
9 月	1 286.7	1 433.4	1 883.9	1 883.9	3 882.4
10 月	1 276.5	1 428.1	1 947.8	1 947.8	4 106.6
11 月	1 307.1	1 457.6	2 020.1	2 020.1	4 415.9
12 月	1 332.8	1 481.6	2 100.3	2 100.3	4 689.1

资料来源:国家统计局网站。

如果将以月为单位的数据合并为以季度为单位的数据,这种有升有降的波动就可以消除,显示出来的就是长期增长的趋势。表 8.15 使用时距扩大总数计算各季度的邮电业务总量,用时距扩大平均数的方法计算各季度的月平均邮电业务总量。从表中数据可以看出,有升有降的波动基本消除,显示出邮电业务总量的长期增长趋势。

表 8.15 时距扩大法计算表

单位:亿元

序号	年份	季度	邮电业务总量	平均邮电业务总量
1		一季度	3 561.00	1 187.00
2	2012	二季度	3 746.40	1 248.80
3		三季度	3 797.60	1 265.87
4		四季度	3 916.40	1 305.47
5		一季度	3 917.30	1 305.77
6	2013	二季度	4 167.90	1 389.30
7		三季度	4 226.60	1 408.87
8		四季度	4 367.30	1 455.77
9		一季度	4 943.00	1 647.67
10	2014	二季度	5 318.00	1 772.67
11		三季度	5 516.30	1 838.77
12		四季度	6 068.20	2 022.73
13		一季度	4 943.00	1 647.67
14	2015	二季度	5 318.00	1 772.67
15		三季度	5 516.30	1 838.77
16		四季度	6 068.20	2 022.73
17		一季度	8 877.80	2 959.27
18	2016	二季度	10 076.70	3 358.90
19		三季度	11 108.60	3 702.87
20		四季度	13 211.60	4 403.87

(二)移动平均法

移动平均法是采用逐项递移的办法,从原时间数列第一项开始,按一定项数求序时平均数,逐项移动,边移动边平均,分别计算一系列的移动的序时平均数,形成一个由新的序时平均数派生的时间数列。在这个派生的时间数列中,短期的偶然因素引起的波动被消除,变动更平滑,趋势倾向更明显,从而呈现出现象在较长时间的基本发展趋势。

移动平均项数的确定是关键,因为移动项数多少直接影响修匀的程度。一般说来,移动项数越多,修匀的作用就越大,而所得出的移动平均数的项数也就越少;反之,移动项数越少,修匀的作用就越小,所得出的移动平均数的项数也就越多。移动项数的确定应注意动态数列水平波动的周期性。一般要求移动项数与周期变动的时距相吻合,或为它的整倍数。反映股票市场价格变动的 MA5,MA10,MA20,MA60 分别是以 5、10、20、60 天为周期(5 或 5 的整倍数为移动项数)计算的移动平均数构成的趋势线。对于季度或月份水平资料的时间数列,主要消除季节变动因素的影响,选择 4 项或 12 项移动平均为宜。在以年为单位的数据所形成的时间数列中,所要清除的是循环变动和不规则变动因素,这时,可观察循环周期大体年数,以相应年数作为移动平均的项数。

每次移动平均值应对准所平均时期的正中间。奇数项移动平均求得的平均值,应对准所平均时期的中间数字,一次平均即可;偶数项移动平均求得的平均数,应位于所平均时期的中间两项之间,需要再作一次两项移动平均进行移正过来。从时间数列第一项开始,逐项移动,逐次平均,直到最终完成为止。

移动平均以后,由移动平均数构成的新时间数列的项数比原时间数列的项数减少,当按奇数项移动平均时,如果设 N 为移动的项数,则新时间数列首尾各减少 $(N-1)/2$ 项,当按偶数项移动平均时,新时间数列首尾各减少 $N/2$ 项。

【例 8.14】2014—2016 年各月份我国进出口总值资料如表 8.16。从表中数据来看,各月的进出口总值有升有降,而且有明显的逐月持续增长的趋势。

表 8.16 2014—2016 年各月份我国进出口总值资料　　单位:千美元

年份	月份	进出口总值	12 项移动平均值	2 项移正趋势值
2014	1	382 394 944		
	2	251 176 182		
	3	332 512 681		
	4	358 628 525		

年份	月份	进出口总值	12 项移动平均值	2 项移正趋势值
2014	5	355 024 110		
	6	342 012 378		
	7	378 481 575	358 860 611	357 114 329
	8	367 095 251	355 368 048	356 475 794
	9	396 411 570	357 583 541	355 647 841
	10	368 327 943	353 712 142	352 041 251
	11	368 848 960	350 370 361	348 963 011
	12	405 413 212	347 555 661	347 363 983
2015	1	340 484 185	347 172 305	345 867 577
	2	277 762 096	344 562 848	343 162 912
	3	286 055 898	341 762 975	339 861 131
	4	318 527 152	337 959 286	336 076 797
	5	321 247 714	334 194 307	332 958 168
	6	337 412 104	331 722 030	330 995 556
	7	347 168 095	330 269 082	328 210 765
	8	333 496 775	326 152 447	323 733 069
	9	350 767 303	321 313 690	321 551 766
	10	323 148 187	321 789 843	321 016 129
	11	339 181 636	320 242 414	319 863 061
	12	387 977 840	319 483 707	318 443 996
2016	1	291 084 568	317 404 286	316 066 318
	2	219 697 006	314 728 351	314 546 624
	3	291 769 733	314 364 898	313 375 359
	4	299 958 011	312 385 820	311 711 715
	5	312 143 222	311 037 610	311 191 010
	6	312 459 054	311 344 410	310 929 358

年份	月份	进出口总值	12项移动平均值	2项移正趋势值
2016	7	315 056 873	310 514 306	
	8	329 135 339		
	9	327 018 366		
	10	306 969 670		
	11	342 863 237		
	12	378 016 588		

资料来源:国家统计局网站

采用移动平均法对表8.16数据进行修匀,这种有升有降的波动就可以消除,显示出来的就是长期增长的趋势。用移动平均法(12项)计算月平均进出口总额如表8.16,表中12项移动平均值要上移半期。例如,表8.16中12项移动平均值的第一项为358 860 611,是2014年1月至12月的平均,应放在2014年6月的数字与7月的数字之间,第二项为355 368 048,是2014年2月至2015年1月的平均,应放在2014年7月的数字与8月的数字之间,以下类同。由于采用偶数项移动平均,需要再作一次两项移动平均进行移正,使之与具体的时间相对应(见表8.16中的2项移正趋势值)。从表中数据可以看出,有升有降的波动基本消除,显示出我国进出口总额的长期增长趋势。

(三)最小平方法

最小平方法,也叫最小二乘法,是分析和预测现象长期趋势常用方法,是求解方程参数的方法之一。它的数学依据是:通过对时间数列的处理,拟合一条比较理想的趋势直线或趋势曲线,使原时间数列各数据点与趋势线垂直距离的离差平方和最小。即实际观察值与理论值的离差平方和最小,即$\sum(y-y_c)^2$为最小值。

1. 长期趋势的变动类型

长期趋势有直线型和曲线型之分。如果时间数列各个时期的逐期增长量相对稳定,即现象发展水平按相当固定的绝对速度变化时,则采用直线作为趋势线,来描述趋势变化,预测前景。如果时间数列各个时期的二级增长量大体相同,即各个时期的逐期增长量的逐期增长量近似于一个常数,则采用二次抛物线作为趋势线。如果时间数列各个时期的环比发展速度或环比增长速度大体相同,则趋势线近似于指数曲线,可以拟合指数曲线方程。抛物线、指数曲线和其他曲线都属于曲线型。在现实生活中,现象发展呈曲线形是大量存在的,但研究长期趋势的直线型是研究曲线型的基础,因此,我们将仅以直线型为例介绍趋势方程的建立。

2. 长期趋势的数学模型

(1) 直线趋势方程

如以时间因素作为自变量(x),把数列水平作为因变量(y),拟合的直线趋势方程为:

$$y_c = a + bx \tag{8.31}$$

式中,y_c 表示时间数列 y 的理论值、趋势值;x 为时间顺序;a、b 为直线方程的两个待定参数,a 表示直线的截距,b 表示直线的斜率,即 a 每变动一个单位,y_c 的平均增加量或减少量。

根据最小平方法,满足:$\sum (y - y_c)^2 = \sum (y - a - bx)^2 = $ 最小值,由极值原理,可得如下标准方程组:

$$\begin{cases} \sum y = na + b \sum x \\ \sum xy = a \sum x + b \sum x^2 \end{cases} \tag{8.32}$$

求解,得:

$$a = \bar{y} - b\bar{x} \tag{8.33}$$

$$b = \frac{n \sum xy - \sum x \sum y}{n \sum x^2 - \left(\sum x\right)^2} \tag{8.34}$$

(2) 抛物线趋势方程

抛物线趋势方程如以时间因素作为自变量(x),把数列水平作为因变量(y),拟合的抛物线趋势方程为:

$$y_c = a + bx + cx^2 \tag{8.35}$$

方程中有三个待定参数 a、b、c,根据最小平方法可以得出如下标准方程组;

$$\begin{cases} \sum y = na + b \sum x + c \sum x^2 \\ \sum xy = a \sum x + b \sum x^2 + c \sum x^3 \\ \sum x^2 y = a \sum x^2 + b \sum x^3 + c \sum x^4 \end{cases} \tag{8.36}$$

求解此方程组,即可得参数 a、b、c,从而可得抛物线趋势方程。

(3) 指数曲线趋势方程

如以时间因素作为自变量(x),把数列水平作为因变量(y),拟合的指数曲线趋势方程为:

$$y_c = a \cdot b^x \tag{8.37}$$

对等式两边取常用对数得:$\lg y_c = \lg a + x \cdot \lg b$,

令 $\lg y_c = y'_c$,$\lg a = A$,$\lg b = B$,

得直线方程 $y'_c = A + B \cdot x$,

按前述方法求解直线方程参数 A、B。

求 A、B 的反对数 a、b,即可得到拟合的指数曲线趋势方程。

【例 8.15】2014—2016 年各月份我国货币和准货币(M2)供应量(单位:亿元)资料如表 8.17。试用最小平方法建立直线趋势方程。

表 8.17 最小平方法计算表

时间	时间序号 x	货币和准货币(M2)供应量 y	$x \cdot y$	x^2	长期趋势值
2014 年 1 月	1	1 123 521	1 123 521	1	1 114 609.5
2014 年 2 月	2	1 131 761	2 263 522	4	1 126 956.0
2014 年 3 月	3	1 160 687	3 482 062	9	1 139 302.5
2014 年 4 月	4	1 168 813	4 675 251	16	1 151 649.0
2014 年 5 月	5	1 182 294	5 911 470	25	1 163 995.5
2014 年 6 月	6	1 209 587	7 257 523	36	1 176 342.0
2014 年 7 月	7	1 194 249	8 359 745	49	1 188 688.5
2014 年 8 月	8	1 197 499	9 579 993	64	1 201 035.0
2014 年 9 月	9	1 202 051	10 818 463	81	1 213 381.5
2014 年 10 月	10	1 199 236	11 992 363	100	1 225 728.0
2014 年 11 月	11	1 208 606	13 294 665	121	1 238 074.4
2014 年 12 月	12	1 228 375	14 740 498	144	1 250 420.9
2015 年 1 月	13	1 242 710	16 155 233	169	1 262 767.4
2015 年 2 月	14	1 257 380	17 603 327	196	1 275 113.9
2015 年 3 月	15	1 275 333	19 129 992	225	1 287 460.4
2015 年 4 月	16	1 280 779	20 492 466	256	1 299 806.9
2015 年 5 月	17	1 307 358	22 225 080	289	1 312 153.4
2015 年 6 月	18	1 333 375	24 000 756	324	1 324 499.9
2015 年 7 月	19	1 353 211	25 711 007	361	1 336 846.4
2015 年 8 月	20	1 356 908	27 138 160	400	1 349 192.9
2015 年 9 月	21	1 359 824	28 556 305	441	1 361 539.4

续表

时间	时间序号 x	货币和准货币（M2）供应量 y	$x \cdot y$	x^2	长期趋势值
2015 年 10 月	22	1 361 021	29 942 455	484	1 373 885.8
2015 年 11 月	23	1 373 956	31 600 988	529	1 386 232.3
2015 年 12 月	24	1 392 278	33 414 675	576	1 398 578.8
2016 年 1 月	25	1 416 320	35 407 989	625	1 410 925.3
2016 年 2 月	26	1 424 619	37 040 086	676	1 423 271.8
2016 年 3 月	27	1 446 198	39 047 347	729	1 435 618.3
2016 年 4 月	28	1 445 210	40 465 869	784	1 447 964.8
2016 年 5 月	29	1 461 695	42 389 158	841	1 460 311.3
2016 年 6 月	30	1 490 492	44 714 755	900	1 472 657.8
2016 年 7 月	31	1 491 559	46 238 320	961	1 485 004.3
2016 年 8 月	32	1 510 983	48 351 453	1 024	1 497 350.8
2016 年 9 月	33	1 516 361	50 039 897	1 089	1 509 697.2
2016 年 10 月	34	1 519 485	51 662 504	1 156	1 522 043.7
2016 年 11 月	35	1 530 432	53 565 122	1 225	1 534 390.2
2016 年 12 月	36	1 550 067	55 802 400	1 296	1 546 736.7
合计	666	47 904 232	934 194 418	16 206	—

从表 8.17 数据来看，各月的货币和准货币（M2）供应量有升有降，而且有明显的逐月持续增长的趋势，如果做成散点图，则可更清楚地看出其增长变化的趋势，如图 8.1。

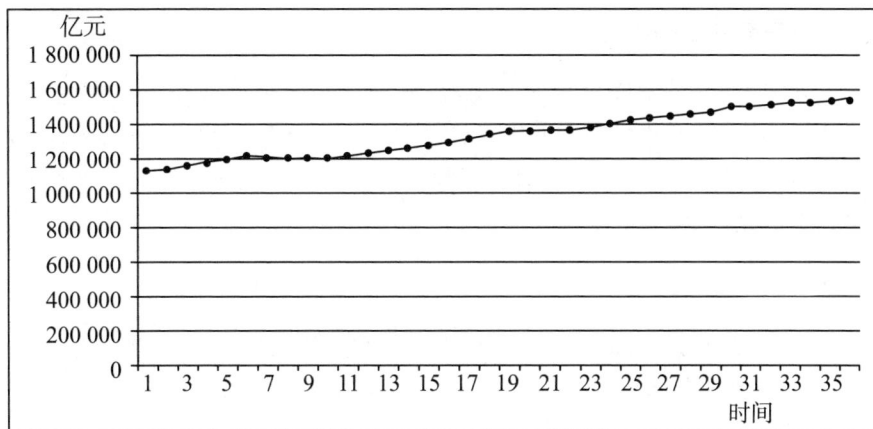

图 8.1　2014—2016 年各月份我国货币和准货币（M2）供应量

将数据代入公式(8.33)和(8.34)得：

$$b = \frac{n\sum xy - \sum x \sum y}{n\sum x^2 - (\sum x)^2} = \frac{36 \times 934\ 194\ 418 - 666 \times 47\ 904\ 232}{36 \times 16\ 206 - 666^2} = 12\ 346.49$$

$$a = \bar{y} - b\bar{x} = \frac{47\ 904\ 232}{36} - 12\ 346.49 \times \frac{666}{36} = 1\ 102\ 263.04$$

将数据代入公式(8.32)的方程组也可以得到同样的结果。所以拟合的直线趋势方程为：

$$y_c = 1\ 102\ 263.04 + 12\ 346.49x$$

将与 2014 年 1 月至 2016 年 12 月相对应的时间顺序 1～36 分别代入上述趋势方程，可得相应各月的长期趋势值或理论值，如表 8.17 最后一栏。如果进行简单的长期趋势外推预测，可代入相应的时间顺序。

第五节　季节变动分析

一、季节变动的概念

季节变动是指某些社会经济现象，由于受自然因素和社会条件的影响，在一年或更短的时间之内，随着季节的更换而引起的有规律性的变动。

季节变动具有三个特征：按照一定的周期进行，有规律性的变动，每年重复进行，每个周期的变化强度大体相同。

二、分析季节变动的意义

分析季节变动，掌握季节变动规律，有助于指导当前的社会生产和各种经济活动；分析季节变动，可以根据季节变动规律，配合适当的季节模型，进行经济预测；分析季节变动，有助于消除季节变动对时间数列带来的影响，更好地研究长期趋势。

三、季节变动分析的方法

分析季节变动常有的方法有同期平均法和趋势剔除法。

(一)同期平均法

1. 直接平均法

先求各年同期(月或季)发展水平的序时平均数，再将同期平均数与全时

期总平均数对比,求得季节指数。基本步骤包括:

第一步,将各年同期(月或季)的发展水平直接加总求序时平均数;

第二步,将全时期月或季的发展水平加总,求总平均数;

第三步,将各年同期平均数与全时期总平均数对比,即得季节指数。

【例 8.16】2014—2016 年各月份我国进出口总值资料如表 8.16,我们将它合并为如表 8.18 的季度资料。试用直接平均法分析我国进出口总值是否存在季节变动。

表 8.18 2014—2016 年各季度我国进出口总值资料

年份	进出口总值(千美元)			
	第一季度	第二季度	第三季度	第四季度
2014	966 083 807.00	1 055 665 013.00	1 141 988 396.00	1 142 590 115.00
2015	904 302 179.00	977 186 970.00	1 031 432 173.00	1 050 307 663.00
2016	802 551 307.00	924 560 287.00	971 210 578.00	1 027 849 495.00

根据上述步骤计算如下:在表 8.19 中,一季度的同季平均数为 890 979 097.67 千美元,它是 2014 年、2015 年、2016 年的一季度的进出口总值平均,12 个季度的平均数为 999 643 998.58 千美元,一季度的季节指数为 89.13% = 890 979 097.67/999 643 998.58,二季度的季节指数为 98.62% = 985 804 090.00/999 643 998.58。依此类推,可计算得到其余两个季度的季节指数。

若时间数列中不存在季节变动的影响,则季节指数应为 100%,若时间数列中存在季节变动的影响,则季节指数在 100% 上下波动,与 100% 的数值差异越大,说明季节变动影响越大。从表 8.19 中可以看出,我国进出口总值存在季节变动,一季度是淡季,四季度是旺季,这是受我国传统节日春节的影响。

表 8.19 直接平均法季节指数计算表　　　　单元:千美元

年份	进出口总值				各季平均
	第一季度	第二季度	第三季度	第四季度	
2014	966 083 807.00	1 055 665 013.00	1 141 988 396.00	1 142 590 115.00	1 076 581 832.75
2015	904 302 179.00	977 186 970.00	1 031 432 173.00	1 050 307 663.00	990 807 246.25
2016	802 551 307.00	924 560 287.00	971 210 578.00	1 027 849 495.00	931 542 916.75
同季平均	890 979 097.67	985 804 090.00	1 048 210 382.33	1 073 582 424.33	999 643 998.58
季节指数(%)	89.13	98.62	104.86	107.40	100.00

直接平均法只适用于具有水平趋势的时间数列。因为它采用简单平均法计算同期平均数,如果时间数列具有上升或下降的长期趋势,近期数据将对同期平均数起较大作用,从而影响季节指数的正确计算。

2.比率平均法

这种方法是在按月(季)平均之前,先将历年各月(季)的指标值同其本年的月(季)的平均值相比,得出说明历年各月(季)的季节比率,然后将各年同月(季)的季节比率进行平均,求出季节指数。基本步骤包括:

第一步:计算各年的月(或季)平均数,如表8.19的最后一列。

第二步:计算各月(或季)的季节比率。如:

2014年一季度的季节比率=2014年一季度的进出口总值 966 083 807.00/2014年季度平均数 1 076 581 832.75=89.74%;

2015年二季度的季节比率=2015年二季度的进出口总值 977 186 970.00/2015年季度平均数 990 807 246.25=98.63%。其余类推。

第三步:计算季节比率的平均数,得到同季平均,它是各年同月(或季)的季节比率简单平均。

【例8.17】根据例8.16资料,试用比率平均法分析我国进出口总值是否存在季节变动。

从表8.20中可以看出,其计算结果与按直接平均法计算结果没有很大的差别,同样表明我国进出口总值存在季节变动,一季度是淡季,四季度是旺季。

表8.20 比率平均法季节指数计算表 单位:%

年份	第一季度	第二季度	第三季度	第四季度	合计
2014	89.74	98.06	106.08	106.13	100.00
2015	91.27	98.63	104.10	106.01	100.00
2016	86.15	99.25	104.26	110.34	100.00
季节指数	89.05	98.64	104.81	107.49	100.00

与直接平均法相比,比率平均法在一定程度上解决了近期值在季节比率中所占的分量偏重,而远期值所占的分量偏轻的状况。但对于具有明显上升或下降趋势的时间数列,这一方法仍有局限性。

(二)趋势剔除法

以例8.16的资料为例,我们将资料绘制成散点图。如图8.2,就能更清楚地看出我国进出口总值存在季节变动,如图8.2中的曲线,但同时还有长期趋势变动,如图 8.2 中的趋势直线。

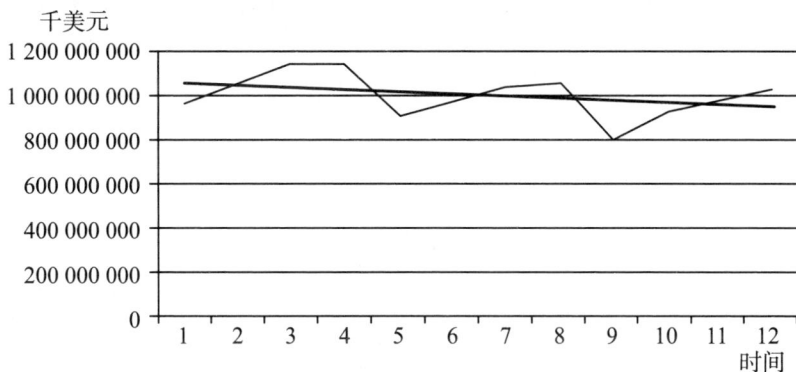

图 8.2　2014—2016 年我国进出口总值季节变动图

在本例中,也就是后一年的数字要比前一年的同期数字低,造成同季(月)平均数中后期各季(月)的数字比前期同季(月)的数字具有较大的作用。对于具有明显上升或下降趋势的时间数列,同期平均法具有局限性,不能准确地反映季节变动。这时就要使用趋势剔除法计算季节指数。趋势剔除法分为移动平均长期趋势剔除法和最小平方长期趋势剔除法。

1. 移动平均长期趋势剔除法

移动平均长期趋势剔除法就是在现象具有明显长期趋势的情况下,先用移动平均法从时间数列中将长期趋势剔除掉,然后再应用"同期平均法"剔除循环变动和不规则变动,最后通过计算季节比率来测定季节变动的程度。它是长期趋势的测定方法——"移动平均法"和季节变动的测定方法——"直接平均法"的结合运用。基本步骤如下:

首先,先根据各年的季度(或月度)资料(Y)计算 4 季(或 12 个月)的移动平均数,然后再计算两项移正平均数,作为各期的长期趋势值(T)。

其次,将各期实际数值(Y)除以相应的长期趋势值(T),得到各期的 Y/T。这就是消除了长期趋势影响的时间数列,它是一个相对数,称为季节比率。

最后,将 Y/T 重新按"直接平均法"计算季节比率的方式排列。计算"历年同季平均数",然后再计算季节指数。

【例 8.18】据例 8.16 的资料,用移动平均趋势剔除法分析我国进出口总值的季节变动。

解:首先求出 4 个季度移动平均趋势值 T,并求得 Y/T,计算结果如表 8.21。

表8.21 移动平均趋势剔除法季节指数计算表(一)

年份	季度	进出口总值 Y	4 项移动平均	2 项移正趋势值 T	剔除趋势变动 Y/T
2014	一	966 083 807			
	二	1 055 665 013			
	三	1 141 988 396	1 076 581 833	1 068 859 129	0.935 963 21
	四	1 142 590 115	1 061 136 426	1 051 326 670	0.920 125 82
2015	一	904 302 179	1 041 516 915	1 027 697 387	1.136 453 51
	二	977 186 970	1 013 877 859	1 002 342 553	1.02574286
	三	1 031 432 173	990 807 246	978 088 387	0.94828183
	四	1 050 307 663	965 369 528	958 791 193	0.912 866 99
2016	一	802 551 307	952 212 858	944 685 158	1.17710251
	二	924 560 287	937 157 459	934 350 188	1.01058871
	三	971 210 578	931 542 917		
	四	1 027 849 495			

然后将表 8.21 中的 Y/T 重新排列,如表 8.22,求出各年同季平均数,使不规则变动消除。但由于 4 个季度的总和不等于 400% 或 4,需进行调整。其调整系数为:

$$调整系数 = \frac{4}{3.999\ 557\ 069} = 1.000\ 110\ 745,用调整系数乘以同季平均数,$$

得季节指数。

表8.22 移动平均趋势剔除法季节指数计算表(二)

年份	第一季度	第二季度	第三季度	第四季度	合计
2014			1.068 418 059	1.086 807 885	
2015	0.879 930 406	0.974 903 208	1.054 538 819	1.095 449 844	
2016	0.849 543 681	0.989 522 236			
同季平均	0.864 737 040	0.982 212 720	1.061 478 439	1.091 128 865	3.999 557 069
季节指数%	86.483 280 89	98.232 149 70	106.159 599 2	109.124 970 2	400

从表 8.22 中可以看出,对原时间数列用移动平均法消除了长期趋势影响后,各季度的季节指数还是存在较大的差别,同样表明我国进出口总值存在季节变动,一季度是淡季,四季度是旺季。

2. 最小平方长期趋势剔除法

最小平方长期趋势剔除法也是在现象具有明显长期趋势的情况下,用最小平方法建立趋势模型,先从时间数列中将长期趋势剔除掉,然后再应用"直接平均法"计算季节比率来测定季节变动的程度。基本步骤如下:

首先,先根据各年的季度(或月度)资料(Y)用最小平方法建立趋势模型,根据趋势模型计算各期的理论值作为各期的长期趋势值(T)。

其次,将各期实际数值(Y)除以相应的长期趋势值(T),得到各期的 Y/T。这就是消除了长期趋势影响的时间数列,它是一个相对数,称为季节指数。

最后,将 Y/T 重新按"直接平均法"计算季节比率的方式排列。计算"历年同季平均数",然后再计算季节指数。

【例 8.19】据例 8.16 的资料,用最小平方趋势剔除法分析我国进出口总值的季节变动。

解:首先,如前所述,根据最小平方法建立直线方程:

$y_c = 843\ 752\ 224.91 + 19\ 783\ 328.13x$,然后计算各期趋势值 T,并求得 Y/T,计算结果如表 8.23。

表 8.23　最小平方趋势剔除法季节指数计算表(一)

年份	季度	时间顺序 x	进出口总值 Y	趋势值 T	Y/T
2011	一	1	966 083 807	1 053 693 931.2	0.916 854 296
	二	2	1 055 665 013	1 043 866 670.7	1.011 302 538
	三	3	1 141 988 396	1 034 039 410.2	1.104 395 427
	四	4	1 142 590 115	1 024 212 149.8	1.115 579 536
2012	一	5	904 302 179	1 014 384 889.3	0.891 478 361
	二	6	977 186 970	1 004 557 628.8	0.972 753 521
	三	7	1 031 432 173	994 730 368.3	1.036 896 234
	四	8	1 050 307 663	984 903 107.9	1.066 407 096
2013	一	9	802 551 307	975 075 847.4	0.823 065 518
	二	10	924 560 287	965 248 586.9	0.957 846 817

续表

年份	季度	时间顺序 x	进出口总值 Y	趋势值 T	Y/T
2013	三	11	971 210 578	955 421 326.5	1.016 525 957
	四	12	1 027 849 495	945 594 066.0	1.086 988 098

然后将表 8.23 中的 Y/T 重新排列,如表 8.24,求出各年同季平均数,使不规则变动消除,由于 4 个季度的总和不等于 400%,需进行调整。其调整系数为:

$$调整系数 = \frac{4}{4.000\ 031\ 133} = 0.999\ 992\ 217,用调整系数乘以同季平均数,$$

即得季节指数。

表 8.24　最小平方趋势剔除法季节指数计算表(二)

年份	第一季度	第二季度	第三季度	第四季度	合计
2014	0.916 854 30	1.011 302 538	1.104 395 427	1.115 579 536	
2015	0.891 478 36	0.972 753 521	1.036 896 234	1.066 407 096	
2016	0.823 065 52	0.957 846 817	1.016 525 957	1.086 988 098	
同季平均	0.877 132 72	0.980 634 292	1.052 605 873	1.089 658 243	4.000 031 133
季节指数(%)	87.712 589 80	98.062 665 95	105.259 768	108.964 976 2	400

从表 8.24 中可以看出,对原时间数列用最小平方法消除了长期趋势影响后,各季度的季节指数与用移动平均法消除长期趋势后的结果很接近,同样表明我国进出口总值存在季节变动,一季度是淡季,四季度是旺季。

本章练习

一、判断对错

1. 定基增长速度等于环比增长速度的连乘积。　　　　　　　　　　（　　）

2. 前期发展水平除以 100 即为增长百分之一的绝对值。　　　　　（　　）

3. 可比性是编制时间数列的基本原则。　　　　　　　　　　　　　（　　）

4. 平均增长量等于逐期增长量之和除以逐期增长量个数。　　　　（　　）

5. 在统计中通常采用最小平方法确定趋势模型中的参数。　　　　（　　）

6. 平均增长速度是环比增长速度连乘积开 n 次方根。　　　　　　（　　）

7. 采用移动平均法测定长期趋势,主要是为了削弱短期的偶然因素引起的变动。 （　　）

8. 移动平均法修匀后都要损失一定的信息量。 （　　）

9. 若环比增长速度每年相等,则其逐期增长量也每年相等。 （　　）

10. 由间隔时点数列计算序时平均数,是假定现象的动态变化过程为均匀变动。 （　　）

二、单项选择题

1. 最基本的时间数列是（　　）。

A. 时点数列　　　　　　　　B. 绝对数时间数列

C. 相对数时间数列　　　　　D. 平均数时间数列

2. 根据间隔相等间断时点数列计算序时平均数,应采用（　　）。

A. 简单算术平均法　　　　　B. 加权算术平均法

C. 简单序时平均法　　　　　D. 加权序时平均法

3. 采用移动平均法计算平均数的方法是（　　）。

A. 简单算术平均法　　　　　B. 加权算术平均法

C. 调和平均法　　　　　　　D. 几何平均法

4. 如果时间数列逐期增长量大体相等,则宜配合（　　）。

A. 直线模型　　　　　　　　B. 抛物线模型

C. 曲线模型　　　　　　　　D. 指数曲线模型

5. 时间数列中的发展水平（　　）。

A. 只能是总量指标　　　　　B. 只能是相对指标

C. 只能是平均指标　　　　　D. 上述三种指标均可以

6. 序时平均数与一般平均数的共同点是（　　）。

A. 两者都是反映同一总体的一般水平

B. 两者都是反映现象的一般水平

C. 共同反映同质总体在不同时间上的一般水平

D. 两者都可消除现象波动的影响

7. 根据时期数列计算序时平均数,应采用（　　）。

A. 简单算术平均法

B. 加权算术平均法

C. 简单序时平均法

D. 加权序时平均法

8. 根据间隔不等间断时点数列计算序时平均数,应采用(　　)。

A. 简单算术平均法　　　　　　　　B. 加权算术平均法

C. 简单序时平均法　　　　　　　　D. 加权序时平均法

9. 用水平法计算平均发展速度,应采用(　　)。

A. 简单算术平均法　　　　　　　　B. 加权算术平均法

C. 调和平均法　　　　　　　　　　D. 几何平均法

10. 在年度时间数列中,不可能存在(　　)。

A. 趋势变动　　　B. 季节变动　　　C. 循环变动　　　D. 不规则变动

三、多项选择题

1. 下列等式中,正确的有(　　)。

A. 增长速度＝发展速度－1

B. 定基发展速度＝定基增长速度＋1

C. 环比发展速度＝环比增长速度＋1

D. 平均增长速度＝平均发展速度－1

E. 平均增长量＝平均发展水平－1

2. 时间数列按指标的表现形式不同分为(　　)。

A. 时期数列　　　　　　　　　　　B. 时点数列

C. 平均数时间数列　　　　　　　　D. 相对数时间数列

E. 绝对数时间数列

3. 某五年中每年国民生产总值是(　　),计算这个数列的平均水平的方法是(　　)。

A. 时期数列　　　　　　　　　　　B. 时点数列

C. 简单算术平均法　　　　　　　　D. 加权算术平均法

E. 几何平均法

4. 编制时间数列的原则有(　　)。

A. 时期长短应该相等　　　　　　　B. 总体范围应该一致

C. 指标的经济内容应该相同　　　　D. 指标的计算方法相同

E. 计量单位应该一致

5. 时点数列的特点有(　　)。

A. 数值大小与间隔长短有关　　　　B. 数值大小与间隔长短无关

C. 数值相加有实际意义　　　　　　D. 数值相加没有实际意义

E. 数值是连续登记得到的

6. 下列说法正确的有(　　)。

A. 平均增长速度大于平均发展速度

B. 平均增长速度小于平均发展速度

C. 平均增长速度＝平均发展速度－1

D. 平均发展速度＝平均增长速度－1

E. 平均发展速度×平均增长速度＝1

7. 下列关系正确的有(　　)。

A. 环比发展速度的连乘积等于相应的定基发展速度

B. 定基发展速度的连乘积等于相应的环比发展速度

C. 环比增长速度的连乘积等于相应的定基增长速度

D. 环比发展速度的连乘积等于相应的定基增长速度

E. 平均增长速度＝平均发展速度－1

8. 测定长期趋势的方法主要有(　　)。

A. 时距扩大法　　　B. 方程法　　　C. 最小平方法　　　D. 移动平均法

E. 几何平均法

9. 关于季节变动的测定,下列说法正确的是(　　)。

A. 目的在于掌握事物变动的季节周期性

B. 常用的方法是按月(季)平均法

C. 需要计算季节比率

D. 按月计算的季节比率之和应等于400%

E. 季节比率越大,说明事物的变动越处于淡季

10. 现象发展速度的统计分析指标有(　　)。

A. 发展速度　　　B. 增减速度　　　C. 平均发展速度　　　D. 平均增长速度

E. 平均发展水平

四、计算分析题

1. 某工厂上半年工人数和工业总产值资料如下表,就下表资料进行如下计算和分析:(1) 计算第一季度和第二季度平均工人数,并对比两季度的变化情况;(2) 计算第一季度和第二季度平均每月总产值,并对比两季度月平均产值的变化情况;(3) 计算第一季度和第二季度平均月劳动生产率,并对比两季度月劳动生产率的变化情况。

	1 月	2 月	3 月	4 月	5 月	6 月	7 月
月初工人数(人)	1 850	2 050	1 950	2 150	2 216	2 190	2 250
工业总产值(万元)	2 496	2 720	2 706	3 226	3 740	3 729	3 825

2. 根据表中我国 2011—2016 年进出口总额(单位:亿元)的资料,计算各种动态分析指标,填入表中相应的空格内。

年份		2011	2012	2013	2014	2015	2016
进出口总额		236 401.95	244 160.21	258 168.89	264 241.77	245 502.93	243 386.46
增长量	逐期						
	累积						
发展速度	环比%						
	定基%						
增长速度	环比%						
	定基%						
平均发展速度%							
增长1%绝对值							

3. 某公司 2010 年产值为 2 400 万元,若今后以每年递增 19.235% 的速度发展,则到 2017 年将达到什么水平? 某地区 2015 年生产总值为 28 902.21 亿元,2014 年末人口数为 7 202.29 万人,2015 年末人口数为 7 242.02 万人,2015 年该地区人均生产总值是多少? 根据该地区"十三五"规划,今后五年经济社会发展的目标是:生产总值年均增长 8.5%,该地区总人口数年均增长率控制在 0.7% 以内,那么,以 2015 年为基期,到 2020 年该地区人均生产总值达到多少? 十三五期间该地区人均生产总值年平均增长速度是多少?

4. 我国 2010—2017 年城镇单位在岗职工平均工资资料如下表:

年份	2010	2011	2012	2013	2014	2015	2016	2017
城镇单位在岗职工平均工资(元)	37 147	42 452	47 593	52 388	57 361	63 241	68 993	76 121

试用最小平方法拟合趋势直线,并测算 2018 年城镇单位在岗职工平均工资(趋势值)。

5. 我国 2011—2016 年社会消费品零售总额资料如下表：

年度	社会消费品零售总额(亿元)	增长量(亿元)		平均增长量(亿元)	发展速度%		增减速度%	
		累积	逐期		定基	环比	定基	环比
2011 年	187 205.8	—	—	—	—	—	—	—
2012 年				27 226.90				
2013 年		55 637.00						
2014 年					45.24			
2015 年						110.68		
2016 年								10.43

试根据上述资料计算：(1) 表中所缺的其他数字；(2) 2013 年和 2016 年增长 1%的绝对值；(3) 2011—2016 年的平均增长量和平均增长速度。

6. 我国 2013—2016 年各月货物周转量资料如下表，试分别按直接平均法和最少平方趋势剔除法计算各月的季节指数，分析季节变动情况。

我国 2013—2016 年各月货物周转量　　　　　单位：亿吨公里

	2013 年	2014 年	2015 年	2016 年
1 月	13 985.43	14 278.15	14 973.19	14 266.25
2 月	12 950.45	11 205.71	11 235.21	10 918.13
3 月	14 210.98	14 910.46	14 701.42	14 219.60
4 月	13 778.39	15 415.40	15 075.74	14 151.81
5 月	14 390.04	15 259.93	15 184.58	14 835.30
6 月	15 180.21	15 135.18	14 817.94	15 026.78
7 月	17 418.18	14 900.31	15 288.77	14 837.02
8 月	15 199.34	15 307.20	15 447.45	15 120.87
9 月	16 078.07	15 681.55	15 445.20	15 482.63
10 月	16 649.35	16 318.26	16 212.61	15 757.39
11 月	16 957.00	16 409.17	16 327.64	17 518.88
12 月	16 352.25	15 863.06	15 873.06	15 651.09

五、案例题

我国 2014 年 1 月—2017 年 6 月出口总值资料如下表,要求:(1)计算时间数列分析指标,对 2014 年 1 月—2017 年 6 月出口总值的动态进行说明;(2)描述 2014 年 1 月—2017 年 6 月出口总值发展变化的趋势;(3)分析 2014 年 1 月—2017 年 6 月出口总值季节变动的特征;(4)在消除季节变动的基础上作趋势分析;(5)运用时间序列分析对 2017 年下半年各月作预测。

我国 2014 年 1 月—2017 年 6 月出口总值资料

月份	出口总值(亿美元)			
	2014 年	2015 年	2016 年	2017 年
1 月	2 071.3	2 002.6	1 771.9	1 827.5
2 月	1 140.9	1 691.9	1 261.4	1 200.8
3 月	1 701.1	1 445.7	1 608.1	1 806.0
4 月	1 885.4	1 763.3	1 727.6	1 799.9
5 月	1 954.7	1 900.6	1 810.6	1 910.1
6 月	1 867.9	1 919.8	1 801.8	1 965.9
7 月	2 128.9	1 951.0	1 826.4	
8 月	2 084.7	1 968.7	1 905.9	
9 月	2 136.9	2 055.5	1 845.0	
10 月	2 068.7	1 924.0	1 778.7	
11 月	2 116.6	1 964.6	1 935.5	
12 月	2 275.1	2 236.8	2 094.2	

资料来源:根据国家统计局网站资料整理。

第九章
统计指数

■　■　■　■　■

第一节　统计指数概述

一、指数的概念

（一）指数的起源和发展

最初的指数是由研究物价变动、计算物价变动指数开始的。1675 年,英国经济学家伏亨(R.Vaughan)在其所著《铸货币及其货币铸造论》一书中,为了测定劳资双方对于货币交换的比例,以谷物、家畜、布帛等为样本,将 1650 年的这些物品的市场价格与 1352 年作比较,首开物价指数研究之先河,迄今已有 300 多年的历史。伏亨的物价指数为个体指数,即 $\dfrac{p_1}{p_0}$,用于分析单个商品物价的变化情况。1738 年,法国学者杜托(C. F. Dutot)在其所著《从政治上考虑财政和商业》一书中,将路易十四(1638—1715)与路易十二(1462—1515)时代的价格,从总数上加以对比,这是简单综合法的初端。杜托用简单综合物价指数,即 $\dfrac{\sum p_1}{\sum p_0}$,综合反映多种商品价格的总变动。1764 年,意大利贵族卡里(G. R. Carli)在其《铸币金属的价值与比例》中,用 1750 年的粮食、葡萄酒、植物油三类消费品的价格与 1500 年对比,再将计算出来的相对数除以 3,这就是平均指数的原始模型。卡里用简单算术平均指数,即 $\dfrac{1}{n}\sum \dfrac{p_1}{p_0}$,综合反映多种商品价格的总变动。1863 年,英国经济学家杰文斯(W. S. Jevons)在一篇《金价的暴跌》的论文中,提出了价格指数的简单几何平均法。也就是杰文斯用简单几何平均法,即 $\sqrt[n]{\Pi \dfrac{p_1}{p_0}}$ 综合反映多种商品价格的总变动。

指数由最初计算一种商品的价格变动逐渐扩展到计算多种商品价格的综合变动,但上述简单指数法的计算没有考虑商品的重要性程度以及受计量单位变化的影响,随着统计指数理论的发展,经济学家或统计学家提出了加权指数的计算方法,以解决指数计算中所存在的上述缺陷。随着指数理论研究的进一步深入,统计指数由对商品物价变动的计算逐渐扩大到对产量、成本、劳动生产率指数的计算,并且,由动态指数逐渐扩展到静态指数。

(二) 指数的概念

从广义上讲,一切比较相对数均可称之为指数,所谓"比较"是广义的比较,如动态、空间、计划等相对数,都可称之为指数。从狭义上讲,指数是一种特殊的相对数,它是用来说明复杂经济现象总体的变动的相对数。所谓复杂经济现象总体是指那些由多种不能直接加总的要素所组成的社会经济现象总体。对指数的含义,可以通过以下的例题来理解。

【例 9.1】某超市三种商品的销售量和销售价格资料如表 9.1 所示,根据资料计算每一种商品的销售量指数和销售价格指数,以及全部商品的销售量指数和销售价格指数。

表 9.1　商品销售量和商品价格资料

商品类别	单位	销售量 q		商品价格 p(元)		价格个体指数 Kp	销售量个体指数 Kq
		基期	报告期	基期	报告期		
A	吨	130	150	400	600	150.0	115.4
B	件	5 000	6 000	10	8	80.0	120.0
C	个	2 000	2,500	24	26	108.3	125.0
合计	—					—	—

显然,要计算每一种商品的销售量指数和销售价格指数,可以根据广义的指数概念很容易的完成,直接将每一种商品的销售量报告期的数值与基期的数值对比,即可得到销售量指数,直接将每一种商品的销售价格报告期数值与基期的数值对比,即可得到销售价格指数,如表 9.1 中的最后两栏。这一类指数反映的是单一商品或单一项目的变动情况,这类指数称为个体指数。

但是要计算全部商品的销售量指数和销售价格指数,反映全部商品的销售量和销售价格变动,由于各种商品类别不同,具有不同的使用价值,计量单位也不同,不能将各种商品的实物数量或不同商品的价格直接相加然后进行对比。这种由多个项目组成的不能直接加总的总体,称为复杂现象总体。反映复杂现象总体综合变动情况的指数称为总指数,亦即狭义的指数。

二、指数的分类

(一) 按指数所包括的范围不同划分

按指数包括范围或计入指数的项目多少不同划分,统计指数可分为个体指数和总指数。个体指数是反映某一项目或变量变动的相对数,如一种商品的价格或销售量的变动程度;总指数是反映多个项目或变量综合变动的相对数,如多种商品的价格或销售量的综合变动程度。

(二) 按指数化指标的性质不同划分

按所反映的内容不同或指数化指标的性质不同划分,统计指数可以分为数量指标指数和质量指标指数。数量指标指数是反映物量变动程度的,也称物量指数,如产量指数、商品销售量指数等;质量指标指数是反映事物内涵数量的变动程度的,也称物价指数,如价格指数、产品成本指数等。

(三) 按反映的时态不同划分

按反映的时态不同划分,统计指数可以分为动态指数和静态指数。动态指数又称为时间指数,它是将不同时间上的同类现象水平进行比较的结果,反映现象在时间上的变化过程和程度,如物价指数、股票价格指数、工业生产指数等。静态指数包括空间指数和计划完成情况指数两种。空间指数是将同一时期不同空间的同类现象水平进行比较的结果,反映现象在空间上的差异程度;计划完成情况指数则是将某种现象相同时期的实际水平与计划任务对比的结果,反映计划的执行情况或完成与未完成的程度。

(四) 按所选的基期不同划分

按所选的基期不同划分,统计指数分为定基指数和环比指数。定基指数的计算以某一固定期为基期,环比指数则以其前一期为基期。定基指数和环比指数类似于第八章的定基发展速度和环比发展速度。

(五) 按计算形式不同划分

按计算形式不同划分,统计指数可分为简单指数和加权指数。简单指数又称不加权指数,它把计入指数的各个项目的重要性视为相同;加权指数则对计入指数的项目依据重要程度赋予不同的权数,而后再进行计算。目前应用的主要是加权指数。

三、指数的作用

首先,运用统计指数可以反映复杂经济现象总体的变动方向和程度。指数以相对数的形式,表明多种产品或商品的数量指标或质量指标的综合变动方向或程度,这是总指数的主要作用。如例9.1所示,要反映全部商品的销售量和销售价格的变动,需要计算销售量和销售价格总指数。

其次,运用指数体系,对现象的总变动进行因素分析,可以分析各个因素的变动对总变动的影响程度和绝对效果。例如,商品销售额的变动受销售量和销售价格变动的影响,通过编制商品销售额指数、销售量指数和销售价格指数,利用前者等于后两者之积的指数体系,可以分析销售额的变动受各因素影响的程度和绝对效果;总平均工资的变动受各组工资水平和各组工人数结构的影响,同样可以通过编制指数,利用指数体系进行因素分析。

最后,运用连续编制的动态指数数列,可以分析复杂经济现象总体在长时间内的发展变化趋势。不仅如此,把两个相互联系的指数数列加以比较,还可进一步认识复杂现象总体之间数量上的变动关系。

四、指数的性质

第一,相对性。指数是通过比较来反映现象变动的,因而其结果常以相对数或比率形式出现,表明现象变动的程度。它可以度量一个简单现象在不同时间或不同空间的相对变化,如一种商品的价格指数或数量指数,这种指数称为个体指数;它也可用于反映复杂现象的综合变动,如商品价格总指数,反映了一组指定商品的价格变动程度,这种指数称为总指数。

第二,综合性。这是就狭义的指数而言的,指数是反映由多个项目组成的不能直接加总的总体综合变动水平。这也是指数理论和方法的核心问题。没有综合性,指数就不可能发展成为一种独立的理论和方法论体系。比如,要反映多种商品价格水平的变动,因各种商品的价格变动存在差异,不能只以某一种商品的价格为代表,而必须在考虑多种商品价格综合变动的基础上计算价格指数,以反映商品价格的综合变动水平。

第三,平均性。综合性表明,要反映多种商品价格水平的变动,必须在考虑多种商品价格综合变动的基础上计算价格指数,其结果是,价格指数抽象了各种商品的价格变动差异,而显现出各种商品价格变动的一般水平。因此,指数反映复杂现象总体的相对变动,这种变动是多个项目的平均变动,指数是总体水平的一个代表性数值。

第四,代表性。指数是反映复杂现象总体变动的相对数,应将各有关现象都一一列入计算范围。但在实际编制指数时,由于人力、物力和财力等条件的制约,不可能搜集全面数据,而只能选择若干重要项目作为代表,以此作为计算的基础。比如,全国居民消费价格指数虽然涵盖全国城乡居民生活消费的食品、烟酒及用品、衣着、家庭设备用品及维修服务、医疗保健和个人用品、交通和通信、娱乐教育文化用品及服务、居住等八大类、262个基本分类的商品与服务价格,但这也只是全部商品和服务项目中的一小部分。在这种情况下,指数实际上是代表性数字。

第二节 综合指数

综合指数是总指数的一种主要形式或基本形式,它是按照加权综合的方法计算出两个综合的总量,并进行对比计算。

一、综合指数计算的特点

第一,编制总指数的目的是为了反映不能直接加总的现象总体的总变动方向和程度,因此编制综合指数首先要解决的问题,是使不能直接加总的事物或现象,通过同度量因素的加入,过渡到能够相加的价值量指标,这也就是综合指数计算的第一个特点。一个总价值指标可以分解为两个或两个以上的因素。例如,商品销售额=商品销售量×销售价格,总成本=产品产量×单位成本等。如果考察其中一个因素指标的变动(即编制综合指数),则另一因素(或多个因素)就成为同度量因素。例如,为了反映不同使用价值或不同计算单位的商品销售量的总变动,我们可以加入商品的销售价格这一因素,将商品的使用价值(销售量)改变为价值形态(销售额),而后加以对比。这里,加入的因素(销售价格)称为同度量因素。用公式表示为:

$$销售量指数 = \frac{\sum q_1 p}{\sum q_0 p} \tag{9.1}$$

公(9.1)式中,q 表示数量指标、物量,如:产量、销售量等;p 表示质量指标、物价,如:商品价格、单位成本等;下标1表示报告期;下标0表示基期。

第二,用来对比的两个时期的价值量指标中,所加入的同度量因素必须令其固定在同一时期的水平上,这样对比结果得出的总指数就是所研究现象综合变动的程度。这也是编制综合指数的第二个特点。在公式(9.1)中,如果同度量因素(销售价格)分子分母分别按报告期和基期两个不同时期计算,公式(9.1)就成了:

$$销售额指数 = \frac{\sum q_1 p_1}{\sum q_0 p_0} \tag{9.2}$$

这是报告期销售额与基期销售额对比的销售额总指数,在这个指数中,既有销售量的变动,也有销售价格的变动。为了只反映销售量的变动,在销售量总指数中,必须将同度量因素(销售价格)分子分母固定在同一时期的水平上。

二、综合指数的计算

随着指数理论的发展,也由于同度量因素所属时期可以有多种选择,综合指数有以下几种主要的计算形式:

(一) 基期加权综合法

1864 年,德国人拉斯佩雷斯(E. Laspeyres)在计算平均数指数时,主张采用基期权数,从而得出综合指数的拉氏公式:

$$物量指数:L_q = \frac{\sum q_1 p_0}{\sum q_0 p_0} \tag{9.3}$$

$$物价指数:L_p = \frac{\sum p_1 q_0}{\sum p_0 q_0} \tag{9.4}$$

拉氏指数的经济分析意义包括:① 拉氏物价指数的分子分母之差说明消费者若要维持基期消费水平,由于价格变动将会增减多少实际开支;② 拉氏物量指数的分子分母之差说明在价格不变的前提下,纯粹由于物量变动而带来的价值变动;③ 价值额的变动中只考虑了价格或物量自身的变动所引起的价值变动,没有考虑物量变动和价格变动交互影响引起的价值变动。

(二) 报告期加权综合法

1874 年,德国人派许(H. Paasche)提出采用报告期权数计算平均数指数的方法,从而得出综合指数的派氏公式:

$$物量指数:P_q = \frac{\sum q_1 p_1}{\sum q_0 p_1} \tag{9.5}$$

物价指数：$P_p = \dfrac{\sum p_1 q_1}{\sum p_0 q_1}$ (9.6)

派氏指数的经济分析意义包括：① 派氏价格指数的分子分母之差说明消费者在达到报告期生活水平的情况下，由于价格变化而增减了多少实际开支；② 派氏物量指数的分子分母之差说明在价格已经发生变化的前提下，由于物量变动而带来的价值变动；③ 派氏价格指数由于权数是实时变化的，所以代表性较强，但不能很好地反映纯价格比较原则；④ 价值额的变动中考虑了物量变动和价格变动交互影响引起的价值变动。

在正常的经济行为下，商品价格普遍下降的时候，消费者会将购买量从价格下降幅度小的商品转移到价格下降幅度大的商品；商品价格普遍上涨的时候，消费者则将购买量从价格上涨幅度大的商品转移到价格上涨幅度小的商品。由于升幅或降幅较大的商品价格的权重在拉氏指数公式中比在派氏指数公式中大，而升幅或降幅较小的商品价格的权重在拉氏指数公式中比在派氏指数公式中小，所以用拉氏公式计算出的指数值会大于用派氏公式计算的指数值。如果违背了一般的经济规律，则结果相反。

（三）交叉加权综合法

由于按拉氏公式和派氏公式计算的结果不同，存在偏差，经济学家或统计学家提出了一些折中公式，将偏差加以调和。马埃公式是由英国人马歇尔（A.Marshall）和埃奇沃思（F.Y.Edgeworth）在 1887—1890 年间提出的折中公式。具体形式如下：

物量指数 $M_q = \dfrac{\sum q_1 \left(\dfrac{p_0 + p_1}{2} \right)}{\sum q_0 \left(\dfrac{p_0 + p_1}{2} \right)}$ (9.7)

物价指数 $M_p = \dfrac{\sum P_1 \left(\dfrac{q_0 + q_1}{2} \right)}{\sum P_0 \left(\dfrac{q_0 + q_1}{2} \right)}$ (9.8)

（四）几何平均综合法

几何平均综合法亦系折中公式，由美国经济学家沃尔什（G.M.Walsh）和庇古（D.C.Pigou）等人于 1901—1902 年间先后提出，后经著名经济学家兼统计学家费雪通过大量的比较验证其优良性质，将它命名为"理想公式"，人们习惯上称为"费雪指数"。具体形式如下：

$$物量指数\ F_q = \sqrt{\frac{\sum q_1 p_1}{\sum q_0 p_1} \cdot \frac{\sum q_1 p_0}{\sum q_0 p_0}} \qquad (9.9)$$

$$物价指数\ F_p = \sqrt{\frac{\sum p_1 q_1}{\sum p_0 q_1} \cdot \frac{\sum p_1 q_0}{\sum p_0 q_0}} \qquad (9.10)$$

(五) 固定加权综合法

此方法与拉氏和派氏公式的计算方法类似。其区别在于同度量因素是使用某一特定时期的水平为权数。此方法由英国经济学家杨格(A.Young)于1812—1822年间提出。权数不因比较时期的改变而改变,而且不受基期、报告期的限制,便于观察现象长期发展变化的趋势。但权数每隔一定时期必须加以调整。其具体形式如下:

$$物量指数\ Y_q = \frac{\sum q_1 p_n}{\sum q_0 p_n} \qquad (9.11)$$

$$物价指数\ Y_p = \frac{\sum p_1 q_n}{\sum p_0 q_n} \qquad (9.12)$$

(六) 鲍莱指数

鲍莱指数由英国统计学家鲍莱(A. L. Bowley)等人于1901年提出,它是将拉氏指数和派氏指数直接进行简单算术平均的结果。具体形式如下:

$$物量指数\ B_q = \frac{1}{2}\left(\frac{\sum q_1 p_0}{\sum q_0 p_0} + \frac{\sum q_1 p_1}{\sum q_0 p_1} \right) \qquad (9.13)$$

$$物价指数\ B_p = \frac{1}{2}\left(\frac{\sum p_1 q_0}{\sum p_0 q_0} + \frac{\sum p_1 q_1}{\sum p_0 q_1} \right) \qquad (9.14)$$

三、同度量因素所属时期的选择

统计指数中的权数问题(亦即同度量因素问题),在历来的指数理论中影响最大的有两大派别:一为拉斯佩雷斯指数理论,一为派许指数理论。

【例9.2】某超市三种商品的销售量和销售价格资料如表9.2所示,试分别按拉氏公式和派氏公式计算商品销售量指数和商品价格指数。

表 9.2 综合指数计算表

产品类别	单位	销售量		销售价格（元）		销售额（万元）			
		基期	报告期	基期	报告期	p_0q_0	p_1q_1	p_0q_1	p_1q_0
A	吨	130	150	400	600	5.2	9.0	6.0	7.8
B	件	5 000	6 000	10	8	5.0	4.8	6.0	4.0
C	个	2 000	2,500	24	26	4.8	6.5	6.0	5.2
合计	—	—	—	—	—	15.0	20.3	18.0	17.0

（一）拉氏公式计算

销售量指数：$L_q = \dfrac{\sum q_1 p_0}{\sum q_0 p_0} = \dfrac{18}{15} = 120\%$

计算结果表明：三类商品销售量平均增长 20%，由于销售量增长而使销售额增加：

$$\sum q_1 p_0 - \sum q_0 p_0 = 18 - 15 = 3 \text{ 万元}$$

商品价格指数：$L_p = \dfrac{\sum p_1 q_0}{\sum p_0 q_0} = \dfrac{17}{15} = 113.33\%$

计算结果表明：三类商品价格平均增长 13.33%，由于价格提高而使销售额增加：

$$\sum p_1 q_0 - \sum p_0 q_0 = 17 - 5 = 2 \text{ 万元}$$

（二）派氏公式计算

销售量指数：$P_q = \dfrac{\sum q_1 p_1}{\sum q_0 p_1} = \dfrac{20.3}{17} = 119.41\%$

计算结果表明：三类商品销售量平均增长 19.41%，由于销售量增长而使销售额增加：

$$\sum q_1 p_1 - \sum q_0 p_1 = 20.3 - 17 = 3.3 \text{ 万元}$$

商品价格指数：$P_p = \dfrac{\sum p_1 q_1}{\sum p_0 q_1} = \dfrac{20.3}{18} = 112.78\%$

计算结果表明：三类商品价格平均增长 12.78%，由于价格提高而使销售额增加：

$$\sum p_1 q_0 - \sum p_0 q_1 = 20.3 - 18 = 2.3 \text{ 万元}$$

通过上述计算可知,据拉氏公式计算的销售量指数和价格指数与据派氏公式计算的销售量指数和价格指数的结果都是不同的。这是由于同度量因素所属时期不同所致。

究竟如何选择同度量因素所属时期呢?同度量因素所属时期的选择,没有固定不变的原则。一般地,计算数量指标指数时,应将同度量因素固定在基期;计算质量指标指数时,应将同度量因素固定在报告期。

第三节　平均指数

一、平均指数的含义

拉氏公式与派氏公式的经济含义明确,从而都成为广泛使用的指数公式。但是我们在计算过程中会发现,两类公式都需要三个系列的数据,如要获得拉氏价格指数,必须要有 p_1、p_0、q_0 资料作为计算基础;要获得派氏数量指数,必须要有 q_1、q_0、p_1 资料作为计算基础。但在实际工作中不一定能够直接得到这三个系列的数据,获得价格比率的资料往往比获得价格资料更容易些。于是我们考虑对公式进行变形改造。

事实上,从历史发展看,计算总指数是从计算平均指数开始的,目前,国内外也均重视平均指数的计算。平均指数是个体指数的平均数。它是从个体指数出发计算总指数的,先计算数量指标或质量指标的个体指数,然后进行加权平均计算,以测定现象总的变动程度。

二、平均指数的计算步骤

综合指数是从解决多个项目不能直接加总进行对比这个角度入手,将两个时期的数值通过加入同度量因素综合后再进行对比计算出总指数,因此,综合指数计算的基本方法是"先综合,后对比"。而平均指数则是先计算反映每一个单个项目变动的个体指数,然后再将个体指数以平均数的形式进行综合计算出总指数,平均指数计算的基本方法是"先对比,后平均"。因此,平均指数计算的步骤分为两步。

第一步,计算复杂现象总体中每个项目的个体指数,数量指标个体指数的一般形式为：$k_q = \dfrac{q_1}{q_0}$，质量指标个体指数的一般形式为：$k_p = \dfrac{P_1}{P_0}$。

第二步，将个体指数视为变量，确定一定的权数，用加权平均的方法计算出总指数。加权平均数指数因权数所属时期的不同，分为基期总量加权指数和报告期总量加权指数以及固定权数加权指数，上述相应的权数以下述符号分别表示：$p_0 q_0$、$p_1 q_1$、w。加权平均的方法有两种：加权算术平均法和加权调和平均法。

三、平均指数的计算方法

（一）加权算术平均指数

加权算术平均数的一般形式为：$\bar{x} = \dfrac{\sum xf}{\sum f}$，当 x 是个体指数时，根据权数 f 的不同，加权算术平均指数分为：

① 权数 f 为 $p_0 q_0$ 时，加权算术平均指数是综合指数的变形。以 $k_p = \dfrac{p_1}{p_0}$ 代表各商品的价格个体指数，$k_q = \dfrac{q_1}{q_0}$ 代表各商品的物量个体指数，则：

加权算术平均物价指数：$\bar{K}_P = \dfrac{\sum k_p p_0 q_0}{\sum p_0 q_0}$　　　　(9.15)

加权算术平均物量指数：$\bar{K}_q = \dfrac{\sum k_q p_0 q_0}{\sum p_0 q_0}$　　　　(9.16)

上述公式是拉氏综合指数公式的变形。

【例 9.3】某超市三种商品的销售量和销售价格资料如表 9.3 所示，试计算商品销售量指数。

表 9.3　加权算术平均指数计算表

产品类别	计量单位	销售量		基期销售额	销售量个体指数	$K_q p_0 q_0$
		基期	报告期			
A	吨	130	150	52 000	115.4	60 000
B	件	5 000	6 000	50 000	120.0	60 000
C	个	2 000	2 500	48 000	125.0	60 000
合计	—	—	—	150 000	—	180 000

解：

$$\overline{K}_q = \frac{\sum k_q p_0 q_0}{\sum p_0 q_0} = \frac{180\,000}{150\,000} = 120\%$$

计算结果表明：三种商品销售量报告期比基期平均增长 20%，这个结果与例 9.2 按拉氏物量综合指数公式计算的结果完全相同。

由于销售量指数采用基期商品销售额加权，平均指数与综合指数存在着变形关系。

② 权数 f 不是 $p_0 q_0$ 而是某种固定权数 W 时，平均指数和综合指数是不一致的，在这种情况下，称为固定加权算术平均指数。

固定加权算术平均物价指数：$\overline{K}_P = \dfrac{\sum k_p w}{\sum w}$ （9.17）

固定加权算术平均物量指数：$\overline{K}_q = \dfrac{\sum k_q w}{w}$ （9.18）

(二) 加权调和平均指数

加权调和平均数的一般形式为：$H = \dfrac{\sum m}{\sum \dfrac{m}{x}}$，当变量 x 为个体指数时，根据权数 m 的不同，加权调和平均指数分为：

① 权数 m 为 $p_1 q_1$ 时，加权调和平均指数是综合指数的变形。以 $k_p = \dfrac{p_1}{p_0}$ 代表各商品的价格个体指数，$k_q = \dfrac{q_1}{q_0}$ 代表各商品的物量个体指数，则：

加权调和平均物价指数：$\overline{K}_P = \dfrac{\sum p_1 q_1}{\sum \dfrac{p_1 q_1}{k_p}}$ （9.19）

加权调和平均物量指数：$\overline{K}_q = \dfrac{\sum p_1 q_1}{\sum \dfrac{p_1 q_1}{k_q}}$ （9.20）

上述公式是派氏综合指数公式的变形。

【例 9.4】某超市三种商品的销售量和销售价格资料如表 9.4 所示，试计算商品价格指数。

表 9.4 加权调和平均指数计算表

产品类别	计量单位	销售价格		报告期销售额	价格个体指数	$\dfrac{p_1 q_1}{k_p}$
		基期	报告期			
A	吨	400	600	90 000	150.0	60 000
B	件	10	8	48 000	80.0	60 000
C	个	24	26	65 000	108.3	60 000
合计	—	—	—	203 000	—	180 000

$$\overline{K}_P = \frac{\sum p_1 q_1}{\sum \dfrac{p_1 q_1}{k_p}} = \frac{203\ 000}{180\ 000} = 112.78\%$$

计算结果表明:三种商品价格报告期比基期平均增长 12.78%,这个结果与例 9.2 按派氏物价综合指数公式计算的结果完全相同。

② 权数 m 不是 $p_1 q_1$ 而是某种固定权数 w 时,平均指数和综合指数是不一致的,在这种情况下,称为固定加权调和平均指数。

固定加权调和平均物价指数:$\overline{K}_P = \dfrac{\sum w}{\sum \dfrac{w}{k_p}}$ (9.21)

固定加权调和平均物量指数:$\overline{K}_q = \dfrac{\sum w}{\sum \dfrac{w}{k_q}}$ (9.22)

四、综合指数和平均指数的关系

综合指数和平均指数是总指数的两种形式,综合指数由于其组成内容具有明确的经济意义,因此是总指数的常用计算方法。加权算术平均指数,当以数量指标的个体指数与基期价值量指标进行加权计算时,可以推导出综合指数中的数量指标指数——拉氏公式;加权调和平均指数,当以质量指标的个体指数与报告期价值量指标进行加权计算时,可以推导出综合指数中的质量指标指数——派氏公式。因此,平均指数可以说是综合指数的一种变形应用,两类指数之间有变形关系。

作为一种独立的指数形式,平均指数不只是为综合指数的变形而使用,它本身具有广泛的应用价值。

第四节　指数体系与因素分析

一、指数体系

　　从编制单独的指数到研究有关指数之间的关系,是指数工作实践和指数理论的发展。指数体系有广义和狭义之分。广义的指数体系是指由若干个内容上相互关联的统计指数所结成的体系。根据考察问题的需要,构成这种体系的指数可多可少,如居民消费价格指数、商品零售价格指数、农业生产资料价格指数、农业品生产价格指数、工业品出厂价格指数(生产者价格指数)、原材料、燃料和动力购进价格指数、固定资产投资价格指数和房地产价格指数等,构成了物价指数体系。

　　狭义的指数体系是指三个或三个以上有联系的经济指数之间,如能构成一定的数量对等关系,我们就把这种在经济上有联系、数量上保持一定关系的指数所构成的整体称为狭义的指数体系。如,总产值指数＝产量指数×产品价格指数;销售额指数＝销售量指数×销售价格指数;总成本指数＝产量指数×单位产品成本指数;销售利润指数＝销售量指数×销售价格指数×销售利润率指数;原材料支出额指数＝产量指数×单位产品原材料消耗量指数×原材料价格指数;总平均工资指数＝组平均工资指数×工人数结构变动影响指数。在上述指数体系中,等式左边称为总变动指数,等式右边称为因素指数。只有两个因素指数的指数体系称为两因素指数体系,有三个或三个以上因素指数的指数体系称为多因素指数体系。

二、因素分析

　　所谓因素分析就是以指数体系为基本依据,从绝对数和相对数两方面分析总体变动的方向和程度,以及由此产生的实际经济效果。例如,商品销售额的变动,受价格和销售量两因素的影响,借助指数体系,可以分析价格、销售量对销售额的影响方向(增加或减少),影响程度(增加或减少的百分数是多少),分析其中哪个是主要因素,分析由于价格和销售的变动影响销售额增加或减少的绝对额是多少。

　　进行因素分析时要注意以下两个问题:

　　第一,因素分析要以指数体系为基本依据。在相对数上,总量指数等于各因素指数的乘积,如:总产值指数＝产量指数×产品价格指数;在绝对量上,总量的变动差额等于各因素指数变动差额之和,如:总产值报告期比基期的变动差额(增长额或减少额)＝产量变动对总产值的影响额＋产品价格变动对总产值的影响额。

第二,因素分析中,为了测定某一因素的变动影响,要把其他因素加以固定,即按同一时期的数量计算。在两因素指数体系中,两个因素指数中通常一个为数量指标指数,另一个为质量指标指数,在计算数量指标指数时,要将另一因素质量指标固定在基期,在计算质量指标指数时,则必须将另一因素数量指标固定在报告期。在多因素指数体系中,我们可以使用连锁替代法来固定其他多个因素。

三、总量指标变动的因素分析

总量指标变动的因素分析包括简单现象总量指标变动的因素分析和复杂现象总量指标变动的因素分析,根据因素的多少不同又分为两因素分析和多因素分析。我们以复杂现象总量指标变动的因素分析为例进行说明。

(一) 复杂现象变动的两因素分析

总量指标两因素分析,就是通过总量指标指数体系将影响总量指标变动的两个因素分离出来加以计算,从而对总量指标的变动做出解释。

【例9.5】某企业出售三种商品的资料如表9.5,要求分析该企业销售额的变动。

表 9.5　两因素分析计算表

商品名称	计量单位	价格		销售量		销售额(万元)		
		基期	报告期	基期	报告期	p_0q_0	p_1q_1	p_0q_1
A	万米	0.5	0.6	150	130	75	78	65
B	万件	1.2	1.0	100	120	120	120	144
C	万个	0.8	1.0	200	220	220	220	176
合计	—	—	—	—	—	355	418	385

解:销售额指数 $=\dfrac{\sum p_1q_1}{\sum p_0q_0}=\dfrac{418}{355}=117.75\%$

销售额报告期比基期增加17.75%,增加销售额:418－355＝63万元
其中:

(1) 由于价格的影响:价格指数 $= \dfrac{\sum p_1 q_1}{\sum p_0 q_1} = \dfrac{418}{385} = 108.57\%$

价格上升 8.57%,使总产值增加: $418 - 385 = 33$ 万元

(2) 由于销售量的影响:销售量指数 $= \dfrac{\sum p_0 q_1}{\sum p_0 q_0} = \dfrac{385}{355} = 108.45\%$

销售量上升 8.45%,使总产值增加: $385 - 355 = 30$ 万元

综合分析:

$$\frac{\sum p_1 q_1}{\sum p_0 q_0} = \frac{\sum p_1 q_1}{\sum p_0 q_1} \times \frac{\sum p_0 q_1}{\sum p_0 q_0}$$

$117.75\% = 108.57\% \times 108.45\%$

$$\sum p_1 q_1 - \sum p_0 q_0 = \left(\sum p_1 q_1 - \sum p_0 q_1\right) - \left(\sum p_0 q_1 - \sum p_0 q_0\right)$$

63 万元 $= 33$ 万元 $+ 30$ 万元

计算结果表明:由于三种商品价格上涨 8.57%,使销售额增加了 33 万元,由于三种商品销售量上升了 8.45%,使销售额增加了 30 万元,两者共同影响的结果,使销售额增长了 117.75%,销售额增加了 63 万元。

(二)复杂现象变动的多因素分析

对于复杂现象变动的多因素分析,一般使用连锁替代法。所谓连锁替代法就是在被分析指标所包含的因素结合式中,将各因素的基期数字顺次以报告期的数字替代,每次替代所得结果与替代前所得结果进行对比,就是该因素变动的影响,二者之差就是被替代因素的变动对被分析指标影响的绝对额。

多因素现象的指标体系,由于所包含的现象因素较多,因此指数的编制过程比较复杂。编制多因素指数时需要注意两个原则。首先,综合指数中的各因素要按合理顺序排列,各因素的排列顺序须注意两点:一般是数量指标在前,质量指标在后;相邻因素相乘后具有经济意义。其次,在编制多因素指标所组成的综合指数时,为了测定某一因素指标的变动影响,要把其他所有因素都固定不变。

【例 9.6】 以销售利润指数=销售量指数×销售价格指数×销售利润率指数为例。某厂有关利润额的变动资料如表 9.6,试用指数法分析利润额的变动。

表 9.6　多因素分析计算表

商品	单位	销售量		价格（元）		利润率%	
		a_0	a_1	b_0	b_1	c_0	c_1
甲	件	500	600	3 500	3 200	10	15
乙	台	500	500	1 800	1 760	30	35

解：

利润额总指数：

$$\frac{\sum a_1 b_1 c_1}{\sum a_0 b_0 c_0} = \frac{600 \times 3\ 200 \times 0.15 + 500 \times 1\ 760 \times 0.35}{500 \times 3\ 500 \times 0.10 + 500 \times 1\ 800 \times 0.30} = \frac{596\ 000}{445\ 000}$$

$$= 133.9\%$$

利润增加额 $= \sum a_1 b_1 c_1 - \sum a_0 b_0 c_0 = 596\ 000 - 445\ 000 = 151\ 000$ 元

其中各因素的变动程度和对利润额的影响：

① 销售量变动影响，销售量指数：

$$\frac{\sum a_1 b_0 c_0}{\sum a_0 b_0 c_0} = \frac{600 \times 3\ 500 \times 0.10 + 500 \times 1\ 800 \times 0.30}{500 \times 3\ 500 \times 0.10 + 500 \times 1\ 800 \times 0.30} = \frac{480\ 000}{445\ 000}$$

$$= 107.87\%$$

影响额 $= \sum a_1 b_0 c_0 - \sum a_0 b_0 c_0 = 480\ 000 - 445\ 000 = 35\ 000$ 元。

② 价格变动影响，价格指数：

$$\frac{\sum a_1 b_1 c_0}{\sum a_1 b_0 c_0} = \frac{600 \times 3\ 200 \times 0.10 + 500 \times 1\ 760 \times 0.30}{600 \times 3\ 500 \times 0.10 + 500 \times 1\ 800 \times 0.30} = \frac{456\ 000}{480\ 000} = 95\%$$

影响额 $= \sum a_1 b_1 c_0 - \sum a_1 b_0 c_0 = 456\ 000 - 480\ 000 = -24\ 000$ 元。

③ 利润率变动影响，利润率指数：

$$\frac{\sum a_1 b_1 c_1}{\sum a_1 b_1 c_0} = \frac{600 \times 3\ 200 \times 0.15 + 500 \times 1\ 760 \times 0.35}{600 \times 3\ 200 \times 0.10 + 500 \times 1\ 760 \times 0.30} = \frac{596\ 000}{456\ 000}$$

$$= 130.7\%$$

影响额 $= \sum a_1 b_1 c_1 - \sum a_1 b_1 c_0 = 596\ 000 - 456\ 000 = 140\ 000$ 元。

综合分析：

$$\frac{\sum a_1 b_1 c_1}{\sum a_0 b_0 c_0} = \frac{\sum a_1 b_0 c_0}{\sum a_0 b_0 c_0} \times \frac{\sum a_1 b_1 c_0}{\sum a_1 b_0 c_0} \times \frac{\sum a_1 b_1 c_1}{\sum a_1 b_1 c_0}$$

$133.9\% = 107.87\% \times 95\% \times 130.7\%$

$$\sum a_1 b_1 c_1 - \sum a_0 b_0 c_0 = \left(\sum a_1 b_0 c_0 - \sum a_0 b_0 c_0\right) + \left(\sum a_1 b_1 c_0 - \sum a_1 b_0 c_0\right) + \left(\sum a_1 b_1 c_1 - \sum a_1 b_1 c_0\right)$$

$151\,000 = 35\,000 + (-24\,000) + 140\,000$

计算结果表明:由于两种商品销售量上升了 7.87%,使利润额增加了 35 000元,由于两种商品价格下降 5%,使利润额减少了 24 000 元,由于两种商品利润率上升了 30.7%,使利润额增加了 140 000 元,三者共同影响的结果,使利润额增长了 133.9%,使利润额增加了 151 000 元。

四、平均指标变动的因素分析

(一) 平均指标指数的概念

平均指标在不同的时间上或不同的空间上的对比形成的相对数,就是平均指标指数,也称平均数指数。指数因素分析除了采用综合指数的形式对总量指标的变动进行分析外,还可以对平均指标的变动进行分析。平均数的大小,取决于各变量值的大小与权数的大小,统计资料经分组后,变量值也就是各组的平均数;权数起权衡轻重的作用,从实质上讲由各组单位数所占比重来决定。因此,不同时期平均指标的对比,其变动受两个因素的影响:各组平均数的大小以及各组单位数在单位总数中所占比重。

(二) 平均指标指数体系及因素分析

为了分析平均指标的变动,必须建立平均指标指数体系,可表示为:

可变构成指数=固定构成指数×结构变动影响指数

① 可变构成指数是指在分组条件下,包含各组平均水平及其相应的单位数比重结构两个因素变动的总平均指标指数。

$$可变构成指数 = \frac{\overline{x}_1}{\overline{x}_0} = \frac{\sum x_1 f_1}{\sum f_1} \div \frac{\sum x_0 f_0}{\sum f_0} \qquad (9.23)$$

② 固定构成指数是指在分组条件下,将总平均指标变动中的结构因素固定在报告期水平上,借以反映各组平均水平变动对总平均指标变动的影响的总平均指标指数。

$$固定构成指数 = \frac{\overline{x}_1}{\overline{x}_{01}} = \frac{\sum x_1 f_1}{\sum f_1} \div \frac{\sum x_0 f_1}{\sum f_1} \qquad (9.24)$$

③ 结构变动影响指数是指在分组的条件下,将总平均指标变动中的平均

水平因素固定在基期水平上,借以综合反映结构因素变动对总平均指标变动影响的总平均指标指数。

$$结构变动影响指数 = \frac{\bar{x}_{01}}{\bar{x}_0} = \frac{\sum x_0 f_1}{\sum f_1} \div \frac{\sum x_0 f_0}{\sum f_0} \tag{9.25}$$

【例 9.7】某种商品在两个市场销售资料如表 9.7,试对平均价格的变动进行因素分析。

表 9.7 平均指标变动因素分析计算表

市场	价格(元)		销售量		销售额(元)		
	基期 x_0	报告期 x_1	基期 f_0	报告期 f_1	基期 $x_0 f_0$	报告期 $x_1 f_1$	假定 $x_0 f_1$
甲	60	55	330	484	19 800	26 620	29 040
乙	50	45	770	726	38 500	32 670	36 300
合计	53	49	1 100	1 210	58 300	59 290	65 340

解:平均价格的可变构成指数为:

$$\frac{\bar{x}_1}{\bar{x}_0} = \frac{\sum x_1 f_1}{\sum f_1} \div \frac{\sum x_0 f_0}{\sum f_0} = \frac{\dfrac{59\ 290}{1\ 210}}{\dfrac{58\ 300}{1\ 100}} = \frac{49}{53} = 92.45\%$$

变动差额:49－52＝－4 元,即报告期比基期平均价格下降 4 元。

各因素的影响分析:

① 结构变动影响指数为:

$$\frac{\bar{x}_{01}}{\bar{x}_0} = \frac{\sum x_0 f_1}{\sum f_1} \div \frac{\sum x_0 f_0}{\sum f_0} = \frac{\dfrac{65\ 340}{1\ 210}}{\dfrac{58\ 300}{1\ 100}} = \frac{54}{53} = 101.89\%$$

变动差额:54－53＝1 元,即由于在两个市场上销售量结构变化的影响使平均价格提高 1 元。

② 固定构成影响指数为:

$$\frac{\bar{x}_1}{\bar{x}_{01}} = \frac{\sum x_1 f_1}{\sum f_1} \div \frac{\sum x_0 f_1}{\sum f_1} = \frac{\dfrac{59\ 290}{1\ 210}}{\dfrac{65\ 340}{1\ 210}} = \frac{49}{54} = 90.74\%$$

变动差额:49－54＝－5 元,即由于各市场平均价格降低而使总的平均价格降低了 5 元。

综合分析：

$$\frac{\sum x_1 f_1}{\sum f_1} \div \frac{\sum x_0 f_0}{\sum f_0} = \frac{\sum x_0 f_1}{\sum f_1} \div \frac{\sum x_0 f_0}{\sum f_0} \times \frac{\sum x_1 f_1}{\sum f_1} \div \frac{\sum x_0 f_1}{\sum f_1}$$

$$92.45\% = 101.89\% \times 90.74\%;$$

$$\left(\frac{\sum x_1 f_1}{\sum f_1} - \frac{\sum x_0 f_0}{\sum f_0}\right) = \left(\frac{\sum x_0 f_1}{\sum f_1} - \frac{\sum x_0 f_0}{\sum f_0}\right) + \left(\frac{\sum x_1 f_1}{\sum f_1} - \frac{\sum x_0 f_1}{\sum f_1}\right)$$

$$-4 \text{元} = 1 \text{元} + (-5 \text{元})$$

计算结果表明：某种商品在两个市场的总平均价格总的下降了 7.55%，每件商品平均价格下降 4 元。其中，由于价格水平不同的两个市场销售量比重变化（甲市场基期所占比重为 30%，报告期为 40%，其价格水平较乙市场高），使平均价格总的提高了 1.89%，因而每件商品价格平均提高了 1 元；由于两个市场的平均价格分别降低 5 元而使两个市场的总平均价格降低了 9.26%，也降低了 5 元。

第五节　常用的经济指数

一、工业生产指数

在我国，工业生产指数是通过计算各种工业产品的不变价格产值来加以编制的。其基本过程是：先对各种工业产品分别制定相应的不变价格标准；然后，计算各种产品的不变价格产值，加总得全国工业产品不变价格总产值；再将不同时期的产值加以对比，就得工业生产指数。新中国成立以来，我国曾经使用过 1950 年、1952 年、1957 年、1970 年、1980 年、1990 年和 2000 年不变价格。然而，不变价格的制定和不变价格产值的计算本身却是一项非常繁重的工作，这项工作又必须连续不断地、全面地展开，其难度很大。因此，从 2004 年开始，我国采用新的方法计算工业发展速度——单缩法，即先用报告期现行价格工业总产值乘以工业增加值率得到现行价格工业增加值，再除以报告期工业品出厂价格指数，从而消除价格变动因素，得到可比价格工业增加值，并以此计算工业发展速度。

二、股票价格指数

　　股价指数的编制方法多种多样,各有所长,综合指数是其中的一种重要的编制方法。股票价格指数是根据股票某时点平均市场价格计算的相对数,用以反映某一股市股票价格总的变动情况。股价指数的单位习惯上用"点"表示,即以基期为100(或者1 000),每上升或下降1个单位称为点。股价指数计算方法有很多,但一般以发行量为权数进行加权综合。我国的上证指数、香港的恒生指数、美国的标准·普尔指数等都是采用综合指数编制的。

　　上证综合指数是我国上海证券交易所的股价指数之一。它是以1990年12月19日为基日(该日为上证所正式营业之日),基日定为100,以所有在上海证券交易所上市的股票为编制范围,采用以股票发行量为权数的综合股价指数。

　　香港恒生指数是香港证券市场上最具代表性的股票价格指数。它是以1964年7月31日为基日,基日定为100,选择了包括金融业4种、公用事业6种、地产业9种、其他行业14种等33种具有代表性的股票为计算对象,以股票发行量为权数的综合股价指数。

　　美国的标准·普尔股价指数由美国的标准·普尔公司逐年逐月编制。1957年起至今,标准·普尔股价指数采样股票一直保持500种之多,包括400种工业股、20种运输业股、40种金融业股和40种公用事业股,它包括的股票市价总值约占纽约证券交易所上市股票的75%,对比基期为1941—1943年,采用拉氏公式,权数为基期各种股票的发行量。

　　股票价格指数,除了用综合指数方法编制之外,还可以用其他方法编制。以美国的道·琼斯指数为例,历史上第一次公布道·琼斯指数是在1884年7月3日,它以在纽约证券交易所挂牌上市的一部分有代表性的公司股票作为编制对象,由四种股价平均指数构成,分别是:(1)以30家著名的工业公司股票为编制对象的道·琼斯工业股价平均指数;(2)以20家著名的交通运输业公司股票为编制对象的道·琼斯运输业股价平均指数;(3)以6家著名的公用事业公司股票为编制对象的道·琼斯公用事业股价平均指数;(4)以上述三种股价平均指数所涉及的56家公司股票为编制对象的道·琼斯股价综合平均指数。在四种道·琼斯股价指数中,以道·琼斯工业股价平均指数最为著名,它被大众传媒广泛地报道,并作为道·琼斯指数的代表加以引用。其基本编制方法是:对入编指数的各种股票分别计算不同时间的简单平均价格,通过对比就得到相应日期的股价指数,这实际上是一种平均指标指数方法,故通常又被称为道·琼斯股价平均数。这是一种没有加权的股票价格指数。

三、地区价格指数

地区价格指数用于比较不同地区或国家各种商品价格的综合差异程度,采用马埃公式。所得到的结论不会受到对比基准变化的影响,而且其同度量因素反映了两个对比地区的平均商品结构,具有实际意义。下面以甲、乙两地区物价指数的编制为例说明地区价格指数的编制。

【例 9.8】甲、乙两地区有关资料如表 9.8,公式中下标 1、0 分别代表甲、乙两地区。

表 9.8　地区价格指数计算表

产品类别	单位	甲地区		乙地区		销售额(元)			
		价格(元)p_1	销售量q_1	价格(元)p_0	销售量q_0	$p_1 q_1$	$p_1 q_0$	$p_0 q_0$	$p_0 q_1$
A	个	20	300	30	100	6 000	2 000	3 000	9 000
B	件	20	50	10	150	1 000	3 000	1 500	500
合计	—	—	—	—	—	7 000	5 000	4 500	9 500

$$\frac{\sum p_1 q_0}{\sum p_0 q_0} = \frac{5\ 000}{4\ 500} = 111.11\%$$

$$\frac{\sum p_1 q_1}{\sum p_0 q_1} = \frac{7\ 000}{9\ 500} = 73.68\%$$

$$\frac{\sum p_0 q_1}{\sum p_1 q_1} = \frac{9\ 500}{7\ 000} = 135.71\%$$

$$\frac{\sum p_0 q_0}{\sum p_1 q_0} = \frac{4\ 500}{5\ 000} = 90.00\%$$

对上述四种地区指数进行简要分析。

第一个指数和第二个指数是甲地区比乙地区的区域价格指数,不同的是:第一个指数采用乙地区销售量为同度量因素,第二个指数采用甲地区的销售量为同度量因素。这可以看成是分别按拉氏公式和派氏公式计算。在前面已经分析,两种公式因采用的同度量因素不同,计算结果是不同的。事实上,区域指数的编制,甲、乙双方都可以作为比较者,也可以作为被比较者。因此,无法判断前两个指数孰优孰劣。第三个指数和第四个指数类同。

第一个指数和第三个指数都是按照拉氏公式编制区域价格指数,即第一个指数表明在编制甲地区比乙地区的区域价格指数,以乙地区的销售量为同度量因素;第三个指数表明在编制乙地区比甲地区的区域价格指数,以甲地区的销售量为同度量因素。但这两个指数都高于100%,到底是甲地区比乙地区价格高,还是乙地区比甲地区价格高?从指数本身我们无法判断。引起这种矛盾的原因是:甲、乙两地区商品销售量构成上存在显著的差异,即价格高的 A 商品销售量在乙地区占的比重小,而价格低的 B 商品销售量在乙地区占的比重大。

第二个指数和第四个指数都是按照派氏公式编制区域价格指数,而且符合编制指数的一般要求,但结果都低于100%,原因如上述。

因此,只有当甲、乙两地区商品销售量构成大体一致的情况下,区域指数才可以按综合指数编制的一般要求进行编制。当甲、乙两地区商品销售量构成上存在显著差异时,我们可以应用交叉加权综合法。甲地区比乙地区的区域价格指数如下:

$$\frac{\sum p_1 \left(\frac{q_0 + q_1}{2}\right)}{\sum p_0 \left(\frac{q_0 + q_1}{2}\right)} = \frac{\sum p_1 q_1 + \sum p_1 q_0}{\sum p_0 q_1 + \sum p_0 q_0} = \frac{7\ 000 + 5\ 000}{9\ 500 + 4\ 500} = 85.71\%$$

该结果说明甲地区比乙地区的价格低 14.29%,这是比较符合实际的。

四、产品成本指数

产品成本指数概括反映生产各种产品的单位成本水平的综合变动程度,是企业或部门内部进行成本管理的一个有用的工具。一般采用派氏公式计算。

在对成本水平实施计划管理的场合,还可以编制相应的成本计划完成情况指数,用以检查成本计划的执行情况。一般采用派氏公式计算。

在同时制定了产量计划的条件下,则应采用拉氏公式编制成本计划完成情况指数。该指数可以在兼顾产量计划的前提下来检查成本计划的执行情况,即避免由于追求完成成本计划而破坏了产量计划。

【例9.9】根据某厂两种产品的单位成本及产量资料(表 9.9 中的(1)～(5)栏,表中的实际和计划为报告期),分析该厂单位成本降低计划执行情况和总成本降低情况。

表 9.9 某厂两种产品成本指数计算表

产品	单位成本(元)			产量		总成本(万元)					
	基期 p_0	计划 p_n	实际 p_1	计划 q_n	实际 q_1	$p_n q_n$	$p_0 q_n$	$p_1 q_1$	$p_n q_1$	$p_1 q_n$	$p_0 q_1$
	(1)	(2)	(3)	(4)	(5)	(6)	(7)	(8)	(9)	(10)	(11)
甲	600	550	564	12 600	12 600	693	756	710.64	693	710.64	756
乙	70	68	64	35 000	45 000	238	245	288.00	306	224.00	315
合计	—	—	—	—	—	931	1 001	998.64	999	934.64	1 071

$$计划单位成本指数 = \frac{\sum p_n q_n}{\sum p_0 q_n} = \frac{931}{1\ 001} = 93\%$$，即单位成本计划降低

7%(计划规定要降低7%);变动绝对值 $= 931 - 1001 = -70$ 万元,即单位成本计划降低7%而降低的成本额。

$$实际单位成本指数 = \frac{\sum p_1 q_n}{\sum p_0 q_n} = \frac{934.64}{1\ 001} = 93.4\%$$，即单位成本实际降低

6.6%(实际比上年降低6.6%),变动绝对值 $= 934.64 - 1\ 001 = -66.36$ 万元,即由于单位成本实际降低6.6%而降低的成本额。

以上两个指数对比可以检查该厂报告期降低单位成本计划的执行情况:

$$\frac{\sum p_1 q_n}{\sum p_0 q_n} \div \frac{\sum p_n q_n}{\sum p_0 q_n} = 93.4\% \div 93\% = 100.4\%$$，即该厂报告期没有完成单位成

本降低计划;变动绝对值 $= (-66.36) - (-70) = 3.64$ 万元,即总成本也由于单位成本实际比计划提高0.4%而增加了3.64万元。

如果直接以计划产量为同度量因素计算单位成本计划完成指数,所得结

果和上面计算相同:单位成本计划完成指数 $= \frac{\sum p_1 q_n}{\sum p_n q_n} = \frac{934.64}{931} = 100.4\%$;变

动绝对值 $= 934.64 - 931 = 3.64$ 万元。即没有完成计划。

在实际的计划工作中,规定产品成本降低任务所计算的成本指数,是以计划产量为同度量因素的,因此,编制实际成本指数来检查降低成本计划的执行情况,也需要以计划产量为同度量因素,才能避免产量构成变动的影响,同时以计划产量为同度量因素计算成本计划完成指数,意味着按照计划规定的产量构成来评定降低成本计划完成情况比较合理,即防止企业没有完成产

品品种计划,多生产容易降低成本的产品来完成降低成本计划的现象。本例如果以实际产量为同度量因素,单位成本计划完成指数则为99.97%,变动绝对值为－0.36万元,即完成了计划。

本例还可以对单位成本的动态变动进行分析,分析报告期比基期单位成本的变化及单位成本变化对总成本的影响。

$$单位成本指数 = \frac{\sum p_1 q_1}{\sum p_0 q_1} = \frac{998.64}{1\ 071} = 93.24\%,说明单位成本报告期比基$$

期下降6.76%,使总成本减少:$998.64 - 1\ 071 = -72.36$万元。

五、居民消费价格指数

(一)居民消费价格调查

居民消费价格指数,英文简称CPI(Consumer Price Index 消费者价格指数),是度量一组代表性商品及服务项目价格水平随时间而变动的指数,反映一定时期内居民所消费商品及服务项目的价格水平变动趋势和变动程度。其按年度计算的变动率通常被用来反映通货膨胀或紧缩的程度;CPI及其分类指数还是计算国内生产总值以及资产、负债、消费、收入等实际价值的重要参考依据。

居民消费价格的调查内容根据全国城乡居民家庭消费支出调查资料以及居民消费结构和消费习惯确定。根据国家统计局发布的《居民消费支出分类》(2013),将居民消费支出划分为三层,第一层为大类,划分为食品烟酒,衣着,居住,生活用品及服务,交通和通信,教育、文化和娱乐,医疗保健,其他用品和服务等8个大类,第二层为24个中类,第三层为80个小类。调查方法是通过手持数据采集器,采用定人、定点、定时的方法直接调查。调查对象包括商场(店)、超市、农贸市场、服务网点和互联网电商等。调查范围是全国各省(区、市)被抽中分布在全国31个省(区、市)500个调查市县。报告期为月度。一般性商品(服务)每月调查2次价格;对于与居民生活密切相关、价格变动比较频繁的商品,每5天调查一次价格;由国家或地方统一定价的一些商品(服务)或价格相对稳定的商品(服务),每月调查一次价格。调查组织方式是国家统计局负责全国居民消费价格指数的编制及相关工作,并组织、指导省(区、市)调查总队开展消费价格统计调查工作。国家统计局省(区、市)调查总队负责统一组织、实施本省(区、市)范围内的消费价格调查统计工作。全国各调查市、县按照统一的调查制度开展消费价格调查工作。数据发布一般在次月 9 日由国家统计局综合司统一对外发布,遇法定节假日适时调整。其他发布渠道为:《中国统计年鉴》《中国价格统计年鉴》《中国经济景气月报》《中国信息报》等,发布时间有滞后。

(二) 居民消费价格指数计算的权数

计算居民消费价格指数所用的权数,是每一种商品或服务项目在居民所有消费商品和服务总支出中所占的比重,是反映各调查项目的价格变动对总指数变动影响程度的指标。基期年份的权数根据基期年份的居民家庭住户调查资料及相关统计资料整理得出,同时辅以典型调查数据或专家评估予以补充和完善。

1. 市(县)权数资料来源与计算

市权数主要根据 2015 年城市居民家庭消费支出调查资料、人口资料整理计算;县权数主要根据 2015 年农村居民家庭消费支出调查资料和人口资料整理计算。

2. 省(区)权数资料来源与计算

(1) 省(区)城市和农村权数,分别根据省(区)城镇居民家庭生活消费支出调查资料和农村居民家庭生活消费支出资料以及人口资料整理计算。

(2) 省(区)权数根据城市和农村权数、人口资料,按城市和农村居民消费支出金额计算。

3. 国家权数资料来源与计算

(1) 全国城市和农村权数,分别根据全国城镇居民家庭生活消费支出调查资料和农村居民家庭生活消费支出资料、人口资料整理计算。

(2) 国家权数,根据各省(区、市)城市、农村的权数以及人口资料,按各省(区、市)城市、农村居民消费支出金额计算。

(三) 居民消费价格指数的计算

我国居民消费价格指数编制月环比、月同比以及定基指数,月环比、月同比主要采用固定加权算术平均指数的形式编制。编制的步骤如下:① 将全部商品划分为大类、中类、小类、品种、规格;② 确定各品种的代表规格品及权数 w;③ 采集各规格品的价格和计算平均价格;④ 计算各规格品个体价格指数;⑤ 按简单几何平均法计算小类指数;⑥ 按照小、中、大、总指数的顺序逐级计算各级指数,采用公式(9.17)计算。此时,公式中:k_p 为小、中、大类商品的价格指数,w 为居民消费构成即固定权数,$\sum w = 100$。

1. 代表规格品平均价格的计算

代表规格品的月度平均价采用简单算术平均方法计算,首先计算规格品在一个调查点的平均价格,再根据各个调查点的价格算出月度平均价。

$$P_i = \frac{1}{m}\sum_{j=1}^{m}\left(\frac{1}{n}\sum_{k=1}^{m}P_{ijk}\right) = \frac{1}{m}\sum_{j=1}^{m}P_{ij} \tag{9.26}$$

其中:P_{ijk}为第 i 个规格品在第 j 个价格调查点的第 k 次调查的价格;

　　　P_{ij}为第 i 个规格品第 j 个调查点的月度平均价格;

　　　m 为调查点的个数,n 为调查次数。

2. 基本分类指数的计算

(1) 规格品相对数的计算

代表规格品价格变动的相对数(个体价格指数)为:

$$G_{ti} = P_{ti}/P_{(t-1)i}\times 100\% \tag{9.27}$$

G_{ti}为第 i 个代表规格品在报告期(t)价格与上期($t-1$)价格对比的相对数。

(2) 基本分类月环比指数的计算

根据所属代表规格品变动相对数,采用几何平均法计算各基本分类的月环比指数,计算公式为:

$$K_i = \sqrt[n]{G_{t1}\times G_{t2}\times \cdots \times G_{tn}}\times 100\% \tag{9.28}$$

其中:$G_{t1}, G_{t2}, \cdots, G_{tn}$ 分别为第 1 个至第 n 个规格品在第 t 期与上期价格对比的相对数。

3. 各类定基指数的计算

我国居民消费价格定基指数的编制,首轮基期为 2000 年,第二轮基期为 2005 年。从 2011 年 1 月起,以 2010 年为对比基期,本轮计算的固定基期及商品篮子确定在 2015 年。选择逢 0 逢 5 的年度作为计算 CPI 的对比基期,目的是为了与我国国民经济和社会发展五年规划保持相同周期,便于数据分析与使用。调整基期,是为了避免因为对比基期过久导致的可比性下降。

$$L_t = L_{t-1}\times \frac{\sum P_t Q_{2015}}{\sum p_{t-1} Q_{2015}} \tag{9.29}$$

其中:t:报告期

　　　$t-1$:报告期的上一时期

　　　L:定基指数

　　　$P_t Q_{2015}$:固定篮子商品和服务的金额

　　　$P_t Q_{2015} = P_{t-1} Q_{2015}\times K_i$

4. 全省(区)指数的计算

全省(区)指数根据全省(区)城市和农村指数按城乡居民消费支出数据

加权平均计算。

5. 全国指数的计算

(1) 全国城市(农村)指数的计算

全国城市(农村)指数根据各省(区、市)指数按各地居民消费支出数据加权平均计算。

(2) 全国指数根据全国城市和农村指数按城乡居民消费支出数据加权平均计算。

6. 指数的换算方法

$$I_{环比} = \frac{报告期(月)定基指数}{上期(月)定基指数} \times 100\%$$ (9.30)

$$I_{同比} = \frac{报告期(月)定基指数}{上年同期(月)定基指数} \times 100\%$$ (9.31)

$$I_{年度} = \frac{本年各月定基指数的简单算术平均数}{上年各月定基指数的简单算术平均数} \times 100\%$$ (9.32)

本章练习

一、判断对错

1. 指数按指标的不同作用可分为质量指标指数和数量指标指数。（　　）

2. 综合指数和总指数是两种不同形态的指数。（　　）

3. 同度量因素就是将复杂经济总体中不同度量的事物转化为同度量事物的媒介。（　　）

4. 编制质量指标指数时，一般以报告期的数量指标作同度量因素。（　　）

5. 编制数量指标指数时，一般以报告期的质量指标作权数。（　　）

6. 某公司全年产值计划完成为115%，是由于劳动生产率和工人人数分别超计划7%和8%所致。（　　）

7. 已知几种商品的个体物价指数和基期的销售额，计算物价总指数，则用加权调和平均数指数公式。（　　）

8. 按不变价格编制的工业总产值指数，反映的是物量的变动。（　　）

9. 定基指数和环比指数是按对比的基期不同而划分的。（　　）

10. 若商品销售量增5%，价格上涨8%，则销售额指数下降。（　　）

二、单项选择题

1. 统计指数是一种（　　　）。

A. 表明现象变动的绝对数　　　　　B. 表明现象变动的相对数

C. 表明现象变动的平均数　　　　　D. 表明现象变动的抽样数

2. 统计指数划分为个体指数和总指数的依据,是按指数（　　　）。

A. 包括的范围是否相同　　　　　B. 同度量因素是否相同

C. 指数化的指标是否相同　　　　　D. 计算时是否进行加权

3. 如果用 q 代表数量指标,p 代表质量指标,所谓物量综合指数同度量因素是（　　　）。

A. 取 $q_0 p_0$ 的问题　　　　　B. 取 $q_1 p_1$ 的问题

C. 取 p_0 还是取 p_1 的问题　　　　　D. 取 p_1/p_0 还是取 $q_1 q_0$ 的问题

4. 零售商品价格增加 2‰,零售商品销售量增加 5‰,则零售商品销售额增加（　　　）。

A. 3‰　　　　　B. 7‰　　　　　C. 10‰　　　　　D. 7.1‰

5. 综合指数包括（　　　）。

A. 个体指数和总指数　　　　　B. 质量指标指数和数量指标指数

C. 平均数指数和平均指标指数　　　　　D. 定基指数和环比指数

6. 如果用 q 代表数量指标,p 代表质量指标,派氏物量综合指数公式是（　　　）。

A. $\sum q_1 p_1 / \sum q_0 p_1$　　　　　B. $\sum q_1 p_n / \sum q_0 p_n$

C. $\sum q_1 p_0 / \sum q_0 p_0$　　　　　D. $\sum q_1 p_1 / \sum q_0 p_0$

7. 如果用 q 代表数量指标,p 代表质量指标,拉氏物量综合指数公式是（　　　）。

A. $\sum q_1 p_1 / \sum q_0 p_1$　　　　　B. $\sum q_1 p_n / \sum q_0 p_n$

C. $\sum q_1 p_0 / \sum q_0 p_0$　　　　　D. $\sum q_1 p_1 / \sum q_0 p_0$

8. 若物价持平,销售量增加,则销售额指数（　　　）。

A. 为零　　　　　B. 降低　　　　　C. 增长　　　　　D. 不变

9. 如果用 q 代表销售量,p 代表价格,下列指数是商品销售额指数的是（　　　）。

A. $\sum q_1 p_1 / \sum q_0 p_0$　　　　　B. $\sum q_1 p_0 / \sum q_1 p_1$

C. $\sum q_1 p_0 / \sum q_0 p_0$ D. $\sum q_0 p_1 / \sum q_0 p_0$

10. 如果用 q 代表销售量，p 代表价格，下列指数是商品销售量综合指数的是（ ）。

A. $\sum q_1 p_1 / \sum q_0 p_0$ B. $\sum q_1 p_0 / \sum q_1 p_1$

C. $\sum q_1 p_0 / \sum q_0 p_0$ D. $\sum q_0 p_1 / \sum q_0 p_0$

三、多项选择题

1. 某地区按现价计算的工业总产值报告期为基期的 110%，这个相对数是（ ）。

A. 比较相对数   B. 动态相对数   C. 狭义的指数   D. 广义的指数

E. 发展速度指标

2. 指数体系的作用是（ ）。

A. 推算作用   B. 权数作用   C. 同度量因素作用

D. 比较作用   E. 因素分析作用

3. 固定构成指数是（ ）。

A. 数量指标指数 B. 质量指标指数 C. 组平均数指数 D. 个体指数

E. 加权算术平均指数

4. 综合指数与平均指数的关系为（ ）。

A. 平均指数仅为综合指数的变形

B. 它们的计算结果在各种情况下均相等

C. 都是总指数

D. 平均指数可以有独立意义

E. 均可用于全面和非全面调查

5. 平均数变动因素分析的指数体系中包括的指数有（ ）。

A. 可变组成指数 B. 固定构成指数 C. 结构影响指数 D. 算术平均指数

E. 调和平均指数

6. 同度量因素的作用有（ ）。

A. 平衡作用   B. 权数作用   C. 稳定作用   D. 同度量作用

E. 调和作用

7. 若 p 表示商品价格，q 表示商品销售量，则公式 $\sum p_1 q_1 - \sum p_0 q_1$ 表示的意义是（ ）。

A. 综合反映销售额变动的绝对额

B. 综合反映价格变动和销售量变动的绝对额

C. 综合反映多种商品价格变动而增减的销售额

D. 综合反映由于价格变动而使消费者增减的货币支出额

E. 综合反映多种商品销售量变动的绝对额

8. 指数按计算形式不同可分为（　　）。

A. 简单指数　　　B. 总指数　　　C. 数量指标指数　D. 质量指标指数

E. 加权指数

9. 在平均指数计算中，当权数为基期价值量 p_0q_0 时，以下说法正确的是（　　）。

A. 数量指标综合指数可变形为加权算术平均指数

B. 数量指标综合指数可变形为加权调和平均指数

C. 质量指标指数可变形为加权算术平均指数

D. 质量指标指数可变形为加权调和平均指数

E. 综合指数与平均指数有变形关系

10. 在指数体系中，（　　）。

A. 一个总值指数等于两个（或两个以上）因素指数的代数和

B. 一个总值指数等于两个（或两个以上）因素指数的乘积

C. 存在相对数之间的数量对等关系

D. 存在绝对变动额之间的数量对等关系

E. 各指数都是综合指数

四、计算分析题

1. 某企业生产的三种产品资料如下表，分析三种产品产量的综合变动情况，以及产量的变动对总产值的影响额，分析三种产品价格的综合变动情况，以及价格的变动对总产值的影响额。

产品名称	单位	产量		产品价格（元）	
		基期	报告期	基期	报告期
甲	万斤	400	500	20	25
乙	万件	200	225	40	44
丙	万斤	180	220	25	28
合计	—	—	—	—	—

2. 某企业三种产品的出口资料如下表,计算三种产品出口量总指数,并分析由于三种产品出口量的变动对出口额的影响。

产品	出口额(万元)		出口量增长百分比(%)
	基期	报告期	
甲	3 600	4 500	15
乙	6 500	6 400	−5
丙	2 400	2 800	10
合计			—

3. 某企业生产费用及单位成本资料如下表,计算三种产品单位成本总指数,并分析由于三种产品单位成本的变动对生产费用的影响。

产品	生产费用(万元)		单位成本降低百分比(%)
	基期	报告期	
A	36	45	0
B	64	60	6.2
C	12	15	16.7
合计	112	120	—

4. 三种农产品销售资料如下表,请对三种农产品销售额的变动进行因素分析。

商品名称	单位	销售量		产品价格(元)	
		基期	报告期	基期	报告期
甲	万斤	400	500	0.2	0.18
乙	万斤	120	125	0.4	0.40
丙	万斤	80	80	0.5	0.45
合计	—	—	—		

5. 某企业销售资料如下,对企业的销售额变动进行因素分析。

产品	销售额(万元)		价格变动率(%)
	基期	报告期	
A	360	450	0

续表

产品	销售额(万元)		价格变动率(%)
	基期	报告期	
B	640	600	−6.2
C	120	150	16.7
合计	1 120	1 200	—

6. 某企业有关资料如下表,计算表格中的空格处的指标值,对两个企业工人总平均劳动生产率变动情况进行因素分析。

企业	工人人数		劳动生产率(吨/人)	
	基期	报告期	基期	报告期
甲	650	1 500	400	440
乙	950	2 000	240	252
合计	1 600	3 500		

五、案例题

某商场三种商品的销售资料如下:

商品类别	单位	销售量		销售价格(元)	
		基期	报告期	基期	报告期
A	公斤	230	250	20	18
B	件	150	200	50	48
C	个	480	500	120	140

1. 试分别使用拉氏公式、派氏公式、马埃公式、费雪指数和鲍莱指数计算全部三种商品的价格总指数和销售量总指数,并观察它们之间的数值差异。

2. 从经济分析含义的角度,比较拉氏价格指数和派氏价格指数的差异,分析对消费者生活消费支出的影响。

3. 如果上表中的"基期"和"报告期"分别改为"甲地区"和"乙地区",要编制地区对比的价格指数,应该使用什么公式?为什么?

第十章
统计综合评价

第一节　统计综合评价概述

一、统计综合评价的概念和特点

（一）统计综合评价的概念

在经济管理工作中,经常需要对管理对象的某方面特征或经济现象的发展水平进行定量评价。例如,如何从经济增长、社会包容和生态环境等维度去评价一个国家或区域的可持续发展水平？如何从铁路、公路、水路、管道和航空等各种运输方式及其线路、站场等角度去评价一个城市的综合交通运输体系建设水平？再比如,全国县域经济百强县、中国大学综合实力排名、世界企业500强等排名。这些问题都涉及统计综合评价。

统计综合评价是根据统计研究的目的需要,基于评价对象或客观现象的特点,以统计数据为基础,借助一定的手段和方法,对不能直接加总的、性质不同的诸多评价指标进行综合,得出概括性的评价分值,进而揭示客观对象的发展水平及其发展规律的一种统计分析方法体系。从统计活动的全过程来看,统计综合评价是统计调查、统计整理之后的重要工作,是一种重要的统计分析方法。

怎样才能进行科学、客观的评价？通俗地说,首先须建立一套统计指标体系,而后对评价对象的相关方面进行定性和定量的分析,最终得出概括性的结论。在统计综合评价指标体系中,不同的统计指标可能有不同的量纲。例如,中国国际经济交流中心和哥伦比亚大学地球研究院等机构联合研究提出的中国城市可持续发展指标体系,是由经济发展、社会民生、资源环境、消耗排放、环境治理五个维度二十二个指标构成的。各个维度之间的指标和同一个维度内部的指标的计量单位或量纲都有可能不同,比如每万元 GDP 水耗、单位工业总产值二氧化硫排放量、单位第二、三产业增加值所占用建成区面积等。因此,这些指标是无法直接加总的,必须先将不同量纲的统计指标值转化成无量纲的相对的评价值,使之具有可比性和综合性。而且,由于各个评价指标在评价体系中的重要程度也不一样,这就要求对各个指标赋予不同的权数,并利用相应的数学模型对单个评价分值进行综合,才能得到概括性的分值。由此可见,统计综合评价不只是一种方法,而是一个方法系统。

(二)统计综合评价的特点

统计综合评价具有综合性、总体性、可比性三个特点。综合性是指评价指标体系包含多个指标,是对被评价的客观现象各个不同侧面的综合反映。总体性是指要将多个评价指标的评价值综合,综合值能从总体上揭示评价对象的数量特征。可比性是指可以利用该综合值对被评价的各个对象进行排序、比较。

二、统计综合评价的一般程序

(一)制定评价工作方案

根据统计研究的目的,科学制定统计综合评价工作方案,明确评价目标,界定评价对象的内涵与外延,确定评价时间,选择具体的评价方法等等。比如,2018 年中国县域经济高质量发展综合实力百强评价,评价目标是我国所有县域的经济高质量发展综合实力评价,评价对象是我国县级市、县、自治县、旗、自治旗和林区,评价时间是 2018 年。

(二)建立评价指标体系

统计综合分析必须建立一个能够从不同角度、不同侧面反映评价对象的项目系列。这个项目系列就是统计评价指标体系。评价指标体系不是凭空臆造的,要依据先验的理论模型或学理支撑选择确定。评价指标体系可以是单一层次,也可以是多层次的。例如,要评价城市的经济发展水平,选用人均 GDP、人均可支配收入、第三产业增加值占 GDP 比重、高新技术产品产值占工业总产值比率等项指标进行评价,该评价项目体系是单一层次的。对于因素更多的复杂现象,则可用二层次或多层次综合评判法进行评价。例如,赛迪顾问县域经济研究中心研究发布的中国县域经济百强评价成果,其构建的综合评价指标体系就是多层次的体系,第一层次共四个维度,第二层次共八个维度,第三层次共二十个指标,如表 10.1 所示。

表 10.1　中国县域经济高质量发展评价指标体系

一级指标	二级指标	具体指标
经济实力	经济规模	地区生产总值
		规模以上工业增加值
		进出口总额
	发展水平	人均 GDP
		第三产业占 GDP 比重
		一般公共预算收入
增长潜力	投资强度	近三年平均固定资产投资额
		近三年平均工业投资额
		金融机构本外币各项存款余额
	创新活力	研发投入占比
		新增专利授权量
		新增企业数量比例
富裕程度	收入水平	居民人均可支配收入
		人均存款余额
	消费水平	人均社会消费品零售额
		居民人均可支配收入占人均 GDP 比重
绿色水平	宜居程度	空气质量优良天数比例
		建成区绿化覆盖率
	节能环保	许可排污企业数量
		万元 GDP 能耗

（三）确定评价项目的权数

评价某一现象,往往会涉及许多因素,而每一因素又有各种不同的评价值。例如,评价县域经济综合实力,可从经济实力、增长潜力、富裕程度、绿色水平四个方面进行测评,而这四个方面对我们评价的目标"县域经济高质量发展综合实力"的作用程度是不同的。因此,在综合评价中,需根据评价的目的和各个评价项目的重要程度,分别赋予不等的数值,以体现各个项目(指标)在评价体系中的作用强度。这种权衡不同指标的重要性的数值被称为权重,或称权数。

如果评价指标体系是单一层次的,要求所有项目的权数总和等于1(或100%)。如果评价项目体系是多层次的,例如表10.1中,要求在第一层次指标中,经济实力、增长潜力、富裕程度、绿色水平4个项目的权数之和等于1;要求相同第一层次指标项下的各个第二层次指标的权数之和等于1,如经济规模、发展水平2个项目的权数之和等于1;要求各个第二层次指标项下的所有第三层次评价项目的权数之和等于1,如地区生产总值、规模以上工业增加值、进出口总额3个三级指标的权数之和也等于1。关于权数的确定方法,将在本章的第二节作介绍。

(四) 数据的预处理

如表10.1的评价体系中,人均 GDP 的计量单位是元/人,第三产业占GDP 比重是百分数,新增专利授权量的计量单位是个,等等,很多指标的计量单位是不相同的。因而,必须对数据进行预处理,使之具有可比性,在此基础上才能综合汇总。

评价指标的数据预处理包括定性数据的量化处理和定量数据的无量纲化处理两方面内容。对于用定类尺度和定序尺度计量的数据,一般称为定性数据,对于这类指标的量化处理,可以对不同的评价等级分别赋予不同的评价分值,将它们转化为可以同度量的数值。例如,"合格"用 1 表示,"不合格"用 0 表示。对于用定距尺度和定比尺度计量的数据,一般称为定量数据,其计量单位多种多样,必须对这一类评价指标进行无量纲化处理,即通过相应的数学方法处理,消除各项指标因计量单位不同以及数值数量间的悬殊差别所带来的影响,将不可综合的指标的实际值转化为可综合的评价值。有关这部分的内容将在本章的第三节作介绍。

(五) 综合评价数学模型的选择与应用

利用数学模型对单项目的评价结果进行综合汇总,得到评价的综合值。进行综合汇总的常用方法主要有:总分评定法、加权平均综合法和最优值距离综合法等。有关这部分的内容将在本章的第三节作介绍。

(六) 根据评价结果进行统计分析

根据综合评价的结果——综合值,评价客观现象的数量特征,并利用该综合值对被评价的各个对象进行排序、比较,指出被评价对象的优势、劣势或成绩与不足,据此查找原因,并提出相应改进措施。

三、综合评价的局限性

(一) 综合评价结果具有非唯一性

统计综合评价可采用的方法有多种,选择不同的评价方法,可能有不同的结果。即使采用同一种方法,也会由于评语等级的选择、各等级所赋予分值的拟定、权数的确定、各单个项目评价结果的合成等环节上的不同而出现不同的综合评价结果。

(二) 综合评价结果具有相对性

综合评价尽管采用了一定的数学模式,其结果用数值表示,但它只有相对的意义,一般情况下,它仅适用于在性质相同的评价对象之间进行比较和排序。

(三) 综合评价的结果常带有主观性

在综合评价中,必须建立权数向量对各单个项目评价结果进行综合,而权数大部分是评判人员主观确定的。在数据的预处理中,选择处理方法也往往由评判人员的主观选定。因此,综合评价的结果,往往带有一定的主观性。

因此,在开展统计综合评价时,必须认真比较各种评价方法的特点和适用场合,尽可能采用多种方法进行比较与分析,以最大限度地减少主观因素的干扰,提高评价结果的客观性和稳定性。

第二节　评价指标选择及其权重的确定方法

一、选择评价指标的原则

要客观地评价社会经济现象,关键是要科学地选择评价指标,建立一个合适的评价指标体系。选择评价指标应遵循如下的原则:第一,目的性原则。指标的选择应与研究目的相吻合,指标确实能反映被评价对象的内容,对实现评价目标有明确的导向性。第二,客观性原则。评价指标体系能够准确地把握所要研究问题的本质和内涵,能够客观地反映事物的特征。第三,学理性原则。不能毫无根据地选择指标,要有先验的学科理论或研究成果作为依据来选择指标,进而所选择的指标能敏感地反映评价对象的特征及其变化。第四,全面性原则。各评价指标能从不同的角度综合反映被评价对象的全貌,覆盖评价的基本内容。第五,独立性原则。尽可能选择相关程度低的指标,这是因为如果指标之间相关程度过高,则用一项指标就能说明问题。在这种情况下,若采用多项指标,事实上就是加大了这类指标的权重。第六,可比性原则。各指标的初始量纲可以不同,但是均必须含义明确,计算口径一致,达到动态可比、横向可比。第七,可行性原则。评价指标体系要考虑数据收集的可能性,尽可能地利用现有的统计资料。评价方法要简洁、方便,易于为社会各界接受。建立评价模型要尽可能选择公式简明、相关参数易获取的模型。

二、评价指标的选择方法

(一)定性方法

定性方法主要有综合法和分析法两种。综合法一般是通过研讨会或征询意见的方式,集中专家们的意见,以确定评价指标。该方法是依靠专家的智力优势和经验以选择评价指标的。分析法是将评价对象划分为若干个组成部分或不同的侧面,明确各个侧面所要评价问题的内涵与外延,在这基础上,对每一侧面分别选用一个或若干个指标以反映评价对象的特征。

(二)定量方法

1. 系统聚类法

系统聚类法是通过判断指标之间的相似程度来筛选指标的一种方法。假设有 N 个指标,将每个指标看作一类,根据指标间的相似程度,通过比较类间距离进行并类。把距离最小的两类加以合并,此时,余下 $N-1$ 类;在 $N-1$ 类中再选择类间距离最小的加以合并。这样,每合并一次,就减少一类,反复继续这一过程,最终形成由小到大的分类系统。整个分类过程可以绘制成一张聚类图,用以反映所有指标的亲疏关系,我们可以依据这种关系确定指标体系中所包含的指标个(类)数。

系统聚类法的具体操作步骤如下:

(1)度量指标(类)间的相似程度。度量指标(类)间的相似程度常用的方法是相关系数或判别系数法。根据 N 个指标的历史资料,分别计算两两指标的相关系数 r_{ij}(或判别系数 r_{ij}^2)并形成相关系数矩阵 R(或判别系数矩阵 R^2),以相关系数矩阵 R(或判别系数矩阵 R^2)表示指标间的相关关系。

(2)度量指标(类)间的距离。利用相关系数矩阵 R(或判别系数矩阵 R^2)表示指标(类)间相似程度时,必须将其变换为距离 d,d 值越小表明两指标关系越密切。

$$d = 1 - |r_{ij}| \tag{10.1}$$

或者 $d^2 = 1 - r_{ij}^2$ （10.2）

（3）绘制聚类图。以横坐标表示指标、纵坐标表示距离,根据各个指标之间关系密切程度绘制聚类图。

（4）利用聚类图确定评价指标。根据评价的目的和实际操作的可能性,在定量和定性分析的基础上,从每类中选择出最具有代表性的指标,由此确定评价指标。

【例 10.1】现有 6 个指标及其相关的历史数据,应用系统聚类法分别从中选择 2 个、3 个或 4 个评价指标。

解:根据历史数据计算,计算指标两两之间的相关系数 r_{ij},得到相关系数矩阵 $R_{6\times6}$。

相关系数矩阵 $R_{6\times6}$:

指标 A B C D E F

$$\begin{array}{c}A\\B\\C\\D\\E\\F\end{array}\begin{bmatrix}1 & 0.80 & 0.67 & 0.58 & 0.47 & 0.62\\ & 1 & 0.65 & 0.46 & 0.57 & 0.68\\ & & 1 & 0.83 & 0.79 & -0.61\\ & & & 1 & 0.64 & 0.78\\ & & & & 1 & 0.85\\ & & & & & 1\end{bmatrix}$$

根据系统聚类法的要求,将相关系数矩阵 $R_{6\times6}$ 转变为距离矩阵 $D_{6\times6}$。

距离矩阵 $D_{6\times6}$:

指标 A B C D E F

$$\begin{array}{c}A\\B\\C\\D\\E\\F\end{array}\begin{bmatrix}0 & 0.20 & 0.33 & 0.42 & 0.53 & 0.38\\ & 0 & 0.35 & 0.54 & 0.43 & 0.32\\ & & 0 & 0.17 & 0.21 & 0.39\\ & & & 0 & 0.36 & 0.22\\ & & & & 0 & 0.15\\ & & & & & 0\end{bmatrix}$$

因为在相关系数矩阵 $R_{6\times6}$ 中 $r_{ij}=r_{ji}$,在距离矩阵 $D_{6\times6}$ 中,$d_{ij}=d_{ji}$,所以只需写出上三角矩阵。

在距离矩阵 $D_{6\times6}$ 中找到距离最小的两个指标,由 $d_{EF}=0.15$ 得知,指标 E 和指标 F 关系最为密切,可聚为一类。

又在矩阵 $D_{6\times6}$ 中找到距离第二小的两个指标,由 $d_{CD}=0.17$ 得知,指标 C 和指标 D 关系密切程度仅次于指标 E 和指标 F,它们可聚为一类。

由 $d_{AB} = 0.20$ 得知,指标 A 和指标 B 关系较为密切,它们可聚为一类。

如此继续这一过程,逐步选择较小距离的指标,直至指标聚为一类为止,并用 R 软件等工具绘制聚类图,如图 10.1 所示。

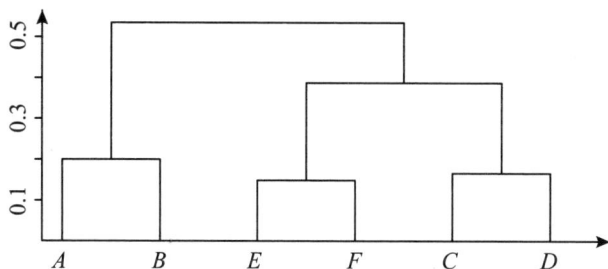

图 10.1 聚类图

若评价某一现象要选择 2 个评价指标,可在指标 C、D、E 和 F 中选择 1 个指标,将它确定为第 1 个评价指标;又在指标 A 和指标 B 中选择 1 个指标,将它确定为第 2 个评价指标。

若评价某一现象要选择 3 个评价指标,可在指标 E 和 F 中选择 1 个指标,将它确定为第 1 个评价指标;又在指标 C 和指标 D 中选择 1 个指标,确定为第 2 个评价指标;最后在指标 A 和指标 B 中选择 1 个指标,将它确定为第 3 个评价指标。

若评价某一现象要选择 4 个评价指标,可在指标 E 和 F 中选择 1 个指标,将它确定为第 1 个评价指标;又在指标 C 和指标 D 中选择 1 个指标,确定为第 2 个评价指标;选择指标 A 为第 3 个评价指标,选择指标 B 为第 4 个评价指标。

2. 极大不相关法

极大不相关法的思路是:假定有 p 个可供选择的指标为 $X_1, X_2, \cdots, X_p$,如果 X_1 与 $X_2, \cdots, X_p$ 是独立的,表明 X_1 是无法由其他指标来替代的,因此,保留相关性最小的指标为选定的评价指标。极大不相关法的具体步骤如下:

(1) 求出 p 个指标值的相关矩阵 R。

$$R = (r_{ij}) \tag{10.3}$$

$$r = \frac{\sum (X_i - \overline{X})(Y_i - \overline{Y})}{\sqrt{\sum (X_i - \overline{X})^2 (Y_i - \overline{Y})^2}}, (i, j = 1, 2, \cdots, p, i \neq j) \tag{10.4}$$

式(10.3)中,r_{ij} 为 X_i 和 X_j 的相关系数,反映 X_i 和 X_j 的线性相关程度。

(2) 计算复相关系数。对于 X_i 和余下的 $p-1$ 个变量的线性相关程度,

用复相关系数表示,记为:

$$\rho_{Xi} | X_1, X_2, \cdots, X_{i-1}, X_{i+1}, \cdots, X_p$$

将上述符号简化为ρ_i,其计算公式为:

$$\rho_i^2 = r_i^T R_{-i}^{-1} r_i \qquad (i = 1, 2, \cdots, p) \qquad (10.5)$$

根据公式(10.5)计算$\rho_1^2, \rho_2^2, \cdots, \rho_p^2$。

(3)比较$\rho_1^2, \rho_2^2, \cdots, \rho_p^2$的大小,其中值最大者,表明它与其余变量相关性最大。

(4)确定临界值D,当$\rho_i^2 > D$时,就删去X_i。

重复以上步骤,逐步删去相关性大的指标,直到余下的指标个数与预先确定的指标体系容量相等为止。

对于指标的筛选方法,除了以上介绍的系统聚类法和极大不相关法之外,还有条件广义方差极小法、选取典型指标法和试算法等。

三、权重的含义及其分类

(一) 权重的含义

在综合评价中,各评价指标对于评价目标的重要程度是不一样的。表明各评价指标重要程度的权数,即为权重。权重具有权衡各评价指标重要程度的作用。它有不同的类别,不同类别的权重往往代表着不同的经济含义和不同的数学特点。

(二) 权重的分类

在综合评价中,权重主要有以下几种分类:

1. 绝对数形式权重和相对数形式权重

按权重的表现形式划分,可分为绝对数形式权重和相对数形式权重。相对数权重又称比重权数,能较直观地显示权重在评价中的作用。

2. 自然权重和人工权重

按权重的形成方式划分,可分为自然权重和人工权重。由于变换统计资料的表现形式与统计指标合成方式而得到的权重即自然权重,也被称为客观权重或客观赋权。人工权重是指根据研究目的和评价指标的内涵,人为地构造出反映各评价指标重要程度的权数,也被称为主观权重或主观赋权。

3. 定性赋权权重和定量赋权权重

按权重形成的数量特点划分,可分为定性赋权权重和定量赋权权重。定性赋权权重是根据专家等对评价指标性质的分析的基础上确定权重。定量赋权权重是运用相应的数学方法处理资料而得到的权重。定性赋权权重和定量赋权权重的方法结合使用,往往能获得较好的效果。

4. 独立权重和相关权重

按权重与待加权的单个指标之间的相关程度划分,可分为独立权重和相关权重。独立权重是指评价指标的权重与该指标值的大小无关,在综合评价中较多地运用这种权重,基于这种权重建立的综合评价模型被称为定权综合模型。相关权重是指评价指标的权重与该指标值呈函数关系。例如,当某一评价指标值达到一定水平时,该指标重要性相应减弱;或者当某一评价指标值达到另一水平时,该指标重要性相应增大。这种权数产生于评价指标的重要性随着指标取值的不同而发生变化的场合,基于这种权重建立的综合评价模型被称为变权综合模型。变权综合模型较多地运用于对环境质量的评价。

四、权重的确定方法

(一) 统计平均法

统计平均法是一种最简便的主观构权法。它是依据专家们对各评价指标的主观判断所赋予的权重,进行算术平均,用所得的平均数作为各指标的权重。

1. 简单平均法

简单平均法是在参与赋权的专家人数少于 30 人的情况下使用的。设有 $m(m<30)$ 个专家参与确定评价指标的权重,评价体系中有 n 个评价指标,第 i 个专家赋予第 j 个指标的权重用 $a_{ij}(i=1,2,\cdots,m;j=1,2,\cdots,n)$ 表示,并要求每个专家对 n 个评价指标所赋的权重之和为 1。评价指标 j 的权重为:

$$\omega_j = \frac{1}{m}\sum_{i=1}^{m} a_{ij} \tag{10.6}$$

2. 加权平均法

加权平均法一般在参与赋权的专家人数大于 30 人的情况下使用。对专家所赋的权重值进行整理和分组。统计各个组别的频数(n_j),即对第 j 个评价指标确定为某一权重值的专家数。计算各个组别的频率(p_j),即对第 j 个评价指标确定为某一权重值的专家数占参评专家人数的比重。a_j 为对第 j 个评价指标专家确定的各个组别的权重值。评价指标 j 的权重为:

$$\omega_j = \sum p_j a_j \tag{10.7}$$

(二) 众数组组中值法

众数组组中值法的具体步骤如下:

(1) 请 m 个专家(一般要求 $m\geqslant30$)依权数分配表对评价指标体系 U 中

的 $u_1, u_2, \cdots, u_n$ 个指标，分别赋予最合适的权数。

（2）对专家所赋予的权数变量 $a_{ij}(i=1,2,\cdots,n;j=1,2,\cdots,m)$ 分组。根据专家赋予权数值的最大值 a_{max} 和最小值 a_{min} 确定各评价指标分组的组数 p_i；再利用公式 $\dfrac{a_{max}-a_{min}}{p}$ 计算出权数 a_{ij} 分组的组距。

（3）计算各组的频数和频率。

（4）根据频率的分布情况，取众数所在组的组中值为指标 u_i 的初始权数 $a_i(i=1,2,\cdots,n)$，从而得出初始权重向量。

（5）归一化处理。若 $\sum a_i \neq 1$，须做归一化处理。

【例 10.2】评价区域经济增长，建立评价指标体系 U，U 中含有四个指标，u_1：GDP 增长指数；u_2：人均投资额；u_3：旅游外汇收入增长；u_4：财政收入增长。

现请 100 个相关人员对这四个指标写出自己认为最合理的权重分配，据此确定四个评价指标的权数。

解：根据 100 名相关人员所列的权重分配表，对于指标 u_1（GDP 增长指数），其最大值 $a_{max}=0.75$，最小值 $a_{min}=0.30$。选 $p=5$ 作为组数，则：组距 = $\dfrac{0.75-0.30}{5}=0.09$。具体分组情况如表 10.2 所示。

表 10.2　GDP 增长指数权重分配表

分组	0.30~0.39	0.39~0.48	0.48~0.57	0.57~0.66	0.66~0.75	$\sum$
频数	6	12	45	31	6	100
频率	0.06	0.12	0.45(max)	0.31	0.06	1.00

对于指标 u_2（人均投资额），最大值 $a_{max}=0.5$，最小值 $a_{min}=0.15$，组距 = $\dfrac{0.5-0.15}{5}=0.07$。具体分组情况如表 10.3 所示。

表 10.3　人均投资额权重分配表

分组	0.15~0.22	0.22~0.29	0.29~0.36	0.36~0.43	0.43~0.50	$\sum$
频数	7	25	41	18	9	100
频率	0.07	0.25	0.41(max)	0.18	0.09	1.00

对于指标 u_3（旅游外汇收入增长），最大值 $a_{\max}=0.35$，最小值 $a_{\min}=0.05$，组距 $=\dfrac{0.35-0.05}{5}=0.06$。具体分组情况如表 10.4 所示。

表 10.4　旅游外汇收入增长权重分配表

分组	0.05～0.11	0.11～0.17	0.17～0.23	0.23～0.29	0.29～0.35	$\sum$
频数	13	58	18	5	6	100
频率	0.13	0.58(max)	0.18	0.05	0.06	1.00

对于指标 u_4（财政收入增长），最大值 $a_{\max}=0.4$，最小值 $a_{\min}=0.1$，组距 $=\dfrac{0.4-0.1}{5}=0.06$。具体分组情况如表 10.5 所示。

表 10.5　财政收入增长权重分配表

分组	0.10～0.16	0.16～0.22	0.22～0.28	0.28～0.34	0.34～0.40	$\sum$
频数	10	38	27	23	2	100
频率	0.10	0.38(max)	0.27	0.23	0.02	1.00

表 10.2～10.5 反映了 100 名相关人员对四个评价指标给出的权重系数的分布情况，取频率最大组的组中值作为相应指标 u_i 的初始权数。频率最大组的组中值分别为 0.525,0.325,0.140,0.190，它们的和不为 1，需调整。

$$调整系数 =\frac{1}{0.525+0.325+0.140+0.190}\approx 0.847\ 458$$

则：$0.525\times 0.847\ 458\approx 0.444\ 9$，$0.325\times 0.847\ 458\approx 0.275\ 4$，$0.14\times 0.847\ 458\approx 0.118\ 6$，$0.19\times 0.847\ 458\approx 0.161\ 1$，由此，我们可以得到评价指标的权重向量 $A=(0.444\ 9,0.275\ 4,0.118\ 6,0.161\ 1)$

（三）单准则 AHP 构权法

1. AHP 法的基本思想

AHP 法（Analytic Hierarchy Process，层次分析法）是美国运筹学家萨蒂（Thomas L.Saaty）创建的一种多准则决策方法，用于评判各种决策方案在不同准则及总准则之下的相对重要性。后来，人们将 AHP 法引入统计权数的构造领域。AHP 构权法的基本思路是：将复杂的评价对象表示为一个有序的递阶层次结构的整体，通过人们对之进行比较、判断，进而计算各个评价项目的相对重要性系数，即权数。AHP 构权法是一系列方法的总称，本节只介绍单准则 AHP 构权法。

2. 单准则 AHP 构权法确定权重的具体步骤

（1）建立比较各指标之间重要性的比例判断矩阵 A。设有 n 项评价指标，记为：$I_1,I_2,\cdots,I_n$。在确定 n 项评价指标的初始权数时，常常是应用定性分析与定量分析相结合、主观赋权与客观赋权相互补充的做法。

首先，将统计分析的目的、已建立的评价指标体系和初步确定的指标重要性的量化标准分发给各个专家，让专家们比较各项指标的重要性，并独立地对各评价指标赋予相应的权重。比较各项指标的重要性的方法有多种，本节只介绍萨蒂教授所提出的、可供参考的比例标度法。比例标度法以人们对事物质的区别评判标准为基础，一般来说，以 5 种判别层次就可以表示事物质的等级差。当评判需要更高的精度时，可以在相邻判别之间进行比较，形成 9 种判别等级。比例标度值表为构权者提供了等级重要性系数，具体见表 10.6。

表 10.6　比例标度值体系（重要性分数 x_{ij}）

取值含义	1～9 标度	5/5～9/1 标度	9/9～9/1 标度
i 与 j 同等重要	1	（5/5＝）1	（9/9＝）1
i 比 j 稍微重要	3	（6/4＝）1.5	（9/7＝）1.286
i 比 j 明显重要	5	（7/3＝）2.33	（9/5＝）1.8
i 比 j 强烈重要	7	（8/2＝）4	（9/3＝）3
i 比 j 极端重要	9	（9/1＝）9	（9/1＝）9
介于上述相邻两级之间重要程度 i 与 j 的比较	2、4、6、8	（5.5/4.5＝）1.222 （6.5/3.5＝）1.875 （7.5/2.5＝）3 （8.5/1.5＝）5.67	（9/8＝）1.125 （9/6＝）1.5 （9/4＝）2.25 （9/2＝）4.5
j 与 i 的比较	上述各数的倒数	上述各数的倒数	上述各数的倒数

其次，对专家们所给出的各个指标的权重，分别计算各指标权重的均值和标准差。

再次，将所得的均值和方差的资料反馈给专家，要求专家再次提出修改意见，并在这基础上重新确定权数。

重复以上 3 个步骤，直至获得较为满意的结果（或各专家对各个评价项目所确定的权数趋于一致）为止。

通过专家对 n 个评价指标的评判，进行两两比较，其初始权数形成判断

矩阵 A。在矩阵 A 中，a_{ij} 的含义是第 i 项指标的重要性是第 j 项指标重要性的倍数（或几分之一），即：

$$a_{ij}=\frac{i\ 指标的重要性分数}{j\ 指标的重要性分数}=\frac{\omega_i}{\omega_j} \tag{10.8}$$

$$矩阵\ A=\begin{array}{c}\\I_1\\I_2\\\vdots\\I_n\end{array}\overset{\displaystyle 指标\ I_1\quad I_2\quad \cdots\quad I_n}{\begin{bmatrix}a_{11}&a_{12}&\cdots&a_{1n}\\a_{21}&a_{22}&\cdots&a_{2n}\\\vdots&\vdots&&\vdots\\a_{n1}&a_{n2}&\cdots&a_{nn}\end{bmatrix}}$$

（2）根据判断矩阵 A 求解权值 ω。记权值 $\omega=(\omega_1,\omega_2,\cdots,\omega_n)^T$，求解 ω 的方法有多种，本节只介绍几何平均法（RGM）。几何平均法的计算过程如下：

第一，计算判断矩阵 A 每一行的几何平均值 G：

$$G_i=\sqrt[n]{a_{i1}\times a_{i2}\times\cdots\times a_{in}}\quad(i=1,2,\cdots,n)$$

第二，对几何平均值 G 进行归一化处理，求权重 ω，其计算公式如下：

$$\omega_i=\frac{G_i}{\sum\limits_{i=1}^n G_i} \tag{10.9}$$

所得的 $\omega=(\omega_1,\omega_2,\cdots,\omega_n)^T$ 为权重向量。

（3）计算判断矩阵 A 的最大特征根 λ_{max}，其计算公式如下：

$$\lambda_{max}=\frac{1}{n}\sum_{i=1}^n\frac{(A\omega_i)}{\omega_i} \tag{10.10}$$

公式（10.10）中，$A\omega=\begin{bmatrix}a_{11}&a_{12}&\cdots&a_{1n}\\a_{21}&a_{22}&\cdots&a_{2n}\\\vdots&\vdots&&\vdots\\a_{n1}&a_{n2}&\cdots&a_{nn}\end{bmatrix}\begin{bmatrix}\omega_1\\\omega_2\\\vdots\\\omega_n\end{bmatrix}$，$A\omega_i$ 为 $A\omega$ 的第 i 个元素。

（4）对判断矩阵的一致性进行检验。判断矩阵的一致性检验是指当需要赋权的指标较多时，矩阵内的初始权数可能出现相互矛盾的现象，对于阶数较高的判断矩阵，难以直观地对其一致性进行判断，这就必须进行一致性检验。常用的检验方法是计算一致性比率（CR）指标，其计算公式为：

$$CR=\frac{CI}{RI} \tag{10.11}$$

公式(10.11)中,RI 为同阶平均随机一致性指标,它是通过对许多个(超过 500 个)随机构造的样本矩阵计算平均 CI 而获得的,随机样本矩阵中的元素值是通过计算机模拟产生的,采用与判断矩阵相同的标度,满足互反性,且主对角元素等于 1。CI 为判断矩阵一致性指标,其计算公式为:

$$CI = \frac{\lambda_{\max} - n}{n - 1} \tag{10.12}$$

公式(10.12)中,$\lambda_{\max}$ 为矩阵 A 的最大特征根,n 为判断矩阵的阶数。可以证明,对于任何的正判断矩阵 A,均有 $\lambda_{\max} \geqslant n$。判断矩阵的一致性程度越高,$\lambda_{\max}$ 越接近于 n。当判断完全一致时,A 的非零特征根是唯一的,且为 n。可见,CI 越小,判断矩阵 A 的一致性程度越高。所以,CI 是衡量判断矩阵一致性水平的重要指标。

由于人们比较判断一致性的能力会随着矩阵的阶数 n 的增加而下降,因此对于高阶的判断矩阵,人们的判断应该有更加宽容的态度。萨蒂提出了利用随机一致性指标 RI 计算 CR,CR 越小,对判断不一致性的容忍程度越高。实践中,通常采用萨蒂提出的 $CR \leqslant 10\%$ 的标准。如果一个判断矩阵的 $CR \leqslant 10\%$,就可以认为其不一致性的程度是可以接受的。当 CR 超过 10%时,判断矩阵 A 中的不一致情况较为严重,特别地,当 CR 超出了 20%时,必须调整 A。值得一提的是,在不同标度值体系之下,其 RI 是有差异的。

【例10.3】有四个评价指标 x_1, x_2, x_3, x_4,其判断矩阵 A 如下。试确定这四个指标的权数。

$$A = \begin{bmatrix} 1 & \frac{1}{2} & \frac{1}{3} & \frac{1}{4} \\ 2 & 1 & \frac{2}{3} & \frac{1}{2} \\ 3 & \frac{3}{2} & 1 & \frac{3}{4} \\ 4 & 2 & \frac{4}{3} & 1 \end{bmatrix}$$

解:根据已知条件计算 G_i:

$$G_1 = \sqrt[4]{1 \times \frac{1}{2} \times \frac{1}{3} \times \frac{1}{4}} \approx 0.451\ 8$$

$$G_2 = \sqrt[4]{2 \times 1 \times \frac{2}{3} \times \frac{1}{2}} \approx 0.903\ 6$$

$$G_3 = \sqrt[4]{3 \times \frac{3}{2} \times 1 \times \frac{3}{4}} \approx 1.355\ 4$$

$$G_4 = \sqrt[4]{4 \times 2 \times \frac{4}{3} \times 1} \approx 1.807\ 2$$

进行归一化处理：$\sum\limits_{i=1}^{4} G_i = 0.451\ 8 + 0.903\ 6 + 1.355\ 4 + 1.807\ 2 = 4.518$

$$\omega'_1 = \frac{G_1}{\sum\limits_{i=1}^{4} G_i} = \frac{0.451\ 8}{4.518} = 0.1$$

同理，我们可以计算得出：$\omega'_2 = 0.2$，$\omega'_3 = 0.3$，$\omega'_4 = 0.4$。所求的三个指标的权重向量为：$(0.1, 0.2, 0.3, 0.4)$。因篇幅限制，这里省略一致性检验的过程。

（四）变异系数法

1. 变异系数法的基本思路

变异系数法与前面介绍的方法不同，它是一种客观赋权的方法。它不是依靠专家先对各指标的权重作出评定，而是直接利用各指标所包含的信息通过计算得出指标的权重。

变异系数法的基本思想是：在评价指标体系中，指标取值差异越大的指标，也就是越难实现的指标，而且差异越大的指标越重要，因为它更能反映出参加评价的各单位的差距，所以，赋之较大的权数。由于评价指标体系中各指标的量纲不同，不宜直接比较其差异程度。为了消除各指标量纲不同的影响，用各指标的变异系数来衡量各项指标取值的差异程度。

2. 用变异系数法确定权数的具体步骤

（1）建立评价指标体系，假定该评价指标体系有 n 项指标，对 m 个评价对象进行评价；

（2）根据各个评价对象指标的实际值计算各指标的平均值和标准差；

（3）计算各指标的变异系数 V_i：

$$V_i = \frac{\sigma_i}{\overline{x}_i} \quad (i = 1, 2, \cdots, n) \tag{10.13}$$

（4）确定各指标的权重 ω_i：

$$\omega_i = \frac{V_i}{\sum\limits_{i=1}^{n} V_i} \tag{10.14}$$

【例 10.4】评价一个省份的现代化水平，选择人均 GDP、农业产值占 GDP

比重、第三产业增加值占 GDP 比重、城市人口占总人口比重 4 项指标,试用变异系数法确定 4 项指标的权重。

解:根据全国 6 个省份 2017 年的 4 项评价指标的数值,获得如表 10.7 的数据。

表 10.7　6 个省份 4 项评价指标

省份	人均 GDP(元)	农业产值占 GDP 比重	第三产业增加值占 GDP 比重	城镇人口占总人口比重
北京	129 041.64	0.004 6	0.805 6	0.865 0
浙江	91 511.86	0.028 9	0.533 2	0.680 0
湖南	49 421.22	0.076 6	0.494 3	0.546 2
安徽	43 194.24	0.083 0	0.429 2	0.534 9
四川	44 543.75	0.108 3	0.497 3	0.507 9
云南	34 110.27	0.121 1	0.478 3	0.466 8
合计	391 822.99	0.422 4	3.237 9	3.601 0
均值	65 303.83	0.070 4	0.539 7	0.600 2
标准差	33 898.08	0.041 3	0.122 8	0.135 4
标准差系数	0.519 1	0.586 6	0.227 5	0.225 6
权重	0.333 0	0.376 3	0.145 9	0.144 7

根据表 10.7 的数据分别计算 6 个省份 4 项指标的平均数、标准差和标准差系数。

$$\sum V_i = 0.519\ 1 + 0.586\ 6 + 0.227\ 5 + 0.225\ 6 = 1.558\ 8$$

$$\omega_1 = \frac{V_1}{\sum\limits_{i=1}^{n} V_i} = \frac{0.519\ 1}{1.558\ 8} \approx 0.333\ 0$$

同理,按照公式(10.14)计算 ω_2、ω_3 和 ω_4,具体的计算结果见表 10.7。

所以,人均 GDP、农业产值占 GDP 比重、第三产业增加值占 GDP 比重、城市人口占总人口比重 4 项指标的权数分别为:0.333 0,0.376 3,0.145 9 和 0.144 7。

第三节 评价数据的处理与评价结果的综合

一、评价指标类型的一致化处理

评价指标可以分为三种类型：正指标、逆指标和适度指标。当某个指标的取值与评价目标项目是同方向变化时，一般称之为正指标。比如在评价县域经济实力时，地区生产总值、人均 GDP 等指标。当某个指标的取值与评价目标项目是反方向变化时，一般称为逆指标，比如在评价县域经济绿色水平时，许可排污企业数量、万元 GDP 能耗等指标。还有些指标是取值越接近某一确定的数值（或区间）越好，一般称之为适度指标。比如在评价一个企业的财务状况时，资产负债率、投资率等指标。在对各指标进行综合时，必须确保各指标的类型相同，才能给最终的综合结果一个评判标准，即评价值是越大越好还是越小越好。

评价指标类型的一致化就是在对各指标进行综合之前，必须将不同类型的指标转化成同类型的指标，才能保证在最终的评价结果中做出正确判断。一般来说，常把逆指标和适度指标转化为正指标。

（一）逆指标转化为正指标

设 $x_{ij}(i=1,2,\cdots,m;j=1,2,\cdots,n)$ 为第 i 个参评单位的第 j 个指标的原始值，x_{ij}' 为第 i 个参评单位的第 j 个指标转化后的数值。c 为常数，根据实际情况，c 可以取值为 1。

1. 差式转变法

合格品率与废品率、及格率与不及格率等指标的转换，可用这种方法。

令：$x_{ij}+x_{ij}'=c$，则

$$x_{ij}'=c-x_{ij} \tag{10.15}$$

2. 商式转变法

一般平均数、相对数的指标都可以采用这种方法转变。例如，周转天数指标经过转换后就是周转次数指标。

$$x_{ij}'=\frac{c}{x_{ij}},(x_{ij}>0),(i=1,2,\cdots,m;j=1,2,\cdots,n) \tag{10.16}$$

（二）适度指标转化为正指标

1. 绝对离差法

设某一适度指标的理想值为 a，x_{ij} 与 a 的距离取绝对值为 $|x_{ij}-a|$，则：

$$x_{ij}' = c - |x_{ij} - a| \text{（通常可令 } c = a\text{）} \tag{10.17}$$

或者：

$$x_{ij}' = \frac{c}{a + |x_{ij} - a|} \tag{10.18}$$

2. 分段转化法

当适度指标的理想值是一个区间时，如$[a^-, a^+]$，实施分段转化的公式如下：

$$x_{ij}' = \begin{cases} |x_{ij} - a^-| & x_{ij} < a^- \\ 0 & a^- \leqslant x_{ij} \leqslant a^+ \\ |x_{ij} - a^+| & x_{ij} > a^+ \end{cases} \tag{10.19}$$

利用公式(10.19)进行处理后，会出现离理想区间越远指标数值越大的情况，这与评价者的初衷相违背，所以，应用公式(10.17)或(10.18)加以调整。

二、定性数据的量化处理

在综合评价中，有一些评价项目是用定性指标来衡量的，例如，消费者对商家服务态度的评价是以满意、一般、不满意来反映的。对于定性数据，需先量化处理，只有量化后方可与其他定量指标一起使用。定性数据主要有定类尺度计量的数据和定序尺度计量的数据两类。对于定类尺度计量的数据，无法真正量化。对于定序尺度计量的数据，可以真正量化。量化的主要方法有：

（一）名次序数百分化

名次序数百分化是将被评价单位的名次序数转化为在百分内的相对位置的一种方法。具体操作步骤是：先对被评价单位排列名次，得到名次序数，而后利用以下公式计算名次百分：

$$x \text{ 名次百分} = 100 - \frac{100}{n}(x \text{ 名次} - 0.5) \tag{10.20}$$

公式(10.20)中，x 表示被评价对象所得的名次，n 是全部被评价单位数。用$(x - 0.5)$处理，可以避免出现最后一名被评价单位的名次百分为零的局面，保证第一名从$\left(100 - \frac{100}{2n}\right)$开始，使各不同的名次均匀地分布在百分位中。

（二）统计综合评分法

如果评价项目是根据其品质划定等级的，对其进行量化处理，常用的方法是统计综合评分法。具体步骤为：第一步，在确定各评价指标的权数之后，对评价项目的各等级赋予不同的分值，即评分标准。第二步，聘请足够数量的评议者,请评议者对评价对象进行评议,让他们从所列的评语等级中选择自己认为最恰当的等级投票。第三步,计算各项目各等级的得票数和得票率。第四步,根据所计算的得票率和评分标准计算各评价项目的分值。最后,以各评价项目的分值为变量,根据既定各评价指标的权数,利用加权平均法综合评价总分值。

【例10.5】对某企业的市场竞争力进行综合评价,把市场竞争力评估的评分标准分为四个等级,如表10.8所示。

选择4个评价指标对企业市场竞争力进行评价,4个评价指标分别为:产品竞争能力、企业盈利能力、企业运营能力和企业技术开发能力,它们的权数分别为:0.35、0.30、0.20、0.15。要求对该企业的市场竞争力进行量化处理。

表10.8　企业市场竞争力评估体系

评价项目	评分标准				权重
	10	8	6	4	
产品竞争能力	很好	较好	一般	差	0.35
企业盈利能力	很好	较好	一般	差	0.30
企业运营能力	很好	较好	一般	差	0.20
企业技术开发能力	很好	较好	一般	差	0.15

解:对这评分标准的四个等级分别赋予不同的分值,由此将评语的四个等级转换为相应的数值:10、8、6、4。请1 000名相关人员对该企业的市场竞争力评分,所得结果整理后如表10.9所示。

表10.9　1 000名相关人员对该企业评分结果表

评估项目	10		8		6		4	
	得票数	得票率	得票数	得票率	得票数	得票率	得票数	得票率
产品竞争能力	250	0.25	400	0.40	300	0.30	50	0.05
企业盈利能力	140	0.14	550	0.55	210	0.21	100	0.10
企业运营能力	330	0.33	460	0.46	180	0.18	30	0.03
企业技术开发能力	270	0.27	230	0.23	350	0.35	150	0.15

计算单个评价项目的分值:

产品竞争能力得分$=10\times0.25+8\times0.4+6\times0.3+4\times0.05=7.7$

同理,企业盈利能力、企业运营能力和企业技术开发能力得分分别为:
7.46、8.18 和 7.24。

根据给定的权数和以上计算的单个评价项目的分值,运用加权算术平均法综合评价结果。该企业的市场竞争力综合评价总分值为:

$$7.7×0.35＋7.46×0.30＋8.18×0.20＋7.24×0.15＝7.655。$$

企业的市场竞争力总分为 10,假定得分 9 以上者为"具有很强的市场竞争力",7.0~9.0 分者为"具有较强的市场竞争力",5.0~7.0 分者为"市场竞争力一般",未满 5.0 者为"不具有市场竞争力"。被评价的企业的市场竞争力综合评价总分值为 7.655 分,说明该企业具有较强的市场竞争力。

通过对评价等级进行量化,把不能直接汇总的定性数据转化为具有可比性的评价分值。定性数据量化方法,还有两两比较评分法、模糊评价法和分解—合并法等等,限于篇幅,在此不做详细介绍。

三、定量数据的同度量化处理

在评价指标体系中,由于各指标的计量单位不同(具有不同的量纲)而无法进行直接汇总,必须进行消除量纲处理,即同度量处理。较常用的同度量处理方法有如下三种:

(一) 相对化处理方法

进行相对化处理,必须先对每个评价指标确定一个对比的基准值,而后计算实际值与基准值之比,以此作为该指标的评价值。作为对比的基准值可以是衡量事物发展变化的一些特殊指标值,如该指标在各评价对象中的平均值、最大值或该指标的国际先进水平、历史最高水平、计划规定的水平以及指标的基期水平等。

对正、逆指标的相对化处理方法是不同的,若 x_{ij} 为正指标,计算公式如下:

$$x_{ij}^{*} = \frac{x_{ij}}{x_{j}^{*}} \tag{10.21}$$

若为逆指标,计算公式如下:

$$x_{ij}^{*} = \frac{x_{j}^{*}}{x_{ij}} \tag{10.22}$$

公式(10.21)、(10.22)中,x_{ij} 为第 i 个参评单位、第 j 项评价指标的实际值,x_{j}^{*} 为第 j 个评价指标的基准值,x_{ij}^{*} 为经过相对化处理后的无量纲评价值。可以看出,指标评价值 x_{ij}^{*} 越大越好。

【例 10.6】调查某地区四个公司的经营状况,得到其主要经济效益指标的资料如表 10.10 所示。

表 10.10　某地区四个公司主要经济效益指标

指标 公司	全员劳动生产率(元/人年)	百元固定资产净产值(元)	百元总产值销售收入(元)	百元销售收入利税额(元)
甲	5 733	60.5	91.5	16.7
乙	3 575	52.2	93.2	7.3
丙	3 929	71.2	84.9	10.7
丁	4 404	69.7	88.0	12.8

假定对比的基准值为四个公司这些经济效益指标的历史上最优水平:全员劳动生产率为 5 900 元/人年,百元固定资产净产值为 75 元,百元总产值销售收入为 94.5 元,百元销售收入利税额为 18.6 元。试对表 10.10 的数据进行相对化处理。

解:表 10.10 所列示的指标均为正指标,依据公式(10.21)进行相对化处理。

根据所提供的对比基准值,对四个公司的主要经济效益指标进行相对化处理:

$$x_{11}^* = \frac{5\ 733}{5\ 900} = 0.971\ 7, \quad x_{12}^* = \frac{60.5}{75} = 0.806\ 7, \cdots$$

同理,我们可以得到其他各项经过相对化处理的数据,具体见表 10.11。

表 10.11　相对化处理结果表

指标 公司	全员劳动生产率(元/人年)	百元固定资产净产值(元)	百元总产值销售收入(元)	百元销售收入利税额(元)
最优值	5 900	75	94.5	18.6
甲	0.971 7	0.806 7	0.968 3	0.897 8
乙	0.605 9	0.696 0	0.986 2	0.392 5
丙	0.665 9	0.949 3	0.898 4	0.575 3
丁	0.746 4	0.929 3	0.931 2	0.688 2

(二) 功效系数法

功效系数法是对多目标规划原理中的功效系数加以改进,经计算而得到综合评判的分数。它借助功效系数,把确定要评价的各项指标值转化为可以度量的评判分数,作为指标的评价值。

利用功效系数法进行消除量纲影响的处理,必须对评价的指标确定一对阈值,包括一个下限值(不容许值)和一个上限值(满意值),并通过功效系数公式计算出每项指标的评价分,其计算公式如下:

$$d_{ij}^* = \frac{x_{ij} - x_j^{(s)}}{x_j^{(h)} - x_j^{(s)}} \times 40 + 60 \tag{10.23}$$

公式(10.23)中,x_{ij} 为第 i 个参评单位、第 j 项评价指标的实际值;$x_j^{(s)}$ 为第 j 项指标的不容许值;$x_j^{(h)}$ 为第 j 个指标的满意值;d_{ij}^* 为第 i 个参评单位第 j 个指标的功效系数值。

一般来说,对于不容许值可取指标历年来最差值为不容许值,或该指标数列中较差的 10% 的数值平均数为不容许值;对于满意值,可取指标中历年来最优值为满意值,或该指标数列中较好的 10% 的数值平均数为满意值。

在公式(10.23)中,把指标值处于不容许状态看作及格状态,当某项指标值等于不容许值时,d_{ij}^* 为 60 分。一般情况下,实际指标值在不容许值和满意值之间,若 x_{ij} 比 $x_j^{(h)}$ 值更高,$d_{ij}^* > 100$ 分;若 x_{ij} 比 $x_j^{(s)}$ 值更低,$d_{ij}^* < 60$ 分。

【例 10.7】试按功效系数法对表 10.10 的数据进行无量纲化处理。

解:以所有参评单位中各项指标的最大值和最小值分别作为该指标的满意值和不允许值。根据表 10.10 所提供的资料,利用公式(10.23)计算各评价单位的功效系数值。

甲公司全员劳动生产率功效系数值:$d^* = \dfrac{5\,733 - 3\,575}{5\,733 - 3\,575} \times 40 + 60 = 100$

甲公司百元固定资产净产值功效系数值:$d^* = \dfrac{60.5 - 52.5}{71.2 - 52.5} \times 40 + 60 = 77.47$

同理,我们可以得到该地区四个公司主要经济效益指标的功效系数值,计算结果见表 10.12。

表 10.12　功效系数法处理结果表

指标＼公司	全员劳动生产率(元/人年)	百元固定资产净产值(元)	百元总产值销售收入(元)	百元销售收入利税额(元)
满意值	573 3	71.2	93.2	16.7
不允许值	357 5	52.2	84.9	7.3

续表

指标 公司	全员劳动生产率(元/人年)	百元固定资产净产值(元)	百元总产值销售收入(元)	百元销售收入利税额(元)
甲	100	77.47	91.81	100
乙	60	60	100	60
丙	66.56	100	60	74.47
丁	75.37	96.84	74.94	83.40

(三)标准化处理

利用标准化处理的基本前提是:需要进行标准化处理的变量是服从正态分布的。在标准化处理中,将变量值转化为数学期望为 0、方差为 1 的标准化数值。具体操作步骤如下:

(1)求出各变量(指标)的算术平均值(数学期望值)$\overline{x}_j$ 和标准差 σ_j。

(2)利用公式进行标准化处理:

$$x'_{ij} = \frac{x_{ij} - \overline{x}_j}{\sigma_j} \tag{10.24}$$

公式(10.24)中,x_{ij} 为第 i 个参评单位、第 j 项评价指标的实际值,x'_{ij} 为标准化后的评价值;$\overline{x}_j$ 为第 j 个变量(评价指标)的算术平均值(数学期望值);σ_j 为第 j 个变量(评价指标)的标准差。

(3)进行标准化处理的指标中若有逆指标,改变处理后的指标的符号。

经标准化处理后的数值围绕着 0 上下波动,数值大于 0 的说明高于平均水平,数值小于 0 的说明低于平均水平。

【例 10.8】试对表 10.7 的数据进行标准化处理。

解:先计算 6 个省份 4 项指标的平均数和标准差,再利用公式(10.24)计算标准化系数。具体的计算结果见表 10.13。

表 10.13 6 个省份 4 项评价指标标准化处理结果表

省份	人均 GDP(元)	农业产值占GDP 比重	第三产业增加值占 GDP 比重	城镇人口占总人口比重
均值	65 303.83	0.070 4	0.539 7	0.600 2
标准差	33 898.08	0.041 3	0.122 8	0.135 4

省份	人均 GDP(元)	农业产值占 GDP 比重	第三产业增加值占 GDP 比重	城镇人口占总人口比重
标准化数值				
北京	1.880 3	−1.593 2	2.165 3	1.955 7
浙江	0.773 1	−1.004 8	−0.052 9	0.589 4
湖南	−0.468 5	0.150 1	−0.369 7	−0.398 8
安徽	−0.652 2	0.305 1	−0.899 8	−0.482 3
四川	−0.612 4	0.917 7	−0.345 3	−0.681 7
云南	−0.920 2	1.227 6	−0.500 0	−0.985 2

四、评价数据的综合汇总

对经过同度量处理后的数据综合汇总,可以利用各种不同的数学模型进行综合。若采用不同的综合模型,对各个参评单位比较排序的结果有可能不一致。综合汇总有多种方法,本书侧重介绍总分评定模型、加权平均综合模型和距离综合模型。

(一) 总分评定模型

总分评定模型是先将实际的变量值转化为相应的评价分值,而后将各个评价分值加总。将变量值转化为评价分值,可以有多种的记分方法。由于变量的计量尺度不同,对于不同计量层次的变量采用不同的记分方法。

1. 定量数据的综合

对于以定量数据为计量的评价指标,一般把该指标划分为若干个评分等级,并对不同等级赋予适当的分值,然后请足够多的评判者按预定的评分等级对该指标评分。而后把各个指标(或各个项目)的得分加总,即得到该参评单位的总分。例如,采用的指标是动态相对指标,以报告期数值对比基期数值,采用三档记分:报告期对比基期增加者,记满分;报告期与基期持平者,减半记分;报告期比基期下降者记零分。若要求更精确,也可采用五档记分。

【例 10.9】评价 4 个地区经济增长与居民生活水平提高的协调程度,选择人均 GDP、居民人均可支配收入、农民人均纯收入和人均财政收入 4 项指标,具体资料如表 10.14 所示。

表 10.14 4 个地区经济增长与居民生活水平提高的协调程度的资料

地区	人均 GDP（元/人）			居民人均可支配收入（元/人）			农民人均纯收入（元/人）			人均财政收入（元/人）		
	报告期	基期	指数（%）	报告期	基期	指数（%）	报告期	基期	指数（%）	报告期	基期	指数（%）
A	87 000	81 000	107	12 960	11 780	110	6 800	6 800	100	9 150	8 800	104
B	65 000	65 000	100	8 980	8 800	102	4 560	4 600	99	6 500	6 640	98
C	98 000	96 000	102	15 000	13 800	109	7 700	7 000	110	9 900	9 800	101
D	56 000	50 300	111	6 380	6 340	101	3 630	3 638	100	5 030	5 180	97

假定这 4 项指标的评价分值分别为：35、25、25、15，评分标准为：动态指数大于 100 者记满分；动态指数等于 100 者减半记分；动态指数小于 100 者记 0 分，请对 4 个地区排序。

解：四个地区的评价得分情况如下：

A 地区得分：$35+25+12.5+15=87.5$

B 地区得分：$17.5+25+0+0=42.5$

C 地区得分：$35+25+25+15=100$

D 地区得分：$30+25+12.5+0=67.5$

根据上面计算的结果，对 4 个地区经济增长与居民生活水平提高的协调程度排序：C 地区居第一，A 地区次之，D 地区第三，B 地区最差。

2. 定性数据的综合

先对定性数据进行量化处理，而后参照定量数据的综合方法处理。

【例 10.10】2018 年 18 届亚洲运动会几个主要国家获得的奖牌数如表 10.15 所示。假定奖励给获得金、银、铜牌的运动员的奖金数额分别为 2 万美元、1 万美元、0.5 万美元。要求以各种奖牌的奖金数额对金、银、铜牌进行量化处理，并对这几个国家进行排序。

表 10.15 2018 亚洲运动会几个国家奖牌榜

国家	金牌	银牌	铜牌	奖牌总数
中国	132	92	65	289
日本	75	56	74	205
韩国	49	58	70	177

国家	金牌	银牌	铜牌	奖牌总数
印度尼西亚	31	24	43	98
乌兹别克斯坦	21	24	25	70
伊朗	20	20	22	62

解:按照对获奖者的奖励金额量化处理

中国得分=132×2+92×1+65×0.5=388.5

日本得分=75×2+56×1+74×0.5=243

韩国得分=49×2+58×1+70×0.5=191

印度尼西亚得分=31×2+24×1+43×0.5=107.5

乌兹别克斯坦得分=21×2+24×1+25×0.5=78.5

伊朗得分=20×2+20×1+22×0.5=71

这几个国家的得分排序:中国、日本、韩国、印度尼西亚、乌兹别克斯坦、伊朗。

(二) 加权平均综合模型

加权平均综合模型法有两种形式,一种是加权算术平均形式,另一种是加权几何平均形式。

(1) 加权算术平均形式的公式如下:

$$加权算术平均综合值 = \frac{\sum\limits_{j=1}^{n} x_j \omega_j}{\sum\limits_{j=1}^{n} \omega_j} \tag{10.25}$$

公式(10.25)中,评价指标体系含有 n 个指标,x_j 为已同度量处理过的第 j 个评价指标的相对值,$j=1,2,\cdots,n$,ω_j 为各项指标的权重,$\omega_1+\omega_2+\cdots+\omega_n=100\%$。

【例10.11】假定公司经营状况的评价指标:全员劳动生产率、百元固定资产净产值、百元总产值销售收入、百元销售收入利税额的权重向量为(0.25,0.30,0.25,0.20),对表10.12功效系数法处理结果的资料进行加权算术平均,计算各公司的加权算术平均综合值,并按经营状况的好坏对各公司进行排序。

解:计算各公司经营状况的功效系数综合值。

甲公司经营状况的功效系数加权算术平均综合值

$$=\frac{100\times0.25+77.47\times0.3+91.81\times0.25+100\times0.2}{0.25+0.3+0.25+0.2}=91.19$$

乙公司经营状况的功效系数加权算术平均综合值

$$=\frac{60\times0.25+60\times0.3+100\times0.25+60\times0.2}{0.25+0.3+0.25+0.2}=70$$

同理,可得其他公司经营状况的功效系数加权算术平均综合值,计算结果和排名次见表 10.16。

表 10.16　加权算术平均法综合评价值计算表

指标	权数	功效系数			
		甲	乙	丙	丁
全员劳动生产率	0.25	100	60	66.56	75.37
百元固定资产净产值	0.30	77.47	60	100	96.84
百元总产值销售收入	0.25	91.81	100	60	74.94
百元销售收入利税额	0.20	100	60	74.47	83.4
综合评价值	—	91.19	70	76.53	83.31
排名	—	1	4	3	2

② 加权几何平均形式的公式如下:

$$加权几何平均综合值=\sqrt[\sum_{j=1}^{n}\omega_j]{\prod x_j^{\omega_j}} \tag{10.26}$$

公式(10.26)中,评价指标体系的容量为 n;x_j 为已经经同度量处理过的第 j 个评价指标的相对值,$j=1,2,\cdots,n$;ω_j 为各项指标的权重。

【例 10.12】以表 10.12 的功效系数法处理结果的资料和例 10.11 给出的权数,采用加权几何平均法,计算各地区的加权几何平均功效系数综合值。

甲公司经营状况的功效系数加权几何平均综合值

$$=\sqrt[0.25+0.3+0.25+0.2]{100^{0.25}\times77.47^{0.3}\times91.81^{0.25}\times100^{0.2}}\approx90.67$$

同理,我们可得到其他公司经营状况的功效系数加权几何平均综合值。根据各公司的几何平均综合值,对各个公司排名,具体的排序见表 10.17。

表 10.17　加权几何平均法综合评价值计算表

指标	权数	功效系数			
		甲	乙	丙	丁
全员劳动生产率	0.25	100	60	66.56	75.37
百元固定资产净产值	0.30	77.47	60	100	96.84
百元总产值销售收入	0.25	91.81	100	60	74.94
百元销售收入利税额	0.20	100	60	74.47	83.4
综合评价值	—	90.67	68.17	74.94	82.80
排名	—	1	4	3	2

（三）最优值距离模型

最优值距离模型以各项评价指标的实际值与最优值（或标准值）之间距离的大小来衡量评价对象效益的高低。对评价指标体系中的各评价指标进行相对化处理后，运用距离法进行综合，其综合值反映了各评价指标与相应的最优值（或标准值）之间的距离。最优值距离模型有两种形式：平方平均形式和算术平均综合形式。

1. 平方平均形式

第 i 个参评单位的距离综合值的计算公式如下：

$$S_i = \sqrt{\sum_{j=1}^{n}(1-x'_{ij})^2\omega_j}$$
$$= \sqrt{(1-x'_{i1})^2\omega_1 + (1-x'_{i2})^2\omega_2 + \cdots + (1-x'_{in})^2\omega_n} \qquad (10.27)$$

公式（10.27）中，x'_{ij} 是经过相对化处理后的变量值，$i=1,2,\cdots,m$；ω_j 是第 j 个评价指标的权重，$j=1,2,\cdots,n$。权重 ω_j 是根据各项评价指标在评价指标体系中的重要程度确定的。S_i 值越小，与最优值越接近，表明效益越佳；S_i 值越大，越远离最优值，表明效益越低。

【例 10.13】根据表 10.11 相对化处理结果和表 10.15 给定的权重向量的资料，试计算各公司的距离综合值，并对 4 个公司进行排序。

解：利用公式（10.27）计算各公司的最优距离综合值。

甲公司最优距离综合值：

$$S_甲 = \sqrt{(1-0.971\ 7)^2 \times 0.25 + (1-0.806\ 7)^2 \times 0.3 + \cdots + (1-0.897\ 8)^2 \times 0.2}$$
$$\approx 0.1173$$

乙公司最优距离综合值：

$$S_Z = \sqrt{(1-0.605\ 9)^2 \times 0.25 + (1-0.696\ 0)^2 \times 0.3 + \cdots + (1-0.392\ 5)^2 \times 0.2}$$
$$\approx 0.374\ 7$$

同理,我们可以计算其他公司的最优距离综合值的相对值,$S_丙 = 0.259\ 5$,$S_丁 = 0.195\ 5$。根据所计算的最优距离综合值,对 4 个公司进行排序为乙、丙、丁、甲。

2. 算术平均综合形式

以算术平均综合形式计算的最优值距离综合评价指数的公式如下:

$$S = \frac{\sum_{j=1}^{n} [100 - x_j' \times 100] \times \omega_j}{\sum_{i=1}^{n} \omega_i} \tag{10.28}$$

公式(10.28)中,x_j'为已经经过相对化处理后的第 j 个指标的相对值;ω_j为各项评价指标的权重,$\omega_1 + \omega_2 + \cdots + \omega_n = 100\%$。算术平均综合形式是把距离值化为百分的形式。

第四节　模糊综合评价法

一、模糊综合评价的基本理论问题

(一)模糊综合评价的含义

社会现象可分为确定现象与不确定现象,不确定现象包括了随机现象和模糊现象。随机现象如前所述,模糊现象是指现象处于"亦此亦彼"的中介过渡状态。例如,人们对某种服务质量的评价为"很满意""基本满意",而"很满意"和"基本满意"之间的界限是模糊的。

对模糊现象的综合评价,主要是利用模糊数学的理论和方法进行的。模糊综合评价法就是对社会现象中所出现的"亦此亦彼"的中介过渡状态采用概念内涵清晰,但外延界限不明确的模糊思想加以描述,并进行多因素的综合评判和分析。采用模糊综合评价法有效地避免了用"是"与"非"这种硬性尺度衡量被评价现象的做法,克服了传统的综合评价法对客观事物的评价可能产生的不同程度偏离的缺陷。

(二) 模糊综合评价中常用的几个概念

1. 论域

论域亦称为基本集合。通常人们在研究某一问题时,将研究对象限制在某一个特定范围内,那么,这个特定的范围即论域,记为 U、V(或 X、Y)。例如,要研究长沙市居民户基本状况,论域 U 是长沙市全部居民户。

2. 元素和子集

构成论域 U 的每个单位 u_i,称为 U 的元素。例如,论域 U 是长沙市全部居民户,那么,长沙市每一居民户即为元素。

U 中一部分元素组成的集合 A,称 A 为 U 的子集,记 $A \in U$。如果 U 本身是论域 U 的最大子集,称 U 为全集。如果 A 不含 U 中的任何元素,称 A 为空集。例如,长沙市居民中的贫困户,是论域 U 中的一个子集。子集通常用 A、B、R 等大写字母表示。

3. 普通子集和模糊子集

普通子集是指论域 U 中一个普通的集合。假定 A 是 U 中的一个普通子集,它的特点是:U 中任一元素 u_i,要么在 A 中,要么不在 A 中,二者必居其一。若 u_i 属于 A,记为 $u_i \in A$。若 u_i 不属于 A,记为 $u_i \notin A$。例如,长沙市所属的天心区的居民户,就是 U 中的一个普通子集。

模糊子集是论域 U 中的一个模糊集合,通常用 $\tilde{A}$、$\tilde{B}$、$\tilde{R}$ 等大写字母表示,它的特点是:U 中的某一或某些元素 u_i,可能属于 A,也可能不属于 A,不是绝对地属于或绝对地不属于该子集。例如,长沙收入水平较低的居民户,或者,长沙市较富裕的居民户,都是论域 U 的模糊子集。

4. 隶属度和隶属函数

论域 U 中的各个元素 u_i 对于 U 中的模糊子集 $\tilde{A}$ 的关系有如下几种:一是属于 $\tilde{A}$,二是不属于 $\tilde{A}$,三是在一定程度属于 $\tilde{A}$。对上述三种情况用数字描述为:属于 $\tilde{A}$ 时,记为 1;不属于 $\tilde{A}$ 时,记为 0;在一定程度上属于 $\tilde{A}$ 时,用 0 到 1 之间的一个数值表示。当属于 $\tilde{A}$ 的程度越强时,所取的数值越接近 1,当属于 $\tilde{A}$ 的程度越弱时,所取的数值越接近 0。

对论域 U 中的每一元素 u_i,在 $[0,1]$ 中赋之一个相应的数值,用以描述 u_i 对 $\tilde{A}$ 的隶属程度,这样的数值称为 u_i 对 $\tilde{A}$ 的隶属度。u_i 对 $\tilde{A}$ 的隶属度,记作 $\mu_{\tilde{A}}(u_i)$,$0 \leqslant \mu_{\tilde{A}}(u_i) \leqslant 1$。

论域 U 中的每一元素 u_i 和它相应的对于 $\tilde{A}$ 的隶属度相结合,这种对应

关系称为 $\widetilde{A}$ 的隶属函数。U 中的某一模糊子集 $\widetilde{A}$ 可表示为：

$$\widetilde{A}=\{u_i,\mu_{\widetilde{A}}(u_i)\,|\,u_i\in U\},$$

上式中，$\mu_{\widetilde{A}}$ 是 $\widetilde{A}$ 的隶属函数，$\mu_{\widetilde{A}}(u_i)$ 是 u_i 对 $\widetilde{A}$ 的隶属度。由于模糊集合是由它的隶属函数唯一确定的，所以我们用 $\widetilde{A}(\cdot)$ 代替 $\mu_{\widetilde{A}}$。

5. 模糊矩阵和模糊向量

模糊综合评价是对被评价的现象进行综合分析，要考虑多个因素。从统计角度讲，采用多个指标分别独立地进行考察，同时对每个指标的评价结果赋予多种评语。因此，每个指标与任何一种评语都有一定的数量关系，这种数量关系即模糊关系，它可用矩阵表示，模糊关系矩阵记为 $\widetilde{R}$。

$$\widetilde{R}=\mu_R(u_i,v_j)$$

当 U 和 V 都是有限集时，$U=\{u_1,u_2,\cdots,u_m\}$，$V=\{v_1,v_2,\cdots,v_n\}$，则 $U\times V$ 的模糊关系用矩阵 $\widetilde{R}$ 表示。

$$
\widetilde{R}=\begin{bmatrix}
\mu_R(u_1,v_1) & \mu_R(u_1,v_2) & \cdots & \mu_R(u_1,v_n) \\
\mu_R(u_2,v_1) & \mu_R(u_2,v_2) & \cdots & \mu_R(u_2,v_n) \\
\vdots & \vdots & & \vdots \\
\mu_R(u_m,v_1) & \mu_R(u_m,v_2) & \cdots & \mu_R(u_m,v_n)
\end{bmatrix}
$$

$$
=\begin{bmatrix}
r_{11} & r_{12} & \cdots & r_{1n} \\
r_{21} & r_{22} & \cdots & r_{2n} \\
\vdots & \vdots & & \vdots \\
r_{m1} & r_{m2} & \cdots & r_{mn}
\end{bmatrix}
\tag{10.29}
$$

公式(10.29)中，一般来说，$0\leqslant r_{ij}\leqslant1(i=1,2,\cdots,m;j=1,2,\cdots,n)$。

例如，以论域 U 评价企业经济效益，采用统计指标增加值率(u_1)、资金利税率(u_2)、成本费用利润率(u_3)、流动资产周转次数(u_4)为评价指标，此时 $U=\{u_1,u_2,u_3,u_4\}$。在综合评价中，对每个指标的评价结果赋予多个评语等级，比如采用"很好(v_1)、较好(v_2)、一般(v_3)、较差(v_4)"评语表述，此时 $V=\{v_1,v_2,v_3,v_4\}$。R 就是由 U 和 V 合成的模糊关系，用矩阵形式表示，R 即为 $m\times n$ 的模糊矩阵。对于 $1\times n$ 的模糊矩阵，如 $\widetilde{A}=(a_1,a_2,\cdots,a_n)$，我们称之为 $1\times n$ 的模糊行向量。当然，也有 $n\times 1$ 的模糊列向量，$\widetilde{A}=(a_1,a_2,\cdots,a_n)'$。由此可见，模糊向量本身是一种特殊的模糊矩阵，可把模糊向量看成某一有限论域 U 中的模糊子集。

在综合评价中，由于评价对象中所考察的各因素(或各项指标)的地位、作用不同，因此依据评价的目的和各因素的特点，分别对评价对象中各因素赋予不同的权重系数,称为评价因素权向量。在模糊评价中,权重向量 $\tilde{A} = (a_1, a_2, \cdots, a_m)$ 也是一种模糊向量。$\tilde{A}$ 的现实意义是"各评价项目(或各项指标)"对被评价目标(例如企业经济效益)的重要性,或称相对重要程度。在这里,$\tilde{A}$ 向量也是 U 中的一模糊子集,它是综合评价中各因素(指标)的权重系数。

(三) 模糊集合的表示方法

模糊子集 $\tilde{A}$ 是由隶属函数所刻画的,当 $\mu_{\tilde{A}}$ 的值域取 $[0,1]$ 闭区间的两个端点,即 $\{0,1\}$ 两个数值时,$\tilde{A}$ 便退化为一个普通子集,隶属函数转化为该子集的特征函数。换言之,普通集合是模糊集合的特殊情况,而模糊集合是普通集合的推广。

二、模糊综合评价的数学模型

设有两个有限论域:$U = \{u_1, u_2, \cdots, u_m\}$,$V = \{v_1, v_2, \cdots, v_n\}$,其中 U 代表综合评判中各评价项目(或称各因素)所组成的集合,V 代表各等级评语组成的集合。

论域 U 和评语等级集合 V 的乘积 $U \times V$ 称作 U 和 V 的笛卡尔乘积,它是由 U 和 V 中任意搭配的元素对所构成的。笛卡尔乘积 $U \times V$ 构成了一个新的论域,在这个论域上,也存在各种模糊子集。$U \times V$ 上的模糊子集是对 U 与 V 之间某种关系的模糊描述,这种模糊子集也称为模糊关系,记为 $\tilde{R}$,$\tilde{R}$ 是一个 $m \times n$ 的模糊矩阵。

$$\tilde{R} = \begin{bmatrix} r_{11} & r_{12} & \cdots & r_{1n} \\ r_{21} & r_{22} & \cdots & r_{2n} \\ \vdots & \vdots & & \vdots \\ r_{m1} & r_{m2} & \cdots & r_{mn} \end{bmatrix}$$

$\tilde{A}$ 是论域 U(因素论域)上的一个模糊子集,即各评判因素的权重模糊向量。权重的确定方法与本章第二节所介绍的方法相同,本节不加赘述。

$$\tilde{A} = (a_1, a_2, \cdots a_m)$$

$$\tilde{A} \circ \tilde{R} = \tilde{B} \tag{10.30}$$

$\tilde{B}$ 为综合评判的结果,我们把上述模型称为综合评判的数学模型。$\tilde{B}$ 是论域 V 上的一个模糊子集,也是一模糊向量,或称 $1 \times n$ 的模糊矩阵。$\tilde{B} = (b_1, b_2, \cdots b_n)$。

$\tilde{B}=\tilde{A}\cdot\tilde{R}$ 是一种模糊关系的合成,也称为模糊变换。模糊矩阵的合成运算和普通矩阵乘法运算类似,只是把普通矩阵乘法中的实数加(＋)改成逻辑加(∨),实数乘(·)改成逻辑乘(∧)。逻辑加和逻辑乘的定义是:

逻辑加(∨):$a \vee b=\max(a,b)$

逻辑乘(∧):$a \wedge b=\min(a,b)$

"∨"为最大运算,"∧"为最小运算。

模糊矩阵的"逻辑乘、逻辑加"运算,亦称为"取小取大"运算。"逻辑乘、逻辑加"算子,记为 $M(\wedge,\vee)$,常用于纯模糊变换中,或称为模糊关系的合成。但在实际的综合评价中,模糊关系的合成 $\tilde{B}=\tilde{A}\cdot\tilde{R}$,若采用逻辑乘、逻辑加(或称取小取大)算子,将会丢失大量有价值的信息。正因为"取小取大"算子的运用存在一定的局限性,所以在综合评判中,往往采用实数乘、有界和算子,记为 $M(\cdot,\oplus)$,以克服"取小取大"算子而丢失原始信息的弱点。此时,其运算模型为:

$$\tilde{A}\cdot\tilde{R}=\tilde{B} \tag{10.31}$$

有界和的运算规则是:在实数加法求得和数与 1 之间,取其中较小者,即:

$$b_j=\min\{1,\sum_{i=1}^m a_i r_{ij}\} \quad (j=1,2,\cdots,n) \tag{10.32}$$

采用实数乘、有界和算子时,其前提条件是 $\sum_{i=1}^m a_i=1$,此时,$\sum_{i=1}^m a_i r_{ij}$ 实际是各个 r_{ij} 的加权算术平均值,那么,运算 $\oplus$ 便蜕化为一般的实数加法,该算子改写为 $M(\cdot,+)$,这就是普通矩阵的乘法。采用这种算子,不仅包括了所有评判因素,而且保留了各评判因素的全部信息。

除了上述的 $M(\wedge,\vee)$、$M(\cdot,+)$ 两种算子外,还有实数乘、逻辑加算子,即 $M(\cdot,\vee)$ 以及逻辑乘、有界和算子 $M(\wedge,+)$ 等,篇幅所限,本书不再作详细介绍。

三、模糊综合评价的步骤

(一) 建立评价因素论域

事先拟定 m 个评判指标,这些评判指标的集合即因素论域,论域 $U=\{u_1,u_2,\cdots,u_i,\cdots,u_m\}$,$u_i$ 表示第 i 个评价指标。

(二) 确定 m 个评判指标的权重

权重的确定方法如本章的第二节。假定权重向量为 $\tilde{A}$,$\tilde{A}$ 是模糊向量。

$\tilde{A}=\{a_1,a_2,\cdots,a_m\},(0\leqslant a_i\leqslant 1)$。$\tilde{A}$ 亦为评判目标在论域 U 中表现的模糊子集，$\sum_{i=1}^{m}a_i=1$。

（三）确定评语等级论域

事先规定按"很好""较好""一般""较差"等几个等级为评价结论。这些评语等级的集合即评语等级论域，记为 $V=\{V_1,V_2,\cdots,V_n\}$。论域中各元素 V_j 表示各个评语的等级。

（四）分别对各因素进行评判

对各因素进行评判，是根据评判项目的不同特点而具体确定的，并无固定模式。

1. 定性数据的评价方法

定性数据的评价常采用的方法是：聘请足够数量的评议者，请评议者们对评价对象进行评议，并在所列的各评语等级中选择一个他认为最恰当的等级，而后计算被评价对象各等级的得票数与得票频率，所得的频率即评价对象在这个评价指标上对各个评语等级的隶属度。

2. 定量数据的评价方法

对于定量数据的评价，可在论域中分别建立各种不同评语等级的隶属函数表达式。具体做法是：首先确定评判的参照标准；其次，在统计数据取值区间分别建立各个评语等级和隶属函数表达式；最后，把评价对象的实际观察值分别代入这些隶属函数中，所得的函数值即各因素评判结果。

（五）建立模糊关系矩阵 $\tilde{R}$

$\tilde{R}$ 是个 $m\times n$ 阶模糊矩阵，$\tilde{R}=U\times V$。

（六）综合评价结论

进行综合评判运算，得出综合评判结论 $\tilde{B}=(b_1,b_2,\cdots,b_n)$。模糊关系的合成可供选择的模式有"取小取大"算子或实数乘、有界和算子。综合评判运算模型一般可采用的运算模型是：$\tilde{A}\cdot\tilde{R}=\tilde{B}$。

（七）对各评价对象排序并进行比较分析

利用综合评价结果对各个参评单位进行比较、排序，有两种方法可以选用：一是最大隶属度法，二是加权平均法。

1. 最大隶属度法

最大隶属度法就是把各个评语等级中隶属度最大的那个评语等级作为评判对象的最终评语，最终评语等级相同者则进一步按隶属度排序，优良评语者以隶属度大为先,差劣评语者以隶属度小为先。最大隶属度法的使用存在着局限性:其一,它只考虑隶属度大的评语,舍弃评判对象隶属于其他评语等级的信息;其二,当某评价对象隶属度最大的评语等级不止一个时,难以确定最终评语;其三,如果进行比较评判的对象最终评语等级相同,则难以按隶属度作进一步排序。

2. 加权平均法

加权平均法是先对各评语等级赋值,赋值变量 $V'_j(j=1,2,\cdots,n)$ 可选择与评语等级相关的指标。在无法取得适当的相关指标值时,可建立虚拟变量而人为地赋值。然后,以评判对象对各评语等级的隶属度 b_j 为权数,计算 V'_j 的加权算术平均数 $\overline{V'}$,$\overline{V'}$ 计算公式如下:

$$\overline{V'} = \frac{\sum_{j=1}^{n} V'_j b_j}{\sum_{j=1}^{n} b_j} \tag{10.33}$$

以 $\overline{V'}$ 值为排序的依据。如果 V' 是数值越大越好的变量,则 $\overline{V'}$ 也是越大越好,反之亦然。

【例 10.14】某电脑公司为了了解 A 型电脑的受欢迎程度,建立评价因素论域 $U=\{u_1,u_2,u_3,u_4\}$,对电脑各指标的评语等级的论域 $V=\{V_1,V_2,V_3,V_4\}$,分别按 10、8、6、4 四个等级评分;各评判项目的权重向量 $=(0.20,0.35,0.30,0.15)$。具体资料见表 10.18。请 100 名客户对 A 型电脑分别就上述 4 个评估项目评分,根据得票数计算各评语等级的得票率,计算结果如表 10.19 所示。

表 10.18　**A 型电脑受欢迎程度评估标准及其权重分配表**

评估项目	评分标准				权重
	$10(V_1)$	$8(V_2)$	$6(V_3)$	$4(V_4)$	
运算功能 u_1	很受欢迎	较受欢迎	不太受欢迎	不受欢迎	0.20
存储容量 u_2	很受欢迎	较受欢迎	不太受欢迎	不受欢迎	0.35
运行速度 u_3	很受欢迎	较受欢迎	不太受欢迎	不受欢迎	0.30
外设配置 u_4	很受欢迎	较受欢迎	不太受欢迎	不受欢迎	0.15

表 10.19　100 名客户对 A 型电脑的评分结果表

评估项目	很受欢迎(V_1)		较受欢迎(V_2)		不太受欢迎(V_3)		不受欢迎(V_4)	
	得票数	得票率	得票数	得票率	得票数	得票率	得票数	得票率
运算功能 u_1	30	0.3	46	0.46	18	0.18	6	0.06
存储容量 u_2	24	0.24	55	0.55	16	0.16	5	0.05
运行速度 u_3	53	0.53	36	0.36	11	0.11	0	0
外设配置 u_4	20	0.20	25	0.25	35	0.35	20	0.20

又假定另有 B、C、D 三种类型的电脑的综合评价结果的分值向量分别为 (0.48　0.22　0.3　0)，(0.3　0.4　0.1　0.2)，(0.3　0.45　0.15　0.1)。要求采用模糊评价法对 A、B、C、D 四种类型的电脑的受欢迎程度进行比较、排序。

解：根据表 10－17 和 10－18 的资料，对各单因素评判向量组合得到模糊关系矩阵 $\tilde{R}$：

$$\tilde{R} = \begin{bmatrix} \tilde{R}|u_1 \\ \tilde{R}|u_2 \\ \tilde{R}|u_3 \\ \tilde{R}|u_4 \end{bmatrix} = \begin{bmatrix} 0.3 & 0.46 & 0.18 & 0.06 \\ 0.24 & 0.55 & 0.16 & 0.05 \\ 0.53 & 0.36 & 0.11 & 0 \\ 0.2 & 0.25 & 0.35 & 0.2 \end{bmatrix}$$

采用 $M(\cdot, +)$ 算子，

$$\tilde{B} = \tilde{A} \cdot \tilde{R}$$

$$= (0.2 \quad 0.35 \quad 0.3 \quad 0.15) \begin{bmatrix} 0.3 & 0.46 & 0.18 & 0.06 \\ 0.24 & 0.55 & 0.16 & 0.05 \\ 0.53 & 0.36 & 0.11 & 0 \\ 0.2 & 0.25 & 0.35 & 0.2 \end{bmatrix}$$

$$= (0.333 \quad 0.43 \quad 0.1775 \quad 0.0595)$$

即 A 型电脑评价的分值为 (0.333　0.43　0.1775　0.0595)。若采用最大隶属度法对四种类型的电脑的受欢迎程度进行比较，具体评价结果见表 10.20 所示。

表 10.20　四种类型电脑综合评判结果的最大隶属度排序表

电脑类型	综合评判结果向量	最终评语及隶属度	排序
A	$\tilde{B} = (0.333 \quad 0.43 \quad 0.1775 \quad 0.0595)$	0.43（较受欢迎）	3

电脑类型	综合评判结果向量	最终评语及隶属度	排序
B	$\widetilde{B}=(0.48 \quad 0.22 \quad 0.30 \quad 0)$	0.48（很受欢迎）	1
C	$\widetilde{B}=(0.30 \quad 0.40 \quad 0.10 \quad 0.20)$	0.40（较受欢迎）	4
D	$\widetilde{B}=(0.30 \quad 0.45 \quad 0.15 \quad 0.10)$	0.45（较受欢迎）	2

若采用加权平均法对四种类型电脑的受欢迎程度进行比较,必须对各评语等级赋值,用各等级的销售量 V'_j 为赋值的依据。假定各等级对应如下销售量:800,600,100,0(单位:台),对四种类型电脑的受欢迎程度以综合评判结果向量 $\widetilde{B}$ 为权数,计算加权算术平均销售量,并进行排序。具体计算结果如表 10.21 所示。

表 10.21 四种类型电脑综合评判结果的加权平均排序表

电脑类型		综合评判的各评语等级				$\overline{V'_k}=\dfrac{\sum\limits_{j=1}^{k}V'_j b_{jk}}{\sum\limits_{j=1}^{k}b_{jk}}$	排序
	评语等级 j	1	2	3	4		
	等级名称 V_j	很受欢迎	较受欢迎	不太受欢迎	不受欢迎		
	销售量（台）V'_j	800	600	100	0		
A	对各等级的隶属度 b_{j1}	0.333	0.43	0.1775	0.0595	542.15	2
B	对各等级的隶属度 b_{j2}	0.48	0.22	0.30	0	546	1
C	对各等级的隶属度 b_{j3}	0.30	0.40	0.10	0.20	490	4
D	对各等级的隶属度 b_{j4}	0.30	0.45	0.15	0.10	525	3

根据计算结果得知,最大隶属度和加权平均法的排序结果并非完全一致。这是因为加权平均法不是以隶属度大的评语为排序的唯一标准,而是以各评语等级的加权综合结果为排序的依据。一般而言,加权平均法利用的信息较为充分,最大隶属度法只考虑最终评语隶属度的大小;只要加权平均法选择合适的赋值变量 V'_j,利用加权平均法排序要比利用最大隶属度法排序更为准确。

本 章 练 习

1. 评价商场经济效益指标体系包括销售利润率(％),流通费用率(％)和全员劳动效率(万元/人)3 项指标,这 3 项指标对于经济效益综合评价的重要性分别为 0.40、0.25、0.35。按三个评语等级(好、中、差)进行评价。据资料,W 商场的销售利润率为 25％,流通费用率为 12％,全员劳动效率为 10.5 万元/人。假定我国同类企业 3 项指标的评价标准如下表:

商场经济效益评价标准表

评价指标 \ 评语等级	好	中	差
销售利润率(％)	30	20	5
流通费用率(％)	4	10	16
全员劳动效率(万元/人)	15	10	5

要求:(1) 根据上述资料,以评语等级"好"的取值为"满意值",以评语等级"差"的取值为"不容许值",请用功效系数法对 W 商场的实际数据进行无量纲化处理;(2) 分别以加权算术平均法和加权几何平均法对(1)的处理结果进行综合,计算 W 商场的综合评价分值;(3) 以评语等级"好"的取值为"标准值",对 W 商场的实际数据进行相对化处理;(4) 以最优值距离模型(平方平均综合形式和算术平均综合形式)对(3)的处理结果进行综合,计算 W 商场的综合评价分值;(5) 对四种综合方法的计算结果进行比较;(6) 假定另外有 3 家同类型的商场,它们的最优值距离评价分值如下表所示,请对 4 个商场经济效益进行评价、排序。

3 个商场最优值距离评价分值表

商场	H	X	B
最优值距离评价分值	0.2912	0.2845	0.2012

2. 案例题

2018 年 11 月 7 日,由中国国际经济交流中心、美国哥伦比亚大学地球研究院、阿里研究院和社会科学文献出版社共同主办的《可持续发展蓝皮书:中国可持续发展评价报告(2018 年)》暨可持续发展专题研讨会在北京举行。

会上发布的中国 100 个大中城市可持续发展指标显示,2017 年度可持续发展综合排名前十位的城市分别为：珠海、北京、深圳、杭州、广州、青岛、武汉、长沙、无锡、宁波。报告认为，京津冀、长三角、珠三角城市群及一些东部沿海城市作为中国经济最发达地区，其可持续发展排名比较靠前。报告还对中国整体的可持续发展水平进行了分析，认为中国可持续发展状况稳步得到改善，特别是从 2011 年开始，可持续发展指标持续增长。报告分析认为，其原因是资源环境、消耗排放、治理保护等方面在 2011 年后得到重视，此外，中国经济发展局面正在不断趋好。

中国 100 个大中城市可持续发展评价指标体系

类别	序号	指标
经济发展	1	人均 GDP
	2	第三产业增加值占 GDP 比重
	3	城镇登记失业率
	4	财政性科学技术支出占 GDP 比重
	5	GDP 增长率
社会民生	6	房价-人均 GDP 比
	7	每万人拥有卫生技术人员数
	8	人均社会保障和就业财政支出
	9	财政性教育支出占 GDP 比重
	10	人均城市道路面积
资源环境	11	每万人城市绿地面积
	12	人均水资源量
	13	空气质量指数优良天数
消耗排放	14	每万元 GDP 水耗
	15	单位 GDP 能耗
	16	单位二、三产业增加值占建成区面积
	17	单位工业总产值二氧化硫排放量
	18	单位工业总产值废水排放量

续表

类别	序号	指标
治理保护	19	污水处理厂集中处理率
	20	财政性节能环保支出占 GDP 比重
	21	工业固体废物综合利用率
	22	生活垃圾无害化处理率

资料来源:《中国可持续发展评价报告(2018)》,王军等,社会科学文献出版社,2018.11。

　　据介绍,这份报告回顾和总结了国内外寻找"超越 GDP"新指标的理论探索,从理论和实践的角度论述了中国实施可持续发展评价的必要性。在充分借鉴国际经验的基础上,系统提出了中国可持续发展评价指标体系构架的思想,开创性地构建了一套新的测度中国可持续发展的评价指标体系,是对现有 GDP 指标的完善,创新性较强。

　　请详细阅读此报告,重点分析中国大中城市可持续发展评价中运用了哪些统计综合评价方法?具体的评价步骤是怎样的?构建的评价指标体系有哪些优点和不足之处?整个评价过程还有哪些可以进一步完善的地方?

第十一章
中国国民经济核算体系简介

■ ■ ■ ■ ■

第一节　概述

一、历史沿革

国际上曾经同时存在过两大国民经济核算体系,一个是产生于苏联、东欧等高度集中的计划经济国家的物质产品平衡表体系,简称 MPS;一个是产生于西方发达市场经济国家的国民账户体系,简称 SNA。中国国民经济核算的历史实际上是从前者向后者过渡的历史。具体说来,中国国民经济核算历史经历了三个阶段:MPS 体系的建立和发展阶段,MPS 体系与 SNA 体系并存阶段,在 SNA 体系下的发展阶段。

(一) 物质产品平衡表体系

MPS 是在苏联产生和发展起来的。它是为适应计划经济体制的需要,逐步建立起来的国民经济核算体系。其主要内容包括:(1) 物质产品平衡表,反映社会总产品的再生产过程和结果,即物质财富的创造和使用;(2) 综合财政平衡表,反映居民、企业、行政事业单位的最终收入和最终使用;(3) 投入产出表,反映国民经济部门之间的经济技术联系;(4) 劳动力平衡表,反映劳动力的资源与分布;(5) 国民财富和固定资产平衡表,反映社会再生产过程的物质前提或结果;(6) 非物质服务平衡表,反映非物质服务,如文化、教育、卫生等的资源与使用。

(二) 国民账户体系

SNA 产生于西方发达市场经济国家,并且随着经济发展不断修订。迄今为止共有四个版本,分别是 1953 年 SNA、1968 年 SNA、1993 年 SNA 和 2008

年 SNA。1947 年,联合国公布了斯通(R. Stone)等人撰写的有关统计方法的研究报告,该报告叙述了国民收入和相关总量的定义与计算,斯通也因此被统计学界尊称为"国民经济核算之父",并获得了 1984 年诺贝尔经济学奖。1953 年,联合国公布了《国民账户体系及其辅助表》,这就是 1953 年 SNA,它标志着现代国民经济核算体系国际标准的诞生。1968 年 SNA 在国民经济核算框架设计和总量分解经济模型两个方面取得了重大的进展:一是对国民经济核算框架的精心设计和开发;二是为经济分析和政策服务而建立了总量分解的经济模型。1993 年 SNA 更加突出了对经济发展重要领域的深入刻画和描述:一是通货膨胀问题;二是对政府部门的分析研究;三是服务业核算;四是金融活动的分类与核算;五是环境核算。2008 年 SNA 适应了世界经济环境新的发展变化,反映了国际上国民经济核算理论方法研究取得的成果和各国国民经济核算的实践经验,满足了广大用户不断变化的需求,与国际收支统计、政府财政统计、货币金融统计等其他国际统计标准更加协调一致。2008 年 SNA 对原国际标准的基本概念、核算范围、基本分类、基本指标和计算方法进行了修订。2009 年,联合国统计委员会第四十届会议通过了这个新的国际标准,并鼓励各成员国实施这一标准。

(三) 中国国民经济核算体系历史沿革

新中国成立以来,我国国民经济核算体系经历了与高度集中的计划经济体制相适应的 MPS 的建立和发展阶段,从 MPS 体系向市场经济国家普遍采用的 SNA 体系的转轨阶段和 SNA 的全面实施阶段。

从新中国成立初期到改革开放初期,我国国民经济核算采用的是苏联、东欧国家的物质产品平衡表体系(MPS)。1952 年,国家统计局开始了我国工农业总产值核算。1954 年,国家统计局开始了我国国民收入的生产、分配、消费和积累核算。1956 年,国家统计局开始在我国推行 MPS 体系,先后编制了社会产品生产、积累和消费平衡表,社会产品和国民收入生产、分配、再分配平衡表,劳动力资源和分配平衡表等 MPS 体系中的一系列重要表式。"文革"期间,我国国民经济核算工作完全陷入停顿状态,"文革"之后,恢复了MPS 体系的国民收入核算。随着改革开放和经济的发展,我国在继续开展MPS 核算的同时,开始研究和开展 SNA 核算。1984—1992 年,国务院组织有关部门研究制定并组织专家论证通过了《中国国民经济核算体系(试行方案)》,并在全国范围内分步实施。该方案采纳了 SNA 的基本核算原则、内容和方法,保留了 MPS 体系的部分内容,是一个混合体系。

我国 SNA 全面实施阶段始于 1993 年,此后中国国民经济核算的内容日趋完善,核算方法不断改进,在国民经济管理中发挥着越来越重要的作用。国家统计局从 1999 年开始总结我国当时的国民经济核算实践经验和理论研究成果,采纳了 1993 年 SNA 的基本核算原则、内容和方法,于 2003 年发布了《中国国民经济核算体系(2002)》,这一文件对我国国民经济核算的内容和基本框架做了规范。

《中国国民经济核算体系(2002)》实施十多年来,随着我国社会主义市场经济的发展,经济生活中出现了许多新情况和新变化,宏观经济管理和社会公众对国民经济核算产生了许多新需求,国民经济核算国际标准也发生了变化。国家统计局会同有关部门对联合国等五大国际组织颁布的 2008 年 SNA 及我国经济社会发展情况进行了研究,2017 年 8 月,发布了《中国国民经济核算体系(2016)》,对中国国民经济核算体系做出相应的修订,使之与新的国际标准相接轨,提高国际可比性,这标志着中国国民经济核算又迎来新的发展阶段。

二、基本概念

我国国民经济核算涉及一系列基本概念,以下是其中最重要的概念。更多的概念及统计指标解释请参见本章第四节及有关国民经济核算教材。

(一) 常住单位

我国的常住单位是指我国经济领土范围内具有经济利益中心的经济单位。这里所说的我国经济领土指我国政府控制的地理领土和管辖区。一个经济单位在我国领土范围内具有一定的场所,如住房、厂房或其他建筑物,从事一定规模的经济活动并超过一定时期(一般以一年为操作准则),则视该经济单位在我国具有经济利益中心。一个法人企业,如果它的全部经济活动发生在我国经济领土范围内,那么它就是我国的常住单位。如果一个企业的经济活动并非全部发生在我国的经济领土范围内,但在我国经济领土内建立了一个子企业,从事生产经营活动一年以上,则该子企业就是我国的一个常住单位。一个住户,如果它在我国的经济领土范围内拥有住房,且该住房为它的主要住所,则认为是我国的常住居民。一个政府单位是它行使管辖权的经济领土范围内的常住单位。中央政府组成单位,包括位于国外的使馆、领馆等,均为我国的常住单位。

(二) 生产

生产就是在机构单位负责、控制和管理下,利用劳动和资本等要素,将某些货物和服务投入转化为另一些货物和服务产出的过程。我国国民经济核算的生产范围包括以下四部分生产活动:第一,生产者提供或准备提供给其他单位的货物或服务的生产;第二,生产者用于自身最终消费或固定资本形成的所有货物的自给性生产;第三,生产者为了自身最终消费或固定资本形成而进行的知识载体产品的自给性生产,但不包括住户部门所从事的类似活动;第四,自有住房提供的住房服务,以及雇佣付酬家庭服务人员提供的家庭和个人服务的自给性生产。

国民经济核算中的货物是指存在需求并能够确定所有权的物品,货物的所有权能够在不同的经济单位之间交换。服务是指以等价交换的形式,为满足消费者或用户的需要而提供的劳务活动。相对于货物而言,服务的一个突出特点是,它是为特定的对象提供的。服务的提供之时,就是向消费者或用户交付使用之时。如果某个东西的生产与它的交付使用过程可以完全分离,从而能够储存,并可以随意进行交换,乃至多次交换,那么它就是货物,这是货物与服务之间的主要区别。但有些产品,如电脑程序、文艺作品等,其服务功能会附着于特定物质载体之上,同时也可能会具有货物的某些特征,被称为知识载体产品。

(三)消费

消费即最终消费,是为了满足个人和公共需要而使用货物和服务的行为。生产范围决定消费范围,用于最终消费的货物和服务只能是生产范围内所包括的货物和服务。我国国民经济核算中的生产范围包括所有货物的生产,所有对外提供的服务的生产,以及生产者为了自身最终消费或固定资本形成而进行的知识载体产品的自给性生产(不包括住户部门所从事的类似活动)、居民自有住房服务和付酬家庭服务人员提供的家庭或个人服务等三类自给性服务的生产,从而其消费范围也限于包括在上述生产范围内的货物和服务。

(四)资产

资产是根据所有权原则界定的经济资产,即资产必须为某个或某些经济单位所拥有,其所有者因持有或使用它们而获得经济利益。资产包括金融资产和非金融资产。根据这个定义,金融资产和由生产形成的固定资产、存货、贵重物品等生产资产,以及某些与生产无关的,自然形成的土地、矿藏、森林、水资源等非生产资产,只要某个或某些单位对这些资产能够有效地行使所有权,并从中获得经济利益,都属于资产范畴。

(五)流量和存量

流量是一段时期内累计发生的量,存量是某一时点结存的量。期初存量与本期对应的流量之和,形成期末存量。经济运行过程中的许多流量都有与其直接对应的存量,如金融资产流量与金融资产存量。但也有一些流量没有与之直接对应的存量,如进出口额、劳动者报酬等。

(六) 市场价格

市场价格是市场买卖双方认定的成交价格,表现为基本价格、生产者价格和购买者价格。

基本价格是生产者将自己生产的货物或服务出售给购买者时获得的单位产品价值(包括其他生产税,但不包括商业毛利和货物离开生产单位后发生的运输费用),加上获得的产品补贴,减去货物或服务生产或销售时应付的产品税。

生产者价格是生产者生产的每单位货物或服务产出从购买者那里所获得的价值但不包括其中向购买者开列的增值税,也不包括向购买者收取的运输费用。生产者价格等于基本价格加上除增值税之外的产品税,减去产品补贴。

购买者价格是购买者购买单位货物或服务所支付的价值,但不包括所有可抵扣的增值税,等于生产者价格加上不可抵扣的增值税、商业毛利和购买者为取得货物所发生的运输费用。

上述关于基本价格、生产者价格和购买者价格的定义,是 2008 年 SNA 的规定,在我国目前的核算实践中,生产者价格实际上与上述有所不同,具体请参阅相关国民经济核算教材。

(七) 经济所有权

所有权区分为法定所有者的法定所有权和经济所有者的经济所有权。法定所有权指在法律上拥有相关实体(如货物和服务、自然资源、金融资产和负债),从而获得相应经济利益的权利;经济所有权指经营相关实体,承担有关风险,从而享有相应经济利益的权利。大多数实体的法定所有者和经济所有者是一致的。当两者不一致时,应作为经济所有者的实体予以记录。交易记录的时点为经济所有权变更的时点。

三、基本分类

(一) 机构单位和机构部门分类

机构单位是指能够以自己的名义拥有资产和承担负债,能够独立地从事经济活动并与其他主体进行交易的经济主体。我国国民经济核算体系把所有常住机构单位划分为五个机构部门,即非金融企业部门、金融机构部门、广义政府部门、住户部门和为住户服务的非营利机构部门。

1. 非金融企业与非金融企业部门

非金融企业指主要从事市场性货物生产、提供非金融市场性服务的常住企业，包括农业企业、工业企业、建筑业企业、批发零售业企业、交通运输业企业等各类非金融法人企业。所有非金融企业组成非金融企业部门。

2. 金融机构与金融机构部门

金融机构指主要从事金融媒介以及与金融媒介密切相关的辅助金融活动的常住机构单位，包括从事货币金融服务、资本市场服务、保险服务、其他金融服务等活动的法人单位。所有金融机构组成金融机构部门。

3. 广义政府机构与广义政府部门

广义政府机构指在设定区域内对其他机构单位拥有立法、司法或行政权的法律实体及其附属单位，主要包括各级党政机关、群众团体、事业单位、基层群众性自治组织等。所有广义政府机构组成广义政府部门

4. 住户与住户部门

住户指共享同一生活设施，共同使用部分或全部收入和财产，共同消费住房、食品和其他消费品与服务的常住个人或个人群体。住户部门既是生产者，也是消费者和投资者。作为生产者，住户部门包括所有农户和个体经营户，以及住户自给性生产服务的提供者。所有住户组成住户部门。

5. 为住户服务的非营利机构（NPISH）和为住户服务的非营利机构部门

为住户服务的非营利机构指从事非市场性生产、为住户提供服务、其资金主要来源于会员会费和社会捐赠且不受政府控制的非营利机构，例如宗教组织，各种社交、文化、娱乐和体育俱乐部，以及公众、企业、政府机构、非常住单位等以现金或实物提供资助的慈善、救济和援助组织等。所有为住户服务的非营利机构组成为住户服务的非营利机构部门。

上述五个机构部门构成我国的经济总体。与我国常住单位发生交易的所有非常住单位称为国外。国外不是一个机构部门。

（二）产业活动单位和产业部门分类

产业活动单位指在一个地点从事一种或主要从事一种类型的生产活动，并具有收入和支出会计核算资料的生产单位。产业活动单位是为生产核算设立的，其目的在于比较准确地反映各种类型产业活动的生产规模、结构等。产业活动单位应同时具备以下三个条件：一是从事相对独立的生产活动；二是有相对固定的生产场所；三是能够独立提供收入和支出会计核算资料。产业部门分类是按照主产品同质性原则对产业活动单位进行的部门分类。我国国民经济核算体系根据国民经济行业分类标准和统计基础情况确定具体

的产业部门分类。

GDP 核算的产业部门分类分别按国民经济行业分类和按三次产业分类。依据国家标准管理部门 2017 年颁布的《国民经济行业分类》(GB/T 4754—2017),在核算时对国民经济行业进行二级分类。第一级分类采用国民经济行业分类中的 19 个门类,并将采矿业,制造业,电力、热力、燃气及水生产和供应业合称工业。第二级分类基本上采用国民经济行业分类中的大类,共分 97 类。依据国家统计局《三次产业划分规定》,分为第一产业、第二产业和第三产业。第一产业是指农、林、牧、渔业(不含农、林、牧、渔专业及辅助性活动);第二产业是指采矿业(不含开采专业及辅助性活动),制造业(不含金属制品、机械和设备修理业),电力、热力、燃气及水生产和供应业,建筑业;第三产业即服务业,是指除第一产业、第二产业以外的其他行业(不含国际组织)。

(三) 产品及产品分类

产品即货物和服务,是生产活动的成果。产品可以作为其他货物和服务生产的投入也可以作为最终消费品或投资品。产品从理论上又可分为市场货物和服务、为自己最终使用的货物和服务以及非市场货物和服务。产品分类是按照同质性原则对货物和服务的细分。我国国民经济核算体系根据《统计用产品分类目录》和统计基础情况确定具体的产品分类。

四、基本原则

我国国民经济核算遵循以下最基本的核算原则:

(一) 权责发生制原则

在我国国民经济核算中,各种交易的记录时间按照权责发生制原则来确定,即交易在经济价值被创造、转移、交换或取消时记录。这一原则适用于各种交易,包括同一机构部门的内部交易。权责发生制原则意味着交易在其实际发生时记录,无论相应的货币收支是否与交易同时发生。

(二) 市场估价原则

在我国国民经济核算中,记录各种交易和资产负债总量时,以核算期市场价格作为基本估价原则。对于在市场上发生的货币支付交易,按市场价格估价;对于没有发生货币支付的交易,免费或以不具有显著经济意义的价格提供的货物和服务,按市场上相同或相近的货物或服务的市场价格估价,或按所发生的实际成本估价。一般来说,货物和服务产出按生产者价格估价;货物和服务的使用(如中间消耗、固定资产形成和最终消费)按购买者价格估价。固定资产存量原则上按编制资产负债表时的现价估价,而不是按原购置价格估价。

(三) 四式记账原则

四式记账原则源自会计中的复式记账原则。复式记账原则是指每笔交易同时在至少两个对应的项目中记录。将交易双方各自的复式记账合起来，就是四式记账。如在资金流量表编制中，对于一个交易方来说，一笔交易要在非金融交易表和金融交易表中各记录一次，相应地，对手交易方也要在非金融交易表和金融交易表中各记录一次，这样就形成了四式记账。

五、基本框架

《中国国民经济核算体系(2016)》由基本核算和扩展核算组成。其中，基本核算是该体系的核心内容，旨在对国民经济运行过程进行系统描述；扩展核算是对核心内容的补充与扩展，重点对国民经济中的某些特殊领域的活动进行描述。中国国民经济核算体系基本框架如图 11.1 所示。

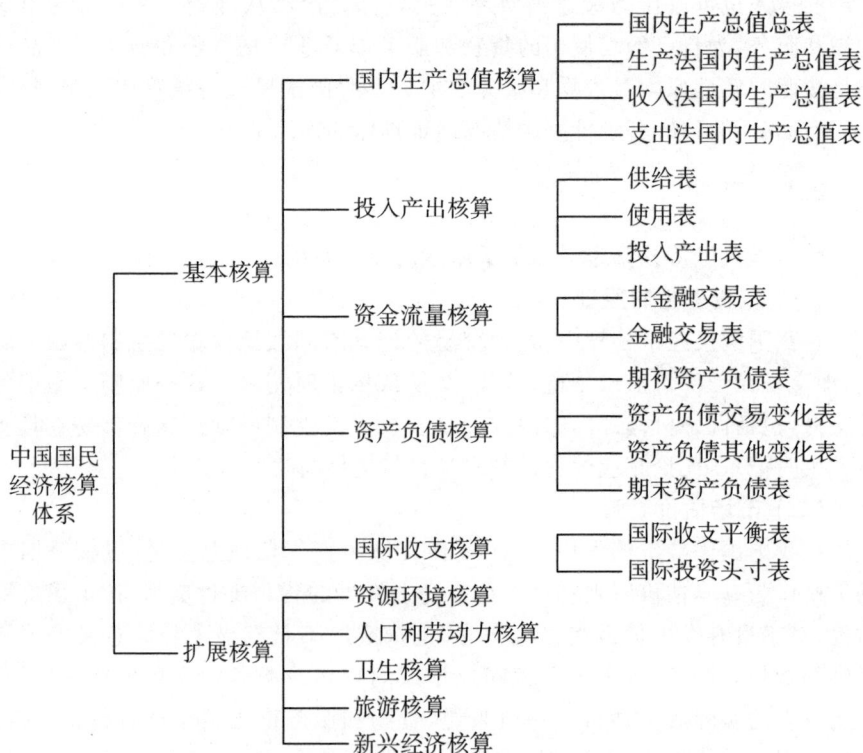

图 11.1 中国国民经济核算体系框架

（一）基本核算

基本核算包括国内生产总值核算、投入产出核算、资金流量核算、资产负债核算、国际收支核算。基本核算系统地描述我国国民经济运行全过程，其中的每一部分都从某些环节或某些侧面描述经济运行过程。

国内生产总值核算描述一定时期内生产活动最终成果的形成和使用过程，是国民经济核算体系的核心内容。

投入产出核算是国内生产总值核算的整合和扩展，描述国民经济各部门在一定时期内生产活动的投入来源和产出使用去向，揭示国民经济各部门间相互联系、相互依存的数量关系。

资金流量核算是国内生产总值核算的延伸，以收入分配和资金运动为核算对象，描述一定时期各机构部门收入的分配和使用，资金的筹集和运用情况。

资产负债核算描述某时点的资产负债存量和结构情况，以及资产负债从期初到期末之间发生的变化。

国际收支核算全面描述我国常住单位与非常住单位之间的经济关系，一方面反映一定时期内发生的对外经济往来，另一方面反映对外资产负债存量及其变动方向。

（二）扩展核算

扩展核算是在国民经济核算基本概念和基本分类的基础上，通过对某些基本概念的拓展和某些基本分类的重新组合，以及改变处理方法等，对国民经济中某些领域的活动或与国民经济有密切关系的领域进行详细的描述，以满足特定类型分析和专门领域管理的需要。扩展核算包括资源环境核算、人口和劳动力核算、卫生核算、旅游核算、新兴经济核算。扩展核算体现了国民经济核算体系的开放性和灵活性。

第二节　基本核算

一、国内生产总值核算

国内生产总值是我国所有常住单位在一定时期内生产活动的最终成果。国内生产总值有三种表现形式，即价值创造、收入形成和最终使用。从价值创造看，它是所有常住单位在一定时期内生产的全部货物和服务价值与同期投入的全部非固定资产货物和服务价值的差额,即所有常住单位的增加值之和;从收入形成看,它是所有常住单位在一定时期内形成的劳动者报酬、生产税净额、固定资产折旧、营业盈余等各项收入之和;从最终使用看,它是所有常住单位在一定时期内最终使用的货物和服务价值与货物和服务净出口价值之和。GDP的上述三种表现形式分别通过生产法、收入法和支出法来核算。三种方法分别从生产、分配、使用三个角度反映生产活动的最终成果。

国内生产总值核算以权责发生制原则作为货物和服务的记录时间。以市场价格对货物和服务进行估价,在没有市场交易的情况下,按类似货物和服务的市场价格或生产过程中发生的费用估价。每笔交易都要在交易双方按相同的时间记录,按相同的价值估价。

二、投入产出核算

投入产出核算是国内生产总值核算的整合和扩展,描述国民经济各部门在一定时期内生产活动的投入来源和产出使用去向,揭示国民经济各部门间相互联系、相互依存的数量关系。投入产出核算的基本概念有两个,一个是投入,另一个是产出。投入指国民经济各部门生产过程中投入的各种原材料、燃料以及生产性服务,还包括劳动等生产要素在当期的消耗价值量。投入产出核算中的投入分为中间投入和增加值,区分的标准在于是转移价值还是新创造价值,二者之和称为总投入。产出指各部门的生产成果,既包括货物,也包括各种服务。投入产出核算中的产出分为中间使用和最终使用,区分的标准是本期内是否再次进入生产过程。

投入产出核算包括编制供给表、使用表和对称型投入产出表。这三种表都是二维表,供给表和使用表的主栏是产品部门,宾栏是产业部门,而投入产出表的主栏和宾栏一样,要么是产业部门,要么是产品部门。供给表、使用表和投入产出表有两种编表模式,一种是先编制供给表和使用表,后推导出投入产出表;另一种先编制供给表和投入产出表,再推导出使用表。

三、资金流量核算

资金流量核算反映一定时期内各机构部门的收入分配和使用、资金筹集和运用等情况,其核算内容覆盖了整个国民经济运行过程以及相伴随的资金运动。生产活动形成的增加值是资金流量核算的起始,然后经过收入初次分配、收入再分配过程形成可支配收入;可支配收入经过收入使用阶段形成了储蓄,即可用于非金融投资的自有资金经过非金融投资和资本转移后,形成净金融投资,反映了非金融投资过程中资金余缺状况;资金富余或短缺的情况再经过金融交易活动实现平衡。

资金流量核算的主要内容是编制资金流量表,包括非金融交易表和金融交易表。非金融交易表以增加值和净出口为起点,全面记录机构部门之间的收入分配、收入使用以及非金融投资过程。金融交易表全面记录各部门通过金融交易提供、获得的资金,显示资金在部门之间的流动状况。非金融交易表和金融交易表通过"净金融投资"相连接。

四、资产负债核算

资产负债核算是以一个国家或地区经济资产与负债的存量为对象的核算,反映了某一特定时点上经济总体和非金融企业、金融机构、政府、住户、为住户服务的非营利机构等各机构部门的资产和负债总量、分布与结构,以及机构部门之间的债权债务关系。通过资产负债核算,能够对国民经济状况做出更全面、更准确的判断和分析,防范风险,推进供给侧结构性改革,为国家治理体系和治理能力现代化建设提供统计保障。

从核算内容上,资产负债核算包括时点存量的总量核算和存量变化核算。资产负债时点存量核算是指在特定时点上,各机构部门分别系统记录其持有的资产、承担的负债,以及资产净值,能够研究和反映整个国家或地区经济资产与负债的总量规模,看其拥有多少资产,承担多大债务,摸清整个国民经济的"家底",正确评估国民财富状况。资产负债时点存量核算主要通过期初、期末资产负债表体现。资产负债存量变化核算是对引起期初、期末两个时点之间存量变化的各种活动和现象进行核算。

资产负债表按期末资产负债表、资产负债交易变化表、资产负债其他变化表分别编制。本期期末资产负债表即为下期期初资产负债表。

五、国际收支核算

国际收支核算是以对外经济交易为对象,通过国际收支平衡表和国际投资头寸表,对一定时期我国与其他国家或地区之间发生的货物、服务、收入方面的交易、无偿转让和资本往来进行系统的核算,综合反映我国的国际收支平衡状况、收支结构、储备资产的增减变动情况,以及我国对外金融资产和负债的存量状况。其核算结果为制定对外经济政策,分析影响国际收支平衡的基本经济因素,采取相应的宏观调控措施提供依据。国际收支核算与其他核算中有关国外部分的流量核算及存量核算相衔接,反映对外交易的过程和结果,是国民经济核算体系的重要组成部分。

完整的国际收支或国际账户体系由国际收支平衡表和国际投资头寸表共同构成。国际收支平衡表反映一定时期内某一经济体居民与非居民之间发生的一切经济交易,包括三大部分,即经常账户、资本和金融账户(含储备资产)、净误差与遗漏。国际投资头寸表反映特定时点上某一经济体居民对外金融资产和负债的存量状况,以及在一定时期内由交易、价格、汇率变化和其他调整引起的存量变化。国际投资头寸表与国际收支平衡表中的金融账户类似,包括直接投资、证券投资、金融衍生工具和雇员认股权、其他投资,以及储备资产。

目前,我国主要使用通过银行进行的涉外收付款统计(间接申报)、对外金融资产负债及交易统计(直接申报)、专项调查及其他部门行政记录和国际组织统计,来编制我国国际收支平衡表。由于统计原则一致,国际投资头寸表与国际收支平衡表共用数据源,外汇局的直接申报制度是编制国际收支头寸表的主要数据源。

第三节　扩展核算

根据我国管理需求和统计基础状况,扩展核算分为两大类核算内容,一类是对原有基本核算内容的补充和扩展,包括资源环境核算、人口和劳动力核算以及新兴经济核算;另一类是对原有核算分类进行重新组合,包括卫生核算和旅游核算。

一、资源环境核算

资源环境核算是将资源环境等因素纳入国民经济核算中,通过描述资源环境状况及其随着时间推移而发生的变化,经济系统与资源环境系统之间的相互作用,为全面认识资源环境与经济之间的关系,制定可持续发展政策提供重要基础信息。

资源环境核算包括自然资源核算和环境核算。自然资源核算包括自然资源资产核算表和自然资源产品供给使用表。其中,自然资源资产核算表可分为自然资源实物量核算表和自然资源价值量核算表;自然资源产品供给使用表可分为自然资源产品供给表和自然资源产品使用表。环境核算包括环境保护支出核算、污染物和废弃物的产生和排放核算两部分。污染物排放量核算方法包括监测数据法、物料衡算法、产排污系数法、工程估算法。

二、人口和劳动力核算

人口和劳动力核算通过刻画核算期内我国人口和劳动力资源状况以及生产中的劳动投入情况,反映经济活动与人口资源和人力资本之间的相互影响和相互作用。人口和劳动力核算包括人口与劳动力资源核算和劳动投入核算。通过对劳动投入的标准化测度,可以为计算劳动生产率和全要素生产率提供基础信息。人口与劳动力资源核算反映期初和期末我国人口和劳动力资源总量、结构及变动情况。编制人口与劳动力资源核算表时,首先编制核算期初和期末的存量数据,然后再编制核算期内的变化量数据。劳动投入核算通过核算期内我国国民经济和行业的就业人口和实际工作时间,反映在生产过程中实际投入的劳动量。在编制劳动投入核算表时,首先核算就业人口和人均实际工作小时,然后推算得到实际工作总工时。

三、卫生核算

卫生核算通过对卫生保健活动进行核算,描述卫生保健的生产、分配、消费、投资过程,可以分析其对国民经济各个方面的影响,为政府制定和调整卫生政策提供数据信息,同时也是国家间研究比较卫生保健活动情况的通行做法。鉴于卫生保健活动的重要意义,2008 年 SNA 将卫生保健活动单独列出进行核算。因此,为了与 SNA 保持一致,2016 年核算体系将卫生核算纳入国民经济核算体系的扩展核算中。

我国卫生核算遵循卫生账户体系(SHA)的基本原则和编制方法,结合我国的实际情况,精简了核算内容。我国卫生核算的主要内容是核算卫生总费用,编制卫生供给表和卫生使用表。卫生总费用是卫生核算体系中的核心总量指标,按来源法和机构法进行核算。卫生供给表描述卫生保健机构提供的卫生保健货物和服务产出及进口,卫生使用表描述卫生保健货物和服务的使用去向。

四、旅游核算

为了更好衡量旅游对国民经济中的拉动作用和进行有效的国际比较,2016 年核算体系在扩展核算中增加了旅游核算的内容,这是我国首次将旅游核算纳入国民经济核算体系。旅游核算是以旅游经济活动为核心的扩展核算,是基本核算中有关旅游的经济活动的组合和细化。在基本核算中,旅游活动涉及的交通、住宿、餐饮、休闲娱乐等活动都已经纳入相关行业、相关消费项目的核算中,旅游核算就是将分散在基本核算各行业各部门中有关旅游的活动提取组合后的核算。

我国旅游核算遵循联合国世界旅游组织制定的《2008 年旅游附属账户:建议的方法框架》(TSA)的基本原则和编制方法,结合我国的具体情况,精简了核算内容和指标设置。我国旅游核算的主要内容是编制旅游生产核算表,核算旅游及相关产业增加值。旅游生产核算表根据国民经济核算数据、投入产出数据、旅游统计数据、旅游及相关产业消费结构专项调查数据、经济普查数据等编制。旅游及相关产业增加值核算分三个步骤:首先,核算旅游行业小类(中类)全行业增加值;其次,对旅游行业小类(中类)旅游活动增加值进行核算;最后,核算旅游及相关产业增加值。

五、新兴经济核算

新兴经济核算是以新兴经济活动为对象的核算。到目前为止,国际上尚未形成一个普遍认可的、具有严格意义的"新兴经济"概念,更没有形成一个国际通行的新兴经济核算的范围、分类和方法。为及时准确反映我国新兴经济发展情况,国家统计局在深入调查研究和充分借鉴国际上已有研究成果的基础上,初步提出我国新兴经济核算的基本概念、原则和方法。在统计领域,一般以"三新"(即新产业、新业态、新商业模式)经济来指代新兴经济。

新兴经济核算主要是从生产核算角度开展总产出和增加值核算。新兴经济总产出核算,各行业核算方法与国内生产总值生产核算中相应行业的核算方法基本一致,如大部分行业利用总产值或营业收入来核算总产出,批发零售业新服务利用商业毛利来核算总产出。新兴经济增加值核算,根据基础资料状况,主要有直接核算法、增加值率推算法和比例推算法。

第四节 核算表式及指标解释

一、核算表式

中国国民经济核算表式由基本核算表和扩展核算表两大部分组成,限于篇幅,此处仅列出基本核算表中的国内生产总值总表,其他只列出核算表的名称。

(一) 基本核算表

国民经济核算基本核算表由以下核算表组成:国内生产总值总表,生产法国内生产总值表,收入法国内生产总值表,支出法国内生产总值表,供给表,使用表,投入产出表,资金流量表(非金融交易),资金流量表(金融交易),期初(末)资产负债表,资产负债交易变化表,资产负债其他变化表,国际收支平衡表(概览表)和国际收支头寸表。表 11.1 为国内生产总值总表。

表 11.1　国内生产总值总表

生产	金额	使用	金额
1. 生产法国内生产总值		1. 支出法国内生产总值	
总产出		最终消费支出	
中间投入		居民消费支出	
2. 收入法国内生产总值		为住户服务的非营利机构消费支出	
劳动者报酬		政府消费支出	
生产税净额		资本形成总额	
生产税		固定资本形成总额	
生产补贴		存货变动	
固定资产折旧		贵重物品获得减处置	
营业盈余		货物和服务净出口	
		货物和服务出口	
		货物和服务进口	
		2. 统计误差	

(二) 扩展核算表

国民经济核算扩展核算表由以下核算表组成:自然资源资产实物量(价值量)核算表,林木资源产品供给使用表,水资源产品供给使用表,环境保护支出核算表,污染物产生和排放实物量核算表,人口与劳动力资源核算表,劳动投入核算表,卫生总费用表,卫生供给表,卫生使用表和旅游生产核算表。

二、指标解释

国民经济核算表中的核算指标众多,此处仅介绍国内生产总值总表中的指标。国内生产总值总表中各项指标的含义和计算方法,应按照国家统计局国民经济核算司《国内生产总值年度核算方案》和《国内生产总值季度核算方案》执行，此处只作简要的介绍。

（一）生产方

生产方是从价值创造和收入形成角度反映生产活动的最终成果。各项指标的关系为：

生产法国内生产总值＝总产出－中间投入；

收入法国内生产总值＝劳动者报酬＋生产税净额＋固定资产折旧＋营业盈余；

生产法国内生产总值＝收入法国内生产总值。

1. 生产法国内生产总值

国内生产总值是指一个国家（或地区）所有常住单位在一定时期内生产活动的最终成果。它有三种计算方法，即生产法、收入法和支出法。三种方法分别从不同的方面反映国内生产总值及其构成。生产法是从生产过程创造新增价值的角度，衡量核算期内生产活动最终成果的一种计算方法。即从生产的全部货物和服务价值中，扣除生产过程中投入的中间货物和服务价值，得到增加值。生产法核算消除了生产各环节之间的重复计算。因此，生产法国内生产总值等于各产业部门生产法增加值之和。产业部门生产法增加值＝总产出－中间投入。

2. 总产出

总产出是指一定时期内一个国家（或地区）常住单位生产的所有货物和服务的价值，既包括新增价值，也包括转移价值，但不包括用于自身生产过程中的固定资产以外的货物和服务。它反映常住单位生产活动的总规模。总产出按生产者价格计算。

3. 中间投入

中间投入是指常住单位在生产或提供货物与服务过程中，消耗和使用的所有非固定资产货物和服务的价值。中间投入也可称为中间消耗，一般按购买者价格计算。

4. 收入法国内生产总值

收入法是从生产过程形成收入的角度，根据生产要素在生产过程中应得的收入份额反映最终成果的一种方法，由劳动者报酬、生产税净额、固定资产折旧和营业盈余四部分组成。收入法反映了增加值的收入构成。收入法国内生产总值＝劳动者报酬＋生产税净额＋固定资产折旧＋营业盈余。

5. 劳动者报酬

劳动者报酬是指劳动者因从事生产活动所获得的全部报酬。既包括货币形式的,也包括实物形式的,它包括劳动者获得的各种形式工资、奖金和津贴补贴,单位支付的社会保险费、补充社会保险费和住房公积金,行政事业单位的离退休金,单位为其员工提供的雇员股票期权及各种形式的报酬和福利等。

6. 生产税净额

生产税净额指生产税减生产补贴后的差额。生产税指政府对生产单位生产、销售和从事经营活动以及因从事生产活动使用某些生产要素,如固定资产、土地、劳动力所征收的各种税收、附加费和规费。

7. 生产税

生产税分为产品税和其他生产税。产品税是指对生产、销售、转移、出租或交付货物或服务而征收的税收,以及对用于自身消费或资本形成的货物或服务而征收的税收。产品税主要有:增值税、消费税、营业税、进口关税、出口税等。其他生产税是指除产品税以外,企业因从事生产活动而应缴纳的所有税收,即因在生产过程中使用土地、建筑和其他资产等应缴纳的税收。其他生产税主要有:房产税、车船使用税、城镇土地使用税等。

8. 生产补贴

生产补贴与生产税相反,是政府为影响生产单位的生产、销售及定价等生产活动而对其提供的无偿支付,包括农业生产补贴、政策亏损补贴、进口补贴等。生产补贴作为负生产税处理。

9. 固定资产折旧

固定资产折旧是指由于自然退化、正常淘汰或损耗而导致的固定资产价值下降,用以代表固定资产通过生产过程被转移到其产出中的价值。

10. 营业盈余

营业盈余是指常住单位创造的增加值扣除劳动者报酬、生产税净额和固定资产折旧后的余额。它相当于企业的营业利润加上生产补贴,但要扣除从利润中开支的工资和福利等。

（二）使用方

使用方是从使用去向角度反映生产活动的最终成果。

1. 支出法国内生产总值

支出法是从常住单位对货物和服务最终使用的角度,也就是从最终需求的角度来计算生产活动最终成果的一种方法。支出法从国民经济整体的角度,反映核算期内一个国家最终需求的总规模和总结构。其中,最终消费支出反映了消费需求,资本形成总额反映了投资需求,净出口反映了国外对我国货物和服务的需求。支出法国内生产总值＝最终消费支出＋资本形成总额＋货物和服务净出口。

2.最终消费支出

最终消费支出是指常住单位在一定时期内对于货物和服务的全部最终消费支出,也就是常住单位为满足物质、文化和精神生活的需要,从本国经济领土和国外购买的货物和服务的支出。它不包括非常住单位在本国经济领土内的消费支出。最终消费支出分为居民消费支出和政府消费支出。

3.居民消费支出

居民消费支出是指常住住户在一定时期内对于货物和服务的全部最终消费支出。居民关于货物的最终消费支出在货物的所有权发生变化时记录,关于服务的最终消费支出在服务提供的时候记录。居民消费支出除了包括直接以货币形式购买的货物和服务的消费支出外,还包括以其他方式获得的货物和服务的消费支出,即所谓的虚拟消费支出。居民虚拟消费支出包括如下几种类型:单位以实物报酬及实物转移的形式提供给劳动者的货物和服务;住户生产并由本住户消费了的货物和服务(如自产自用的农产品、住户的自有住房服务);金融机构提供的金融中介服务;保险公司提供的保险服务。

4.为住户服务的非营利机构消费支出

为住户服务的非营利机构消费支出指为住户服务的非营利机构承担的个人消费性货物和服务支出,以及可能的公共消费性支出,如,为住户提供的医疗卫生、教育、文化娱乐、体育等货物和服务。

5.政府消费支出

政府消费支出指广义政府部门承担的公共服务支出、个人消费货物和服务支出。公共服务支出主要包括国家安全和国防、行政管理、维护社会秩序和环境保护等方面的支出,它等于政府服务的产出价值减去政府机构有偿提供服务所获得收入的差额。政府部门承担的个人消费货物和服务支出主要包括政府在医疗卫生、养老、教育、文化娱乐和社会保障等方面的支出,等于政府部门免费或以没有显著经济意义的价格向居民提供的货物和服务市场价值减去向居民收取的费用。

6.资本形成总额

资本形成总额指通过交易形成的生产资产价值。包括固定资本形成总额、存货变动和贵重物品获得减处置。

7.固定资本形成总额

固定资本形成总额指生产者获得减处置的固定资产,加上附着于非生产资产价值上的某些特定支出,如所有权转移费用。固定资产是生产活动生产的,在生产活动中使用一年以上,单位价值在规定标准以上的资产,不包括自然资产、耐用消费品、小型工器具。固定资本形成总额包括住宅、其他建筑和构筑物、机器和设备、培育性生物资源、知识产权产品的获得减处置和非生产资产所有权转移费用等。

8.存货变动

存货变动指常住单位按市场价格计算的存货变化的价值,即期末价值减期初价值的差额,其中不包括核算期内由于价格变动而产生的持有损益。存货的核算范围既包括生产单位购进的原材料、燃料和储备物资等存货,也包括生产单位生产的产成品、在制品和半成品等存货。存货变动可以是正值,也可以是负值,正值表示存货增加,负值表示存货减少。根据资料来源,存货变动按行业计算。

9.贵重物品获得减处置

贵重物品主要包括用于投资的贵金属、宝石、古董和其他贵重物品。贵重物品获得减处置是指贵重物品持有者获得贵重物品减处置的贵重物品后的价值。

10.货物和服务净出口

货物和服务净出口指货物和服务出口减货物和服务进口的差额。进出口反映的是常住单位和非常住单位之间的往来交易,以经济所有权的转移作为衡量标准。

11.货物和服务出口

出口是常住单位向非常住单位出售或无偿转让的各种货物和服务的价值。

12.货物和服务进口

进口是常住单位从非常住单位购买或无偿得到的各种货物和服务的价值。

13.统计误差

理论上,使用方与生产方国内生产总值应该相等,但受资料来源和核算方法等因素的影响,实际核算结果可能存在差异,为了保证使用方与生产方相等,在使用方设置了统计误差项。统计误差等于生产法国内生产总值减去支出法国内生产总值。

本章练习

一、判断对错

1. 常住单位定义中的经济领土不包括国外驻该国的使馆和领馆用地。

（　　）

2. 某公司的主营业务是为社会各界提供咨询服务,该公司属于第三产业。

（　　）

3. 产业部门分类也就是国民经济所有制结构分类。　　　　（　　）

4. 三种方法计算国内生产总值的结果应该是理论上相等,但实际中会有差异。　　　　　　　　　　　　　　　　　　　　　　　　　　（　　）

5. 国民经济核算的理论基础是经济学。　　　　　　　　　（　　）

6. 保险公司属于非金融企业部门。　　　　　　　　　　　（　　）

7. 工业企业自建厂房的生产活动及其产出成果包括在建筑业总产出中。

（　　）

8. 企业在生产过程中使用的原材料和小型工具属于固定资本消耗。（　　）

9. 机构单位可以分为两类:基层单位和机构单位。　　　　（　　）

10. 劳动者的实物报酬记入国内生产总值。　　　　　　　（　　）

二、单项选择题

1. 划分国内经济活动和国外经济活动的基本依据是(　　　)。

A. 基层单位和机构单位　　　　B. 常住单位和非常住单位

C. 机构单位和机构部门　　　　D. 基层单位和产业部门

2. 一个国家的经济领土,(　　　)在国外的领土飞地。

A. 包括　　　　　　　　　　　B. 不包括

C. 可以包括也可以不包括　　　D. 以上都对

3. 反映国民经济生产最终成果的统计指标是(　　　)。

A. 国内生产总值　　　　　　　B. 社会总产值

C. 国民生产总值　　　　　　　D. 社会最终产品

4. 常住单位是指(　　　)。

A. 在一个国家地理领土内的经济单位

B. 在一个国家经济领土内的经济单位

C. 在一国地理领土内具有经济利益中心的经济单位

D. 在一国经济领土内具有经济利益中心的经济单位

5. 房地产业和电力属于(　　　)。

A. 第一产业　　　　　　　　　　B. 第二产业

C. 第三产业　　　　　　　　　　D. 前者为第三产业后者为第二产业

6. 一个企业的总产出包括该企业(　　　)。

A. 生产过程中最初投入的价值

B. 生产过程中对货物和服务的中间消耗的价值

C. 生产出的货物和服务的全部价值

D. 生产税净额

7. 一个企业(机构单位)某一时期的总产出,从使用角度考察就是该时期的(　　　)。

A. 销售额　　　　　　　　　　　B. 销售额和库存额总和

C. 销售额和库存增加额总和　　　D. 库存额

8. 按"产品法"计算总产出的部门是(　　　)。

A. 工业　　　　　　　　　　　　B. 农业

C. 房地产业　　　　　　　　　　D. 仓储业

9. 企业在生产过程中使用的原材料和小型工具属于(　　　)。

A. 中间消耗

B. 固定资本消耗

C. 前者属于中间消耗,后者属于固定资本消耗

D. 前者属于固定资本消耗,后者属于中间消耗

10. 服务的特点是(　　　)。

A. 生产和使用同时进行　　　　　B. 可以进行多次变换

C. 无法计算其总产出　　　　　　D. 无法计算其增加值

三、多项选择题

1. 下列单位属于法人单位的有(　　　)。

A. 某大学　　　　　　　　　　　B. 某大学团委

C. 某企业　　　　　　　　　　　D. 某住户

E. 某百货公司

2. 下列表述属于正确的是(　　　)。

A. 伐木属于第一产业活动　　　　B. 机器设备制造属于第二产业

C. 渔业属于第二产业　　　　　　　　D. 国家机关属于第三产业

E. 房地产属于第三产业

3. 国民经济机构部门包括（　　　）。

A. 非金融企业部门　　　　　　　　　B. 金融机构部门

C. 政府部门　　　　　　　　　　　　D. 住户部门

E. 为居民服务的非营利机构部门

4. 国民经济活动中的交易有（　　　）。

A. 货物和服务交易　　　　　　　　　B. 分配交易

C. 金融交易　　　　　　　　　　　　D. 其他积累交易

E. 内部交易

5. 国民经济核算的基本原则包括（　　　）。

A. 市场原则　　　　　　　　　　　　B. 权责发生制原则

C. 市场估价原则　　　　　　　　　　D. 四式记账原则

E. 核算统计原则

6. 按收入法计算的国内生产总值由以下各项构成（　　　）。

A. 固定资产损耗　　　　　　　　　　B. 净出口

C. 生产税净额　　　　　　　　　　　D. 营业盈余

E. 劳动者报酬

7. 按支出法计算国内生产总值,应包括以下各项（　　　）。

A. 总消费　　　　B. 总投资　　　　C. 净进口　　　　D. 净出口

E. 期末国家储备

8. 在 SNA 中,采用"常住单位"概念是为了（　　　）。

A. 区分国内交易与国外交易　　　　B. 界定交易主体范围

C. 界定生产活动范围　　　　　　　D. 区分原始收入与派生收入

E. 计算国内生产总值和国民总收入

9. 下列哪些项目包括在生产活动及其产出统计之中（　　　）。

A. 农民自产自用的粮食　　　　　　B. 企业自制设备

C. 体育、文艺活动及其服务　　　　D. 政府部门活动及其服务

E. 森林、矿藏等资源价值

10. 服务的特点包括（　　　）。

A. 生产的产出是无形产品　　　　　B. 产品不能储存

C. 生产过程和消耗过程是分离的　　D. 生产过程和消耗过程同时发生

E. 有些服务产品消费前可以储存

四、案例题

按照我国国内生产总值(以下简称 GDP)核算和数据发布制度规定,年度 GDP 核算包括初步核算和最终核实两个步骤。2019 年 1 月,根据国家统计局统计年报、财政部财政决算和有关部门年度财务资料等,国家统计局对 2017 年 GDP 数据进行了最终核实,主要结果如下:经最终核实,2017 年,GDP 现价总量为 820 754 亿元,比初步核算数减少了 6 367 亿元;按不变价格计算,比上年增长 6.8%,比初步核算数下降 0.1 个百分点。三次产业和各行业数据见附表。

要求:(1) 请自行找到上述的附表和附件及其他相关资料,简要说明我国国内生产总值初步核算和最终核实的情况。(2) 经最终核实,2017 年,GDP 现价总量为 820 754 亿元,比初步核算数减少了 6 367 亿元,请再参照其他年份的初步核算和最终核实的数据,说明最终核实与初步核算比较的结果有什么变动,并简要说明其原因。

第十二章
Excel 在统计实践中的应用

■　■　■　■　■

第一节　Excel 基础

一、Excel 的操作界面

(一) Office Excel 2003

Office Excel 2003 是由微软公司开发的一种电子表格程序,是微软 Office 系列核心组件之一。它是一个设计精良、功能齐全的办公软件,是一个 将数据图表化、对数据进行分析和管理的工具软件包。启动 Excel 后,会出现 如图 12.1 的工作簿。

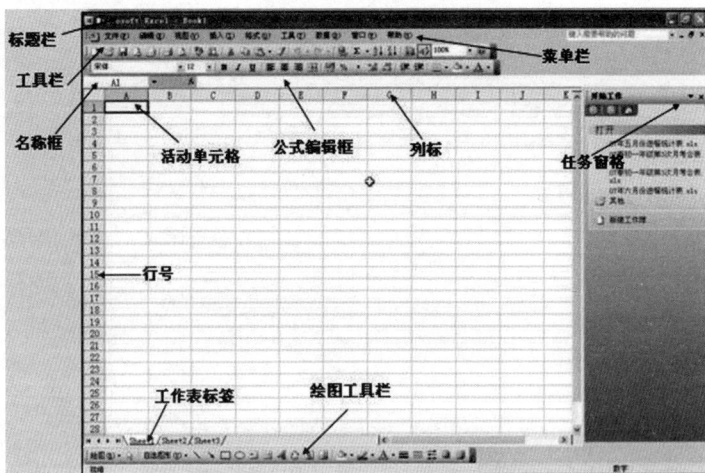

图 12.1　Excel 2003 基本界面

Excel 2003 的基本界面包括标题栏、菜单栏、工具栏、编辑框、行标题及列标题、工作表格区、任务窗格、工作表标签区以及状态栏等。下面以 Excel 2003 界面图为例,介绍其界面组成部分的主要功能。

标题栏。标题栏告诉用户正在运行的程序和正在打开的文件名称,还包括以下程序控制按钮:"最小化"按钮(或"向下还原"按钮)、"最大化"按钮以及"关闭"按钮,这些按钮排列在工作簿的右上角。使用这些按钮可以有效地控制工作簿的状态。

菜单栏。菜单栏按功能把 Excel 的命令分成不同的菜单组,它们分别是"文件""编辑""视图""插入""格式""工具""数据""窗口"和"帮助"。单击菜单栏控制按钮,即可打开一个下拉菜单。

工具栏。Excel 2003 中的工具栏是菜单中常用命令的副本,分为"常用"工具栏和"格式"工具栏,位于"菜单栏"的下面两行。其中"常用"工具栏是将一些常用的功能,以图标按钮的形式显示,而"格式"工具栏中则包含了一些经常用到的格式命令,如字体、字号等的设置,有的以图标按钮的形式显示,有的以下拉菜单的形式显示。

编辑框。编辑框主要包括名称框和编辑栏,位于"工具栏"的下面一行。名称框中显示的是被激活的单元格地址或者选定单元格的名字、范围或者对象。编辑栏中显示的是当前单元格中的数据或者公式,在编辑栏中用户可以进行输入和编辑。

行标题及列标题。行标题(行号)的数字范围为 1~65 536,可以通过单击行标题选中整行单元格;列标题(列标)的字母范围为 A~IV,对应着工作表的 256 列,可以通过单击列标题选中整列单元格。每个行、列坐标所确定的位置称为"单元格"。

工作表。工作表是一个由行和列组成的表格,是用户的主要工作区域。一个工作簿可以包括多个工作表,默认情况下,每一个新建的工作簿只有 3 个工作表。每张表格为 256 列×65 536 行。我们可以在一个工作簿内插入工作表,也可以删除工作表,还可以将工作表在一个工作簿内或不同的工作簿之间进行移动和复制。

工作表标签区。工作表下面的 Sheet1、Sheet2 等叫工作表标签,每一个标签代表一个工作表,并且每个工作表名都显示在标签上。用户可以通过鼠标右击标签名,选择弹出菜单中的"重命名"命令来修改标签名。工作簿窗口中的工作表称为当前工作表,当前工作表的标签为白色,其他为灰色。

任务窗格。Excel 2003 程序中任务窗格集成了许多功能,使用它可以打开工作簿、使用 Office 剪贴板、查询帮助信息、检索信息以及共享工作区等。单击任务窗格中的"开始工作"按钮,即可打开其下拉菜单。

状态栏。状态栏位于界面的最下方,主要用于显示用于操作进程中的一些状态信息。它的左端是信息区,右端是键盘状态区。在信息区中,显示的是 Excel 的当前工作状态;在键盘状态区中,显示的是若干按键的开关状态。

(二) Office Excel 2010

1. Excel 2010 软件界面

Excel 2010 软件界面,总体结构如图 12.2 所示,和 Excel 2003 版相比最大的区别在于菜单栏。Excel 2010 每一个菜单下就直接把所有的工具给显示出来了,这样方便查找和使用,如果想让工具隐藏,只显示菜单,可以双击任意一个菜单名称,再双击一下就将工具显示出来了。也可以点击右上的工具显示隐藏按钮。

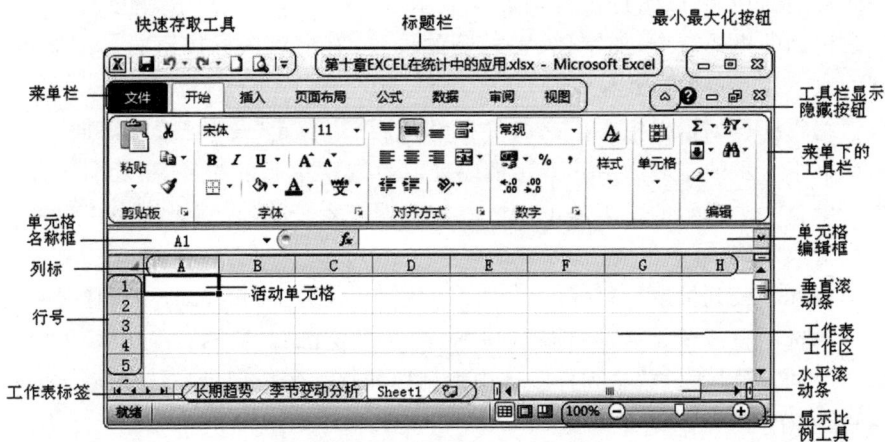

图 12.2　Excel 2010 基本界面

菜单栏里面的工具栏显示了大部分常用的,如果要做详细的修改,在每个工具栏下有一个小箭头符号,以"开始"菜单下的字体为例,点击字体右下角的小箭头符号(如图 12.3)就可以打开"设置单元格格式"对话框(如图 12.4)。其他的都类似。

2. Excel 2010 菜单栏下的工具栏

"开始"菜单,如图 12.5,在"开始"菜单下的工具栏可以设置单元格的字体、对齐方式、数字格式和样式等,可以进行单元格的编辑操作,对数据进行排序和筛选,查找和选择数据等。"开始"菜单下包含的是最基本的功能操作。

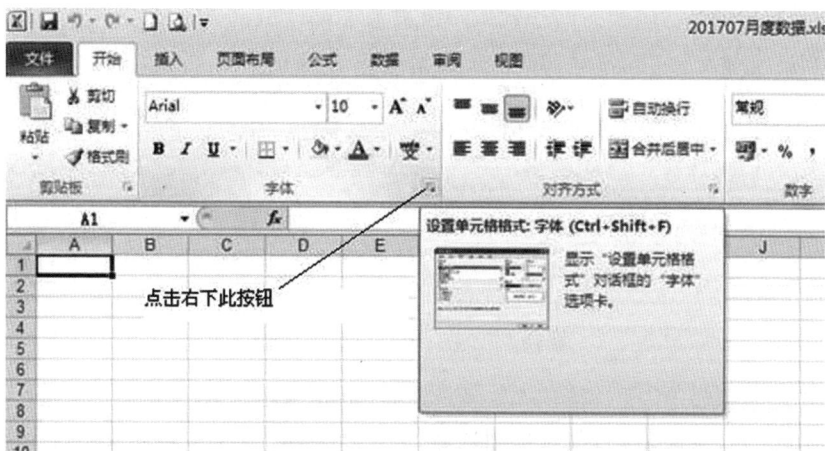

图 12.3　Excel 2010 修改字体

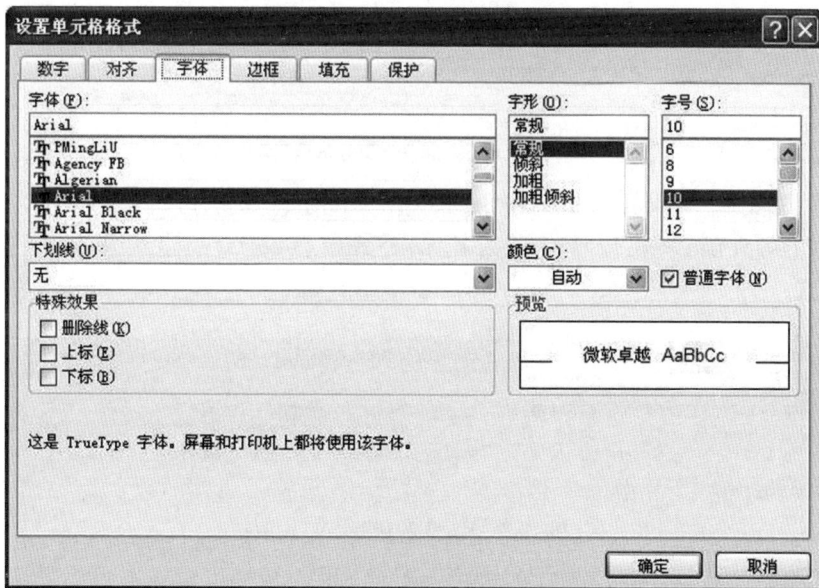

图 12.4　Excel 2010"设置单元格格式"对话框

图 12.5　Excel 2010"开始"菜单

"插入"菜单,如图 12.6,在"插入"菜单下的工具栏可以插入表格、图片、超链接、文本、公式和符号等,根据数据制作和编辑统计图表,设置页眉和页脚等。

图 12.6　Excel 2010"插入"菜单

"页面布局"菜单,如图 12.7,在"页面布局"菜单下的工具栏可以设置工作表的版式、页面格式,设置打印选项。

图 12.7　Excel 2010"页面布局"菜单

"公式"菜单,如图 12.8,在"公式"菜单下的工具栏可以插入 Excel 2010 自带的各种函数、在计算时定义名称、公式审核、显示或隐藏公式、计算选项等。

图 12.8　Excel 2010"公式"菜单

"数据"菜单,如图 12.9,在"数据"菜单下的工具栏可以导入外部数据、进行数据排序和筛选、分级显示和 Excel 2010 自带的工具进行数据分析。

图 12.9　Excel 2010"数据"菜单

"审阅"菜单,如图 12.10,在"审阅"菜单下的工具栏可以进行校对、中文繁简转换、插入批注、设置密码、保护工作表和保护工作簿等。

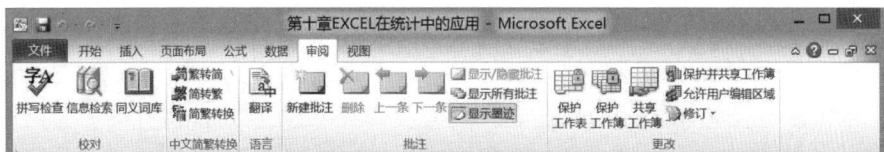

图 12.10　Excel 2010"审阅"菜单

"视图"菜单,如图 12.11,在"视图"菜单下的工具栏可以更改工作簿视图、调整显示比例、进行窗口操作和宏设置。

图 12.11　Excel 2010"视图"菜单

二、EXCEL 的基本操作

Excel 2003 和 Excel 2010 的基本操作基本相同。

(一) 选定单元格和区域

鼠标点击要输入数据的单元格,该单元格就处于选定状态。要选择一定区域的单元格,可如下操作:① 鼠标点击要输入数据的第一个单元格;② 按下鼠标左键,将鼠标拖动到目标单元格,松开鼠标左键,被选定的单元格即为所选区域;③ 如果要选定相邻的单元格区域,可以按住 Ctrl 键,重复上述步骤。

(二) 直接输入数据

首先在当前工作表中选择单元格,然后输入数据并按回车键,输入的数据同时显示在相应的单元格和编辑栏上。可以在 Excel 工作表中输入下列形式的数据。

① 数值。数值可以是整数、小数、整分数或以科学记数法表示的数字。可以在数字中使用一些符号,包括加号、减号、百分号、分号、指数符号和货币符号。默认情况下,数值靠单元格的右端对齐。

② 文本。文本可以是任意文字数字字符的组合,包括大小写字母、数字

和符号。默认情况下,文本靠单元格的左端对齐。

③ 日期和时间。在单元格中输入日期和时间,必须使用预定义的日期和时间格式中的一种。

④ 公式。公式是一个从现有的数值计算出一个新数值的方程式。它可以是包括数字、数学运算符、单元格引用和称为"函数"的内部方程式。在输入公式前,必须先输入"="。

如图 12.12,将某市保险营销员(100 名)抽样调查的资料输入到 Excel 中,图中只显示了部分数据(本章大部分的例题由于数据较多而只能显示部分数据)。

	A	B	C	D	E	F	G	H	I
1	营销员编号	出生年月	年龄	性别	学历	工龄	单位	基本工资	
2	2014001	1975	39	男	专科	5	国华人寿	2490	
3	2014002	1966	48	女	高中	10	太平洋	2460	
4	2014003	1974	40	男	本科	8	新华人寿	2580	
5	2014004	1975	39	男	专科	6	中国人寿	2690	
6	2014005	1974	40	男	研究生	3	中国人寿	2420	
7	2014006	1988	26	女	本科	2	太平洋	2420	
8	2014007	1984	30	女	本科	5	中国人寿	2580	
9	2014008	1984	30	男	高中	4	民生人寿	2460	
10	2014009	1986	28	男	专科	8	长城人寿	2820	
11	2014010	1975	39	女	高中	5	泰康保险	2490	
12	2014011	1974	40	男	专科	6	国华人寿	2620	
13	2014012	1975	39	女	高中	5	新华人寿	2580	
14	2014013	1978	36	女	专科	2	中英人寿	2760	
15	2014014	1971	43	男	本科	5	长城人寿	2880	
16	2014015	1974	40	男	本科	5	民生人寿	2690	
17	2014016	1976	38	女	初中	7	国华人寿	2690	
18	2014017	1972	42	男	高中	10	太平洋	2690	
19	2014018	1977	37	女	研究生	5	新华人寿	2760	
20	2014019	1977	37	男	高中	6	中国人寿	2520	
21	2014020	1974	40	女	本科	5	中国人寿	2580	

图 12.12　某市保险营销员抽样调查部分数据

(三) 导入外部数据

1. 导入其他格式文件的数据

Excel 也是一个数据转换工具,能够打开多种格式的文件。如网页文件、文本文件、Access 数据库文件等,导入向导可以识别和匹配导入的数据。

2. 使用剪贴板复制其他格式文件的数据

任何软件中的数据,只要能复制到剪贴板中,就可以粘贴到 Excel 中。当然,如果剪贴板中的数据不是 Excel 可以识别的表格形式,则需要使用"数据分列"等功能识别导入的数据。

（四）修改数据

直接替换数据。单击选中要修改的单元格，输入新内容，会替换原单元格中的内容。修改单元格中的部分内容。双击单元格，单元格变录入状态，光标成"I"形，表示文字插入的位置，然后在要修改的文字上拖动鼠标选中要修改的文字，然后输入新的内容。

（五）移动数据

选中工作表中要移动的单元格区域，点击"编辑"菜单中的"剪切"命令或工具栏上的"剪切"按钮或按快捷键 Ctrl＋X，选择要移动数据的目标单元格，点击"编辑"菜单中的"粘贴"命令或工具栏上的"粘贴"按钮或按快捷键 Ctrl＋V。

如果要移动整个工作表，则在要移动的工作表标签上单击右键，从弹出菜单中选择"移动或复制工作表"，这时会出现"移动或复制工作表"对话框，可以将选定的工作表移动到同一工作簿的不同位置，也可以选择移动到其他工作簿的指定位置。如果选中对话框下方的复选框"建立副本"，就会在目标位置复制一个相同的工作表。

（六）复制数据

如果只复制工作表中的单元格数据，而不移动它们。选中工作表中要移动的单元格区域，点击"编辑"菜单中的"复制"命令或工具栏上的"复制"按钮或按快捷键 Ctrl＋C，选择要复制数据的目标单元格，点击"编辑"菜单中的"粘贴"命令或工具栏上的"粘贴"按钮或按快捷键 Ctrl＋V。

（七）设置单元格格式

选择单元格后，单击鼠标右键，在弹出的快捷菜单中选择"设置单元格格式"选项，出现"单元格格式"对话框，点击各个标签，可以进行多种设置。

（八）清除单元格内容

鼠标点击要清除数据的单元格，按 Delete 键。或者鼠标右键点击要清除数据的单元格，在弹出菜单中选择"清除内容"。

（九）插入或删除单元格、行或列

右键单击所选的单元格，然后单击快捷菜单上的"插入"。在"插入"对话框中选择"右移""下移""整行"或"整列"。右键单击所选的单元格，然后单击快捷菜单上的"删除"。在"删除"对话框中选择"左移""上移""整行"或"整列"。

（十）撤销或重复操作

如果不小心删除了不要删除的内容，可以使用"编辑"菜单中的"撤销"命令来恢复被删除的内容，也可以单击"工具栏"上的"撤销"或"恢复"按钮来撤销或恢复前面的操作。使用"编辑"菜单中的"重复"命令可以在工作表的其他位置上重复刚才执行的操作。

（十一）插入公式

Excel中的所有公式都以一个等号（＝）开头，后面接着输入公式。公式中可以包括数字、数学运算符、单元格引用和函数。公式的输入有两种方式，一是直接在单元格中输入公式，二是使用"插入函数"命令，通过向导插入一个函数。

（十二）插入函数

Excel中有各种预定义的函数，包括常用函数、财务函数、日期与时间函数、数学与三角函数、统计函数、查找与引用函数、数据库函数、文本函数、逻辑函数、信息函数等。利用这些预定义的函数，不仅可以提高工作效率，而且可以减少输入的错误。在Excel中输入函数，必须将它们输入到工作表中的公式中。输入函数方法是：点击菜单"插入"（Excel 2010点击"公式"菜单），选择"函数"，出现如图12.13的"插入函数"对话框，在"选择类别"右侧的下拉列表中选择函数类别，再在"选择函数"下选择相应的函数，然后出现"函数参数"对话框，在"函数参数"对话框中输入相应的参数，最后单击"确定"按钮即可。

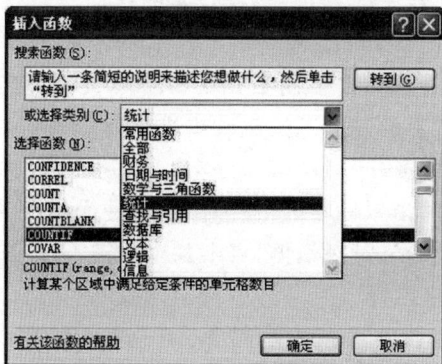

图12.13　"插入函数"对话框

（十三）自动填充

Excel中的填充功能可以快速地复制数据或生成序列。复制数据可以通过"向上/下/左/右填充"命令实现。生成序列的功能可以通过"填充柄"或"序列"对话框实现。一个序列可以是一组数字或字母，也可以是一组日期或工作日。

1."填充柄"进行填充

"填充柄"是位于活动单元格或选定单元格区域右下角的小黑框，当鼠标停留在填充柄上时,指针形状变成加号(＋),自动填充功能已经启用。首先在第一个单元格内输入起始数据,在下一个单元格内输入第二个数据,选定这两个单元格,将光标指向单元格右下方的填充柄,沿着要填充的方向按住鼠标左键拖动,拖过的单元格中会自动按 Excel 内部规定的序列进行填充。

2.“序列”对话框进行自动填充

如果要在 A1：A10 单元格输入 1～10 的序列,首先在 A1 单元格输入 1,然后依次点击菜单“编辑”“填充”“序列”,可以调出“序列”对话框,如下图 12.14,在“序列”对话框中,在“序列产生在”下选“列”,在“类型”下选“等差序列”,“步长值”设置为“1”,“终止值”设置为“10”,点“确定”按钮即可。

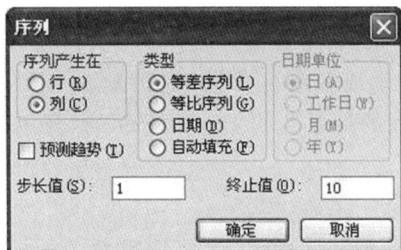

图 12.14　“序列”对话框

(十四) 单元格引用

1. 相对引用

在 Excel 中,如果希望当公式复制到别的区域时,公式中引用的单元格地址随之变动,则在公式中直接输入单元格地址。

2. 绝对引用

在 Excel 中,如果希望当公式复制到别的区域时,公式中引用的单元格地址保持不变动,则在公式中输入的单元格地址行标和列标前加“＄”,如“＄A＄1”。快捷键为:输入单元格地址后,如“A1”,按 F4 键,即为“＄A＄1”。

3. 混合引用

在 Excel 中,如果希望当公式复制到别的区域时,公式中引用的单元格地址要求只保持行或列不变动,则在公式中输入的单元格地址行标或列标前加“＄”,如“＄A1”保持行不变动;“A＄1”保持列不变动。

(十五) 工作表的操作

1. 工作表的切换

在 Excel 中,当前的工作表标签为白色,默认的非当前表格为浅灰色。单击工作表标签,可以进行表格间的切换。

2. 工作表的重命名

在工作表标签上双击鼠标,当光标变成"I"状态后,即可进行编辑修改状态,对表标签进行重命名。或者在工作表标签上单击鼠标右键,弹出快捷菜单,选择"重命名"命令。

3. 添加或删除工作表

在工作表标签上单击鼠标右键,弹出快捷菜单,然后选择"插入"命令,在弹出的"插入"对话框中的"常用"标签下选择"工作表"即可添加一个新工作表。在工作表标签上单击鼠标右键,弹出快捷菜单,然后选择"删除"命令即可删除当前工作表。

4. 移动、复制工作表

在工作表标签上单击鼠标右键,在弹出的快捷菜单中选择"移动或复制工作表"命令,弹出"移动或复制工作表"对话框,单击"工作簿"下拉列表,可以选择工作表要移动到的位置。如果选中下面的"建立副本"复选项,则复制工作表。

5. 更改标签的颜色

在工作表标签上单击鼠标右键,弹出快捷菜单,选择"工作表标签颜色"命令,在弹出的颜色面板中,选择所需要的颜色,然后单击"确定"按钮。

第二节　Excel 在统计实践中的应用

本节内容以 Excel 2010 进行数据处理、计算和分析。

一、使用 Excel 抽取样本

搜集数据的方法有统计报表、普查、典型调查、重点调查和抽样调查,我国的统计调查以抽样调查为主体。使用 Excel 进行抽样,首先要对各个调查单位进行编号,编号可以按随机原则,也可以按有关标志或无关标志。

某企业研制生产出一批新产品 200 件,从中选取 30 件检查其质量。首先,将 200 件产品进行编号,编号为 1～200 号。在 Excel 中输入编号,形成总体单位编号表如图 12.15 所示。然后,按照以下的步骤操作。

第一步:Excel 2010 数据分析选项显示在"数据"菜单下工具栏的最后,若无数据分析选项,点击如图 12.16 左上最后的"自定义快速访问工具栏"按钮,选择"其他命令"。

	A	B	C	D	E	F	G	H	I	J	K	L
1	1	21	41	61	81	101	121	141	161	181		
2	2	22	42	62	82	102	122	142	162	182		
3	3	23	43	63	83	103	123	143	163	183		
4	4	24	44	64	84	104	124	144	164	184		
5	5	25	45	65	85	105	125	145	165	185		
6	6	26	46	66	86	106	126	146	166	186		
7	7	27	47	67	87	107	127	147	167	187		
8	8	28	48	68	88	108	128	148	168	188		
9	9	29	49	69	89	109	129	149	169	189		
10	10	30	50	70	90	110	130	150	170	190		
11	11	31	51	71	91	111	131	151	171	191		
12	12	32	52	72	92	112	132	152	172	192		
13	13	33	53	73	93	113	133	153	173	193		
14	14	34	54	74	94	114	134	154	174	194		
15	15	35	55	75	95	115	135	155	175	195		
16	16	36	56	76	96	116	136	156	176	196		
17	17	37	57	77	97	117	137	157	177	197		
18	18	38	58	78	98	118	138	158	178	198		
19	19	39	59	79	99	119	139	159	179	199		
20	20	40	60	80	100	120	140	160	180	200		
21												

图 12.15　总体单位编号表

图 12.16　Excel 2010"数据分析"选项操作

出现"Excel选项"对话框,在对话框中的左边选择"加载项",再按右边最后一行的"转到"按钮(如图12.17),出现"加载宏"对话框,在"加载宏"对话框中选中"分析工具库"复选框。

第二步:打开"数据分析"对话框,从其对话框的"分析工具"列表中选择"抽样"选项,如图12.18所示。

第三步:单击"确定"按钮,打开"抽样"对话框,在"抽样"对话框中,确定"输入区域"为＄A＄1：＄J＄20,如果输入区域的第一行或第一列为标志项(横行标题或纵列标题),则要选中"标志"复选框。确定"抽样方法"为"随

图 12.17　Excel 2010"Excel 选项"对话框

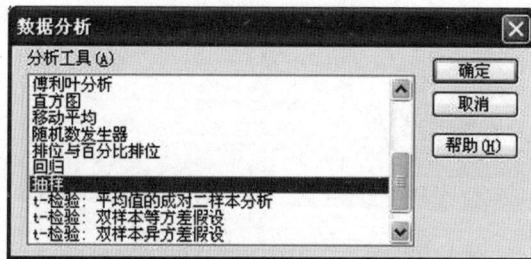

图 12.18　"数据分析"对话框

机",并在"样本数"右侧的编辑框输入抽样的单位数"30";在"抽样方法"框中,有"周期"和"随机"两种抽样模式。"周期"模式即所谓的等距抽样、机械抽样或系统抽样。"随机"模式适用于简单随机抽样、分层抽样、整群抽样和阶段抽样。确定"输出选项",选择"输出区域",并在"输出区域"右侧的编辑框输入"＄L＄1"。也可以通过选择"新工作表"或"新工作簿"将抽样结果放在新工作表或新工作簿中。单击"确定"按钮后,在指定的位置给出抽样结果。如图 12.19 所示。

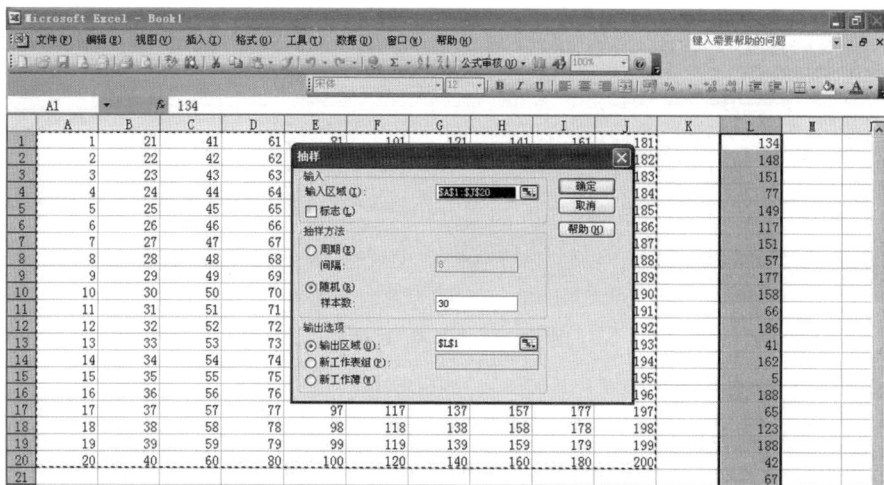

图 12.19 "抽样"对话框

二、使用 Excel 整理数据

（一）数据排序

如图 12.20，在数据区域单击任一单元格，打开"数据"菜单，单击工具栏的"升序按钮"，可从小到大对鼠标所在列的数据进行排序，在工具栏单击"降序按钮"，可从大到小对鼠标所在列的数据进行排序。

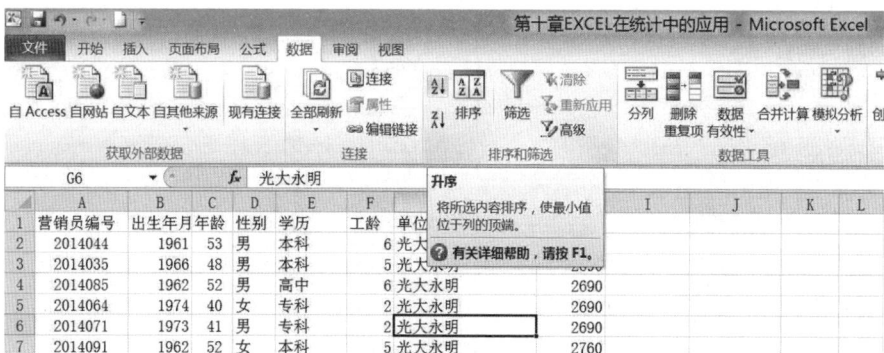

图 12.20 数据排序

在数据区域单击任一单元格，打开数据菜单，单击工具栏的"排序按钮"，根据关键字进行排序，可以同时使用多个关键字，如图 12.21。在排序对话框中，点击"添加条件"按钮，可以增加排序的关键字，"主要关键字""次要关键字""第三关键字"等可以通过点击下移或者上移按钮来调整顺序。

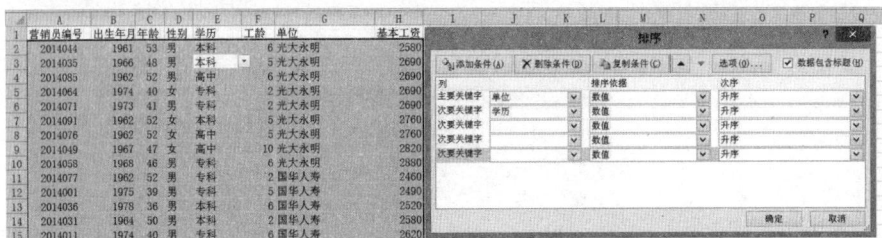

图 12.21 "排序"对话框

(二) 数据筛选

数据筛选是数据表格管理的一个常用项目和基本技能,通过数据筛选可以快速定位符合特定条件的数据,方便使用者第一时间获取第一手需要的数据信息。Excel 中提供了两种数据的筛选操作,即"自动筛选"和"高级筛选"。

自动筛选一般用于简单的条件筛选,筛选时将不满足条件的数据暂时隐藏起来,只显示符合条件的数据。在数据区域中单击任一单元格,然后单击"数据"菜单,选择"筛选"命令,则每一列数据顶端的项目名称右侧会出现一个下拉列表按钮,如图 12.22,如果要显示"学历"为"本科"的数据,点击"学历"右侧的下拉列表按钮,选择其中的"本科",符合条件"学历"为"本科"的数据就被显示出来了。

图 12.22 自动筛选数据

高级筛选一般用于条件较复杂的筛选操作,其筛选的结果可显示在原数据表格中,不符合条件的记录被隐藏起来;也可以在新的位置显示筛选结果,不符合条件的记录同时保留在数据表中而不会被隐藏起来。高级筛选用于根据多个条件来查询数据。我们先把筛选的条件输入到表格中的一个空白区域中，如图 12.23 中的 J1∶K2 单元格区域，年龄为“大于 40 岁”，学历为“本科”。

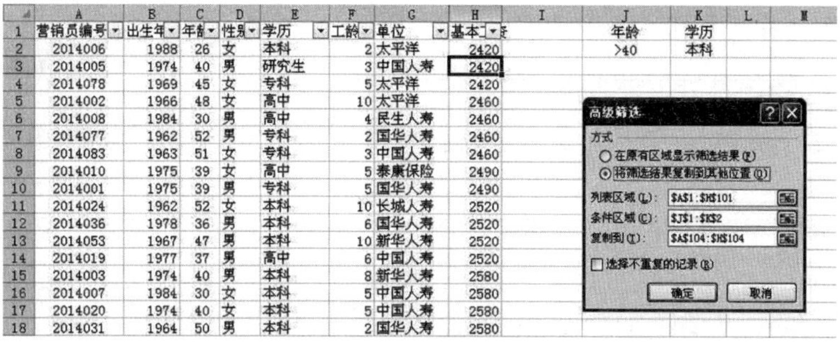

	A	B	C	D	E	F	G	H
1	营销员编号	出生年	年龄	性别	学历	工龄	单位	基本工资
2	2014006	1988	26	女	本科	2	太平洋	2420
3	2014005	1974	40	男	研究生	3	中国人寿	2420
4	2014078	1969	45	女	专科	5	太平洋	2420
5	2014002	1966	48	女	高中	10	太平洋	2460
6	2014008	1984	30	男	高中	4	民生人寿	2460
7	2014077	1962	52	男	专科	2	国华人寿	2460
8	2014083	1963	51	女	专科	3	中国人寿	2460
9	2014010	1975	39	女	高中	5	泰康保险	2490
10	2014001	1975	39	男	专科	5	国华人寿	2490
11	2014024	1962	52	女	本科	10	长城人寿	2520
12	2014036	1978	36	男	本科	6	国华人寿	2520
13	2014053	1967	47	男	本科	10	新华人寿	2520
14	2014019	1977	37	男	高中	6	中国人寿	2520
15	2014003	1974	40	男	本科	8	新华人寿	2580
16	2014007	1984	30	女	本科	5	中国人寿	2580
17	2014020	1974	40	女	本科	5	中国人寿	2580
18	2014031	1964	50	男	本科	2	国华人寿	2580

	J	K
1	年龄	学历
2	>40	本科

图 12.23　高级筛选数据

单击菜单栏“数据”→“筛选”→“高级筛选”，在弹出的“高级筛选”对话框进行相应设置。“方式”下默认为“在原有区域显示筛选结果”，如果选“将筛选结果复制到其他位置”，则在下面的“复制到”右侧的编辑框输入单元格区域，如 A104∶H104。“列表区域”即要筛选的数据区域，“条件区域”即筛选的条件所在的区域(J1∶K2 单元格区域)，如图 12.23。单击“确定”按钮，工作表中则只显示年龄“大于 40 岁”和学历为“本科”的数据，如图 12.24。

	A	B	C	D	E	F	G	H	I
104	营销员编号	出生年月	年龄	性别	学历	工龄	单位	基本工资	
105	2014024	1962	52	女	本科	10	长城人寿	2520	
106	2014053	1967	47	男	本科	10	新华人寿	2520	
107	2014031	1964	50	男	本科	2	国华人寿	2580	
108	2014044	1961	53	男	本科	6	光大永明	2580	
109	2014075	1965	49	女	本科	2	长城人寿	2580	
110	2014084	1963	51	男	本科	2	长城人寿	2580	
111	2014023	1965	49	男	本科	12	民生人寿	2620	
112	2014048	1966	48	女	本科	12	长城人寿	2620	
113	2014090	1962	52	男	本科	5	长城人寿	2620	
114	2014035	1966	48	男	本科	5	光大永明	2690	
115	2014074	1961	53	女	本科	5	中国人寿	2690	
116	2014080	1964	50	男	本科	7	新华人寿	2690	
117	2014047	1967	47	女	本科	5	中英人寿	2760	
118	2014054	1965	49	男	本科	9	中国人寿	2760	
119	2014091	1962	52	女	本科	5	光大永明	2760	
120	2014043	1960	54	女	本科	5	长城人寿	2820	
121	2014068	1972	42	男	本科	8	新华人寿	2820	
122	2014014	1971	43	男	本科	5	长城人寿	2880	
123	2014032	1964	50	男	本科	5	新华人寿	2880	
124	2014067	1972	42	男	本科	7	泰康保险	2950	
125									

图 12.24　高级筛选数据结果

(三) 分类汇总

将某市保险营销员(100 名)抽样调查的资料输入到 Excel 中,如图 12.12,图中 A－H 列为原始数据。按营销员所在单位(保险公司)统计营销员的平均基本工资。

单击"单位"所在列的任意单元格,再单击数据菜单下工具栏上的"升序排列"或"降序排列"按钮,按"单位"对数据进行排序。这里的排序标志(字段),取决于要进行分类汇总的标志。本例为按所在"单位"汇总,所以单击"单位"所在列,按"单位"排序。

单击菜单"数据"→"分类汇总",打开"分类汇总"对话框,在"分类汇总"对话框中,"分类字段"下的下拉菜单中选"单位","汇总方式"下的下拉菜单中选"平均值","选定汇总项"下的下拉菜单中选"平均工资",单击"确定"按钮,得到如图 12.25 的分类汇结果。

图 12.25　分类汇总结果

单击图 12.25 的左上角的分级显示符号按钮"1""2""3"或其下面的"＋""－"按钮或下面的竖线,可以打开或隐藏明细数据。

如单击按钮"1",只显示"总计平均值"。如图 12.26。

图 12.26　"总计平均值"显示

单击按钮“2”，显示各“单位”的“平均值”，可以得到分类汇总的结果，如图 12.27；单击按钮“3”，显示明细数据，如图 12.25。

	A	B	C	D	E	F	G	H	I	J	K	L
1	营销员编号	出生年月	年龄	性别	学历	工龄	单位	基本工资				
15							长城人寿 平均值	2673.846				
25							光大永明 平均值	2728.889				
38							国华人寿 平均值	2640.833				
48							民生人寿 平均值	2667.778				
59							太平洋 平均值	2645				
71							泰康保险 平均值	2712.727				
86							新华人寿 平均值	2693.571				
104							中国人寿 平均值	2710				
110							中英人寿 平均值	2704				
111							总计平均值	2686.1				
112												

图 12.27　各“单位”的“平均值”显示结果

(四) 编制分布数列

在 Excel 中有两种方法进行分布数列的编制：一是使用相关的函数，如 Countif 函数、Frequency 函数；一是应用“直方图”分析工具。这里介绍 Countif 函数、Frequency 函数。“直方图”分析工具在下一个问题介绍。

1. 使用 Countif 函数编制分布数列

如图 12.28(图 12.12 的数据)，如果要编制按“学历”分组的次数分布，在空白处 J1∶J6 单元格分别输入“学历”“研究生”“本科”“专科”“高中”“初中”，在 K1 单元格输入“频数”。

	A	B	C	D	E	F	G	H	I	J	K	L	M
1	营销员编号	出生年月	年龄	性别	学历	工龄	单位	基本工资		学历	频数		
2	2014024	1962	52	女	本科	10	长城人寿	2520		研究生	6		
3	2014075	1965	49	女	本科	2	长城人寿	2580		本科	32		
4	2014084	1963	51	男	本科	2	长城人寿	2580		专科	32		
5	2014034	1968	46	女	高中	8	长城人寿	2580		高中	27		
6	2014063	1975	39	男	高中	5	长城人寿	2580		初中	3		
7	2014070	1972	42	女	专科	3	长城人寿	2580					
8	2014048	1966	48	女	本科	12	长城人寿	2620					

图 12.28　使用 Countif 函数编制按“学历”分组的次数分布

选定单元格 K2，点击菜单“公式”→“函数”，出现如图 12.29 的“插入函数”对话框，在“选择类别”右侧的下拉列表中选择“统计”，再在“选择函数”下选择 Countif 函数，单击“确定”；然后出现“函数参数”对话框，如图 12.30，在“函数参数”对话框中输入相应的参数，其中，在 Range 参数框中输入数据区域 E∶E 或 E2∶E101，在 Criteria 参数框中输入要记数的代码，此处为 J2 单元格，单击“确定”按钮。

选定单元格 K2∶K6 单元格区域，按 Ctrl＋D 键，将公式复制到 K3∶K6 单元格区域中。结果如图 12.28 所示。

2. 使用 Frequency 函数编制分布数列

首先，以图 12.12 中 G 列原始数据为例，先将 100 个原始数据(每个营销

员所在的单位即保险公司)转化为数字代号,建立在 Excel 工作表中。如图
12.31 单元格 G2：G101 所示。

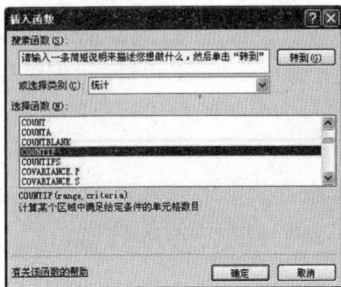

图 12.29 "插入函数"对话框   图 12.30 "函数参数"对话框

将光标移至 N2 单元格,按住鼠标左键,拖曳光标覆盖 N2：N10 区域(如
图 12.31)。点击菜单"公式"→"函数",出现如图 12.29 的"插入函数"对话框,
在"选择类别"右侧的下拉列表中选择"统计",在"统计"类函数中选择"Fre-
quency"函数,单击"确定"按钮,出现如图 12.32 的"函数参数"对话框。

图 12.31 使用 Frequency 函数编制分布数列

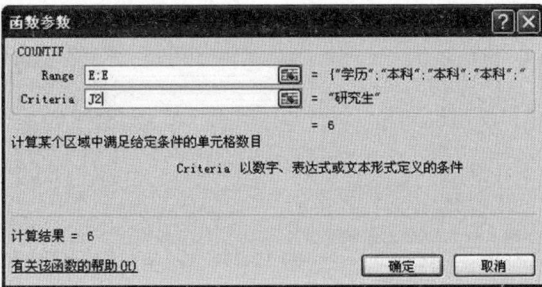

图 12.32 "函数参数"对话框

在"Data-array"中输入原始数据单元格区域 G2：G101,在"Bins-array"
中输入分组组距阵列"M2：M10",然后同时按"Ctrl-Shift-Enter"键即得如图

12.33 所示的频数统计结果。

	A	B	C	D	E	F	G	H		K	L	M	N	O
N2				{=FREQUENCY(G2:G101,M2:M10)}										
1	营销员编号	出生年月	年龄	性别	学历	工龄	单位	基本工资		单位	代号	频数		
2	2014001	1975	39	男	专科	5		3	2490	长城人寿	1	13		
3	2014002	1966	48	女	高中	10		5	2460	光大永明	2	9		
4	2014003	1974	40	男	本科	8		7	2580	国华人寿	3	12		
5	2014004	1975	39	男	专科	6		8	2690	民生人寿	4	9		
6	2014005	1974	40	男	研究生	3		8	2420	太平洋	5	10		
7	2014006	1988	26	女	本科	2		5	2420	泰康保险	6	7		
8	2014007	1984	30	女	本科	5		8	2580	新华人寿	7	14		
9	2014008	1984	30	男	高中	4		4	2460	中国人寿	8	17		
10	2014009	1986	28	男	专科	8		1	2820	中英人寿	9	8		
11	2014010	1975	39	女	高中	5		6	2490					

图 12.33　营销员所在单位频数统计结果

Excel 除了能进行品质数据和单变量值的频数统计外，还能进行组距式分组频数的统计。Excel 的组距式分组频数统计与上述的频数统计操作过程大体相同。但在分组时要注意：Excel 的 Frequency 函数进行频数统计时采用的是"上限不在内"的累计方法，因此，图 12.34 中的 J2：J7 区域内的组距值与 K2：K7 中的实际组距值是一致的。

	A	B	C	D	E	F	G	H	I	J	K	L	M	N	O
N1				频率%											
1	营销员编号	出生年月	年龄	性别	学历	工龄	单位	基本工资		按基本工资分组的组距	接收区域	接收	频数	频率%	向上累计频数
2	2014024	1962	52	女	本科	10	长城人寿	2520		[2400-2500]	2500	2500	9	9	9
3	2014075	1965	49	女	本科	2	长城人寿	2580		(2500-2600]	2600	2600	19	19	28
4	2014084	1963	51	男	本科	2	长城人寿	2580		(2600-2700]	2700	2700	32	32	60
5	2014034	1968	46	女	高中	8	长城人寿	2580		(2700-2800]	2800	2800	19	19	79
6	2014063	1975	39	男	专科	5	长城人寿	2580		(2800-2900]	2900	2900	17	17	96
7	2014070	1972	42	女	专科	3	长城人寿	2580		(2900-3000]	3000	3000	4	4	100
8	2014048	1966	48	女	本科	12	长城人寿	2620		合计			100	100	
9	2014090	1962	52	男	本科	5	长城人寿	2620							
10	2014029	1967	47	女	高中	6	长城人寿	2760							

图 12.34　组距式分组频数统计结果

还可以进一步计算频数百分比或累计次数，应用 Excel 的常用功能，通过求和、求商求得，也可以通过数据分析中宏过程完成。图 12.34 中的频率（百分数）和向上累计次数是用 Excel 常用功能计算的。

3. 使用数据分析直方图宏编制次数分布

分组的原始数据在单元格区域 H2：H101，在确定分组的组距与组限后，将其输入在空白单元格区域 J2：J7，据此再输入"接收区域"在单元格区域 K2：K7（J2：J7 区域内的组距值与 K2：K7 中的实际组距值保持一致）。然后点击"工具栏"，点击"数据分析"，在"数据分析"对话框中选择"直方图"，如图 12.35 所示。

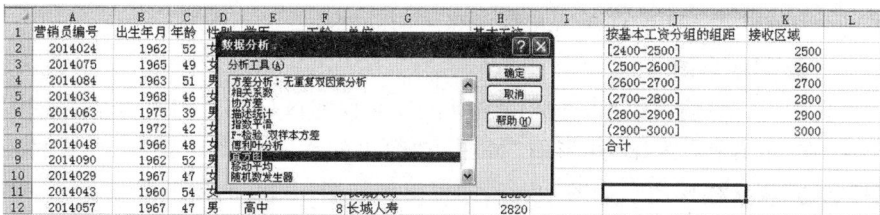

	A	B	C	D	E	F	G	H	I	J	K	L
1	营销员编号	出生年月	年龄	性别	学历	工龄	单位	基本工资		按基本工资分组的组距	接收区域	
2	2014024	1962	52							[2400-2500]	2500	
3	2014075	1965	49							(2500-2600]	2600	
4	2014084	1963	51							(2600-2700]	2700	
5	2014063	1968	46							(2700-2800]	2800	
6	2014063	1975	39							(2800-2900]	2900	
7	2014070	1972	42							(2900-3000]	3000	
8	2014048	1966	48							合计		
9	2014090	1962	52									
10	2014029	1967	47									
11	2014043	1960	54									
12	2014057	1967	47	男	高中	8	长城人寿	2820				

数据分析

分析工具(A)

方差分析：无重复双因素分析
相关系数
协方差
描述统计
指数平滑
F-检验 双样本方差
傅利叶分析
直方图
移动平均
随机数发生器

确定　取消　帮助(H)

图 12.35　"数据分析"对话框

点击"确定"后,如图 12.36。在"直方图"对话框中的"输入区域"输入 $H $2：$H$101,"接收区域"输入"$K$2：$K$7",选定"输出区域"为同一工作表中的由 L1 为起点的区域,然后选择"图表输出"复选框。

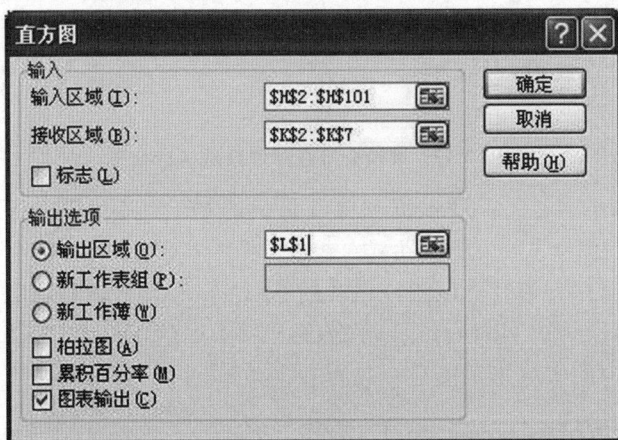

图 12.36 "直方图"对话框

点击"确定"即完成统计分组和直方图的制作过程。输出结果如图 12.37 所示。

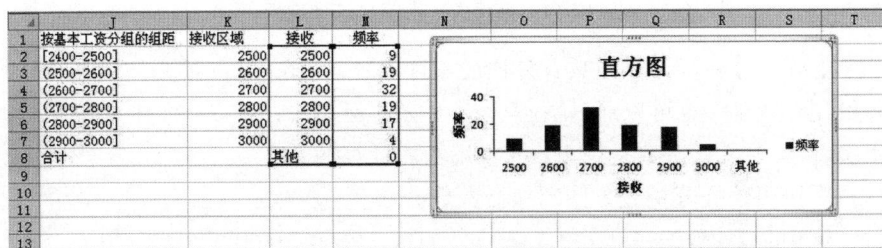

图 12.37 统计分组和直方图的输出结果

（五）绘制统计图形

在 Excel 中,单击"插入"菜单,在"工具栏"可以看到,用 Excel 可以绘制各种各样的图形,这里只介绍几种主要图形的制作。

1. 绘制柱形图

在 Excel 中输入数据,选择作图所包含的数据区域 A1：E6,单击"插入"菜单,在"工具栏"选择"柱形图"按钮,在弹出的图表类型中选择"二维柱形图"下的"簇状柱形图",如图 12.38,即可得到如图 12.39 的柱形图。

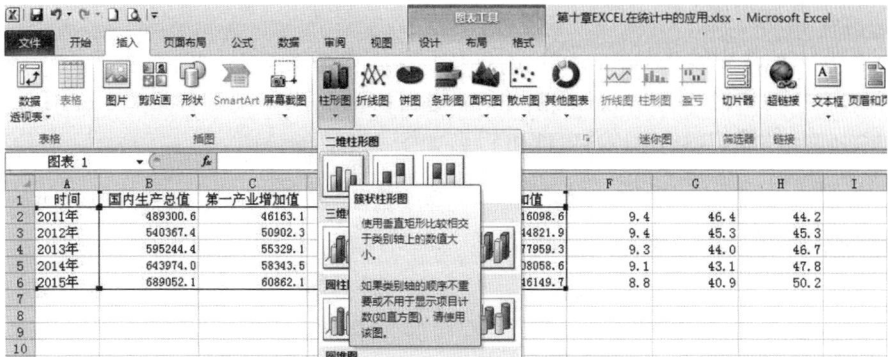

图 12.38　绘制柱形图

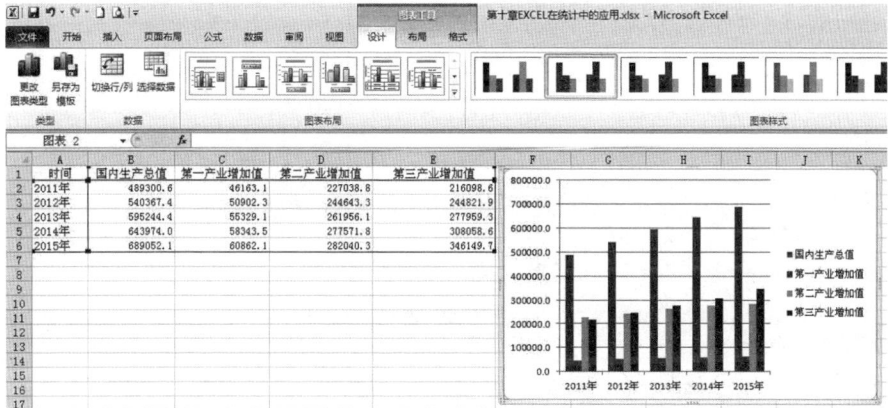

图 12.39　柱形图绘制结果

单击"页面布局"菜单下工具栏的各种按钮,可以对图形进行各种设置;在图表的不同位置单击右键,可以对图表进行修改和美化。结果如图 12.40。

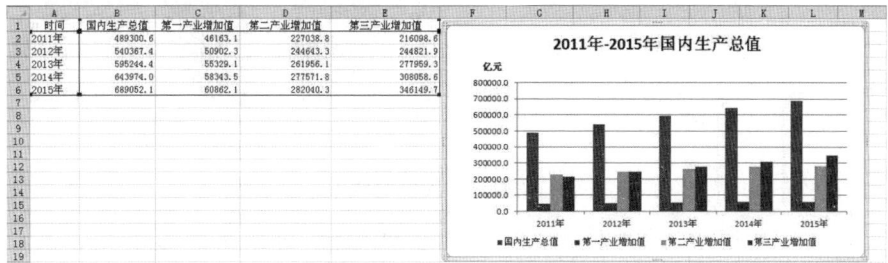

图 12.40　修改和美化柱形图

2. 绘制饼图

在 Excel 中输入数据,选择制图所包含的数据区域 C1:E2,单击"插入"菜单,在"工具栏"选择"饼图"按钮,在弹出的图表类型中选择"二维饼图"下的"分离型饼图",如图 12.41,即可得到如图 12.42 的饼图。

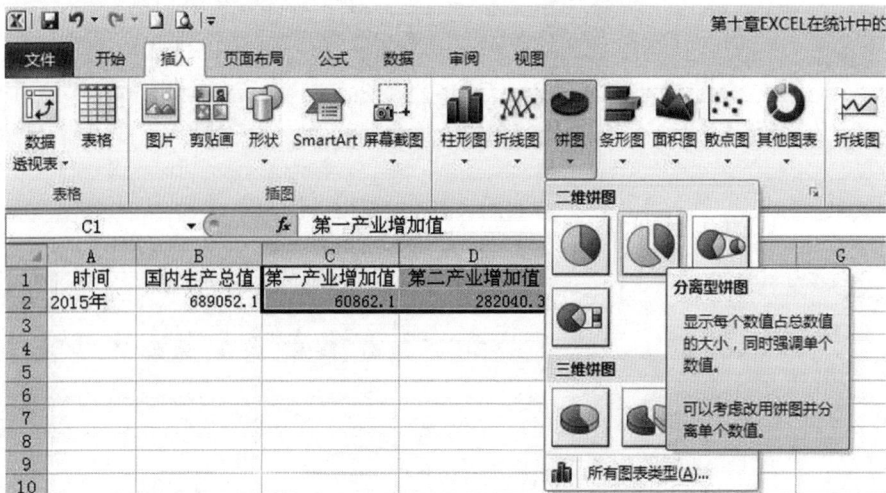

图 12.41　绘制饼图

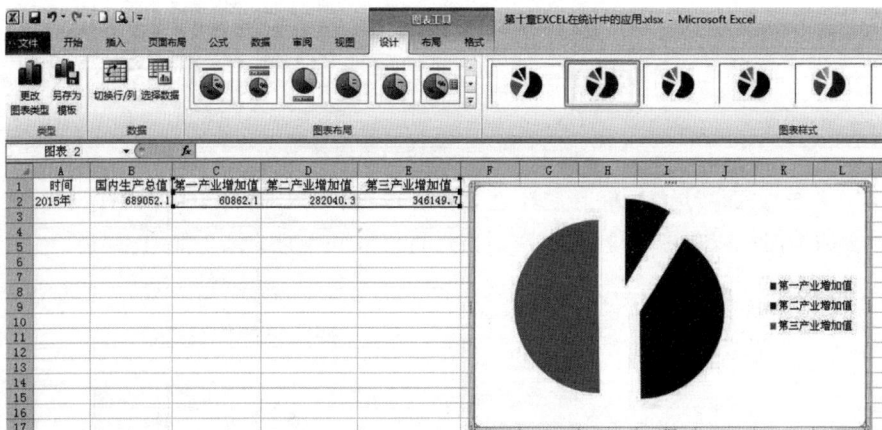

图 12.42　饼图绘制结果

单击"页面布局"菜单下工具栏的各种按钮,可以对图形进行各种设置;在图表的不同位置单击右键,可以对图表进行修改和美化。结果如图 12.43。

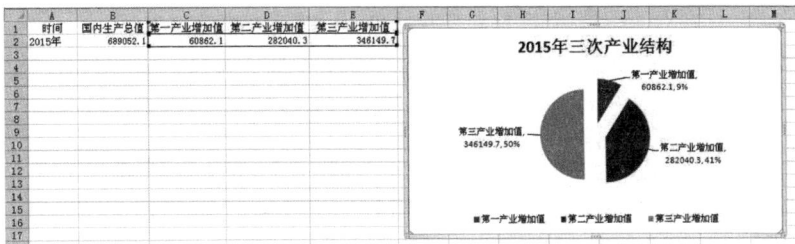

图 12.43　修改和美化饼图

3. 绘制条形图和直方图

在 Excel 中输入数据,选择作图所包含的数据区域 J1：K7,单击"插入"菜单,在"工具栏"选择"柱形图"按钮,在弹出的图表类型中选择"二维柱形图"下的"簇状柱形图",如图 12.44,即可得到如图 12.45 的条形图。

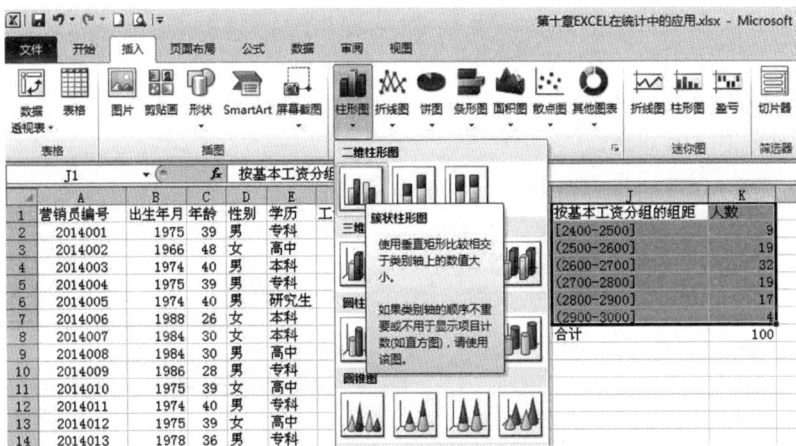

图 12.44　绘制条形图

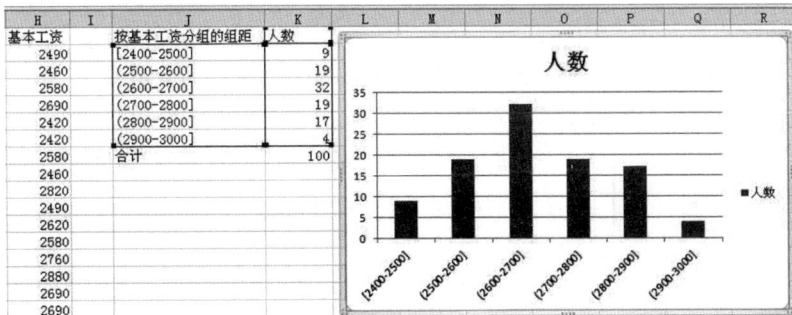

图 12.45　条形图绘制结果

单击"页面布局"菜单下工具栏的各种按钮,可以对图形进行各种设置;在图表的不同位置单击右键,可以对图表进行修改和美化。结果如图 12.46。

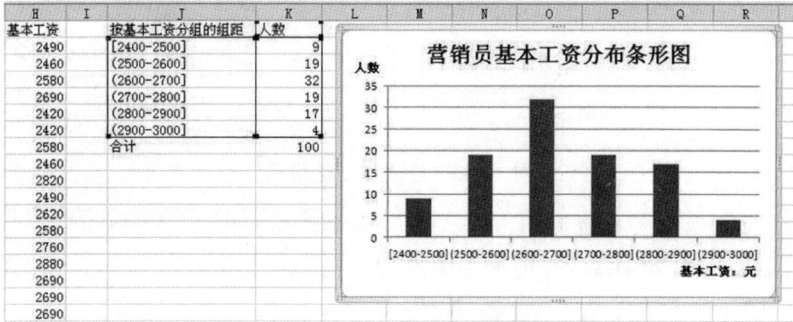

图 12.46　修改和美化条形图

如在图表的任一条形上单击右键,从弹出在快捷菜单中选择"设置数据系列格式",出现"设置数据系列格式"对话框,单击"系列选项"标签,将"分类间距"修改为"0","条形图"即可转换成"直方图",如图 12.47。

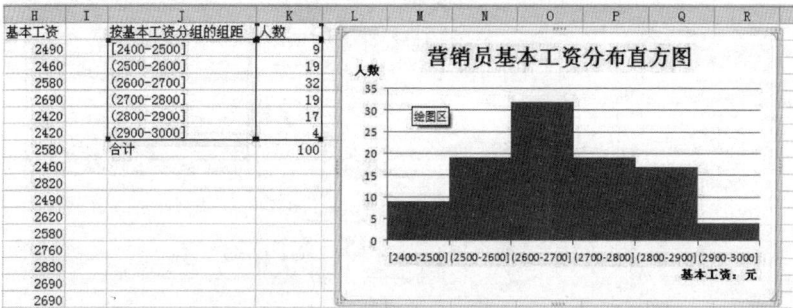

图 12.47　"条形图"转换成"直方图"

4. 绘制折线图和曲线图

在 Excel 中输入数据,为了图形的效果,输入组中值数据,在两端各设置一个虚拟的组中值,对应的频数为 0。选择制图所包含的数据区域 K1：L9,单击"插入"菜单,在"工具栏"选择"XY 散点图"按钮,在弹出的图表类型中选择"带直线的散点图",如图 12.48,即可得到如图 12.49 的折线图。

图 12.48　绘制折线图

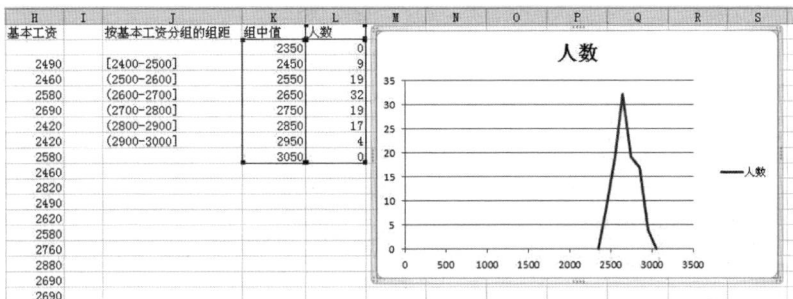

图 12.49　折线图绘制结果

在"工具栏"选择"XY 散点图"按钮,在弹出的图表类型中选择"带平滑线的散点图",如图 12.50,即可得到如图 12.51 的曲线图。

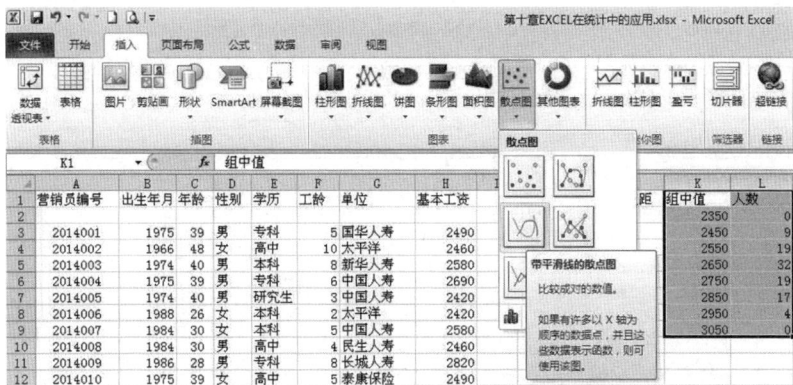

图 12.50　绘制曲线图

H	I	J	K	L	M	N	O	P	Q	R	S
基本工资		按基本工资分组的组距	组中值	人数							
2490		[2400-2500)	2350	0							
2460		(2500-2600)	2450	9							
2580		(2600-2700)	2550	19							
2690		(2700-2800)	2650	32							
2420		(2800-2900)	2750	19							
2420		(2900-3000)	2850	17							
2580			2950	4							
2460			3050	0							
2820											
2490											
2620											
2580											
2760											
2880											
2690											

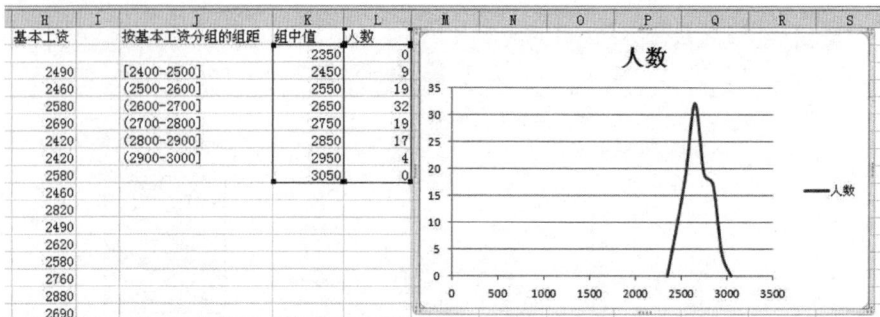

图 12.51　曲线图绘制结果

单击"页面布局"菜单下工具栏的各种按钮,可以对图形进行各种设置;在图表的不同位置单击右键,可以对图表进行修改和美化。结果如图 12.52。

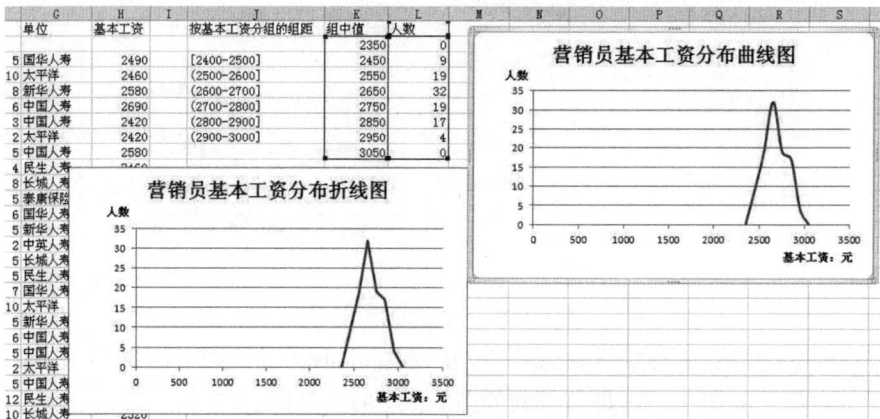

图 12.52　修改和美化的折线图和曲线图

三、使用 EXCEL 计算描述统计量

(一) 使用统计函数计算描述统计量

如图 12.53 所示,单元格区域 B4:B103 是 100 名营销员的基本工资数据。C3:C15 是一些描述性统计量的说明。使用统计函数计算描述统计量,其做法有两种。

1. 在单元格中输入公式

在 D3 单元格中输入公式"=COUNT(B4:B103)"并回车,得到 B4:B103 区域中非空数值型数据的个数统计;在单元格 D4 中输入公式"=SUM

	A	B	C	D
1	100名营销员基本工资资料			
2				
3	营销员编号	基本工资	个数	=COUNT(B4:B103)
4	2014001	2490	总和	=SUM(B4:B103)
5	2014002	2460	最大值	=MAX(B4:B103)
6	2014003	2580	最小值	=MIN(B4:B103)
7	2014004	2690	平均值	=AVERAGE(B4:B103)
8	2014005	2420	中值	=MEDIAN(B4:B103)
9	2014006	2420	几何平均数	=GEOMEAN(B4:B103)
10	2014007	2580	调和平均数	=HARMEAN(B4:B103)
11	2014008	2460	平均差	=AVEDEV(B4:B103)
12	2014009	2820	标准差	=STDEV(B4:B103)
13	2014010	2490	方差	=VAR(B4:B103)
14	2014011	2620	峰度	=KURT(B4:B103)
15	2014012	2580	偏度	=SKEW(B4:B103)
16	2014013	2760		

图 12.53　100 名营销员的基本工资数据

(B4：B103)”并回车，得到 100 名营销员基本工资数的总和；同样，在 D5：D15 单元格中分别输入 Max、Min、Average、Median、Geomean、Harmean、Avedev、Stdev、Var、Kurt 和 Skew 函数（函数前面要输入“=”，函数后面要输入基本工资的数据区域“(B4：B103)”），以上输入的结果如图 12.53 所示，于是，可分别得到 100 个数据中的最大值、最小值、平均值、中位数、几何平均数和调和平均数及变异统计的平均差、标准差、方差、峰度和偏度，D3：D15 是一般统计结果，如图 12.54 所示。

2. 插入函数

首先在 Excel 中单击“公式”菜单，选择“插入函数”；其次在函数对话框中选择所计算的函数，单击“确定”按钮，在“函数参数”对话框中设置“Number1”“Number2”，单击“确定”按钮。需要指出的是，“函数参数”设置中的“Number1”“Number2”等是用于计算该函数（例如几何平均数 Geomean）的 1～30 个数据，但并非 1～30“个”数据，而是 1～30“组”数据。如上例，单元格区域 B4：B103 是 100 名营销员的基本工资数据，我们可以只在“Number1”中输入“B4：B103”1 组数据，也可以分多组数据输入，如图 12.54，分为“Number1”“Number2”“Number3”的 3 组，计算结果两者是一样的。

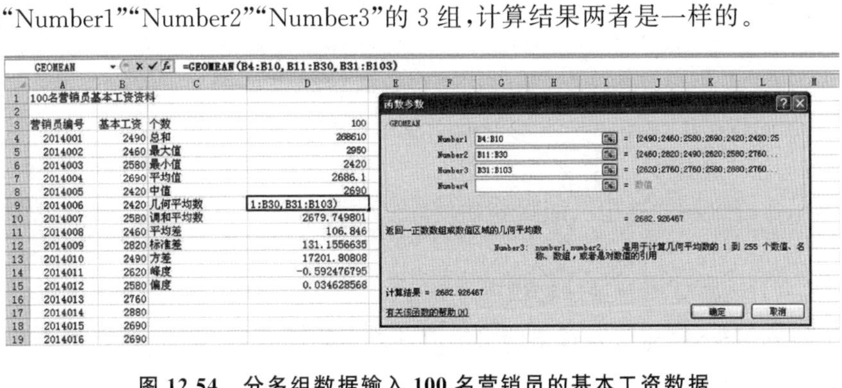

图 12.54　分多组数据输入 100 名营销员的基本工资数据

（二）使用宏程序计算描述统计量

除了利用上述统计函数计算描述统计量外，Excel 还在数据分析宏程序中提供了一个描述性统计过程。我们也可以利用这个"描述性统计"宏过程来计算，其方法更为简单。

点击"工具"菜单，选"数据分析"，出现"数据分析"对话框，在"分析工具"下选"描述统计"，出现"描述统计"对话框，如图 12.55。

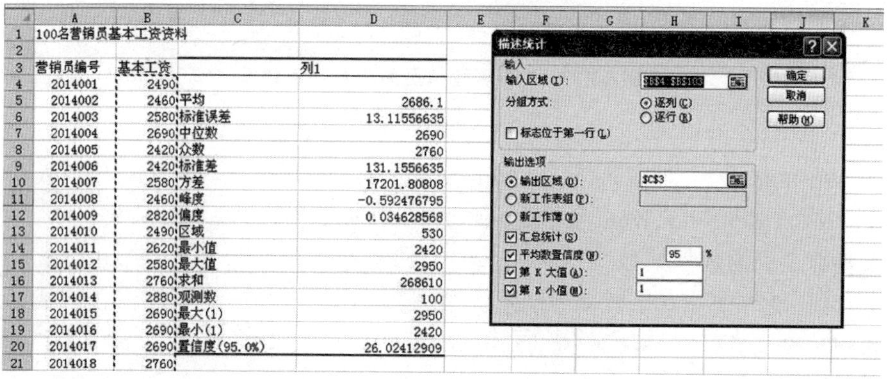

图 12.55　"描述统计"对话框

在"输入区域"中输入数据所在单元格区域"＄B＄4：＄B＄103"，"分组方式"选"逐列"（因为数据按列放置，如果数据按行放置，则选"逐行"），如果在"输入区域"中输入数据所在单元格区域时包括标志名称，则选择"标志位于第一行"的复选框（本例没有包括标志名称，则不选）。

在"输出选顶"下，如果选择"输出区域"，则在右侧编辑框中输入当前工作表的任一空白单元格，本例为 C3 单元格；如果选择"新工作表组"，则在右侧编辑框中输入新的工作表名，Excel 将以一个新命名的工作表插入当前的工作簿中；如果选择"新工作簿"，在点击"确定"按钮后，Excel 将自动生成一个文件名为"book1"的工作簿；选择"汇总统计""平均数置信度"及以下的复选框。在"平均数置信度"右侧的编辑框输入置信度的数值，如"95"，Excel 将以 95％ 的置信度输出由样本均值推断总体均值的置信区间，在"第 K 大值"和"第 K 小值"选中，选择系统默认值"1"，表示选择输出第 1 个最大值和第 1 个最小值；然后按"确定"，即得到如图 12.55 所示特征值计算结果，该结果与利用统计函数计算的结果是一致的。

（三）根据分组数据计算描述统计量

输入数据，其中 x 是每组的组中值，f 是每组的频数，如图 12.56 的 B 列和

C 列；定义变量名，选择单元格区域 B2：B7，点击"公式"菜单，选"定义名称"，出现"新建名称"对话框，在"名称"后面的框中图输入"x"，将单元格区域 B2：B7 命名为"x"，点击确定；同样的方法将单元格区域 C2：C7 命名为"f"。

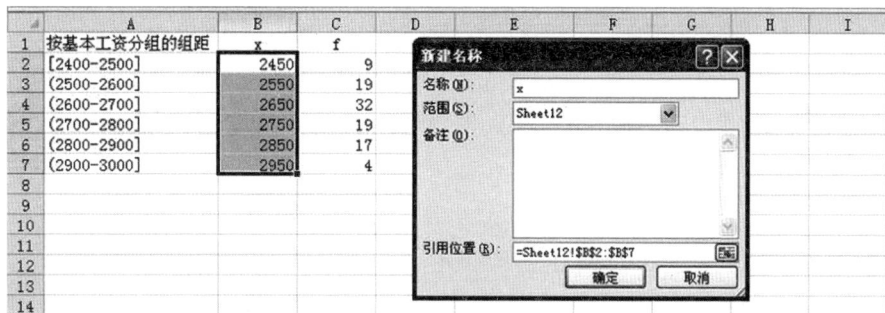

图 12.56　"新建名称"对话框

在 E2、E3 和 E4 单元格分别输入"平均基本工资""标准差"和"平均差"，将 F2、F3 和 F4 单元格分别命名为 E 列中相应单元格的名称。

输入公式进行计算，在 F2、F3 和 F4 单元格分别输入下列公式。计算结果如图 12.57。

$$=SUMPRODUCT(x,f)/SUM(f)$$
$$=SQRT(SUMPRODUCT((x-平均基本工资)^2,f)/SUM(f))$$
$$=SUMPRODUCT(ABS(x-平均基本工资),f)/SUM(f)$$

图 12.57　营销员"平均基本工资""标准差"和"平均差"计算结果

四、使用 EXCEL 进行抽样估计

（一）总体平均数的抽样估计

利用 Excel 的几个函数，如求平均函数 Average、标准差函数 Stdev、T 分布函数 TINV 等的组合使用可以构造出一个专门用于实现样本推断总体的 Excel 工作表。以下例子先计算样本的平均数和标准差，然后在一定置信水

平上估计总体均值的区间范围。操作步骤如下：

第一步，构造工作表。如图 12.58 所示，首先在各个单元格输入以下的内容，其中左边是变量名，右边是相应的计算公式。

第二步，为表格右边的公式计算结果定义左边的变量名。选定 A4：B6，A8：B8 和 A10：B15 单元格（先选择第一部分，再按住 CTRL 键选取另外两个部分），单击"公式"菜单，选择工具栏"根据所选内容创建"，出现"以选定区域的值创建名称"对话框，用鼠标点击"最左列"前面的复选框，然后点击"确定"按扭，如图 12.58 所示。

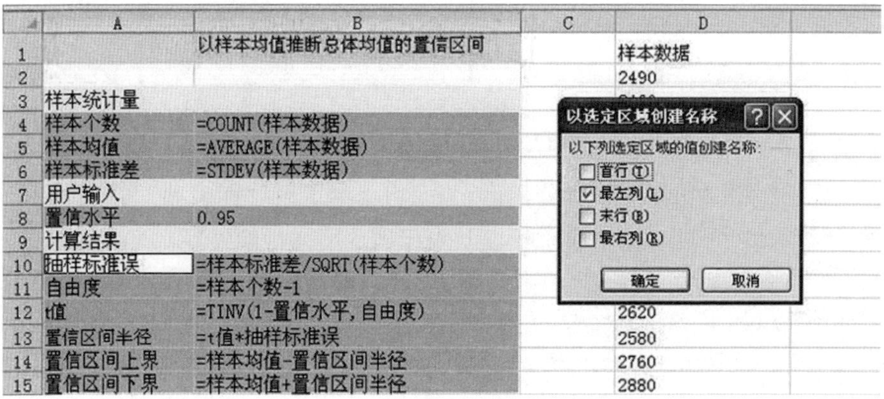

图 12.58　构造工作表并定义变量名

第三步，为样本数据命名。在 D1 单元格输入"样本数据"标志名称，在 D2：D101 单元格区域输入 100 名营销员基本工资数据，在 B8 单元格输入估计的置信水平，例如"0.95"。选定 D1：D101 单元格，单击"公式"菜单，选择工具栏"根据所选内容创建"，出现"以下列选定区域的值创建名称"对话框，用鼠标点击"首行"前面的复选框，然后点击"确定"按钮，如图 12.59 所示，图中 A13：A15 单元格分别是总体平均指标估计的"置信区间半径""置信区间上界""置信区间下界"，也就是所谓的"极限误差""估计下限""估计上限"。

（二）总体成数的抽样估计

总体成数的抽样估计可以用 Confidence(Alpha, Standard-dev, Size) 函数进行。例如，对某产品 5 000 件随机重复抽取 200 件进行检测，发现其中有 12 件不合格品，如果要以 90% 的概率保证程度估计该产品合格率的置信区间，我们可以按照以下步骤进行：

第一步，输入数据，在 A2：A8 单元格中输入指标名称，如图 12.60。在

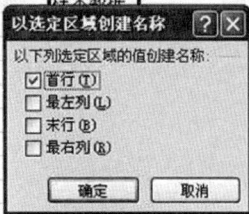

图 12.59　"以下列选定区域的值创建名称"对话框

B2 单元格中输入样本容量为"200"，B3 单元格中输入样本合格率 94％，在 B4 单元格输入显著性水平（置信水平）α 为 10％。

第二步，在 B5 单元格中输入计算样本成数的标准差公式"＝SQRT（B3 *（1－B3））"。因为成数的标准差公式为 $\sigma = \sqrt{P(1-P)} \approx \sqrt{p(1-p)}$（实际中，总体标准差未知时通常用样本标准差代替）。

	A	B	C
1	以样本成数推断总体成数的置信区间		
2	样本容量	200	
3	合格率	0.94	
4	置信水平	0.1	
5	样本标准差	=SQRT(B3*(1-B3))	不重复抽样
6	极限误差	=CONFIDENCE(B4, B5, B2)	=CONFIDENCE(B4,B5,B2)* SQRT((5000-200)/(5000-1))
7	合格率置信区间下限	=B3-B6	=B3-C6
8	合格率置信区间上限	=B3+B6	=B3+C6

图 12.60　输入指标名称

第三步，在 B6 单元格中插入 Confidence 函数，如图 12.61，输入 Confidence 下的参数：

Alpha（即 α）：用于计算置信度的显著水平参数。置信度等于（1－α），亦即，如果置信度为 0.90，则 α 为 0.1。也就是 B4 单元格；

Standard-dev：数据区域的总体标准差（用样本标准差代替），也就是 B5 单元格；

Size：样本容量（即 n），也就是 B2 单元格。

如果样本是按不重复方法抽取的，则在 B6 单元格输入组合公式"＝

CONFIDENCE(B4,B5,B2) * SQRT((5000－200)/(5000－1))"。

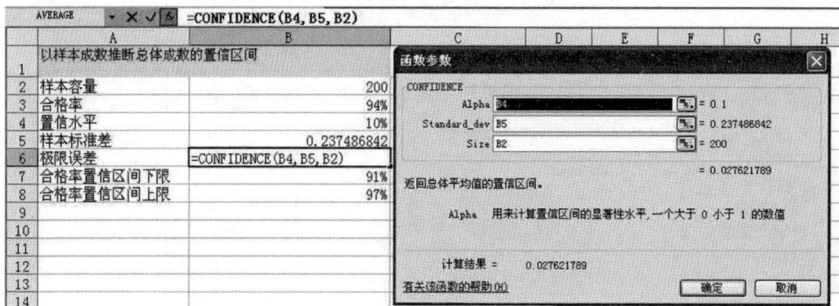

图 12.61　插入 Confidence 函数

第四步,计算置信区间。在 B7 和 B8 单元格中分别输入计算公式,如图 12.60。结果显示:在重复抽样下,90%的概率保证程度估计该产品合格率的置信区间为:91%～97%。

五、使用 Excel 进行假设检验

(一) 单一总体的均值检验:大样本,正态总体,方差已知

一家食品生产企业生产的袋装食品包装说明书上标明,每袋重量至少为 100 g。现从它生产的袋装食品中随机抽取了 50 袋,测得每袋重量如图 12.62 的 D2:D51 单元格区域所示。该袋装食品的重量是否如说明书上所说,显著性水平为 0.05?

第一步,提出假设:

$H_0 : \mu \geqslant 100$

$H_1 : \mu < 100$

此为左侧检验。假定原假设成立,只要该袋装食品的平均每袋重量为 100 g,可以认为袋装食品包装说明书上标明的重量是真实的。

	A	B	C	D
1	总体均值的假设检验			每袋重量
2	用户输入			97.5
3	总体均值假设值	100		102.6
4	置信水平	0.95		100
5	计算结果			100.1
6	样本个数	=COUNT(每袋重量)		101
7	样本均值	=AVERAGE(每袋重量)		97
8	样本标准差	=STDEV(每袋重量)		101
9	临界值	=NORMSINV(0.05)		98
10	检验统计量	=(B7-B3)/(B8/SQRT(B6))		99
11				95.4
12				98

图 12.62　随机抽样样本中每袋食品重量测量结果

第二步,进行计算:

① 构造工作表。分别在工作表的 A3：A10 和 B6：B10 单元格输入如图 12.62 所示的内容,其中左边 A3：A10 单元格是变量名,右边 B6：B10 单元格是相应的计算公式。

② 为表格右边的公式计算结果定义左边的变量名。选定 A6：B10 单元格,单击"公式"菜单,选择工具栏"根据所选内容创建",出现"以下列选定区域的值创建名称"对话框,用鼠标点击"最左列"前面的复选框,然后点击"确定"按钮。在 B3 单元格输入总体均值假设值"100",在 B4 单元格输入估计的置信水平"0.95"。

③ 为样本数据命名。选定 D1：D51 单元格,单击"公式"菜单,选择工具栏"根据所选内容创建",出现"以下列选定区域的值创建名称"对话框,用鼠标点击"首行"前面的复选框,然后点击"确定"按钮,。

④ 确定临界值。在 B9 单元格输入公式:"＝NORMSINV(0.05)",得到的结果为－1.644 8,如图 12.63。

⑤ 计算检验统计量。在大样本情况下,无论总体是否服从正态分布,样本均值均近似服从正态分布,因此,检验统计量为:$Z = \dfrac{\overline{X} - \mu_0}{\sigma/\sqrt{n}} \sim N(0,1)$,其中 $\mu_0 = 100$。在 B10 格输入公式:"＝(B7－B3)/(B8/SQRT(B6))",得到的结果为－1.673 8,如图 12.63。

	A	B	C	D	E	F	G
1	总体均值的假设检验			每袋重量			
2	用户输入			97.5			
3	总体均值假设值	100		102.6			
4	置信水平	0.95		100			
5	计算结果			100.1			
6	样本个数	50		101			
7	样本均值	99.476		97			
8	样本标准差	2.21364599		101			
9	临界值	-1.6448536		98			
10	检验统计量	-1.6738176		99			
11				95.4			
12				98			

图 12.63 检验统计量计算结果

第三步,做出结论:

将计算的检验统计量与临界值比较,由于－1.673 8 小于－1.644 8,因此拒绝原假设,也就是说袋装食品包装说明书上标明的重量是不真实的。

(二) 单一总体的均值检验:小样本,正态总体,方差未知

一家糖果生产企业生产的袋装糖果,按质量标准,合格品重量每袋为 500 g。现从一批糖果中随机抽取了 10 袋,测得每袋重量如图 12.64 的 D2:D11 单元格区域所示。已知产品重量的分布服从正态分布,可否认为该批糖果的重量合格,置信水平为 90%?

第一步,提出假设:

$H_0: \mu = 100$

$H_1: \mu \neq 100$

此为双侧检验。假定原假设成立,只要该袋装食品的平均每袋重量为 500 g,可以认为该批糖果的重量合格。

	A	B	C	D
1	总体均值的假设检验			每袋重量
2	用户输入			498.6
3	总体均值假设值	500		499.1
4	置信水平	0.9		500.2
5	计算结果			500.1
6	样本个数	=COUNT(每袋重量)		501.3
7	样本均值	=AVERAGE(每袋重量)		502.6
8	样本标准差	=STDEV(每袋重量)		501.8
9	临界值t(双侧检验)	=TINV(1-B4,B6-1)		498.5
10	检验样本统计量t	=(AVERAGE(D2:D11)-B3)/(STDEV(C2:D11)/SQRT(COUNT(D2:D11)))		498.3
11	P值	=TDIST(B10,B6-1,2)		502.2

图 12.64 随机抽样样本中每袋糖果重量测量结果

第二步,进行计算:

① 构造工作表。分别在工作表的 A3:A11 和 B6:B11 单元格输入如图 12.64 所示的内容,其中左边 A3:A11 单元格是变量名,右边 B6:B11 单元格是相应的计算公式。

② 为表格右边的公式计算结果定义左边的变量名。选定 A6:B11 单元格,单击"公式"菜单,选择工具栏"根据所选内容创建",出现"以下列选定区域的值创建名称"对话框,用鼠标点击"最左列"前面的复选框,然后点击"确定"按钮。在 B3 单元格输入总体均值假设值"500",在 B4 单元格输入估计的置信水平"0.9"。

③ 为样本数据命名。选定 D1:D11 单元格,单击"公式"菜单,选择工具栏"根据所选内容创建",出现"以下列选定区域的值创建名称"对话框,用鼠标点击"首行"前面的复选框,然后点击"确定"按钮。

④ 确定临界值。在 B9 单元格输入公式"=TINV(1-B4,B6-1)",得到的结果为 1.833 11,如图 12.65。

⑤ 计算检验统计量。由于总体标准差未知,用样本标准差代替,检验统

计量为:$t = \dfrac{\overline{X} - \mu_0}{\sigma/\sqrt{n}} \sim t(n-1)$,其中 $\mu_0 = 50$。在 B10 单元格输入公式"=(AVERAGE(D2：D11)−B3)/(STDEV(C2：D11)/SQRT(COUNT(D2：D11)))"。

得到的结果为 0.45624,如图 12.65。

⑥ 计算 P−值。在 B11 单元格中输入公式"=TDIST(B10,B6−1,2)",得到的结果为 0.659 024,如图 12.65。

	A	B	C	D	E
1	总体均值的假设检验			每袋重量	
2	用户输入			498.6	
3	总体均值假设值	500		499.1	
4	置信水平	0.9		500.2	
5	计算结果			500.1	
6	样本个数	10		501.3	
7	样本均值	500.24		502.6	
8	样本标准差	1.663463589		501.8	
9	临界值t(双侧检验)	1.833112923		498.2	
10	检验样本统计量t	0.45624482		498.3	
11	P值	0.659024079		502.2	

图 12.65　P−值计算结果

第三步,做出结论:

将计算的检验统计量 t 值＝0.456 24 与临界值 1.833 11 比较,由于 0.456 24 小于 1.833 11,因此接受原假设,也就是说该批糖果的重量合格。

用 P−值检验的结果也是如此。P−值＝0.659 024 大于给定的显著性水平 0.05($=\alpha/2$),所以有充分的理由接受原假设。

六、使用 Excel 进行相关分析

(一) 绘制相关图

在 Excel 中输入数据,选择制图所包含的数据区域 B1：C20,单击"插入"菜单,在"工具栏"选择"XY 散点图"按钮,在弹出的图表类型中选择"仅带数据标记的散点图",如图 12.66。

单击"页面布局"菜单下工具栏的各种按钮,可以对图形进行各种设置;在图表的不同位置单击右键,可以对图表进行修改和美化。结果如图 12.67。

(二) 计算相关系数

在 Excel 中,相关系数函数和相关系数宏提供了两种计算相关系数的方法。

图 12.66　绘制仅带数据标记的散点图

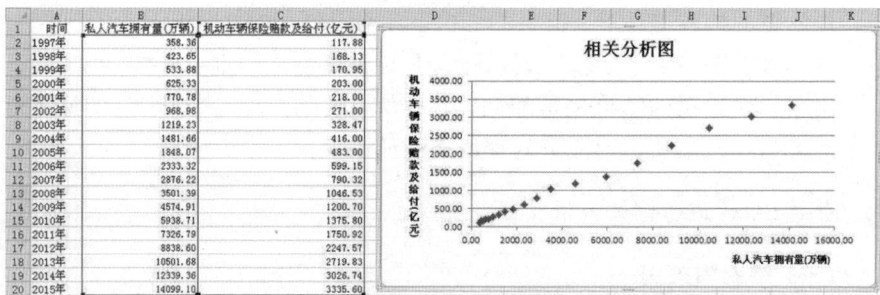

图 12.67　仅带数据标记的散点图绘制结果

1. 相关系数函数

在 Excel 中,Correl 函数和 Person 函数提供了计算两个变量之间的相关系数的方法,这两个函数是等价的。与相关系数有关的函数还有 RSQ(相关系数的平方,即判定系数 r^2)和 Covar(协方差函数)。在这里我们以 Correl 函数和图 12.66 的资料为例,介绍利用函数计算相关系数的方法。

点击"公式"菜单,选择"插入函数"按钮,选择"统计"函数;在统计函数点击"CORREL",进入函数参数对话,在"Array1"中输入第一个变量"私人汽车拥有量"的数据区域 B2：B20，在"Array2"中输入第二个变量"机动车辆保险赔款及给付"的数据区域 C2：C20，即可在当前光标所在单元格显示函数的计算结果，如图 12.68 所示。

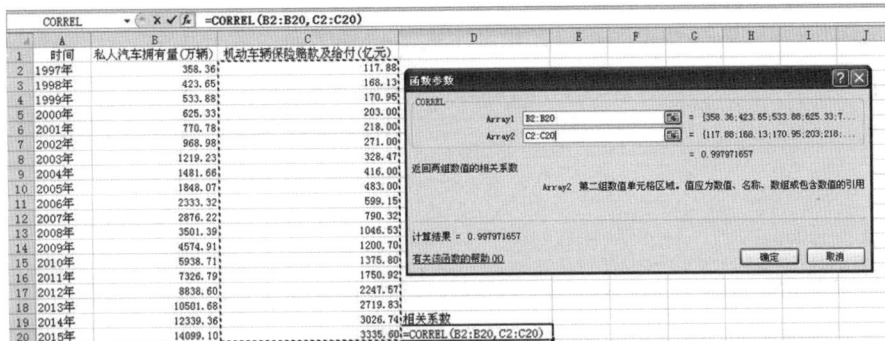

图 12.68　相关系数函数计算结果

2. 相关系数宏

在 Excel 数据分析宏中，Excel 专门提供了计算相关系数宏过程。利用宏过程，可以计算多个变量之间的相关矩阵。仍然以图 12.66 的资料为例，利用相关系数宏计算相关系数矩阵的过程如下：

点击 Excel"数据"菜单，选择"数据分析"，在"数据分析"对话框中，选择"相关系数"。在"相关系数"对话框中，在"输入区域"中输入两个变量所在区域 B1：C20，分组方式选"列"，选中"标志位于第一行"复选框，"输出选项"下选择"输出区域"，在右侧编辑框中选择在同一工作表中的 D2。如图 12.69 所示。结果为相关系数矩阵，图中的 D2：F4 单元格区域。

以上两种方法计算的结果都是 0.997 971 657，说明"私人汽车拥有量"和"机动车辆保险赔款及给付"两变量之间高度相关。

图 12.69　相关系数宏计算结果

七、使用 Excel 进行回归分析

Excel 提供了 9 个函数用于建立回归模型和回归预测,这 9 个函数列于表 12.1 中,但 Excel 提供的回归分析宏具有更方便的特点。仍以图 12.66 的资料为例,利用一元线性回归方程确定两个变量之间的数量关系。

表 12.1　用于回归分析的工作表函数

函数名	函数说明
Intercept	一元线性回归模型截距的估计值
Slope	一元线性回归模型斜率的估计值
RSQ	一元线性回归模型的判定系数(r^2)
Forecast	依照一元线性回归模型的预测值
Steyx	依照一元线性回归模型的预测值的标准误差
Trend	依照多元线性回归模型的预测值
Growth	依照多元指数回归模型的预测值
Linest	估计多元线性回归模型的未知参数
Logest	估计多元指数回归模型的未知参数

点击 Excel"数据"菜单,选择"数据分析";在"数据分析"对话框中,选择"回归",出现"回归"对话框,如图 12.70 所示。

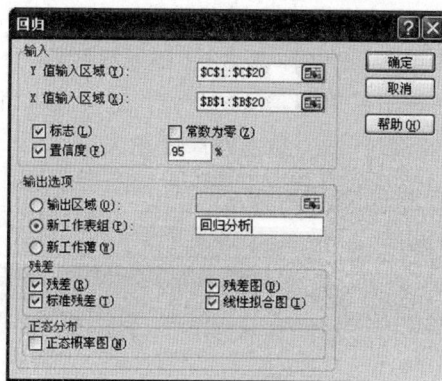

图 12.70　"回归"对话框

在"回归"对话框中,在"Y 值输入区域"中输入 y 变量所在区域 C1：C20,

在"X 值输入区域"中输入 x 变量所在区域 B1：B20,如果是多元线性回归,则 X 值的输入区就是除 y 变量以外的全部解释变量,选中"标志"复选框,选中 "置信度"复选框并在右侧的编辑框输入置信度的值"95";"输出选项"下选择 "新工作表组",并在右侧的编辑框输入工作表的名称"回归分析";在"残差" 下选中"残差""标准残差""残差图"和"线性拟合图"的复选框。回归分析的 结果如图 12.71 和图 12.72 所示。

	A	B	C	D	E	F	G	H	I
1	SUMMARY OUTPUT								
2									
3		回归统计							
4	Multiple R	0.997972							
5	R Square	0.995947							
6	Adjusted R Square	0.995709							
7	标准误差	68.89395							
8	观测值	19							
9									
10	方差分析								
11		df	SS	MS	F	nificance F			
12	回归分析	1	19829729	19829729	4177.867	8.85E-22			
13	残差	17	80688.39	4746.376					
14	总计	18	19910418						
15									
16		Coefficien	标准误差	t Stat	P-value	Lower 95%	Upper 95%	下限 95.0%	上限 95.0%
17	Intercept	58.38525	22.32328	2.615442	0.018092	11.28724	105.4833	11.28724	105.4833
18	私人汽车拥有量(万辆)	0.240321	0.003718	64.63642	8.85E-22	0.232477	0.248165	0.232477	0.248165

图 12.71 回归分析结果

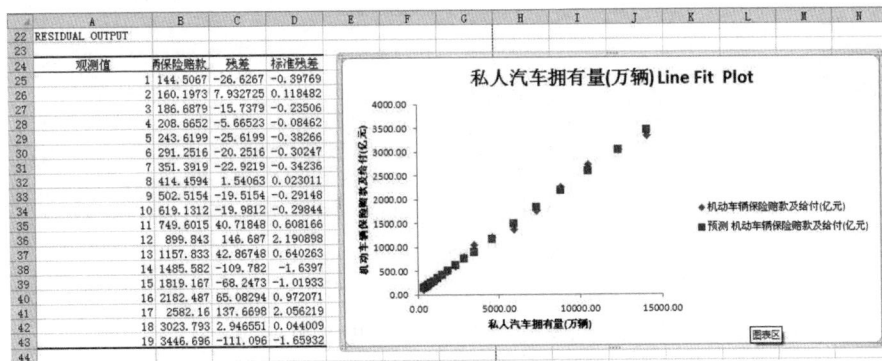

图 12.72 y 的个别值的点估计结果

从图 12.71 中可知,回归模型判定系数 $R^2=0.995\,947$,说明回归方程拟合得很好,F 检验显著($F=4\,177.867\geqslant F_{a=0.5}=4.6$),常数项与私人汽车拥有量的 t 检验也显著($t=64.636\,42\geqslant t_{a=0.5}(n-2)=2.145$),即通过了 F 检验和 t 检验,由分析结果可得回归方程为：

y=58.385 253 43＋0.240 321 069 7x

经济含义为：当私人汽车拥有量为 0 时，机动车辆保险赔款及给付为 58.385 253 43 亿元，当私人汽车拥有量变动 1 个单位，机动车辆保险赔款及给付则变动 0.240 321 069 7 个单位。

图 12.72 给出了 y 的个别值的点估计，即：当私人汽车拥有量为 14 099.1 万辆时，机动车辆保险赔款及给付为 3 446.696 亿元，其残差为－111.096 亿元，标准残差为－1.659 32 亿元。

八、使用 Excel 进行时间序列分析

（一）计算动态分析指标

在 Excel 工作表中 B2：B14 单元格区域输入"我国 2000—2015 年各年 GDP 总值"资料，单位为亿元。在 C1：L1 单元格区域分别输入"逐期增长量""累计增长量""平均增长量""环比发展速度""环比增长速度""定基发展速度""定基增长速度""增长 1%的绝对值""平均发展速度"和"平均增长速度"等指标名称。在各指标下输入计算公式，如图 12.73 所示。

	A	B	C	D	E	F	G	H	I	J	K	L
1	年份	国内生产总值(亿元)	逐期增长量	累计增长量	平均增长量	环比发展速度	环比增长速度	定基发展速度	定基增长速度	增长1%的绝对值	平均发展速度	平均增长速度
2	2000	100280.1	-	-	-	-	-	-	-	-		
3	2001	110863.1	=B3-B2	=B3-$B$2	=D3/(A3-$A$2)	=B3/B2*100	=F3-100	=B3/$B$2*100	=H3-100	=B2/100	=(B3/$B$2)^(1/(A3-$A$2))*100	=K3-100
4	2002	121717.4	=B4-B3	=B4-$B$2	=D4/(A4-$A$2)	=B4/B3*100	=F4-100	=B4/$B$2*100	=H4-100	=B3/100	=(B4/$B$2)^(1/(A4-$A$2))*100	=K4-100
5	2003	137422	=B5-B4	=B5-$B$2	=D5/(A5-$A$2)	=B5/B4*100	=F5-100	=B5/$B$2*100	=H5-100	=B4/100	=(B5/$B$2)^(1/(A5-$A$2))*100	=K5-100
6	2004	161840.2	=B6-B5	=B6-$B$2	=D6/(A6-$A$2)	=B6/B5*100	=F6-100	=B6/$B$2*100	=H6-100	=B5/100	=(B6/$B$2)^(1/(A6-$A$2))*100	=K6-100
7	2005	187318.9	=B7-B6	=B7-$B$2	=D7/(A7-$A$2)	=B7/B6*100	=F7-100	=B7/$B$2*100	=H7-100	=B6/100	=(B7/$B$2)^(1/(A7-$A$2))*100	=K7-100
8	2006	219438.5	=B8-B7	=B8-$B$2	=D8/(A8-$A$2)	=B8/B7*100	=F8-100	=B8/$B$2*100	=H8-100	=B7/100	=(B8/$B$2)^(1/(A8-$A$2))*100	=K8-100
9	2007	270232.3	=B9-B8	=B9-$B$2	=D9/(A9-$A$2)	=B9/B8*100	=F9-100	=B9/$B$2*100	=H9-100	=B8/100	=(B9/$B$2)^(1/(A9-$A$2))*100	=K9-100
10	2008	319515.5	=B10-B9	=B10-$B$2	=D10/(A10-$A$2)	=B10/B9*100	=F10-100	=B10/$B$2*100	=H10-100	=B9/100	=(B10/$B$2)^(1/(A10-$A$2))*100	=K10-100
11	2009	349081.4	=B11-B10	=B11-$B$2	=D11/(A11-$A$2)	=B11/B10*100	=F11-100	=B11/$B$2*100	=H11-100	=B10/100	=(B11/$B$2)^(1/(A11-$A$2))*100	=K11-100
12	2010	413030.3	=B12-B11	=B12-$B$2	=D12/(A12-$A$2)	=B12/B11*100	=F12-100	=B12/$B$2*100	=H12-100	=B11/100	=(B12/$B$2)^(1/(A12-$A$2))*100	=K12-100
13	2011	489300.6	=B13-B12	=B13-$B$2	=D13/(A13-$A$2)	=B13/B12*100	=F13-100	=B13/$B$2*100	=H13-100	=B12/100	=(B13/$B$2)^(1/(A13-$A$2))*100	=K13-100
14	2012	540367.4	=B14-B13	=B14-$B$2	=D14/(A14-$A$2)	=B14/B13*100	=F14-100	=B14/$B$2*100	=H14-100	=B13/100	=(B14/$B$2)^(1/(A14-$A$2))*100	=K14-100
15	2013	595244.4	=B15-B14	=B15-$B$2	=D15/(A15-$A$2)	=B15/B14*100	=F15-100	=B15/$B$2*100	=H15-100	=B14/100	=(B15/$B$2)^(1/(A15-$A$2))*100	=K15-100
16	2014	643974	=B16-B15	=B16-$B$2	=D16/(A16-$A$2)	=B16/B15*100	=F16-100	=B16/$B$2*100	=H16-100	=B15/100	=(B16/$B$2)^(1/(A16-$A$2))*100	=K16-100
17	2015	689052.1	=B17-B16	=B17-$B$2	=D17/(A17-$A$2)	=B17/B16*100	=F17-100	=B17/$B$2*100	=H17-100	=B16/100	=(B17/$B$2)^(1/(A17-$A$2))*100	=K17-100

图 12.73　各指标下输入计算公式

计算"逐期增长量"，在 C3 单元格中输入公式"＝B3－B2"，用填充柄将公式复制到 C4：C17 单元格区域。

计算"累计增长量"（以 2000 年为基期），在 D3 单元格中输入公式"＝B3－$B$2"，用填充柄将公式复制到 D4：D17 单元格区域。

计算"平均增长量"（以 2000 年为基期），在 E3 单元格中输入公式"D3/(A3－$A$2)"，用填充柄将公式复制到 E4：E17 单元格区域。

计算"环比发展速度"，在 F3 单元格中输入公式"B3/B2 * 100"，用填充柄将公式复制到 F4：F17 单元格区域。

计算"环比增长速度"，在 G3 单元格中输入公式"＝F3－100"，用填充柄将公式复制到 G4：G17 单元格区域。

计算"定基发展速度"(以 2000 年为基期),在 H3 单元格中输入公式"＝B3/＄B＄2＊100",用填充柄将公式复制到 H4:H17 单元格区域。

计算"定基增长速度"(以 2000 年为基期),在 I3 单元格中输入公式:"＝H3－100",用填充柄将公式复制到 I4:I17 单元格区域。

计算"增长 1％的绝对值",在 J3 单元格中输入公式:"＝B2/100",用填充柄将公式复制到 J4:J17 单元格区域。

计算"平均发展速度"(以 2000 年为基期),在 K3 单元格中输入公式:"＝(B3/＄B＄2)^(1/(A3－＄A＄2))＊100",用填充柄将公式复制到 K4:K17 单元格区域。

计算"平均增长速度",在 L3 单元格中输入公式:"＝K3－100",用填充柄将公式复制到 L4:L17 单元格区域。

计算结果如图 12.74。

	A	B	C	D	E	F	G	H	I	J	K	L
1	年份	国内生产总值(亿元)	逐期增长量	累计增长量	平均增长量	环比发展速度	环比增长速度	定基发展速度	定基增长速度	增长1%的绝对值	平均发展速度	平均增长速度
2	2000	100280.1										
3	2001	110863.1	10583.00	10583.00	10583.00	110.55	10.55	110.55	10.55	1002.80	110.55	10.55
4	2002	121717.4	10854.30	21437.30	10718.65	109.79	9.79	121.38	21.38	1108.63	110.17	10.17
5	2003	137422.0	15704.60	37141.90	12380.63	112.90	12.90	137.04	37.04	1217.17	111.07	11.07
6	2004	161840.2	24418.20	61560.10	15390.03	117.77	17.77	161.39	61.39	1374.22	112.71	12.71
7	2005	187318.9	25478.70	87038.80	17407.76	115.74	15.74	186.80	86.80	1618.40	113.31	13.31
8	2006	219438.5	32119.60	119158.40	19859.73	117.15	17.15	218.83	118.83	1873.19	113.94	13.94
9	2007	270232.3	50793.80	169952.20	24278.89	123.15	23.15	269.48	169.48	2194.39	115.21	15.21
10	2008	319515.5	49283.20	219235.40	27404.43	118.24	18.24	318.62	218.62	2702.32	115.59	15.59
11	2009	349081.4	29565.90	248801.30	27644.59	109.25	9.25	348.11	248.11	3195.16	114.87	14.87
12	2010	413030.3	63948.90	312750.20	31275.02	118.32	18.32	411.88	311.88	3490.81	115.21	15.21
13	2011	489300.6	76270.30	389020.50	35365.50	118.47	18.47	487.93	387.93	4130.30	115.50	15.50
14	2012	540367.4	51066.80	440087.30	36673.94	110.44	10.44	538.86	438.86	4893.01	115.07	15.07
15	2013	595244.4	54877.00	494964.30	38074.18	110.16	10.16	593.58	493.58	5403.67	114.68	14.68
16	2014	643974.0	48729.60	543693.90	38835.28	108.19	8.19	642.18	542.18	5952.44	114.21	14.21
17	2015	689052.1	45078.10	588772.00	39251.47	107.00	7.00	687.13	587.13	6439.74	113.71	13.71

图 12.74　计算结果

(二) 移动平均法测定长期趋势

在 Excel 工作表中 B2:B37 区域中输入我国 2014—2016 年各月客运量资料,单位为万人。在 Excel"工具栏"中选择"数据分析",并点击"移动平均"。在移动平均宏菜单的"输入区域"中输入"＄B＄2:＄B＄37",在"间隔"中输入"12",表示进行 12 项移动平均,选择"输出区域"中输入"＄C＄12",并选择"图表输出"(如图 12.75 所示)。

点击"确定"按钮,可以得到移动平均宏按 12 项移动平均的计算结果,如图 12.76 中的 C13:C37 单元格区域所示。由于是按偶数项进行移动平均,还要进行 2 项移正,得到"趋势值",如图 12.76 中的单元格区域 D13:D36。

关于 Excel 中的"移动平均"的计算,需要说明几点:(1) 图 12.76 中的移动平均值,即"趋势值",这是由于移动平均法是以移动平均值作为趋势估计值。(2) 移动平均值的位置不是在被平均的 N 项数值的中间位置,而是直接

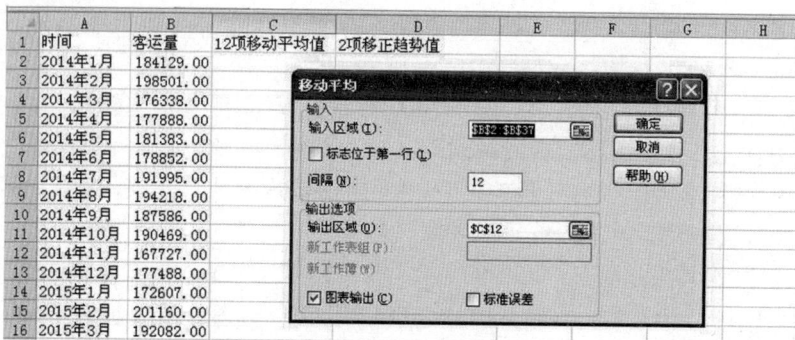

图 12.75　移动平均宏菜单

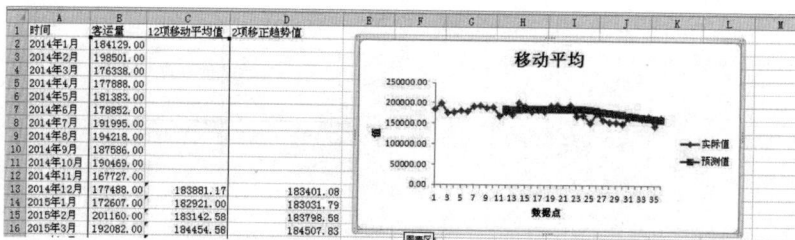

图 12.76　移动平均的计算结果及拟合曲线

排放在这 N 个时期的最后一期,这一点与通常意义上移动平均值应排放在 N 时期的中间时期有所不同。本例"输出区域"选的是图 12.75 中的 C12 单元格,但第一个移动平均值放置在 C13 单元格。(3)当时间数列有季节周期时,移动平均的项数和季节波动的周期长度要一致,则移动平均值可以消除季节周期,并在一定程度上消除不规则变动,从而揭示出数列的长期趋势。本例为 12 项,从图中绘制出的实际观察值与 12 项移动平均估计值之间的拟合曲线可以看出,移动平均值削弱了上下波动,也消除了季节波动。

(三)趋势模型法测定长期趋势

以上例我国 2014—2016 年各月客运量资料为例介绍直线趋势的拟合。为方便计算和分析,在图 12.77 的 A 列后插入一列 B,B1 单元格标志名为"时间序号",B2∶B37 单元格区域分别为 1,2,3,4……36 的数值。

首先,选择制图所包含的数据区域 C2∶C37,单击"插入"菜单,在"工具栏"选择"XY 散点图"按钮,在弹出的图表类型中选择"带直线的散点图"即可得到折线图。

其次,在对生成的草图进行必要的修饰后,得到时序图。用鼠标左键选择折线,然后按鼠标右键,选择"添加趋势线"操作如图 12.77 所示。

	A	B	C	D	E	F	G	H	I	J	K	L	M	N
1	时间	时间序号	客运量											
2	2014年1月	1	184129											
3	2014年2月	2	198501											
4	2014年3月	3	176338											
5	2014年4月	4	177888											
6	2014年5月	5	181383											
7	2014年6月	6	178852											
8	2014年7月	7	191995											
9	2014年8月	8	194218											
10	2014年9月	9	187586											
11	2014年10月	10	190469											
12	2014年11月	11	167727											
13	2014年12月	12	177488											
14	2015年1月	13	172607											
15	2015年2月	14	201160											
16	2015年3月	15	192082											
17	2015年4月	16	179166											
18	2015年5月	17	182213											
19	2015年6月	18	178229											
20	2015年7月	19	193723											

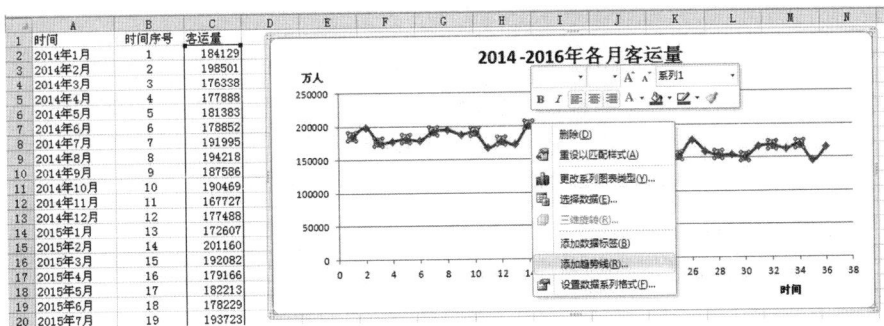

图 12.77　"添加趋势线"操作

再次，在"设置趋势线格式"对话框下选择"趋势线选项"下选择"线性"趋势线，再往下选择"显式公式"和"显示 R 平方值"两项前面的复选框。如图 12.78 所示。

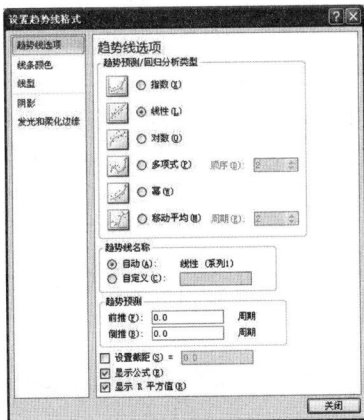

图 12.78　"设置趋势线格式"对话框

然后按"确定"，得到如图 12.79 所示趋势线和直线趋势方程及 R 平方值。

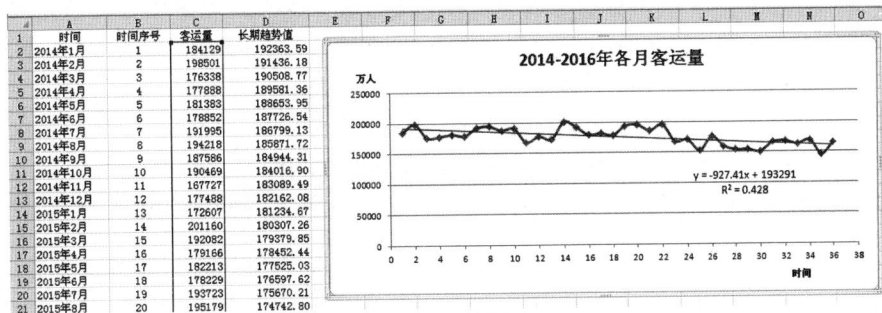

	A	B	C	D	E	F	G	H	I	J	K	L	M	N	O
1	时间	时间序号	客运量	长期趋势值											
2	2014年1月	1	184129	192363.59											
3	2014年2月	2	198501	191436.18											
4	2014年3月	3	176338	190508.77											
5	2014年4月	4	177888	189581.36											
6	2014年5月	5	181383	188653.95											
7	2014年6月	6	178852	187726.54											
8	2014年7月	7	191995	186799.13											
9	2014年8月	8	194218	185871.72											
10	2014年9月	9	187586	184944.31											
11	2014年10月	10	190469	184016.90											
12	2014年11月	11	167727	183089.49											
13	2014年12月	12	177488	182162.08											
14	2015年1月	13	172607	181234.67											
15	2015年2月	14	201160	180307.26											
16	2015年3月	15	192082	179379.85											
17	2015年4月	16	179166	178452.44											
18	2015年5月	17	182213	177525.03											
19	2015年6月	18	178229	176597.62											
20	2015年7月	19	193723	175670.21											
21	2015年8月	20	195179	174742.80											

图中趋势方程：$y = -927.41x + 193291$，$R^2 = 0.428$

图 12.79　趋势线、直线趋势方程及 R 平方值

最后,以趋势方程测定长期趋势。以上述方法求出的直线方程中,自变量 x 是时间,取值为 1,2,3,4⋯⋯36。在 D1 单元格输入"长期趋势值",在 D2 单元格输入公式:"=-927.41*B2+193291",选定 D2:D37 单元格区域,按 Ctrl+D 组合键,将公式复制到 D3:D37 单元格区域,长期趋势值结果如图 12.79 中的 D2:D37 单元格区域。

(四) 趋势剔除法测定季节变动

Excel 在"数据分析"宏中没有提供时间数列季节变动分析的工具,但我们可以通过 Excel 中某些公式和函数的组合,依然可以计算季节指数进行季节变动分析。以上例我国 2014—2016 年各月客运量资料为例,用趋势剔除法测定我国 2014—2016 年各月客运量是否存在季节变动。

首先,用趋势线拟合法测定长期趋势,将趋势值计算结果放置在 D2:D37 单元格区域,方法如上述。然后从客运量中剔除长期趋势的影响,方法是客运量(用"Y"表示)除以长期趋势值(用"T"表示)。即在单元格 E2 输入公式"=C2/D2",选中 E2:E37 单元格区域,按 Ctrl+D 组合键,将公式复制到 E3:E37 单元格区域,计算结果便放置在 E2:E37 单元格区域,如图 12.80。

	A	B	C	D	E	F	G	H	I	J	K	L
1	时间	时间序号	客运量Y	长期趋势值T	Y/T	年份	1月	2月	3月	4月	5月	6月
2	2014年1月	1	184129	192363.59	0.9571926	2014	0.957193	1.036904	0.925616	0.93832	0.961459	0.952726
3	2014年2月	2	198501	191436.18	1.0369043	2015	0.952395	1.115651	1.070811	1.003999	1.026407	1.009238
4	2014年3月	3	176338	190508.77	0.9256162	2016	0.893944	1.038679	0.947222	0.917384	0.92257	0.910142
5	2014年4月	4	177888	189581.36	0.9383201	季节指数						
6	2014年5月	5	181383	188653.95	0.9614588	调整后指数						
7	2014年6月	6	178852	187726.54	0.9527262							
8	2014年7月	7	191995	186799.13	1.0278153							

图 12.80 趋势线拟合法测定长期趋势

其次,在 G1 至 R1 单元格分别输入"1 月""2 月"⋯⋯"12 月",在 S1 单元格输入"合计",在 F1 至 F6 单元格分别输入"年份""2014""2015""2016""季节指数"和"调整后指数";选中 E2:E13 单元格区域,点击"复制"按钮,再选中 G2 单元格,再点鼠标右键,在弹出的菜单中选"选择性粘贴",出现"选择性粘贴"对话框,在"粘贴"下选择"数值",在"运算"下选择"无",选中"转置"复选框,将 E2:E13 单元格区域的数据复制到 G2:R2 单元格区域中,如图 12.81。

用同样的方法将 E14:E25 单元格区域的数据复制到 G3:R3 单元格区域中,将 E26:E37 单元格区域的数据复制到 G4:R4 单元格区域中。结果如图 12.82 的单元格区域 G2:R4。

再次,计算季节指数,在 G5 单元格中输入公式"=AVERAGE(G2:G4)",用填充柄向右将公式复制到 H5:R5 单元格区域,这样可以计算出各

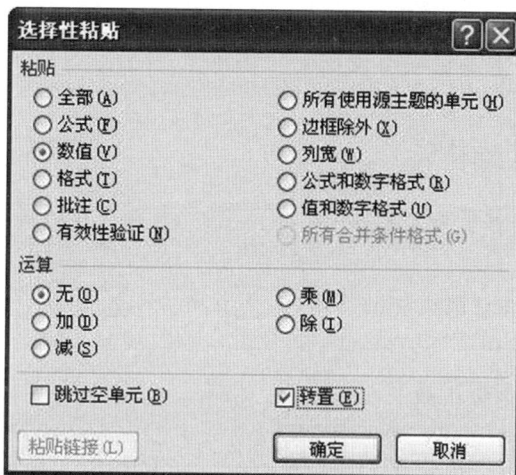

图 12.81　"选择性粘贴"对话框

月的季节指数。

最后,由于 1—12 月季节指数之和等于 11.999 338,还要将季节指数进行调整。在 G6 单元格中输入公式"＝G5＊12/11.999 338",用填充柄向右将公式复制到 H6：R6 单元格区域,这样可以计算出各月的调整后的季节指数,结果如图 12.82 单元格区域 G6：R6。

F	G	H	I	J	K	L	M	N	O	P	Q	R	S
年份	1月	2月	3月	4月	5月	6月	7月	8月	9月	10月	11月	12月	合计
2014	0.957193	1.036904	0.925616	0.93832	0.961459	0.952726	1.027815	1.044903	1.014284	1.035063	0.916093	0.974341	
2015	0.952395	1.115651	1.070811	1.003999	1.026407	1.009238	1.102765	1.11695	1.070078	1.130079	0.977038	0.998385	
2016	0.893944	1.038679	0.947222	0.917384	0.92257	0.910142	1.006477	1.026087	0.999051	1.044628	0.902695	1.030623	
季节指数	0.9345105	1.0637448	0.9812166	0.9532344	0.9701453	0.9573687	1.0456858	1.0626467	1.027804	1.0699229	0.9319421	1.0011165	11.999338
调整后指数	0.9345621	1.0638035	0.9812707	0.953287	0.9701988	0.9574215	1.0457435	1.0627053	1.0278607	1.069982	0.9319935	1.0011717	12

图 12.82　调整后各月的季节指数结果

从图 12.82 可以看出,我国的客运量存在季节变化,1 月份和 11 月份是淡季,4、5、6 月份客运量也比较小,"五一"劳动节假期对 5 月份的客运量影响也不大。2、10 月份是旺季,我国传统节日"春节"一般是在 2 月份,对客运量影响大;"十一"国庆假期对 10 月份的客运量影响大。

九、使用 Excel 计算统计指数

(一)拉氏综合指数的计算

在图 12.83Excel 工作表中 A1：F7 单元格区域输入某企业三种商品的销售数据资料。

1. 计算销售额

在 G4：J7 单元格区域分别输入计算公式，计算实际和假定的销售额，如图 12.83 所示。

2. 计算拉氏物量指数

根据拉氏物量指数公式 $L_q = \dfrac{\sum q_1 p_0}{\sum q_0 p_0}$，在 C9 单元格输入公式"＝H7/G7＊100"。销售量变动对销售额的影响为 $\sum q_1 p_0 - \sum q_0 p_0$，在 D10 单元格输入公式"＝H7−G7"。

3. 计算拉氏物价指数

根据拉氏物价指数公式 $L_p = \dfrac{\sum p_1 q_0}{\sum p_0 q_0}$，在 C12 单元格输入公式："＝J7/G7＊100"。销售价格变动对销售额的影响为 $\sum p_1 q_0 - \sum p_0 q_0$，在 D13 单元格输入公式"＝J7−G7"。

计算结果如图 12.83。

	A	B	C	D	E	F	G	H	I	J
1	商品	计量	商品销售量		商品销售价格（元）		商品销售额（元）			
2	名称	单位	基期	报告期	基期	报告期	基期	报告期	报告期	假定
3			Q0	Q1	P0	P1	Q0P0	Q1P0	Q1P1	Q0P1
4	甲	台	120	150	850	900	=C4*E4	=D4*E4	=D4*F4	=C4*F4
5	乙	件	220	280	450	460	=C5*E5	=D5*E5	=D5*F5	=C5*F5
6	丙	个	280	350	50	55	=C6*E6	=D6*E6	=D6*F6	=C6*F6
7	合计	-	-	-	-	-	=SUM(G4:G6)	=SUM(H4:H6)	=SUM(I4:I6)	=SUM(J4:J6)
8										
9	拉氏销售量指数:		=H7/G7*100							
10	销售量变动对销售额的影响数额:			=H7-G7						
11										
12	拉氏价格指数:		=J7/G7*100							
13	价格变动对销售额的影响数额:			=J7-G7						
14										
15	派氏销售量指数:		=I7/J7*100							
16	销售量变动对销售额的影响数额:			=I7-J7						
17										
18	派氏价格指数:		=I7/H7*100							
19	价格变动对销售额的影响数额:			=I7-H7						
20										

图 12.83　拉氏综合指数计算结果

（二）派氏综合指数的计算

1. 计算销售额

在 G4：J7 单元格区域分别输入计算公式，计算实际和假定的销售额，如图 12.84 所示。

2. 计算派氏物量指数

根据派氏物量指数公式 $P_q = \dfrac{\sum q_1 p_1}{\sum q_0 p_1}$，在 C15 单元格输入公式 "＝H7/G7 ∗

100"。销售量变动对销售额的影响为 $\sum q_1 p_1 - \sum q_0 p_1$，在 D16 单元格输

入公式 "＝H7－G7"。

3. 计算派氏物价指数

根据派氏物价指数公式 $P_p = \dfrac{\sum p_1 q_1}{\sum p_0 q_1}$，在 C18 单元格输入公式 "＝J7/G7 ∗

100"。销售价格变动对销售额的影响为 $\sum p_1 q_1 - \sum p_0 q_1$，在 D19 单元格

输入公式 "＝J7－G7"。

计算结果如图 12.84。

	A	B	C	D	E	F	G	H	I	J	K	L
	商品	计量	商品销售量		商品销售价格（元）		商品销售额（元）					
1												
2	名称	单位	基期	报告期	基期	报告期	基期	假定	报告期	假定		
3			Q0	Q1	P0	P1	Q0P0	Q1P0	Q1P1	Q0P1		
4	甲	台	120	150	850	900	102000	127500	135000	108000		
5	乙	件	220	280	450	460	99000	126000	128800	101200		
6	丙	个	280	350	50	55	14000	17500	19250	15400		
7	合计	-	-	-	-	-	215000	271000	283050	224600		
8												
9	拉氏销售量指数:		126.04651									
10	销售量变动对销售额的影响数额:			56000								
11												
12	拉氏价格指数:		104.46512									
13	价格变动对销售额的影响数额:			9600								
14												
15	派氏销售量指数:		126.02404									
16	销售量变动对销售额的影响数额:			58450								
17												
18	派氏价格指数:		104.44649									
19	价格变动对销售额的影响数额:			12050								

图 12.84　派氏综合指数的计算结果

附 表

■　　■　　■　　■　　■

附表 1　二项分布临界值表

在 $p=q=\dfrac{1}{2}$ 下，x 或 $n-x$（不论何者为大）的临界值

n	单侧检验(α)		双侧检验(α)	
	0.05	0.01	0.05	0.01
5	5	—	—	—
6	6	—	6	—
7	7	7	7	—
8	7	8	8	—
9	8	9	8	9
10	9	10	9	10
11	9	10	10	11
12	10	11	10	11
13	10	12	11	12
14	11	12	12	13
15	12	13	12	13
16	12	14	13	14
17	13	14	13	15
18	13	15	14	15
19	14	15	15	16
20	15	16	15	17
21	15	17	16	17
22	16	17	17	18
23	16	18	17	19
24	17	19	18	19
25	18	19	18	20
26	18	20	19	20
27	19	20	20	21
28	19	21	20	22
29	20	22	21	22
30	20	22	21	23

附表 2　正态分布概率表

$$F(Z)=P(|x-\bar{x}|/\sigma<z)$$

Z	$F(Z)$	Z	$F(Z)$	Z	$F(Z)$	Z	$F(Z)$
0.00	0.0000	0.35	0.2737	0.70	0.5161	1.05	0.7063
0.01	0.0080	0.36	0.2812	0.71	0.5223	1.06	0.7109
0.02	0.0160	0.37	0.2886	0.72	0.5285	1.07	0.7154
0.03	0.0239	0.38	0.2961	0.73	0.5346	1.08	0.7199
0.04	0.0319	0.39	0.3035	0.74	0.5407	1.09	0.7243
0.05	0.0399	0.40	0.3108	0.75	0.5467	1.10	0.7287
0.06	0.0478	0.41	0.3182	0.76	0.5527	1.11	0.7330
0.07	0.0558	0.42	0.3255	0.77	0.5587	1.12	0.7373
0.08	0.0638	0.43	0.3328	0.78	0.5646	1.13	0.7415
0.09	0.0717	0.44	0.3401	0.79	0.5705	1.14	0.7457
0.10	0.0797	0.45	0.3473	0.80	0.5763	1.15	0.7499
0.11	0.0876	0.46	0.3545	0.81	0.5821	1.16	0.7540
0.12	0.0955	0.47	0.3616	0.82	0.5878	1.17	0.7580
0.13	0.1034	0.48	0.3688	0.83	0.5935	1.18	0.7620
0.14	0.1113	0.49	0.3759	0.84	0.5991	1.19	0.7660
0.15	0.1192	0.50	0.3829	0.85	0.6047	1.20	0.7699
0.16	0.1271	0.51	0.3899	0.86	0.6102	1.21	0.7737
0.17	0.1350	0.52	0.3969	0.87	0.6157	1.22	0.7775
0.18	0.1428	0.53	0.4039	0.88	0.6211	1.23	0.7813
0.19	0.1507	0.54	0.4108	0.89	0.6265	1.24	0.7850
0.20	0.1585	0.55	0.4177	0.90	0.6319	1.25	0.7887
0.21	0.1663	0.56	0.4245	0.91	0.6372	1.26	0.7923
0.22	0.1741	0.57	0.4313	0.92	0.6424	1.27	0.7959
0.23	0.1819	0.58	0.4381	0.93	0.6476	1.28	0.7995
0.24	0.1897	0.59	0.4448	0.94	0.6528	1.29	0.8030
0.25	0.1974	0.60	0.4515	0.95	0.6579	1.30	0.8064
0.26	0.2051	0.61	0.4581	0.96	0.6629	1.31	0.8098
0.27	0.2128	0.62	0.4647	0.97	0.6680	1.32	0.8132
0.28	0.2205	0.63	0.4713	0.98	0.6729	1.33	0.8165
0.29	0.2282	0.64	0.4778	0.99	0.6778	1.34	0.8198
0.30	0.2358	0.65	0.4843	1.00	0.6827	1.35	0.8230
0.31	0.2434	0.66	0.4907	1.01	0.6875	1.36	0.8262
0.32	0.2510	0.67	0.4971	1.02	0.6923	1.37	0.8293
0.33	0.2586	0.68	0.5035	1.03	0.6970	1.38	0.8324
0.34	0.2661	0.69	0.5098	1.04	0.7017	1.39	0.8355

续表

Z	$F(Z)$	Z	$F(Z)$	Z	$F(Z)$	Z	$F(Z)$
1.40	0.8385	1.75	0.9199	2.20	0.9722	2.90	0.9962
1.41	0.8415	1.76	0.9216	2.22	0.9736	2.92	0.9965
1.42	0.8444	1.77	0.9233	2.24	0.9749	2.94	0.9967
1.43	0.8473	1.78	0.9249	2.26	0.9762	2.96	0.9969
1.44	0.8501	1.79	0.9265	2.28	0.9774	2.98	0.9971
1.45	0.8529	1.80	0.9281	2.30	0.9786	3.00	0.9973
1.46	0.8557	1.81	0.9297	2.32	0.9797	3.20	0.9986
1.47	0.8584	1.82	0.9312	2.34	0.9807	3.40	0.9993
1.48	0.8611	1.83	0.9328	2.36	0.9817	3.60	0.99968
1.49	0.8638	1.84	0.9342	2.38	0.9827	3.80	0.99986
1.50	0.8664	1.85	0.9357	2.40	0.9836	4.00	0.99994
1.51	0.8690	1.86	0.9371	2.42	0.9845	4.50	0.999994
1.52	0.8715	1.87	0.9385	2.44	0.9853	5.00	0.999999
1.53	0.8740	1.88	0.9399	2.46	0.9861		
1.54	0.8764	1.89	0.9412	2.48	0.9869		
1.55	0.8789	1.90	0.9426	2.50	0.9876		
1.56	0.8812	1.91	0.9439	2.52	0.9883		
1.57	0.8836	1.92	0.9451	2.54	0.9889		
1.58	0.8859	1.93	0.9464	2.56	0.9895		
1.59	0.8882	1.94	0.9476	2.58	0.9901		
1.60	0.8904	1.95	0.9488	2.60	0.9907		
1.61	0.8926	1.96	0.9500	2.62	0.9912		
1.62	0.8948	1.97	0.9512	2.64	0.9917		
1.63	0.8969	1.98	0.9523	2.66	0.9922		
1.64	0.8990	1.99	0.9534	2.68	0.9926		
1.65	0.9011	2.00	0.9545	2.70	0.9931		
1.66	0.9031	2.02	0.9566	2.72	0.9935		
1.67	0.9051	2.04	0.9587	2.74	0.9939		
1.68	0.9070	2.06	0.9606	2.76	0.9942		
1.69	0.9090	2.08	0.9625	2.78	0.9946		
1.70	0.9109	2.10	0.9643	2.80	0.9949		
1.71	0.9127	2.12	0.9660	2.82	0.9952		
1.72	0.9146	2.14	0.9676	2.84	0.9955		
1.73	0.9164	2.16	0.9692	2.86	0.9958		
1.74	0.9181	2.18	0.9707	2.88	0.9960		

附表 3 t 分布临界值表

$$P[|t(v)|>t_a(v)]=\alpha$$

单侧	$\alpha=0.10$	0.05	0.025	0.01	0.005
双侧	$\alpha=0.20$	0.10	0.05	0.02	0.01
$v=1$	3.078	6.314	12.706	31.821	63.657
2	1.886	2.920	4.303	6.965	9.925
3	1.638	2.353	3.182	4.541	5.841
4	1.533	2.132	2.776	3.747	4.604
5	1.476	2.015	2.571	3.365	4.032
6	1.440	1.943	2.447	3.143	3.707
7	1.415	1.895	2.365	2.998	3.499
8	1.397	1.860	2.306	2.896	2.355
9	1.383	1.833	2.262	2.821	3.250
10	1.372	1.812	2.228	2.764	3.169
11	1.363	1.796	2.201	2.718	3.106
12	1.356	1.782	2.179	2.681	3.055
13	1.350	1.771	2.160	2.650	3.012
14	1.345	1.761	2.145	2.624	2.977
15	1.341	1.753	2.131	2.602	2.947
16	1.337	1.746	2.120	2.583	2.921
17	1.333	1.740	2.110	2.567	2.898
18	1.330	1.734	2.101	2.552	2.878
19	1.328	1.729	2.093	2.539	2.861
20	1.325	1.725	2.086	2.528	2.845
21	1.323	1.721	2.080	2.518	2.831
22	1.321	1.717	2.074	2.508	2.819
23	1.319	1.714	2.069	2.500	2.807
24	1.318	1.711	2.064	2.492	2.797
25	1.316	1.708	2.060	2.485	2.787
26	1.315	1.706	2.056	2.479	2.779
27	1.314	1.703	2.052	2.473	2.771
28	1.313	1.701	2.048	2.467	2.763
29	1.311	1.699	2.045	2.462	2.756
30	1.310	1.697	2.042	2.457	2.750
40	1.303	1.684	2.021	2.423	2.704
50	1.299	1.676	2.009	2.403	2.678
60	1.296	1.671	2.000	2.390	2.660
70	1.294	1.667	1.994	2.381	2.648
80	1.292	1.664	1.990	2.374	2.639
90	1.291	1.662	1.987	2.368	2.632
100	1.290	1.660	1.984	2.364	2.626
125	1.288	1.657	1.979	2.357	2.616
150	1.287	1.655	1.976	2.351	2.609
200	1.286	1.653	1.972	2.345	2.601
∞	1.282	1.645	1.960	2.326	2.576

附表 4 χ^2 分布临界值表

$$P[\chi^2(v) > \chi_\alpha^2(v)] = \alpha$$

v	显著性水平（α）												
	0.995	0.99	0.975	0.95	0.9	0.8	0.5	0.2	0.1	0.05	0.025	0.01	0.005
1	0.0000	0.0002	0.0010	0.0039	0.0158	0.0642	0.4549	1.6424	2.7055	3.8415	5.0239	6.6349	7.8794
2	0.0100	0.0201	0.0506	0.1026	0.2107	0.4463	1.3863	3.2189	4.6052	5.9915	7.3778	9.2103	10.5966
3	0.0717	0.1148	0.2158	0.3518	0.5844	1.0052	2.3660	4.6416	6.2514	7.8147	9.3484	11.3449	12.8382
4	0.2070	0.2971	0.4844	0.7107	1.0636	1.6488	3.3567	5.9886	7.7794	9.4877	11.1433	13.2767	14.8603
5	0.4117	0.5543	0.8312	1.1455	1.6103	2.3425	4.3515	7.2893	9.2364	11.0705	12.8325	15.0863	16.7496
6	0.6757	0.8721	1.2373	1.6354	2.2041	3.0701	5.3481	8.5581	10.6446	12.5916	14.4494	16.8119	18.5476
7	0.9893	1.2390	1.6899	2.1673	2.8331	3.8223	6.3458	9.8032	12.0170	14.0671	16.0128	18.4753	20.2777
8	1.3444	1.6465	2.1797	2.7326	3.4895	4.5936	7.3441	11.0301	13.3616	15.5073	17.5345	20.0902	21.9550
9	1.7349	2.0879	2.7004	3.3251	4.1682	5.3801	8.3428	12.2421	14.6837	16.9190	19.0228	21.6660	23.5894
10	2.1559	2.5582	3.2470	3.9403	4.8652	6.1791	9.3418	13.4420	15.9872	18.3070	20.4832	23.2093	25.1882
11	2.6032	3.0535	3.8157	4.5748	5.5778	6.9887	10.3410	14.6314	17.2750	19.6751	21.9200	24.7250	26.7568
12	3.0738	3.5706	4.4038	5.2260	6.3038	7.8073	11.3403	15.8120	18.5493	21.0261	23.3367	26.2170	28.2995
13	3.5650	4.1069	5.0088	5.8919	7.0415	8.6339	12.3398	16.9848	19.8119	22.3620	24.7356	27.6882	29.8195
14	4.0747	4.6604	5.6287	6.5706	7.7895	9.4673	13.3393	18.1508	21.0641	23.6848	26.1189	29.1412	31.3193
15	4.6009	5.2293	6.2621	7.2609	8.5468	10.3070	14.3389	19.3107	22.3071	24.9958	27.4884	30.5779	32.8013
16	5.1422	5.8122	6.9077	7.9616	9.3122	11.1521	15.3385	20.4651	23.5418	26.2962	28.8454	31.9999	34.2672
17	5.6972	6.4078	7.5642	8.6718	10.0852	12.0023	16.3382	21.6146	24.7690	27.5871	30.1910	33.4087	35.7185
18	6.2648	7.0149	8.2307	9.3905	10.8649	12.8570	17.3379	22.7595	25.9894	28.8693	31.5264	34.8053	37.1565
19	6.8440	7.6327	8.9065	10.1170	11.6509	13.7158	18.3377	23.9004	27.2036	30.1435	32.8523	36.1909	38.5823
20	7.4338	8.2604	9.5908	10.8508	12.4426	14.5784	19.3374	25.0375	28.4120	31.4104	34.1696	37.5662	39.9968
21	8.0337	8.8972	10.2829	11.5913	13.2396	15.4446	20.3372	26.1711	29.6151	32.6706	35.4789	38.9322	41.4011
22	8.6427	9.5425	10.9823	12.3380	14.0415	16.3140	21.3370	27.3015	30.8133	33.9244	36.7807	40.2894	42.7957
23	9.2604	10.1957	11.6886	13.0905	14.8480	17.1865	22.3369	28.4288	32.0069	35.1725	38.0756	41.6384	44.1813
24	9.8862	10.8564	12.4012	13.8484	15.6587	18.0618	23.3367	29.5533	33.1962	36.4150	39.3641	42.9798	45.5585
25	10.5197	11.5240	13.1197	14.6114	16.4734	18.9398	24.3366	30.6752	34.3816	37.6525	40.6465	44.3141	46.9279
26	11.1602	12.1981	13.8439	15.3792	17.2919	19.8202	25.3365	31.7946	35.5632	38.8851	41.9232	45.6417	48.2899
27	11.8076	12.8785	14.5734	16.1514	18.1139	20.7030	26.3363	32.9117	36.7412	40.1133	43.1945	46.9629	49.6449
28	12.4613	13.5647	15.3079	16.9279	18.9392	21.5880	27.3362	34.0266	37.9159	41.3371	44.4608	48.2782	50.9934
29	13.1211	14.2565	16.0471	17.7084	19.7677	22.4751	28.3361	35.1394	39.0875	42.5570	45.7223	49.5879	52.3356
30	13.7867	14.9535	16.7908	18.4927	20.5992	23.3641	29.3360	36.2502	40.2560	43.7730	46.9792	50.8922	53.6720

附表 5 F 分布临界值表($\alpha=0.05$)

$$P[F(v_1,v_2)>F_\alpha(v_1,v_2)]=\alpha$$

v_2 \\ v_1	1	2	3	4	5	6	8	10	15
1	161.4	199.5	215.7	224.6	230.2	234.0	238.9	241.9	245.9
2	18.51	19.00	19.16	19.25	19.30	19.33	19.37	19.40	19.43
3	10.13	9.55	9.28	9.12	9.01	8.94	8.85	8.79	8.70
4	7.71	6.94	6.59	6.39	6.26	6.16	6.04	5.96	5.86
5	6.61	5.79	5.41	5.19	5.05	4.95	4.82	4.74	4.62
6	5.99	5.14	4.76	4.53	4.39	4.28	4.15	4.06	3.94
7	5.59	4.74	4.35	4.12	3.97	3.87	3.73	3.64	3.51
8	5.32	4.46	4.07	3.84	3.69	3.58	3.44	3.35	3.22
9	5.12	4.26	3.86	3.63	3.48	3.37	3.23	3.14	3.01
10	4.96	4.10	3.71	3.48	3.33	3.22	3.07	2.98	2.85
11	4.84	3.98	3.59	3.36	3.20	3.09	2.95	2.85	2.72
12	4.75	3.89	3.49	3.26	3.11	3.00	2.85	2.75	2.62
13	4.67	3.81	3.41	3.18	3.03	2.92	2.77	2.67	2.53
14	4.60	3.74	3.34	3.11	2.96	2.85	2.70	2.60	2.46
15	4.54	3.68	3.29	3.06	2.90	2.79	2.64	2.54	2.40
16	4.49	3.63	3.24	3.01	2.85	2.74	2.59	2.49	2.35
17	4.45	3.59	3.20	2.96	2.81	2.70	2.55	2.45	2.31
18	4.41	3.55	3.16	2.93	2.77	2.66	2.51	2.41	2.27
19	4.38	3.52	3.13	2.90	2.74	2.63	2.48	2.38	2.23
20	4.35	3.49	3.10	2.87	2.71	2.60	2.45	2.35	2.20
21	4.32	3.47	3.07	2.84	2.68	2.57	2.42	2.32	2.18
22	4.30	3.44	3.05	2.82	2.66	2.55	2.40	2.30	2.15
23	4.28	3.42	3.03	2.80	2.64	2.53	2.37	2.27	2.13
24	4.26	3.40	3.01	2.78	2.62	2.51	2.36	2.25	2.11
25	4.24	3.39	2.99	2.76	2.60	2.49	2.34	2.24	2.09
26	4.23	3.37	2.98	2.74	2.59	2.47	2.32	2.22	2.07
27	4.21	3.35	2.96	2.73	2.57	2.46	2.31	2.20	2.06
28	4.20	3.34	2.95	2.71	2.56	2.45	2.29	2.19	2.04
29	4.18	3.33	2.93	2.70	2.55	2.43	2.28	2.18	2.03
30	4.17	3.32	2.92	2.69	2.53	2.42	2.27	2.16	2.01
40	4.08	3.23	2.84	2.61	2.45	2.34	2.18	2.08	1.92
50	4.03	3.18	2.79	2.56	2.40	2.29	2.13	2.03	1.87
60	4.00	3.15	2.76	2.53	2.37	2.25	2.10	1.99	1.84
70	3.98	3.13	2.74	2.50	2.35	2.23	2.07	1.97	1.81
80	3.96	3.11	2.72	2.49	2.33	2.21	2.06	1.95	1.79
90	3.95	3.10	2.71	2.47	2.32	2.20	2.04	1.94	1.78
100	3.94	3.09	2.70	2.46	2.31	2.19	2.03	1.93	1.77
125	3.92	3.07	2.68	2.44	2.29	2.17	2.01	1.91	1.75
150	3.90	3.06	2.66	2.43	2.27	2.16	2.00	1.89	1.73
200	3.89	3.04	2.65	2.42	2.26	2.14	1.98	1.88	1.72
∞	3.84	3.00	2.60	2.37	2.21	2.10	1.94	1.83	1.67

续表

v_1 / v_2	1	2	3	4	5	6	8	10	15
1	4052	4999	5403	5625	5764	5859	5981	6065	6157
2	98.50	99.00	99.17	99.25	99.30	99.33	99.37	99.40	99.43
3	34.12	30.82	29.46	28.71	28.24	27.91	27.49	27.23	26.87
4	21.20	18.00	16.69	15.98	15.52	15.21	14.80	14.55	14.20
5	16.26	13.27	12.06	11.39	10.97	10.67	10.29	10.05	9.72
6	13.75	10.92	9.78	9.15	8.75	8.47	8.10	7.87	7.56
7	12.25	9.55	8.45	7.85	7.46	7.19	6.84	6.62	6.31
8	11.26	8.65	7.59	7.01	6.63	6.37	6.03	5.81	5.52
9	10.56	8.02	6.99	6.42	6.06	5.80	5.47	5.26	4.96
10	10.04	7.56	6.55	5.99	5.64	5.39	5.06	4.85	4.56
11	9.65	7.21	6.22	5.67	5.32	5.07	4.74	4.54	4.25
12	9.33	6.93	5.95	5.41	5.06	4.82	4.50	4.30	4.01
13	9.07	6.70	5.74	5.21	4.86	4.62	4.30	4.10	3.82
14	8.86	6.51	5.56	5.04	4.69	4.46	4.14	3.94	3.66
15	8.86	6.36	5.42	4.89	4.56	4.32	4.00	3.80	3.52
16	8.53	6.23	5.29	4.77	4.44	4.20	3.89	3.69	3.41
17	8.40	6.11	5.19	4.67	4.34	4.10	3.79	3.59	3.31
18	8.29	6.01	5.09	4.58	4.25	4.01	3.71	3.51	3.23
19	8.18	5.93	5.01	4.50	4.17	3.94	3.63	3.43	3.15
20	8.10	5.85	4.94	4.43	4.10	3.87	3.56	3.37	3.09
21	8.02	5.78	4.87	4.37	4.04	3.81	3.51	3.31	3.03
22	7.95	5.72	4.82	4.31	3.99	3.76	3.45	3.26	2.98
23	7.88	5.66	4.76	4.26	3.94	3.71	3.41	3.21	2.93
24	7.82	5.61	4.72	4.22	3.90	3.67	3.36	3.17	2.89
25	7.77	5.57	4.68	4.18	3.85	3.63	3.32	3.13	2.85
26	7.72	5.53	4.64	1.14	3.82	3.59	3.29	3.09	2.81
27	7.68	5.49	4.60	4.11	3.78	3.56	3.26	3.06	2.78
28	7.64	5.45	4.57	4.07	3.75	3.53	3.23	3.03	2.75
29	7.60	5.42	4.54	4.04	3.73	3.50	3.20	3.00	2.73
30	7.56	5.39	4.51	4.02	3.70	3.47	3.17	2.98	2.70
40	7.31	5.18	4.31	3.83	3.51	3.29	2.99	2.80	2.52
50	7.17	5.06	4.20	3.72	3.41	3.19	2.89	2.70	2.42
60	7.08	4.98	4.13	3.65	3.34	3.12	2.82	2.63	2.35
70	7.01	4.92	4.07	3.60	3.29	3.07	2.78	2.59	2.31
80	6.96	4.88	4.04	3.56	3.26	3.04	2.74	2.55	2.27
90	6.93	4.85	4.01	3.53	3.23	3.01	2.72	2.52	2.42
100	6.90	4.82	3.98	3.51	3.21	2.99	2.69	2.50	2.22
125	6.84	4.78	3.94	3.47	3.17	2.95	2.66	2.47	2.19
150	6.81	4.75	3.91	3.45	3.14	2.92	2.63	2.44	2.16
200	6.76	4.71	3.88	3.41	3.11	2.89	2.60	2.41	2.13
∞	6.63	4.61	3.78	3.32	3.02	2.80	2.51	2.23	2.04

附表 6　秩和检验表

表中列出了秩和下限 $T_1(\alpha)$ 及秩和上限 $T_2(\alpha)$ 的值

$\alpha=0.05$								$\alpha=0.025$							
n_1	n_2	$T_1(\alpha)$	$T_2(\alpha)$	n_1	n_2	$T_1(\alpha)$	$T_2(\alpha)$	n_1	n_2	$T_1(\alpha)$	$T_2(\alpha)$	n_1	n_2	$T_1(\alpha)$	$T_2(\alpha)$
2	4	3	11	5	5	19	36	2	6	3	15	5	6	19	41
2	5	3	13	5	6	20	40	2	7	3	17	5	7	20	45
2	6	4	14	5	7	22	43	2	8	3	19	5	8	21	49
2	7	4	16	5	8	23	47	2	9	3	21	5	9	22	53
2	8	4	18	5	9	25	50	2	10	4	22	5	10	24	56
2	9	4	20	5	10	26	54	3	4	6	18	6	6	26	52
2	10	5	21	6	6	28	50	3	5	6	21	6	7	28	56
3	3	6	15	6	7	30	54	3	6	7	23	6	8	29	61
3	4	7	17	6	8	32	58	3	7	8	25	6	9	31	65
3	5	7	20	6	9	33	63	3	8	8	28	6	10	33	69
3	6	8	22	6	10	35	67	3	9	9	30	7	7	37	68
3	7	9	24	7	7	39	66	3	10	9	33	7	8	39	73
3	8	9	27	7	8	41	71	4	4	11	25	7	10	43	83
3	9	10	29	7	9	43	76	4	5	12	28	8	8	49	87
3	10	11	31	7	10	46	80	4	6	12	32	8	9	51	93
4	4	12	24	8	8	52	84	4	7	13	35	8	10	54	98
4	5	13	27	8	9	54	90	4	8	14	38	9	9	63	108
4	6	14	30	8	10	57	95	4	9	15	41	9	10	66	114
4	7	15	33	9	9	66	105	4	10	16	44	10	10	79	131
4	8	16	36	9	10	69	111	5	5	18	37				
4	9	17	39	10	10	93	127								
4	10	18	42												

附表 7 游程检验 R 临界值表

表中对应于 n_1 与 n_2 的有两行数值。若 R 等于小于上行数值,或等于大于下行数值,则在 $\alpha=0.025$(单侧检验)或 $\alpha=0.05$(双侧检验)水平上判定序列为非随机的。

n_1 \ n_2	2	3	4	5	6	7	8	9	10	11	12	13	14	15	16	17	18	19	20
2											2	2	2	2	2	2	2	2	2
3			2	2	2	2	2	2	2	2	2	2	3	3	3	3	3	3	3
4			2	2	2	3	3	3	3	3	3	3	3	4	4	4	4	4	4
			9	9															
5		2	2	3	3	3	3	3	4	4	4	4	4	4	4	5	5	5	5
			9	10	10	11	11												
6		2	2	3	3	3	4	4	4	4	5	5	5	5	5	5	5	6	6
			9	10	11	12	12	13	13	13	13								
7		2	2	3	3	4	4	5	5	5	5	5	6	6	6	6	6	6	6
				11	12	13	13	14	14	14	14	15	15	15					
8		2	3	3	3	4	4	5	5	5	6	6	6	6	6	7	7	7	7
				11	12	13	14	14	15	15	16	16	16	16	17	17	17	17	17
9		2	3	3	4	4	5	5	5	6	6	6	7	7	7	7	8	8	8
					13	14	14	15	16	16	16	17	17	18	18	18	18	18	18
10		2	3	3	4	5	5	5	6	6	7	7	7	7	8	8	8	8	9
					13	14	15	16	16	17	17	18	18	18	19	19	19	20	20
11		2	3	4	4	5	5	6	6	7	7	7	8	8	8	9	9	9	9
					13	14	15	16	17	17	18	19	19	19	20	20	20	21	21
12	2	2	3	4	4	5	6	6	7	7	7	8	8	8	9	9	9	10	10
					13	14	16	16	17	18	19	19	20	20	21	21	21	22	22
13	2	2	3	4	5	5	6	6	7	7	8	8	9	9	9	10	10	10	10
						15	16	17	18	19	19	20	20	21	21	22	22	23	23
14	2	2	3	4	5	5	6	7	7	8	8	9	9	9	10	10	10	11	11
						15	16	17	18	19	20	20	21	22	22	23	23	23	24
15	2	3	3	4	5	6	6	7	7	8	8	9	9	10	10	11	11	11	12
						15	16	17	18	19	19	20	20	21	21	22	22	23	23
16	2	3	4	4	5	6	6	7	8	8	9	9	10	10	11	11	11	12	12
							17	18	19	20	21	21	22	23	23	24	25	25	25
17	2	3	4	4	5	6	7	7	8	9	9	10	10	11	11	11	12	12	13
							17	18	19	20	21	22	23	23	24	25	25	26	26
18	2	3	4	5	5	6	7	8	8	9	9	10	10	11	11	12	12	13	13
							17	18	19	20	21	22	23	24	25	25	26	26	27
19	2	3	4	5	6	6	7	8	8	9	10	10	11	11	12	12	13	13	13
							17	18	20	21	22	23	23	24	25	26	26	27	27
20	2	3	4	5	6	6	7	8	9	9	10	10	11	12	12	13	13	13	14
							17	18	20	21	22	23	24	25	25	26	27	27	28

附表8 相关系数检验临界值表

自由度	显著性水平（α）			自由度	显著性水平（α）		
$n-m-1$	0.10	0.05	0.01	$n-m-1$	0.10	0.05	0.01
1	0.98769	0.99692	0.99988	201	0.01823	0.01091	0.00288
2	0.90000	0.95000	0.99000	202	0.05068	0.04332	0.02581
3	0.80538	0.87834	0.95874	203	0.06874	0.06615	0.05189
4	0.72930	0.81140	0.91720	204	0.07915	0.08069	0.07253
5	0.66944	0.75449	0.87453	205	0.08573	0.09038	0.08807
6	0.62149	0.70673	0.83434	206	0.09019	0.09718	0.09986
7	0.58221	0.66638	0.79768	207	0.09337	0.10217	0.10898
8	0.54936	0.63190	0.76459	208	0.09573	0.10595	0.11618
9	0.52140	0.60207	0.73479	209	0.09752	0.10888	0.12197
10	0.49726	0.57598	0.70789	210	0.09891	0.11120	0.12670
11	0.47616	0.55294	0.68353	211	0.10001	0.11307	0.13062
12	0.45750	0.53241	0.66138	212	0.10089	0.11460	0.13390
13	0.44086	0.51398	0.64114	213	0.10160	0.11586	0.13667
14	0.42590	0.49731	0.62259	214	0.10217	0.11690	0.13903
15	0.41236	0.48215	0.60551	215	0.10264	0.11777	0.14106
16	0.40003	0.46828	0.58971	216	0.10302	0.11850	0.14281
17	0.38873	0.45553	0.57507	217	0.10332	0.11911	0.14432
18	0.37834	0.44376	0.56144	218	0.10356	0.11962	0.14564
19	0.36874	0.43286	0.54871	219	0.10376	0.12006	0.14679
20	0.35983	0.42271	0.53680	220	0.10391	0.12042	0.14780
21	0.35153	0.41325	0.52562	221	0.10402	0.12072	0.14869
22	0.34378	0.40439	0.51510	222	0.10410	0.12097	0.14946
23	0.33652	0.39607	0.50518	223	0.10416	0.12117	0.15015
24	0.32970	0.38824	0.49581	224	0.10419	0.12134	0.15075
25	0.32328	0.38086	0.48693	225	0.10420	0.12147	0.15127
26	0.31722	0.37389	0.47851	226	0.10419	0.12157	0.15173
27	0.31149	0.36728	0.47051	227	0.10417	0.12164	0.15214
28	0.30606	0.36101	0.46289	228	0.10413	0.12169	0.15249
29	0.30090	0.35505	0.45563	229	0.10408	0.12172	0.15279
30	0.29599	0.34937	0.44870	230	0.10402	0.12173	0.15306
31	0.29132	0.34396	0.44207	231	0.10395	0.12173	0.15328
32	0.28686	0.33879	0.43573	232	0.10387	0.12170	0.15348
33	0.28259	0.33384	0.42965	233	0.10378	0.12167	0.15364

续表

自由度	显著性水平(α)			自由度	显著性水平(α)		
$n-m-1$	0.10	0.05	0.01	$n-m-1$	0.10	0.05	0.01
34	0.27852	0.32911	0.42381	234	0.10368	0.12162	0.15377
35	0.27461	0.32457	0.41821	235	0.10358	0.12156	0.15388
36	0.27086	0.32022	0.41282	236	0.10347	0.12149	0.15396
37	0.26727	0.31603	0.40764	237	0.10336	0.12141	0.15403
38	0.26381	0.31201	0.40264	238	0.10324	0.12132	0.15407
39	0.26048	0.30813	0.39782	239	0.10312	0.12122	0.15409
40	0.25728	0.30440	0.39317	240	0.10300	0.12112	0.15410
41	0.25419	0.30079	0.38868	241	0.10287	0.12101	0.15410
42	0.25121	0.29732	0.38434	242	0.10274	0.12090	0.15408
43	0.24833	0.29396	0.38014	243	0.10260	0.12078	0.15404
44	0.24555	0.29071	0.37608	244	0.10247	0.12065	0.15400
45	0.24286	0.28756	0.37214	245	0.10233	0.12052	0.15394
46	0.24026	0.28452	0.36833	246	0.10219	0.12039	0.15388
47	0.23773	0.28157	0.36462	247	0.10204	0.12025	0.15380
48	0.23529	0.27871	0.36103	248	0.10190	0.12011	0.15372
49	0.23292	0.27594	0.35754	249	0.10175	0.11997	0.15362
50	0.23062	0.27324	0.35415	250	0.10160	0.11982	0.15352
51	0.22839	0.27063	0.35086	251	0.10145	0.11967	0.15342
52	0.22622	0.26809	0.34765	252	0.10130	0.11952	0.15330
53	0.22411	0.26561	0.34453	253	0.10115	0.11937	0.15318
54	0.22206	0.26321	0.34150	254	0.10100	0.11921	0.15306
55	0.22006	0.26087	0.33854	255	0.10085	0.11905	0.15292
56	0.21812	0.25859	0.33566	256	0.10069	0.11889	0.15279
57	0.21623	0.25637	0.33284	257	0.10054	0.11873	0.15265
58	0.21438	0.25420	0.33010	258	0.10038	0.11857	0.15250
59	0.21258	0.25209	0.32743	259	0.10023	0.11841	0.15235
60	0.21083	0.25003	0.32482	260	0.10007	0.11824	0.15220
61	0.20912	0.24803	0.32227	261	0.09992	0.11808	0.15204
62	0.20745	0.24606	0.31978	262	0.09976	0.11791	0.15189
63	0.20582	0.24415	0.31735	263	0.09961	0.11774	0.15172
64	0.20423	0.24228	0.31497	264	0.09945	0.11757	0.15156
65	0.20267	0.24045	0.31264	265	0.09929	0.11740	0.15139
66	0.20115	0.23866	0.31036	266	0.09914	0.11723	0.15122

续表

自由度	显著性水平（α）			自由度	显著性水平（α）		
$n-m-1$	0.10	0.05	0.01	$n-m-1$	0.10	0.05	0.01
67	0.19967	0.23691	0.30814	267	0.09898	0.11706	0.15105
68	0.19821	0.23520	0.30596	268	0.09882	0.11689	0.15087
69	0.19679	0.23352	0.30382	269	0.09867	0.11672	0.15070
70	0.19539	0.23188	0.30173	270	0.09851	0.11655	0.15052
71	0.19403	0.23028	0.29969	271	0.09836	0.11638	0.15034
72	0.19269	0.22871	0.29768	272	0.09820	0.11621	0.15016
73	0.19139	0.22716	0.29571	273	0.09804	0.11604	0.14997
74	0.19010	0.22565	0.29379	274	0.09789	0.11586	0.14979
75	0.18885	0.22417	0.29189	275	0.09773	0.11569	0.14960
76	0.18761	0.22272	0.29004	276	0.09758	0.11552	0.14941
77	0.18641	0.22130	0.28822	277	0.09742	0.11535	0.14923
78	0.18522	0.21990	0.28643	278	0.09727	0.11517	0.14904
79	0.18406	0.21853	0.28468	279	0.09711	0.11500	0.14885
80	0.18292	0.21718	0.28296	280	0.09696	0.11483	0.14866
81	0.18180	0.21586	0.28127	281	0.09681	0.11466	0.14847
82	0.18070	0.21457	0.27961	282	0.09665	0.11449	0.14827
83	0.17961	0.21329	0.27797	283	0.09650	0.11432	0.14808
84	0.17855	0.21204	0.27637	284	0.09635	0.11414	0.14789
85	0.17751	0.21081	0.27479	285	0.09620	0.11397	0.14769
86	0.17649	0.20960	0.27324	286	0.09605	0.11380	0.14750
87	0.17548	0.20841	0.27172	287	0.09590	0.11363	0.14731
88	0.17449	0.20725	0.27022	288	0.09575	0.11346	0.14711
89	0.17352	0.20610	0.26875	289	0.09559	0.11329	0.14691
90	0.17256	0.20497	0.26730	290	0.09545	0.11312	0.14672
91	0.17162	0.20386	0.26587	291	0.09530	0.11295	0.14652
92	0.17069	0.20276	0.26447	292	0.09515	0.11278	0.14633
93	0.16978	0.20169	0.26308	293	0.09500	0.11261	0.14613
94	0.16888	0.20063	0.26172	294	0.09485	0.11245	0.14594
95	0.16800	0.19958	0.26038	295	0.09470	0.11228	0.14574
96	0.16713	0.19856	0.25906	296	0.09456	0.11211	0.14554
97	0.16627	0.19755	0.25776	297	0.09441	0.11194	0.14535
98	0.16543	0.19655	0.25648	298	0.09426	0.11178	0.14515
99	0.16460	0.19557	0.25522	299	0.09412	0.11161	0.14496

续表

自由度	显著性水平(α)			自由度	显著性水平(α)		
$n-m-1$	0.10	0.05	0.01	$n-m-1$	0.10	0.05	0.01
100	0.16378	0.19460	0.25398	300	0.09397	0.11144	0.14476
101	0.16298	0.19365	0.25275	301	0.09383	0.11128	0.14456
102	0.16218	0.19271	0.25155	302	0.09368	0.11111	0.14437
103	0.16140	0.19179	0.25036	303	0.09354	0.11095	0.14417
104	0.16063	0.19088	0.24918	304	0.09340	0.11079	0.14398
105	0.15987	0.18998	0.24802	305	0.09326	0.11062	0.14378
106	0.15912	0.18909	0.24688	306	0.09311	0.11046	0.14359
107	0.15838	0.18822	0.24576	307	0.09297	0.11030	0.14339
108	0.15765	0.18736	0.24465	308	0.09283	0.11013	0.14320
109	0.15693	0.18651	0.24355	309	0.09269	0.10997	0.14300
110	0.15622	0.18567	0.24247	310	0.09255	0.10981	0.14281
111	0.15552	0.18484	0.24140	311	0.09241	0.10965	0.14262
112	0.15483	0.18402	0.24035	312	0.09227	0.10949	0.14242
113	0.15415	0.18322	0.23931	313	0.09213	0.10933	0.14223
114	0.15348	0.18242	0.23828	314	0.09200	0.10917	0.14204
115	0.15281	0.18164	0.23727	315	0.09186	0.10901	0.14185
116	0.15216	0.18086	0.23627	316	0.09172	0.10886	0.14165
117	0.15151	0.18010	0.23528	317	0.09159	0.10870	0.14146
118	0.15087	0.17934	0.23431	318	0.09145	0.10854	0.14127
119	0.15024	0.17860	0.23335	319	0.09131	0.10838	0.14108
120	0.14962	0.17786	0.23240	320	0.09118	0.10823	0.14089
121	0.14900	0.17713	0.23146	321	0.09104	0.10807	0.14070
122	0.14840	0.17641	0.23053	322	0.09091	0.10792	0.14051
123	0.14780	0.17570	0.22961	323	0.09078	0.10776	0.14032
124	0.14720	0.17500	0.22870	324	0.09064	0.10761	0.14013
125	0.14662	0.17431	0.22781	325	0.09051	0.10746	0.13995
126	0.14604	0.17362	0.22692	326	0.09038	0.10730	0.13976
127	0.14547	0.17295	0.22605	327	0.09025	0.10715	0.13957
128	0.14490	0.17228	0.22518	328	0.09012	0.10700	0.13938
129	0.14434	0.17161	0.22433	329	0.08999	0.10685	0.13920
130	0.14379	0.17096	0.22348	330	0.08986	0.10670	0.13901
131	0.14324	0.17031	0.22264	331	0.08973	0.10654	0.13883
132	0.14270	0.16967	0.22182	332	0.08960	0.10640	0.13864

自由度	显著性水平(α)			自由度	显著性水平(α)		
$n-m-1$	0.10	0.05	0.01	$n-m-1$	0.10	0.05	0.01
133	0.14217	0.16904	0.22100	333	0.08947	0.10625	0.13846
134	0.14164	0.16842	0.22019	334	0.08934	0.10610	0.13827
135	0.14112	0.16780	0.21939	335	0.08922	0.10595	0.13809
136	0.14060	0.16719	0.21860	336	0.08909	0.10580	0.13791
137	0.14009	0.16658	0.21782	337	0.08896	0.10565	0.13773
138	0.13959	0.16598	0.21704	338	0.08884	0.10551	0.13754
139	0.13909	0.16539	0.21628	339	0.08871	0.10536	0.13736
140	0.13859	0.16481	0.21552	340	0.08859	0.10522	0.13718
141	0.13810	0.16423	0.21477	341	0.08846	0.10507	0.13700
142	0.13762	0.16365	0.21402	342	0.08834	0.10493	0.13682
143	0.13714	0.16309	0.21329	343	0.08821	0.10478	0.13664
144	0.13666	0.16252	0.21256	344	0.08809	0.10464	0.13646
145	0.13620	0.16197	0.21184	345	0.08797	0.10449	0.13628
146	0.13573	0.16142	0.21113	346	0.08784	0.10435	0.13611
147	0.13527	0.16087	0.21042	347	0.08772	0.10421	0.13593
148	0.13482	0.16033	0.20973	348	0.08760	0.10407	0.13575
149	0.13437	0.15980	0.20903	349	0.08748	0.10393	0.13558
150	0.13392	0.15927	0.20835	350	0.08736	0.10379	0.13540
151	0.13348	0.15875	0.20767	351	0.08724	0.10365	0.13523
152	0.13304	0.15823	0.20700	352	0.08712	0.10351	0.13505
153	0.13261	0.15772	0.20633	353	0.08700	0.10337	0.13488
154	0.13218	0.15721	0.20568	354	0.08688	0.10323	0.13470
155	0.13175	0.15671	0.20502	355	0.08677	0.10309	0.13453
156	0.13133	0.15621	0.20438	356	0.08665	0.10295	0.13436
157	0.13092	0.15571	0.20374	357	0.08653	0.10282	0.13419
158	0.13050	0.15523	0.20310	358	0.08641	0.10268	0.13401
159	0.13009	0.15474	0.20247	359	0.08630	0.10254	0.13384
160	0.12969	0.15426	0.20185	360	0.08618	0.10241	0.13367
161	0.12929	0.15379	0.20123	361	0.08607	0.10227	0.13350
162	0.12889	0.15331	0.20062	362	0.08595	0.10214	0.13333
163	0.12850	0.15285	0.20002	363	0.08584	0.10200	0.13316
164	0.12811	0.15238	0.19942	364	0.08572	0.10187	0.13300
165	0.12772	0.15193	0.19882	365	0.08561	0.10174	0.13283
166	0.12734	0.15147	0.19823	366	0.08549	0.10160	0.13266

续表

自由度	显著性水平(α)			自由度	显著性水平(α)		
$n-m-1$	0.10	0.05	0.01	$n-m-1$	0.10	0.05	0.01
167	0.12696	0.15102	0.19765	367	0.08538	0.10147	0.13249
168	0.12658	0.15058	0.19707	368	0.08527	0.10134	0.13233
169	0.12621	0.15013	0.19650	369	0.08516	0.10121	0.13216
170	0.12584	0.14969	0.19593	370	0.08505	0.10108	0.13200
171	0.12547	0.14926	0.19536	371	0.08493	0.10095	0.13183
172	0.12511	0.14883	0.19480	372	0.08482	0.10082	0.13167
173	0.12475	0.14840	0.19425	373	0.08471	0.10069	0.13150
174	0.12439	0.14798	0.19370	374	0.08460	0.10056	0.13134
175	0.12404	0.14756	0.19315	375	0.08449	0.10043	0.13118
176	0.12368	0.14714	0.19261	376	0.08438	0.10030	0.13102
177	0.12334	0.14673	0.19208	377	0.08427	0.10017	0.13085
178	0.12299	0.14632	0.19154	378	0.08417	0.10005	0.13069
179	0.12265	0.14591	0.19102	379	0.08406	0.09992	0.13053
180	0.12231	0.14551	0.19049	380	0.08395	0.09979	0.13037
181	0.12197	0.14511	0.18998	381	0.08384	0.09967	0.13021
182	0.12164	0.14472	0.18946	382	0.08374	0.09954	0.13005
183	0.12131	0.14432	0.18895	383	0.08363	0.09942	0.12989
184	0.12098	0.14393	0.18844	384	0.08352	0.09929	0.12974
185	0.12065	0.14355	0.18794	385	0.08342	0.09917	0.12958
186	0.12033	0.14316	0.18744	386	0.08331	0.09904	0.12942
187	0.12001	0.14278	0.18695	387	0.08321	0.09892	0.12927
188	0.11969	0.14240	0.18646	388	0.08310	0.09880	0.12911
189	0.11938	0.14203	0.18597	389	0.08300	0.09867	0.12895
190	0.11906	0.14166	0.18549	390	0.08289	0.09855	0.12880
191	0.11875	0.14129	0.18501	391	0.08279	0.09843	0.12864
192	0.11844	0.14092	0.18454	392	0.08269	0.09831	0.12849
193	0.11814	0.14056	0.18406	393	0.08259	0.09819	0.12834
194	0.11783	0.14020	0.18360	394	0.08248	0.09807	0.12818
195	0.11753	0.13984	0.18313	395	0.08238	0.09795	0.12803
196	0.11723	0.13949	0.18267	396	0.08228	0.09783	0.12788
197	0.11694	0.13914	0.18221	397	0.08218	0.09771	0.12773
198	0.11664	0.13879	0.18176	398	0.08208	0.09759	0.12758
199	0.11635	0.13844	0.18131	399	0.08198	0.09747	0.12742
200	0.11606	0.13810	0.18086	400	0.08188	0.09735	0.12727

附表 9　累计法平均增长速度查对表

递增速度 间隔期：1～5 年

平均每年增长%	各年发展水平总和为基期的%				
	1 年	2 年	3 年	4 年	5 年
0.1	100.10	200.30	300.60	401.00	501.50
0.2	100.20	200.60	301.20	402.00	503.00
0.3	100.30	200.90	301.80	403.00	504.50
0.4	100.40	201.20	302.40	404.00	506.01
0.5	100.50	201.50	303.01	405.03	507.56
0.6	100.60	201.80	303.61	406.03	509.06
0.7	100.70	202.10	304.21	407.03	510.57
0.8	100.80	202.41	304.83	408.07	512.14
0.9	100.90	202.71	305.44	409.09	513.67
1.0	101.00	203.01	306.04	410.10	515.20
1.1	101.10	203.31	306.64	411.11	516.73
1.2	101.20	203.61	307.25	412.13	518.27
1.3	101.30	203.92	307.87	413.17	519.84
1.4	101.40	204.22	308.48	414.20	521.40
1.5	101.50	204.52	309.09	415.23	522.96
1.6	101.60	204.83	309.71	416.27	524.53
1.7	101.70	205.13	310.32	417.30	526.10
1.8	101.80	205.43	310.93	418.33	527.66
1.9	101.90	205.74	311.55	419.37	529.24
2.0	102.00	206.04	312.16	420.40	530.80
2.1	102.10	206.34	312.77	421.44	532.39
2.2	102.20	206.65	313.40	422.50	534.00
2.3	102.30	206.95	314.01	423.53	535.57
2.4	102.40	207.26	314.64	424.60	537.20
2.5	102.50	207.56	315.25	425.63	538.77
2.6	102.60	207.87	315.88	426.70	540.40
2.7	102.70	208.17	316.49	427.73	541.97
2.8	102.80	208.48	317.12	428.80	543.61
2.9	102.90	208.78	317.73	429.84	545.20
3.0	103.00	209.09	318.36	430.91	546.84
3.1	103.10	209.40	319.00	432.00	548.50
3.2	103.20	209.70	319.61	433.04	550.10
3.3	103.30	210.01	320.24	434.11	551.74
3.4	103.40	210.32	320.88	435.20	553.41
3.5	103.50	210.62	321.49	436.24	555.01
3.6	103.60	210.93	322.12	437.31	556.65
3.7	103.70	211.24	322.76	438.41	558.34
3.8	103.80	211.54	323.37	439.45	559.94
3.9	103.90	211.85	324.01	440.54	561.61
4.0	104.00	212.16	324.65	441.64	563.31

平均每年增长%	各年发展水平总和为基期的%				
	1 年	2 年	3 年	4 年	5 年
4.1	104.10	212.47	325.28	442.72	564.98
4.2	104.20	212.78	325.92	443.81	566.65
4.3	104.30	213.08	326.54	444.88	568.31
4.4	104.40	213.39	327.18	445.98	570.01
4.5	104.50	213.70	327.81	447.05	571.66
4.6	104.60	214.01	328.45	448.15	573.36
4.7	104.70	214.32	329.09	449.25	575.06
4.8	104.80	214.63	329.73	450.35	576.76
4.9	104.90	214.94	330.37	451.46	578.48
5.0	105.00	215.25	331.01	452.56	580.19
5.1	105.10	215.56	331.65	453.66	581.89
5.2	105.20	215.87	332.29	454.76	583.60
5.3	105.30	216.18	332.94	455.89	585.36
5.4	105.40	216.49	333.58	456.99	587.06
5.5	105.50	216.80	334.22	458.10	588.79
5.6	105.60	217.11	334.86	459.29	590.50
5.7	105.70	217.42	335.51	460.33	592.26
5.8	105.80	217.74	336.17	461.47	594.04
5.9	105.90	218.05	336.82	462.60	595.80
6.0	106.00	218.36	337.46	463.71	597.54
6.1	106.10	218.67	338.11	464.84	599.30
6.2	106.20	218.98	338.75	465.95	601.04
6.3	106.30	219.30	339.42	467.11	602.84
6.4	106.40	219.61	340.07	468.24	604.61
6.5	106.50	219.92	340.71	469.35	606.35
6.6	106.60	220.24	341.38	470.52	608.18
6.7	106.70	220.55	342.03	471.65	609.95
6.8	106.80	220.86	342.68	472.78	611.73
6.9	106.90	221.18	343.35	473.95	613.56
7.0	107.00	221.49	343.99	475.07	615.33
7.1	107.10	221.80	344.64	476.20	617.10
7.2	107.20	222.12	345.31	477.37	618.94
7.3	107.30	222.43	345.96	478.51	620.74
7.4	107.40	222.75	346.64	479.70	622.61
7.5	107.50	223.06	347.29	480.84	624.41
7.6	107.60	223.38	347.96	482.01	626.25
7.7	107.70	223.69	348.61	483.15	628.05
7.8	107.80	224.01	349.28	484.32	629.89
7.9	107.90	224.32	349.94	485.48	631.73
8.0	108.00	224.64	350.61	486.66	633.59

平均每年增长%	各年发展水平总和为基期的%				
	1 年	2 年	3 年	4 年	5 年
12.1	112.10	237.76	378.62	536.52	713.53
12.2	112.20	238.09	379.34	537.82	715.63
12.3	112.30	238.41	380.03	539.07	717.67
12.4	112.40	238.74	380.75	540.37	719.78
12.5	112.50	239.06	381.44	541.62	721.82
12.6	112.60	239.39	382.16	542.92	723.94
12.7	112.70	239.71	382.85	544.17	725.98
12.8	112.80	240.04	383.57	545.47	728.09
12.9	112.90	240.36	384.26	546.72	730.14
13.0	113.00	240.69	384.98	548.03	732.28
13.1	113.10	241.02	385.70	549.33	734.40
13.2	113.20	241.34	386.39	550.59	736.46
13.3	113.30	241.67	387.11	551.89	738.59
13.4	113.40	242.00	387.83	553.20	740.73
13.5	113.50	242.32	388.53	554.48	742.83
13.6	113.60	242.65	389.25	555.79	744.98
13.7	113.70	242.98	389.97	557.10	747.13
13.8	113.80	243.30	390.67	558.38	749.23
13.9	113.90	243.63	391.39	559.69	751.38
14.0	114.00	243.96	392.11	561.00	753.53
14.1	114.10	244.29	392.84	562.34	755.74
14.2	114.20	244.62	393.56	563.65	757.89
14.3	114.30	244.94	394.26	564.93	760.01
14.4	114.40	245.27	394.99	566.27	762.21
14.5	114.50	245.60	395.71	567.59	764.39
14.6	114.60	245.93	396.43	568.90	766.55
14.7	114.70	246.26	397.16	570.24	768.76
14.8	114.80	246.59	397.88	571.56	770.94
14.9	114.90	246.92	398.61	572.90	773.16
15.0	115.00	247.25	399.34	574.24	775.38
15.1	115.10	247.58	400.06	575.56	777.56
15.2	115.20	247.91	400.79	576.91	779.80
15.3	115.30	248.24	401.52	578.25	782.02
15.4	115.40	248.57	402.25	579.60	784.26
15.5	115.50	248.90	402.98	580.94	786.48
15.6	115.60	249.23	403.71	582.29	788.73
15.7	115.70	249.56	404.44	583.64	790.97
15.8	115.80	249.90	405.19	585.02	793.26
15.9	115.90	250.23	405.92	586.36	795.49
16.0	116.00	250.56	406.65	587.71	797.74

参考文献

[1] 曹刚,李文新.统计学原理[M].上海:上海财经大学出版社,2006.

[2] 陈珍珍,罗乐勤.统计学[M].6版.厦门:厦门大学出版社,2018.

[3] 费宇,石磊.统计学[M].2版.北京:高等教育出版社,2017.

[4] 冯德利普.经济统计学[M].范燕倩,孙宪华,译.威斯巴登:德国联邦统计局,1997.

[5] 耿直.大数据时代统计学面临的机遇与挑战[J].统计研究,2014,31(1):5-9.

[6] 洪永淼.经济统计学与计量经济学等相关学科的关系及发展前景[J].统计研究,2016,33(5):3-12.

[7] 贾俊平,何晓群,金勇进.统计学[M].6版.北京:中国人民大学出版社,2015.

[8] 贾俊平.统计学[M].6版.北京:中国人民大学出版社,2016.

[9] 李洁明,祁新娥.统计学原理[M].6版.上海:复旦大学出版社,2016.

[10] 李金昌.大数据与统计新思维[J].统计研究,2014,31(1):10-16.

[11] 李金昌.统计学[M].北京:高等教育出版社,2018.

[12] 李金昌.一级学科背景下社会经济统计学的发展[J].统计研究,2013,30(3):30-34.

[13] 李心愉,袁诚.应用经济统计学[M].3版.北京:北京大学出版社,2015.

[14] 蒲括,邵朋.精通 Excel 数据统计与分析[M].北京:人民邮电出版社,2014.

[15] 邱东.大数据时代对统计学的挑战[J].统计研究,2014,31(1):16-22.

[16] 邱东.经济统计学科论[M].北京:中国财政经济出版社,2013.

[17] 邱东,宋旭光.中国经济统计学 60 年[J].统计研究,2010,27(1):26-34.

[18] 邱文君.Excel 统计分析与应用大全[M].北京:机械工业出版社,2013.

[19] 孙允午.统计学:数据的搜集、整理和分析[M].3版.上海:上海财经大学出版社,2013.

[20] 童光荣,卢铁庄.在争论中不断发展与完善的统计学[J].统计研究,2010,27(1):57-61.

[21] 王莹,徐颖,王军.经济统计学[M].2版.北京:机械工业出版社,2016.

[22] 向书坚,杜凌,邹晓茜.统计学在20世纪的开拓性应用回顾[J].统计与信息论坛,2007,22(6):87-97.

[23] 肖红叶.中国经济统计学科建设30年回顾与评论:基于三大事件框架的研究[J].统计研究,2010,27(1):15-25.

[24] 肖智明,段雪妍,罗红,等.经济统计学[M].3版.北京:清华大学出版社,2018.

[25] 徐哲,石晓军,杨继平.应用统计学:经济与管理中的数据分析[M].北京:清华大学出版社,2011.

[26] 于忠义.简明统计学术史纲要[J].统计研究,2009,26(6):102-111.

[27] 袁加军,朱建平.统计基础实验[M].厦门:厦门大学出版社,2010.

[28] 袁卫,刘超.统计学:思想、方法与应用[M].北京:中国人民大学出版社,2011.

[29] 曾五一.统计学[M].北京:北京大学出版社,2006.

[30] 曾五一,朱建平.统计学[M].北京:高等教育出版社,2017.

[31] 赵振伦,景刚.统计学:理论、实务、案例[M].2版.上海:立信会计出版社,2013.

[32] 中华人民共和国国家统计局.2016中国国民经济核算体系[M].北京:中国统计出版社,2017.

[33] 朱建平,张悦涵.大数据时代对传统统计学变革的思考[J].统计研究,2016,33(2):3-9.